托底性民生保障
专题研究

王杰秀　主　编

中国社会科学出版社

图书在版编目（CIP）数据

托底性民生保障专题研究 / 王杰秀主编 . —北京：中国社会科学出版社，2021.8
ISBN 978-7-5203-8608-1

Ⅰ.①托… Ⅱ.①王… Ⅲ.①社会保障—保障体系—研究报告—中国 Ⅳ.①D632.1

中国版本图书馆 CIP 数据核字（2021）第 120524 号

出 版 人	赵剑英
责任编辑	王莎莎
责任校对	张爱华
责任印制	张雪娇

出　　版	中国社会科学出版社
社　　址	北京鼓楼西大街甲 158 号
邮　　编	100720
网　　址	http://www.csspw.cn
发 行 部	010-84083685
门 市 部	010-84029450
经　　销	新华书店及其他书店

印刷装订	北京市十月印刷有限公司
版　　次	2021 年 8 月第 1 版
印　　次	2021 年 8 月第 1 次印刷

开　　本	710×1000　1/16
印　　张	24.5
插　　页	2
字　　数	435 千字
定　　价	148.00 元

凡购买中国社会科学出版社图书，如有质量问题请与本社营销中心联系调换
电话：010-84083683
版权所有　侵权必究

编 委 会

主　　编：王杰秀

副 主 编：付长良　张　静

成　　员：（按姓氏拼音排序）

安　超　陈春美　段连兴　高富锋　呼占平
贺　莉　胡宏伟　胡梦甜　蒋松杰　江治强
刘文婧　罗银花　卢海燕　刘向晖　刘妮娜
刘振杰　罗静雯　李春根　秦广强　任振兴
邵新月　王增文　王超群　项丽亚　夏传玲
肖晓琳　杨立雄　姚建平　左　停　祝建华

前　言

党和政府始终将困难群众的安危冷暖、贫困地区实现全面小康牵挂于心。党的十九届四中、五中全会更是对做好新时代基本民生保障工作提出了新的更高要求，强调注重加强普惠性、基础性、兜底性民生建设，保障群众基本生活，建立解决相对贫困的长效机制，实现巩固脱贫攻坚成果同乡村振兴有效衔接。由民政部政策研究中心承担的"托底性民生保障政策支持系统建设"项目（以下简称"托底"项目），自2015年起每年对城乡困难家庭进行追踪调查，紧密对接中央大政方针和宏观政策，聚焦脱贫攻坚，聚焦特殊群体，聚焦群众关切，评估和研判托底性民生保障政策实施效果和社会需求。为了深刻总结社会救助在脱贫攻坚中的兜底保障作用，研究展望全面建成小康社会后，社会救助如何有效防止致贫返贫，切实解决相对贫困，助力促进共同富裕，2019年"托底"项目对脱贫攻坚与社会救助实践进行了深入剖析，并形成了专题研究报告。

保障每个人获得发展自我和奉献社会的机会，兼顾社会效率和公平，促进社会良性发展，是社会政策的一项重要功能。近年，我国社会救助政策在脱贫攻坚，特别是在稳住脱贫底线、解决深度贫困和相对贫困问题的长效机制上发挥了兜底保障作用。这得益于多年来社会救助政策在对象认定条件、审核审批程序、核对机制、动态管理、监管机制、核查制度、制度衔接等方面不断强化举措、健全体系，主要表现在以下四个方面：一是推动出台并全面实施《社会救助暂行办法》；二是着力完善社会救助运行机制；三是加快健全临时救助等各项社会救助制度；四是引导社会力量参与社会救助。但是也应看到随着经济社会的快速发展，社会救助托底线、救急难、可持续的水平和要求也在不断提高。从救助手段来讲，因年老、疾病、伤残、失业及其他遭遇不幸而陷入贫困的社会成员，不仅需要一定的物质帮助，更需要围绕综合援助等服务项目进行政策设计和制度安排。从救助范围来讲，针对农村贫困失能老年人、困境儿童、留守儿童等社会脆弱人群的兜底保障制度还需要进一步完善，以切实兜住兜牢基本民生保障底线，保证他们平等参与、平等发展权利。真正做到坚持人民至上，实现弱有所扶、难有所帮、困有所助，让困难群众共享改革发展成果，坚决不允许出现"富者累巨万，贫者食糟糠"的景象。

为全面准确掌握我国困难群体生活质量及社会政策需求变化，2019年"托底"项目综合运用定性与定量研究方法，对"社会救助兜底农村贫困人口脱贫""支出型贫困家庭认定与兜底保障"等10项社会救助领域重点问题进行了系统性考察研究。

定性研究主要在北京、山西、浙江、江西、山东、湖北、重庆、贵州、云南、甘肃、青海等11个省市开展，采取的具体方式包括座谈会、（半）结构式访谈、参与式观察、实地考察等，收集了一批丰富鲜活的实证资料，是贴近困难群众最真实生活状态不可或缺的介质。

为了在田野调查的基础上增强相关实证发现的统计学支撑，"托底"项目在一些调查省区市同步开展"城乡困难家庭入户问卷调查"，紧密围绕10项专题，针对城乡低保家庭、低保边缘家庭（农村建档立卡贫困户、支出型贫困家庭、失能老人家庭、残疾人家庭、困境留守儿童家庭、普通困难家庭），民政工作人员进行了有针对性的问卷调查（详见表1）。其中，家户样本量为8335个，包含低保家庭3601个、低保边缘家庭875个、其他困难类型家庭3859个。工作人员样本量为1099个，合计样本量达到9434个。为配合定性调查，此次入户问卷调查样本主要分布在北京、贵州、湖北、江西等省区市。其中，浙江省和山东省的调查样本量最多，分别占总样本量的

前　言

18.25%、18.09%。各省区市样本量的配比，主要以专题研究对样本量的需求为依据。例如，支出型贫困研究需要以大量样本为实证支撑，同时浙江省作为支出型贫困救助政策的先行地区，被选为定性调查的目标区域，因此样本量相对较大（见表2）。

表1　　　　　　　　受访家庭类型分布　　　　　　（单位：个,%）

家庭类型		频率	百分比	累积百分比
低保家庭3601个、低保边缘家庭875个、其他困难类型家庭3859个	农村建档立卡贫困户	1031	12.4	12.4
	支出型贫困家庭	1111	13.3	25.7
	失能老人家庭	927	11.1	36.8
	残疾人家庭	503	6.0	42.8
	困境留守儿童家庭	865	10.4	53.2
	普通困难家庭	3898	46.8	100
以上合计		8335	100	

表2　　　　　家户样本在调查省区市的分布情况　　　（单位：个,%）

序号	省区市	频率	百分比	累积百分比
1	北京市	438	5.25	5.25
2	甘肃省	720	8.64	13.89
3	广西壮族自治区	113	1.36	15.25
4	贵州省	927	11.12	26.37
5	湖北省	523	6.27	32.65
6	江苏省	267	3.2	35.85
7	江西省	854	10.25	46.09
8	山东省	1508	18.09	64.19
9	陕西省	288	3.46	67.64
10	四川省	673	8.07	75.72
11	云南省	503	6.03	81.75
12	浙江省	1521	18.25	100
	合计	8335		

本书聚焦社会救助领域重大问题，各专题具体内容和大致安排如下：

专题一"社会救助兜底农村贫困人口脱贫研究"紧密围绕社会救助制度在脱贫攻坚中的兜底保障功能、当前社会救助兜底保障工作中面临的难点与挑战，以及全面建成小康社会后社会救助兜底保障政策的可持续性这三大问题，对社会救助兜底保障政策的实施效果进行了客观有效的评估，发现我国社会救助兜底保障工作在取得显著成效的同时，仍存在充分性不足、持续性不够、公平性有待提升、标准化尚需加强等问题，在此基础上提出，持续提高兜底保障水平和质量；适度提高老弱病残等特殊困难群体获得低保救助的标准；积极探索发展型、多样性、包容性社会救助项目；聚焦返贫风险较高、持续增收能力弱的已脱贫人口和贫困边缘人口；完善低保等社会救助项目与扶贫开发之间的有效衔接等政策建议。

专题二"支出型贫困家庭认定与兜底保障研究"运用计量回归方法，并结合在浙江、青海、山西等省份的实地访谈，对支出型贫困家庭的致贫原因与核心需求进行了细致考察，发现这类家庭普遍呈现人口规模大、抚养比例高、家庭经济结构"高支出—低收入"、社会资源匮乏、心理健康问题突出等特征；现行政策仍存在制度供给的不平衡、低保门槛效应过强、重事后救助而轻事先预防等问题，在此基础上提出了支出型贫困家庭兜底保障的具体路径，即整体上构建综合性的多层次兜底保障体系；建立支出型贫困家庭兜底保障六大机制：需求发现机制、困境评估机制、资源链接机制、服务供给机制、行动助推机制、多元主体参与机制。

专题三"城市贫困家庭的社会救助研究"紧密围绕城市贫困问题，通过问卷调查和定性访谈，精准搜集城市贫困人群的基本特征类型、经济民生、社会救助及其效果状况，听取困难家庭对相关救助政策的意见，分析评估城市贫困政策支持系统成效，发掘典型案例并总结城市反贫困成功政策的实践经验，为完善面向城市贫困人口的托底性民生保障政策提供决策支持。

前 言

专题四"老年贫困与照护救助制度研究"使用调查问卷数据，并结合在日照、青岛、重庆、六安等地开展的调研，全面展示和分析贫困失能老年人群体的基本特征、生活质量和护理需求，提炼总结各地在贫困失能老年人照护救助服务政策方面的实践探索，客观归纳我国照护救助政策存在的瓶颈性、梗阻性问题，在此基础上提出政策改进思路，主要包括：准确把握照护救助的基本定位，建立综合性照护救助框架，不断丰富制度供给内容。

专题五"困境儿童、留守儿童群体的兜底保障研究"基于贵州省遵义市绥阳县、毕节市大方县以及贵阳市的田野调查，从儿童成长发展的角度，考察了社会变迁过程中儿童成长发展环境的变化及由此引发的需求满足困境；同时从关爱服务供给的角度，对当前儿童关爱服务体系建设中形成的经验和面临的问题进行了系统总结。最后，提出了若干政策建议：持续推动城乡一体化建设；延长公共场所开放时间，提高教育资源利用率；促进各服务系统之间的整合充分发挥大众传播媒介的积极作用。

专题六"深度贫困地区农村残疾人兜底保障研究"在云南省怒江傈僳族自治州福贡县开展典型调查和个案访谈，发现深度贫困地区残疾家庭兜底保障工作仍存在社会化照料服务体系处于空白状态，残疾学生教育保障体系有待完善，残疾人康复服务保障体系尚未建立这三项突出短板，建议夯实残疾人兜底保障网，综合施策缓解因病致贫、因残致贫；推进残疾人托养照料服务；正确处理扶贫开发与兜底保障的关系；加强社区建设，完善社区支持网络；加大对家庭的支持力度。

专题七"社会救助政策衔接研究"深入探讨了低保与专项救助、农村扶贫政策、社会福利、社会保险等社会政策的衔接机制，发现并总结了其中存在的难点堵点问题，在此基础上提出以下政策建议：将临时救助前置，优化社会救助流程；加强社会救助与农村扶贫的有效衔接，实现"应保尽保、应扶尽扶"；提高社会慈善救助与扶贫制度救助的信息共享水平，提升协同管理程度；促进社会救助与社会保险，社会福利各项目标准之间的衔接等。

专题八"社会救助政策效果评估"在全面梳理相关文献的基础上，搭建社会救助政策效果评估的基本框架，并据此对社会救助政策的实施效果进行实证分析。研究发现，各项社会救助政策的作用得到较为广泛的认可，但在实际执行中存在着"福利化""瞄准偏差"、回应性不足、救助资金渠道单一、基层经办服务能力有限等问题。针对上述问题，建议通过"会诊式"贫困识别解除低保福利捆绑；调整社会救助目标满足多维贫困的救助需求；推动发展型社会救助，使保障水平与解决相对贫困任务相匹配；整合社会救助资源以实现政策可持续性；提高社会救助专业化水平。

专题九"社会救助综合试点改革创新研究"全面回顾了综合试点改革的背景、过程及成效，将各地实践总结归纳为资源统筹、流程优化、能力建设、监督检查机制创新四大方面，并在实地调研中发现了改革中亟待解决的七大问题，分别是城乡分治的二元结构未破局、跨部门信息未实现共享、多维救助发放缺乏科学评估、人才布局错位易致政策落实不均衡、群众对数据大平台的使用缺乏了解、针对社会组织的监督检查机制尚未健全、缺乏容错纠错机制，在此基础上提出了彻底打破城乡和户籍制度限制，建立健全跨部门、跨区域资源整合集成系统，在创新社会救助服务供给的过程中强化服务质量，建立合理有效的容错纠错机制等政策建议。

专题十"社会救助对象精准识别机制研究"着眼于贫困识别的效率评估，利用调查数据全面分析了低保认定不精准的根本原因，提出低保精准识别面临家庭成员认定难、收入核查难、经办体系运转难、信用体系建立难、福利捆绑"松绑"难等困境，提出在技术创新层面，必须利用多源数据，准确分析行政数据，促进低保自动识别，及时主动救助；在制度设计层面，应健全支出型贫困救助制度，建立信用评价制度，实行分档救助制度；在政策执行层面，应统一家庭成员认定方法，完善收入核对体系，加强经办队伍建设。

以上是本书的整体写作情况，由于受到所选调查地域数量的限

◈ 前　言 ◈

制，以及在综合运用定性研究、定量研究方法与所研究问题的适配度上难以把握，项目组只是向着研究效果最大化的理想努力。希望借助此书的出版，能够引起学界和社会各界对社会救助兜底保障在解决贫困问题上的深度思考，并跟进开展后续研究。贫穷不是社会主义，摆脱贫困首先要摆脱思想和思路贫困，关键是推进物质与精神同步脱贫。这不仅是重大政治任务，也充分体现了在人文关怀视野下，学术研究植根社会土壤、影响大众生活的终极目的和价值所在。

目　　录

专题一　社会救助兜底农村贫困人口脱贫 ……………… （1）
　第一节　问题的提出 ……………………………………… （1）
　第二节　社会救助兜底保障的政策与实践 ……………… （3）
　第三节　社会救助兜底扶贫成绩量化分析 ……………… （18）
　第四节　研究结论及政策建议 …………………………… （32）

专题二　支出型贫困家庭认定与兜底保障 ……………… （37）
　第一节　问题的提出 ……………………………………… （37）
　第二节　支出型贫困家庭兜底保障政策的梳理 ………… （40）
　第三节　支出型贫困家庭的特征分析 …………………… （43）
　第四节　支出型贫困家庭的致贫原因与核心需求 ……… （47）
　第五节　当前支出型贫困家庭兜底保障存在的问题 …… （55）
　第六节　支出型贫困家庭的认定办法 …………………… （58）
　第七节　支出型贫困家庭的兜底保障 …………………… （61）

专题三　城市贫困家庭的社会救助 ……………………… （75）
　第一节　城市贫困救助的政策背景 ……………………… （75）
　第二节　城市贫困家庭的成员结构与基本特征 ………… （83）
　第三节　城市贫困家庭经济状况 ………………………… （87）
　第四节　城市贫困家庭享受社会救助状况及其效果 …… （93）
　第五节　城市贫困家庭救助中存在的问题 ……………… （103）
　第六节　研究结论及政策建议 …………………………… （108）

专题四　老年贫困与照护救助制度 (116)
第一节　研究背景、思路与方法 (116)
第二节　我国老年贫困状况与照护救助政策框架 (120)
第三节　我国贫困失能老年人照护救助状况分析 (124)
第四节　研究结论及政策建议 (135)

专题五　困境儿童、留守儿童群体的兜底保障 (141)
第一节　研究背景、思路与方法 (141)
第二节　贵州困境儿童、留守儿童问题分析 (145)
第三节　贵州经验总结与反思 (173)
第四节　研究结论及政策建议 (181)

专题六　深度贫困地区农村残疾人兜底保障 (183)
第一节　研究背景、思路与方法 (183)
第二节　福贡县农村残疾人兜底保障制度进展 (189)
第三节　福贡县农村残疾人兜底保障现状及生存状态 (195)
第四节　深度贫困地区残疾人兜底保障存在的问题及改进建议 (202)

专题七　社会救助政策衔接 (210)
第一节　研究背景、思路与方法 (210)
第二节　社会救助体系各项目的内部衔接 (217)
第三节　社会救助与农村扶贫衔接 (225)
第四节　社会救助与社会福利、社会保险的衔接 (229)
第五节　政府救助和民间慈善救助衔接 (237)
第六节　社会救助信息衔接和资源整合 (242)
第七节　研究结论及政策建议 (251)

目 录

专题八 社会救助政策效果评估 ······················(256)
  第一节 研究背景、思路与方法 ······················(256)
  第二节 社会政策评估的理论基础 ····················(261)
  第三节 构建社会救助政策效果评估的基本框架 ············(264)
  第四节 我国各项社会救助政策的实施情况 ···············(267)
  第五节 社会救助政策实施效果评估的实证研究 ············(270)
  第六节 研究结论及政策建议 ·······················(285)

专题九 社会救助综合试点改革创新 ·················(294)
  第一节 社会救助综合试点改革的总体情况 ···············(294)
  第二节 社会救助综合试点改革的主要措施 ···············(298)
  第三节 社会救助综合试点改革的主要经验 ···············(316)
  第四节 社会救助综合试点改革中亟待解决的问题 ··········(323)
  第五节 研究结论及政策建议 ·······················(327)

专题十 社会救助对象精准识别机制 ·················(332)
  第一节 研究思路及背景 ·························(332)
  第二节 低保精准识别的过程与结果 ···················(335)
  第三节 低保精准识别的理论分析 ····················(341)
  第四节 低保精准识别的实践困境 ····················(348)
  第五节 研究结论及政策建议 ·······················(354)

参考文献 ··(361)

专题一　社会救助兜底农村贫困人口脱贫

我国脱贫攻坚战取得了全面胜利。社会救助在全面打赢脱贫攻坚战中发挥了兜底保障作用，打赢脱贫攻坚战后，社会救助的重点和难点转向防止致贫返贫。为了谋划全面建成小康社会后，社会救助如何在巩固拓展脱贫攻坚成果同乡村振兴有效衔接中继续发挥关键作用，本专题系统回顾了社会救助兜底保障的政策与实践，深入剖析其中存在的问题，并就落实社会救助政策，扎紧、防止致贫返贫"篱笆"，提出政策建议。

第一节　问题的提出

截至2019年年底，全国所有县（市、区）的农村低保标准已经达到或超过了国家扶贫标准，共有1796万建档立卡贫困人口纳入农村低保和特困人员供养，这部分群体不仅仅是当前脱贫攻坚补齐的短板，也是2020年后相对贫困关注的重点对象。

作为托底性民生保障工程，社会救助是打赢脱贫攻坚和确保2020年全国建成小康社会的重要内容。2014年，《社会救助暂行办法》颁布实施后，形成了以最低生活保障、特困人员救助供养、受灾人员救助、医疗救助、教育救助、住房救助、就业救助、临时救助为主体，社会力量参与为补充的"8+1"社会救助体系，建立了覆盖所有贫困人口的"最后一道安全网"。在脱贫攻坚战中，政策话语出现了"低保兜底脱贫一批""社保兜底脱贫一批""社会救助兜底脱贫一批"和"民政兜底"等提法,其核心要义是强调最低生活保障(以下简称"低保")等社会救助项目在脱贫攻坚中的兜底保障功能,要求把包括低保在内的社会保障减贫内化为扶贫的措施之一。2015年以来,习近平总书记在不同场合多次对兜底保障做出了重要指示批示,要求各项工作聚焦脱贫攻坚、聚焦特殊群体、聚焦群众关切,着力保基本兜底线,织密扎牢民生保障"安全网"。服务打赢脱贫攻坚战,做好低保和特困人员包括生活困难的老年人、重度残疾人、重病患者、困境儿童等的基本生活保障工作。

2018年颁布的《中共中央 国务院关于打赢脱贫攻坚战三年行动的指导意见》中第一次正式提出"坚持开发式扶贫和保障性扶贫相统筹",要求把开发式扶贫作为脱贫基本途径,加强和完善保障性扶贫措施。当前的开发式扶贫与保障式扶贫相统筹的反贫困格局的形成,得力于我国农村低保、特困人员供养、医疗救助和临时救助项目等社会救助项目的实施和强化以及其他农村社会保障项目的实施。

2019年年末,全国还有农村贫困人口551万人尚未实现脱贫,贫困发生率为0.6%。其中长期患病者、残疾人、孤寡老人等特殊困难群体和自身发展动力不足的贫困人口比例较高。据估算,在剩余的贫困人口中,低保户和特困供养户的比例超过60%,老人、大病患者、残疾人和失能者的比例均比正常群体要高。这些贫困户发展能力严重不足、社会脆弱性特点明显,要确保其实现脱贫,就需要发挥社会救助在脱贫攻坚中的兜底保障作用。一是要继续加大社会救助,特别是低保和特困供养的支持标准,使得救助标准和实际补差救助额度赶上当地平均消费水平的变化;二是综合发挥其他各项民生保障的作用,如完善医疗保险和医疗救助、加强养老保险和养老福利、落实并不断提升针对残疾人的"两项补贴"项目;三是发挥好城乡社区的社会管理职能,落实临时救助,做好致贫问题的主动发现和预防,协助解决好返贫和边缘人群陷入贫困的问题。低保金收入是脱贫户收入的重要组成部分,据有关部门统计的数据显示,在2018年脱贫的人口中,按脱贫总人口的口径人均低保金收入超过 600 元，是转移性收入中最主要的部分，对兜底脱贫人口的作用尤其显著。

基于此，本专题研究将围绕以下几个问题展开：第一，聚焦社会救助制度在脱贫攻坚中的兜底保障作用，包括社会救助兜底农村贫困人口的数量，低保救助人员和特困供养人员在建档立卡贫困人口中所占的比例，地方政府的支持力度以及政策供给的充分性等内容，为社会救助兜底保障政策如何持续应对剩余贫困的问题进行初步预判。

第二，聚焦当前社会救助兜底保障方面存在的问题，包括政策性保障的覆盖面、救助对象的认定、救助的标准与内容，救助的管理等。针对已有制度性的供给与农村贫困人口的实际需求之间的差异，确定应该采取哪些行之有效的对策，服务于低保和特困人员包括生活困难的老年人、重度残疾人、重病患者、困境儿童等特殊群体。

第三，聚焦社会救助兜底保障政策的可持续性问题，着手考量如何将脱贫攻坚中地方创新的非制度化的临时政策变成制度化的常规政策。

本专题研究立足于全国社会救助兜底农村贫困人口脱贫问题，除了对已掌握的调查数据进行定量分析外，还在中西部地区选取了具有代表性的 2 个省份开展实地调研，以座谈会的形式进行，并对民政干部、基层工作人员和困难群众等进行深度访谈。具体来说，课题组在中西部贫困地区选取的 2 个省份，分别是西部贫困地区甘肃省定西市渭源县和中部贫困地区江西省赣州市宁都县。渭源县位于甘肃省中部、定西市中西部，是六盘山片区贫困县、国家扶贫开发工作重点县，是甘肃省 23 个深度贫困县之一；宁都县位于江西省东南部、赣州市北部，是罗霄山片区贫困县、国家扶贫开发工作重点县，也是革命老区、老少边穷地区。

第二节　社会救助兜底保障的政策与实践

2018 年实施的《中共中央 国务院关于打赢脱贫攻坚战三年行动

的指导意见》中提出统筹各类保障措施，建立以社会保险、社会救助、社会福利制度为主体，以社会帮扶、社工助力为辅助的综合保障体系，为完全丧失劳动能力和部分丧失劳动能力且无法依靠产业就业帮扶脱贫的贫困人口提供兜底保障。完善农村低保制度，健全低保对象认定方法，将完全丧失劳动能力和部分丧失劳动能力且无法依靠产业就业帮扶脱贫的贫困人口纳入低保范围，基本实现了纳入兜底保障范围的建档立卡贫困人口吃穿"两不愁"。同时，统筹城乡社会救助体系，鼓励各地通过互助养老、设立孝善基金等途径，创新家庭养老方式，加强残疾人帮扶和农村"三留守"人员关爱保护，引导社会组织、慈善力量和社工参与，助力解决"三保障"问题，为服务打赢脱贫攻坚战大局做出了重要贡献。加大临时救助力度，及时将符合条件的返贫人口纳入救助范围。随着脱贫攻坚的深入，民政兜底保障的作用也越来越关键。各地各部门实落实中央的各项部署，积极探索总结社会救助兜底农村贫困人口脱贫的经验和规律，发挥好社会救助在脱贫攻坚中的不可替代的作用。

一　兜底保障政策梳理

新时期我国的社会救助体系以最低生活保障、特困人员供养和临时救助为基础，医疗救助、教育救助、住房救助、就业救助等专项救助为支撑，是一项保障困难群众基本生活的基础性制度安排，也是打赢脱贫攻坚战的重要举措。党的十八大以来，民政部门聚焦脱贫攻坚，聚焦特殊群体，聚焦群众关切，充分发挥社会救助制度优势不断健全政策兜底保障机制，围绕巩固脱贫成果，防止脱贫人口返贫出台了一系列兜底脱贫政策措施，大力推进社会救助与扶贫开发政策相衔接，持续提高救助范围、救助标准和救助服务，保障各类困难群体得到及时、精准救助，切实发挥社会救助在脱贫攻坚中的兜底保障作用。

农村低保最是打赢脱贫攻坚战的兜底保障制度，特别是在部分或完全丧失劳动能力的贫困人口脱贫中起到关键作用。2015年颁布的

专题一　社会救助兜底农村贫困人口脱贫

《中共中央　国务院关于打赢脱贫攻坚战的决定》做出了2020年实现脱贫的战略部署，并明确提出实行农村最低生活保障制度兜底脱贫，对无法依靠产业扶持和就业帮助脱贫的家庭实行政策性保障兜底，各地纷纷开始谋划农村最低生活保障制度与扶贫开发政策的衔接工作。自2016年以来，民政部提请国务院办公厅以及联合相关部门连续三年印发了加强农村低保制度与扶贫开发政策衔接的政策文件，确保符合条件的建档立卡贫困人口能及时纳入低保或特困人员救助供养，实现"应保尽保"。2016年9月国务院办公厅转发民政部、国务院扶贫办等六部门联合印发的《关于做好农村最低生活保障制度与扶贫开发政策有效衔接指导意见的通知》，具体部署了四个方面的重点任务：在政策衔接上统筹运用农村低保和扶贫开发政策，切实保障好各类困难群众的基本生活；在对象衔接上进一步完善农村低保和扶贫开发对象认定和经济状况核查机制；在标准衔接上确保所有地方农村低保标准逐步达到国家扶贫标准；在管理衔接上对农村低保对象和建档立卡贫困人口实施动态管理。2017年9月《民政部　国务院扶贫办关于进一步加强农村最低生活保障制度与扶贫开发政策有效衔接的通知》及时纠正两项制度衔接中认识不清和落实不到位的问题，主要包括确保两项制度双向衔接，正确看待两类对象重合比例；防止简单把贫困发生率视为农村低保的覆盖率，及时纠正刻意减少低保对象的做法；在确保低保标准高于扶贫标准的情况下，督促各地根据实际情况科学制定农村低保标准；对考核评估中的"漏评"和"错评"情况进行具体说明，做好跨部门的信息比对工作；鼓励困难群众积极参与脱贫项目、激发他们脱贫增收的内生动力。针对贫困发生率很高、致贫的原因复杂的"三区三州"等深度贫困地区，民政部于2018年4月制定了《关于推进深度贫困地区民政领域脱贫攻坚工作的意见》，加强深度贫困地区农村低保制度与扶贫开发政策有效衔接，指导深度贫困地区根据自身实际科学制定农村低保标准，将建档立卡贫困人口中完全或部分丧失劳动能力且无法依靠产业扶持和就业帮助脱贫的家庭纳入农村低保范围。对于低保家庭中的老年人、未成年人、重度残疾人和重病患者这些特殊困难群体，采取增发低保金等多种措施提高救助水平。

为了提高最低生活保障对象认定的准确性，保障符合条件的贫困人口及时纳入最低生活保障，2019年12月，民政部、国家统计局联合印发《关于在脱贫攻坚中切实加强农村最低生活保障家庭经济状况评估认定工作的指导意见》，明确规定了农村最低生活保障家庭财产中不动产和动产的具体内容，在困难家庭刚性支出评估中要综合评估家庭贫困程度、适当考虑最低生活保障家庭成员因残疾、患重病等增加的刚性支出，细化家庭财产收入的辅助指标。推进建立跨部门、多层次、信息共享的社会救助家庭经济状况核对平台，提高信息核对的全面性、时效性和精准性。指导有条件的地方探索建立覆盖所有困难家庭基本信息数据库，动态监测不同困难类型和困难程度的家庭经济情况，确保有限的救助资源切实用于符合条件的贫困人口。

从我国历年农村低保实施的保障标准来看，自2007年农村最低生活保障制度在全国范围内实施以来，全国农村低保年平均标准已从2007年的840元上涨到2019年的5336元，低保标准与当年的物价波动紧密相关并呈逐年上升的趋势。其中在2017年年底，全国平均农村低保标准达到4301元/人/年，全国22个脱贫攻坚任务重的省份农村低保平均标准为3810元，全国所有县（市、区）的农村低保标准均已达到或超过国家扶贫标准。此外，2018年深度贫困县平均标准达到3812元，"三区三州"所辖县平均标准也达到了3706元，困难人群的基本生存权得到了有效的保障。从宏观层面上讲，我国农村社会救助制度在保障贫困群体基本生活方面发挥着重要的作用（见表1-1）。

表1-1　　2007—2019年我国农村低保救助的基本状况

	农村低保人数（万人）	农村低保平均标准（元/人·年）
2007年	3566	840
2008年	4306	988
2009年	4760	1210

◈ 专题一 社会救助兜底农村贫困人口脱贫 ◈

续表

	农村低保人数（万人）	农村低保平均标准（元/人·年）
2010 年	5214	1404
2011 年	5306	1718
2012 年	5345	2068
2013 年	5388	2434
2014 年	5207	2777
2015 年	4904	3178
2016 年	4587	3744
2017 年	4045	4301
2018 年	3520	4833
2019 年	3455	5336

备注：数据来源于民政部官网公布的《2007—2009 年民政事业发展统计公报》《2010—2019 年社会服务发展统计公报》。

地方各级政府积极响应中央要求，确保了全国所有县（市、区）农村居民最低生活保障标准均已达到或超过 2300 元国家扶贫标准（2010 年不变价），这为 2020 年之前全面脱贫奠定了重要的制度基础。根据 2019 年第四季度民政部公布的数据显示，全国农村低保平均标准为 5335.5 元/人·年，其中超过或高于全国平均标准的省（自治区、直辖市）有 11 个，主要集中在东部发达地区。中西部贫困地区的农村低保平均标准均有不同程度的提高，22 个脱贫攻坚任务重的省份达到 4697 元/人·年，稳定解决困难群众的基本生活问题（见图1-1）。

2018 年 6 月实施的《关于打赢脱贫攻坚战三年行动的指导意见》第一次正式提出"坚持开发式扶贫和保障性扶贫相统筹"，要求把开发式扶贫作为脱贫基本途径，加强和完善保障性扶贫措施，继续为完全丧失劳动能力和部分丧失劳动能力且无法依靠产业就业帮扶脱贫的贫困人口提供兜底保障，为确保现行标准下农村贫困人口实现脱贫做

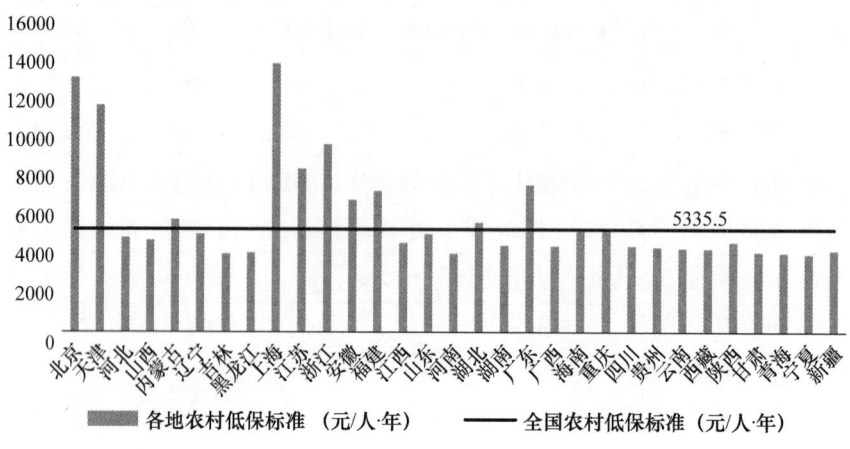

图1-1 2019年第四季度各地的农村低保标准

数据来源于民政部官网 http://www.mca.gov.cn/article/sj/tjjb/bzbz/2019/202002191727.html。

出全面部署。针对农村贫困人口的困难人群，2018年7月民政部联合财政部、国务院扶贫办出台《关于在脱贫攻坚三年行动中切实做好社会救助兜底保障工作的实施意见》，切实加强当前我国社会救助体系中的农村最低生活保障制度、特困人员救助供养制度、残疾人两项补贴制度等基本生活救助制度，与建档立卡贫困人口的扶贫政策衔接协同，对基本生活救助中的农村低保、特困人员救助供养、临时救助等政策内容进行了完善优化，并把基本生活救助、专项救助以及各种急难性救助等社会救助制度覆盖范围扩大到全部建档立卡贫困人口，切实提高社会救助兜底脱贫的综合保障水平。2020年2月民政部和国务院扶贫办印发关于《社会救助兜底脱贫行动方案》的通知，重点部署了健全完善监测预警机制，密切关注未脱贫和返贫致贫风险高人群、低收入人群和潜在救助对象的生活情况，落实落细低保、特困人员供养和临时救助兜底保障政策，加强对农村留守儿童、留守妇女、留守老人等特殊困难群体关爱帮扶，加大对深度贫困地区政策、项目、资金、人才倾斜的支持力度，并制定了社会救助兜底脱贫行动方案时间表和路线图，切实做到兜底保障"不漏一户、不落一人"。

◈ 专题一 社会救助兜底农村贫困人口脱贫 ◈

2019年9月民政部等3部门《关于在脱贫攻坚兜底保障中充分发挥临时救助作用的意见》，进一步细化实化了临时救助助力"两不愁"和"三保障"问题、防范脱贫群众返贫的具体措施，充分发挥临时救助制度灵活性和时效性，较好地化解困难群众遇到的突发性、意外性和急迫性的生活困难，为着力防止因病、因灾、因急难事件等致贫返贫。2019年12月民政部出台了《关于加强分散供养特困人员照料服务的通知》，细化并落实了分散供养特困人员照料服务的工作要求，主要包括落实特困人员救助供养标准、全面签订委托照料服务协议、照料服务内容、照料服务资源链接和委托照料服务监督管理五个方面，并且鼓励地方为低保、低收入家庭和建档立卡贫困家庭中的老年人、残疾人、重病患者等特殊群体提供委托照料，这是对特困人员供养服务的延伸和拓展。为解决残疾人特殊生活困难和长期照护困难，有效保障残疾人生存发展权益，对贫困残疾人中家庭生活困难，靠家庭供养且无法单独立户的，可以经个人申请，按照单人户纳入最低生活保障范围。同时，我国的困难残疾人生活补贴和重度残疾人护理补贴制度不断完善，2019年底，惠及1085.7万困难残疾人和1368.5万重度残疾人。为加大对贫困地区儿童工作的支持力度，2019年4月民政部等十部门联合下发了《关于进一步健全农村留守儿童和困境儿童关爱服务体系的意见》，重点加强贫困农村留守儿童和困境儿童及其家庭救助帮扶，尤其是"三区三州"等深度贫困地区未成年人救助保护机构、儿童福利机构提升服务能力，切实保障贫困地区儿童的发展权益。

二 各地工作实践

社会救助是社会保障体系中最基础的制度安排，也是社会成员基本生活保障的安全网。在全面建成小康社会的决胜阶段，民政部门同扶贫等相关部门出台系列政策措施，各地围绕社会救助兜底助力脱贫攻坚进行了自主探索。强化农村低保和扶贫政策衔接中，着力加强两项制度在政策、对象、标准、管理等方面的有效衔接，制度化实现了建档立卡贫困人口应保尽保、应扶尽扶。各地围绕"两不愁"问题，形成了包括低保救助、特困人员供养、临时救助和"残疾人"两项补贴等在内的基本生活保障层。为了满足困难群体其他的基本需要，构建了包括医疗救助、教育救助、住房救助和就业救助等在内的专项救助层。在此基础上，提升和扩大兜底保障的标准和范围，将救助范围拓展到存在致贫风险的潜在人群，拓展和强化了基本生活保障层和专项救助层的内容和服务形式，突出做好兜底保障工作的重要性。为了进一步落实落细低保兜底政策，提高基层工作人员服务和管理能力，各地建立健全兜底保障管理机制，积极回应困难群众的救助需求。

（一）强化农村低保与扶贫开发两项制度衔接

为加快推进农村最低生活保障制度与扶贫开发政策有效衔接，保障农村贫困人口稳步脱贫，各地针对两项制度有效衔接进行了实践探索。广西强力推进农村低保制度与扶贫开发政策的"八个衔接"重点工作：1. 政策衔接。按照政策纳入符合农村低保条件的建档立卡贫困家庭和符合扶贫条件的农村低保家庭，并根据致贫原因予以精准帮扶，并给予推出家庭6—12个月的过渡期。2. 对象衔接。充分利用精准识别贫困人口的成果，把符合条件的建档立卡贫困人口纳入低保范围，提高低保对象与贫困人口的重合率。3. 保障标准衔接。从2016年开始，按照10%—15%幅度逐年提高农村低保标准，缩小与扶贫标准的差距。4. 动态管理衔接。县级民政部门将建档立卡户领取低保金情况提供给当地扶贫部门。县级扶贫部门及时将建档立卡扶贫低保户帮扶名单、帮扶措施等资料提供给本级民政部门。5. 工作机制衔接。镇（街）人民政府建立健全"一门受理、协同办理"机制，建立统一受理社会救助申请的窗口，及时把符合条件的建档立卡贫困户纳入相应的社会救助范围。6. 主体责任衔接。乡镇政府（街道办）是受理、审核最低生活保障申请的责任主体。要求各地建立乡镇政府（街道办）最低生活保障管理问责制。7. 社会力量参与衔接。积极引导社工、志愿者、社会组织、基层组织积极参与农村低保与扶贫开发工作。8. 绩效考评衔接。区一级将精准脱贫攻坚贫困人口最低生活保障工作列入绩效考评体系；县一级把乡镇政府（街道办）受理、审核低保对象和严格执行低保动态管理工作情况纳入当地政府年度绩效考评范围[①]。

江苏在救助式扶贫与开发式扶贫的有效衔接中注重三个方面的工作：在制定低保标准中，依据农民人均纯收入情况作了深入调研测算，按照脱贫目标，倒排时序制定发布每年农村低保提标的底线标准；推进分类扶助，实现对象无缝衔接，对因病、因残、年老体弱、丧失劳动能力的困难居民落实低保政策，对有劳动能力的低保对象及时给予扶贫开发政策扶持；加强系统对象和数据比对工作，完善低保对象和建档立卡对象的基础资料，构建省、市、县三级联动的核对系统，其中县级民政部门、扶贫部门要加强信息比对工作，每年要至少比对 2 次[②]，确保对救助对象的识别和管理效率。

（二）提升和扩大兜底保障的标准和范围

为了进一步巩固脱贫攻坚成果，减少困难群众陷入贫困和返贫的风险，各地在兜底保障的标准和范围中进行了一定程度的拓展和提升。社会救助的政策兜底性收入是困难家庭的主要收入来源。甘肃省 2018 年农村低保指导标准提高到每人每年 3720 元，其中一类、二类对象每人每年补助水平分别达到 3720 元、3480 元。农村特困人员集中和分散供养标准分别达到 6432 元/人·年、5178 元/人·年。通过社会救助政策性兜底保障，以及各项惠农政策收入，农村低保一类、二类对象和特困救助供养人员持续实现收入上的"政策性脱贫"[③]。与基本生活救助项目密切相关的专项救助标准也在提升，甘肃省卫生健康委员会、民政厅等四部门下发了《关于做好 2019 年农村贫困人

---

① 《广西壮族自治区关于加快推进农村低保制度与扶贫开发政策有效衔接的实施意见》，2016 年 7 月，自治区人民政府办公厅，http://www.bhtsg.gov.cn/zwgk/gysyxxgk/tpgjxxgk/fpzc/201607/t20160726_1776123.html。

② 《江苏省关于进一步加强社会救助制度与扶贫开发政策有效衔接的通知》，2019 年 11 月，江苏省民政厅，http://mzt.jiangsu.gov.cn/art/2019/11/14/art_76208_8814026.html。

③ 朱丹：《甘肃：强化兜底保障 助力脱贫攻坚》，《中国民政》2019 年第 12 期。

口大病专项救治工作的通知》加大医疗救助帮扶力度，将农村贫困人口大病专项救治病种扩大到 25 种，确保年度救助限额内农村贫困人口的个人自付住院费用救助比例不低于 70%。在保障特困供养老人优先入住的基础上，甘肃、河南、河北等地开始探索农村敬老院向有需求的社会老人开放，对经济困难的高龄失能农村留守老年人提供低收费照料服务，满足各类困难老人专业化的养老需求。

在拓展兜底保障对象范围方面，针对特殊困难群体实施专门的救助补贴。甘肃省建立经济困难老年人（低保和特困人员）补贴制度，面向特困人员、城乡低保家庭中 60 周岁以上的失能、失智老年人和 80 周岁以上的高龄老年人，计划生育特殊困难家庭和其他低收入家庭中 60 周岁以上的失能、失智老年人，每人每月补贴 100 元。为满足老人的养老需求，江西省民政厅印发的《关于实施 2019 年度"福彩圆梦·孤儿助学工程"项目的通知》中对入学前户籍在省内，18 周岁前被认定为孤儿身份、年满 18 周岁后就读于全日制院校的中专、大专、本科和硕士研究生，按月或按季发放助学金，资助标准为每人每学年 1 万元。江西省宁都县自主探索了面向困境儿童（270 元/月）和困境家庭儿童（420 元/月）的救助补贴，补贴发放一直延续到大学毕业。一些省市如上海市、湖南省、山东省、河北省等将支出型贫困家庭纳入低保的保障范围，并在核算家庭收入时，对家庭患大病、患重病、教育费用等增加的刚性支出予以适当扣减。广东省于 2019 年出台的《广东省最低生活保障制度实施办法》将支出型贫困、低保边缘家庭纳入救助范围，重度残疾人、3 级和 4 级智力和精神残疾人、父母不能履行抚养义务的儿童等特殊人员可以单独提出申请。

贫困残疾儿童也是脱贫攻坚战中重点关注的对象。在贫困残疾儿童的身体康复方面，福建省、辽宁省分别给予每人每年 18000 元、20000 元康复补助以及配套的康复服务。甘肃省渭源县通过特殊教育学校进一步完善了贫困残疾儿童就学教育体系。构建了以随班就读为主体，以特教学校为骨干，以"送教上门"为补充的办学特殊教育体系。目前全县义务教育阶段的残疾儿童共 342 名，特殊教育现有学生

87名（其中在校学生56名，送教上门学生31名），随班就读学生167名，不断加大控辍保学力度。学校积极贯彻落实2016年至2019年期间各级政府陆续出台的相关政策文件，为困境儿童提供教育兜底保障（见表1-2）。

表1-2　　　　　　　特殊教育学校的相关政策文件

日期	发文机构	文件
2016-12-29	渭源县教体局、卫生和计划局和残疾人联合会	《关于成立渭源县特殊儿童随班就读资源中心的通知》
2017-06-13	甘肃省教育厅和残疾人联合会	《甘肃省残疾儿童少年依法接受义务教育工作实施方案》
2018-01-31	甘肃省教育厅等七部门	《甘肃省第二期特殊教育提升计划（2017—2020年）》
2019-02-18	定西市教育局等七部门	《定西市义务教育阶段重度残疾儿童送教上门工作实施细则》

（三）拓宽兜底保障的服务形式和内容

如何保障特困供养残疾老人晚年的衣食住行医、满足特困供养老年人多样化的养老服务需求，始终是兜底保障工作中的难点。河南省对特困人员供养的形式和内容分别进行了探索，太康县作为破除敬老院建设瓶颈的试点县，因地制宜地对本县特困供养老人探索实施了"五养"模式。一是敬老院集中供养，提升规范化服务和管理水平。按照"自愿入住"原则，把生活不能自理且无人赡养的特困人员集中在乡镇敬老院供养。二是社会托养，实现了医养结合。依照政策，通过协商，把所有的失能半失能特困人员按照位置分布由医疗机构或医养结合的养老机构集中托养。三是亲情赡养。在特困人员自愿在家生活的前提下，由乡镇民政所会同村委会选择有孝心、有能力、有意向的近亲属，签订供养协议，进行赡养。四是居村联养。各乡镇以片区为单位，改造和新建村级敬老院，把不愿意出村的独居特困人员集中供养，并取得了显著成效。五是邻里助养。针对分散供养的独居老人，提倡邻里助养，采取政府补贴、志愿服务、开发村级公益性岗位等形式对特困人员开展邻里照护服务。[①] 近年来，农村老年人的数量和患病率等健康问题日益增加，特别是特困老人中的高龄、失能半失能群体对医疗、照料、护理需求的呼声强烈，为提高集中供养老人的养老服务质量，河南省又积极探索健康养老新模式，打破传统医疗和养老分离状态，根据2016年河南省出台的《关于推进医疗卫生与养老服务相结合的实施意见》，加快推动乡镇敬老院与乡镇卫生院联手，整合现有的医疗资源和养老资源，共建集养老服务和护理结合型的"医养结合"型的护理型养老机构，乡镇卫生院与敬老院签订医养合作协议书，制定了健康走访、巡诊、义诊活动方案，形成"医、养、护、康"四位一体的健康扶贫养老模式，满足特困供养老年人"病可医、老可养"的养老需求。

为解决农村留守、独居及分散供养老人的养老难问题，江西省一些地区以村、组为单位，利用闲置的村级活动场所、小学校舍、祠堂、农村幸福院等场所，以解决农村生活困难老人用餐难题为突破口，创新打造农村"颐养之家""幸福食堂""农村互助养老之家""农村互助养老中心"等机构，采取"政府补助、村级配套、老人自缴、社会捐赠、自我发展"多元化的投入机制，不断拓宽资金来源。按照"入家"自愿、退出自由原则，为年满70周岁以上的农村留守、独居及贫困老人提供日间照料、文体活动等服务，探索贫困老人居家养老新模式，形成了基层党组织、党员志愿者、养老服务机构、村卫生服务中心（站）与空巢独居老年人的新型"家庭"关系。全面提升农村养老服务水平，设立生产互帮、生活互帮、经济互帮、精神互帮小组，不断满足困难老人的物质和精神需求。

---

① 太康：《"五养模式"蹚出养老新路子》，2018年11月，河南日报，https://www.henandaily.cn/content/sh/2018/1111/131799.html。

广东省强调从生活保障到医疗康复、教育、住房、监护、精神关怀等方面加强对困难儿童群体的关爱，社会救助服务对象已从孤儿延伸至困境儿童、农村留守儿童；在服务内容上已从吃饱穿暖的最基本生活需求延伸到享受医疗康复、教育和住房保障、落实监护责任和精神关怀等方面。医疗康复方面，孤儿医疗救助按照特困人员医疗救助政策执行。孤儿的体检、医疗、康复费用，在报销完医疗保险、医疗救助后，剩余部分均可在"明天计划"中报销。此外，还把低保家庭儿童、低收入家庭儿童、特困供养儿童纳入重特大疾病医疗救助范围，对其参加城乡居民基本医疗保险的个人缴费部分给予全额资助，提高对家庭困难的重病、重残儿童的医疗救助比例。

（四）引导和鼓励社会力量参与脱贫攻坚

为破解制约社会救助发展的难题，有效发挥社会救助在打赢脱贫攻坚战和全面建成小康社会中的兜底保障作用，各地开始织牢以商业保险、慈善力量、社会组织、网络互助平台为补充的社会力量参与体系。湖南省湘潭市雨湖区财政投入106万元为低保、特困供养人员以及扶贫对象，购买意外伤害险和"扶贫特惠保"，同时培育社会组织参与入户调查、精神慰藉、心理咨询、人文关怀等工作，让政府主导救助与社会补充救助有效对接。福建省启动了"2019希望工程一堂课进社区"活动，为福州东升街道、湖前街道等片区内的200多名农村留守儿童、困境儿童及事实孤儿等，开展科学实验、安全防护、心理教育等课程。依托省青少年发展基金会和福建省"手牵手青少年健康成长帮扶中心"组织了一批以大学生为主要力量的志愿者参与此次活动，在孩子们心中播撒美和善的种子。

贵州省民政厅等15个部门日前联合印发的《关于加强社会工作专业岗位开发与人才激励保障的实施意见》中指出，要重点围绕城市流动人口、农村留守人员、困难群体、特殊人群和受灾群众的个性化、多样化社会服务需求，组织开展政府购买社会工作服务。在积极引导、重点保障社会工作专业人才到基层一线和艰苦地区开展专业服务活动的同时，充分发挥专业岗位的承载作用、薪酬待遇与激励保障政策的导向作用，解决社会工作专业人才的后顾之忧。2020 年贵州省启动全面建立乡镇（街道）社会工作服务站（室）工作，在城乡社区实现社区社会工作者全覆盖。辖区人口较多的城乡社区，将适当增设社会工作专业岗位，增配专职专业社会工作人才。

贫困老年人的赡养问题正成为社会关注的热点，非贫困地区的老年贫困和养老问题也日趋严峻。如何让贫困老年人养老不发愁，并快乐有尊严地安享晚年，是脱贫路上必须要解决的一个问题。为帮扶农村建档立卡贫困老人如期脱贫，河北省打造"子女尽责、集体担责、社会分责、政府履责"的农村贫困老人脱贫新路子，将 65 周岁以上的农村建档立卡贫困老人全部纳入孝心养老扶贫对象工作范围。河南省禹州市探索社会养老扶贫新模式，对不符合特困供养条件的农村孤寡、高龄、空巢等建档立卡贫困户中非特困供养老年人提供养老扶助。

（五）建立健全兜底保障管理机制

健全完善农村低保制度和脱贫攻坚政策的有效衔接机制，协同推进基层社会治理创新，有助于提升基本社会服务能力，更好地满足人民群众日益增长的美好生活需要。具体体现在：一是为健全完善农村低保制度和脱贫攻坚政策的有效衔接机制，甘肃省民政厅等 8 个部门联合下发的《关于建立信息核对机制进一步精准认定农村低保对象的通知》，要求做到应保尽保、应退尽退，坚决杜绝"一兜了之"；二是加强协作，共同推动基层社会治理、社会组织管理等工作，不断优化养老托幼服务供给，大力发展慈善和志愿服务；三是扎实开展民政领域问题和作风问题专项整治，坚决纠正"人情保""关系保"等突出问题。比如制定县级困难群众基本生活保障协调机制工作指引，深化农村低保专项治理工作，严查"漏保"、资金监管不到位、经办服务中的形式主义、官僚主义等问题，加快推进社会救助综合改革试点工作。

社会救助审批权下放，让困难群体及时得到救助。湖南省湘潭市雨湖区低保救助所需申报资料由 30 余份精简到 4 份，低保办理时间缩短三分之二；临时救助审批权下放到乡镇（街道）一级，加快实现"马上办、网上办、就近办、一次办"。为了让特困供养对象享受更加规范标准的服务，雨湖区引进专业机构对集中供养特困人员的敬老院实行"公建民营"改革，投入800万元用于护理区改造，通过标准化建设提质、专业化护理提标、网格化服务提效、社会化运营提档四大行动，提升了特困供养人员的幸福感获得感。同时，还引入第三方实施综合监管，出台基层低保经办人员"容错纠错"实施办法鼓励创新，让基层低保经办人员放下心理负担，纠正"宁漏勿错"心态；明确考评奖惩制度，对所有民生员进行年度述评和民主测评，提升队伍整体水平。

随着扶贫领域专项治理的深入推进和问责力度的加大，基层社会救助人员存在工作任务重、思想压力大的现状。比如2019年10月29日，浙江省温州市洞头区纪委、洞头区民政局联合下发《温州市洞头区社会救助尽职免责办法（试行）》（以下简称《免责办法》），用于解决民政部门、街道（乡镇）和村居（社区）社会救助工作人员在履行社会救助职能过程中，应对已经履职尽责但客观上因难以预见等因素造成的错保、漏保等情况。湖北省强调以争取立法、制定政策文件、出台部门规范性文件或开展专项活动来破解民政改革发展难题。湖北省人大修订了《湖北省农村五保供养条例》《湖北省实施〈中华人民共和国老年人权益保障法〉办法》和《湖北省实施〈中华人民共和国村民委员会组织法〉办法》，湖北省政府出台了《湖北省社会救助实施办法》和有关养老服务、社会治理等方面系列政策。

（六）推行"互联网＋"功能，促进兜底保障的智能化发展

为了增强社会救助的便捷化和精准化，方便救助对象得到及时有效的救助服务，很多地区积极探索以"互联网＋"打造社会救助大平台，打通社会救助的"最后一公里"。重庆市渝北区居家养老服务中心为老年人提供一台具有定位功能的老人专用手机，老年人只要按下SOS键提出服务需求，指挥调度中心根据老人所需派出工单，工作人员上门服务，从服务确认到服务跟踪、服务评价、质量回访，对于居住在偏远农村的分散特困老人，安排"助老员"根据老人的需求提供服务。救助对象包括最低生活保障家庭中的失能老年人或空巢老年人、分散特困供养人员中的老年人、100周岁及以上的老年人，并对

其提供100%比例的居家养老服务；对60周岁及以上空巢家庭中失能老年人、80周岁及以上的空巢家庭老年人或失能老年人，提供50%比例的居家养老服务。①

  为最大化地整合救助力量，使群众享受最便捷最高效的救助服务，江苏省张家港市社会救助服务中心创新开发、上线运行社会救助管理平台，对政府资源和社会资源进行有效整合，实现民政、教育、人社、卫健、医保等救助业务主管部门的资源共享共通，形成市、镇、村三级纵向贯通，同时对接专业社工组织、慈善组织，链接爱心企业和爱心个人的资源，引导社会力量参与社会救助，形成合力救助的大救助格局。"两库两单"是指救助平台困难人群基础信息库、关爱援助项目库、政策清单和帮扶清单。基础信息库收录了全市低保、低保边缘等8大类困难群众近1万多条基础信息，并实行动态管理、每月更新；关爱援助项目库针对其实际需求设计心理抚慰、能力提升、社会融入等方面的服务项目，目前已整理了4大类24小类的服务项目；政策清单集成了各救助主管部门的社会救助政策，目前系统内已收入了8个部门的43条救助政策；帮扶清单是将系统内的困难人群按户每年整理救助档案，内容包括困难家庭的基本情况、需求评估情况、致贫原因、受助情况等，将困难群众的受助信息进行综合统计，还可以有效避免重复救助和遗漏救助。

第三节　社会救助兜底扶贫成绩量化分析

一　建档立卡贫困对象的人口学特征

  2019年，民政部政策研究中心实施的托底项目侧重对城乡困难家庭进行大规模入户调查，获取了大量一手研究数据，对研究社会救助兜底农村贫困人口脱贫问题提供了有力支撑。本次调查以家户为调研

---

① 重庆市民政局：《重庆渝北推广居家养老新模式"全天智能化守候长者"》，2018年8月，http://mzj.cq.gov.cn/cqmz/html/gzdt/20180801/11220.html。

专题一　社会救助兜底农村贫困人口脱贫

对象，共获取有效研究样本 8335 个。本专题针对的是农村贫困人口脱贫问题，故课题组主要选取建档立卡贫困户为研究对象，研究样本为 1031 户，4526 人。研究对象主要分布在四川、贵州和甘肃三个脱贫攻坚任务较重的西部省份，研究样本中三个省份建档立卡贫困户的比重分别是 14%、17% 和 69%。从受访家户的低保类型看，低保户样本有 333 个，占到总样本的 32.3%；低保边缘户样本有 37 个，占到总样本的 3.6%；其他困难类型占到总样本的 64.1%。

表 1-3　建档立卡户样本（1031 户）的基本情况

	N	最小值	最大值	平均数	标准差
家中人数	1031	1	10	4.39	1.743
男性人数	1031	0	6	2.20	1.034
女性人数	1031	0	7	2.19	1.229
不满 6 岁人数	1031	0	4	0.29	0.622
6—16 岁人数	1031	0	4	0.65	0.848
未成年人数	1031	0	5	0.95	1.047
劳动人口数	1031	0	6	2.25	1.322
老年人数	1031	0	3	0.66	0.782
长期照料人数	1031	0	5	0.28	0.595
失能人数	1031	0	5	0.29	0.648
失智人数	1031	0	4	0.11	0.355
失能失智人数	1031	0	4	0.06	0.293
慢性病人数	1031	0	4	0.88	0.841
大病人数	1031	0	3	0.28	0.540
持证残疾人数	1031	0	4	0.32	0.606
领取残疾补贴人数	264	0	4	0.80	0.665

表 1-3 汇总了建档立卡贫困户（1031 户）的家庭人口基本特

征，从家庭成员的结构特征来看，每户平均有4.39个成员，其中有男性成员2.20个、女性成员2.19个，每户平均有0.95个未成年人，其中有不满6岁的儿童0.29个、6—16岁的儿童0.65个。有21.9%的建档立卡贫困家庭至少有一名抚养不满6岁的儿童，其中抚养2个及以上的占到6.3%。44.7%的困难家庭要供养子女读书，接受小学、初中或高中教育，其中抚养2名及以上在校生的占到16.8%。从群体类别看，每户建档立卡家庭平均有0.66个老年人。建档立卡户中有47.5%的困难家庭需要赡养老人，其中赡养2个及以上的占到18.3%。每户平均有0.28个需要长期照料的家庭成员，其中需要长期照料2名及以上的占到5.1%。每户平均有0.29个失能人员，其中有2名及以上的失能人员占到7.2%。每户平均有0.11个失智人员，其中有2名及以上的失智人员占到0.6%。从家庭成员的健康状况来看，每户平均有0.88个患慢性病的家庭成员，其中有2名及以上的患慢性病占到24.0%。每户平均有0.28个患大病的家庭成员，其中有2个及以上的患慢性病的占到0.3%。每户平均有0.32个持证残疾人，其中有2个及以上的持证残疾人占到5.2%。这些持证残疾人家庭平均有0.80个领取到残疾补贴或护理补贴。

从建档立卡贫困户的家庭结构、群体类别和家庭成员的健康状况来看，建档立卡贫困户面临养育子女生活和教育开支的压力、近一半的困难家庭面临赡养老人的压力，平均每个家庭有一名慢性病患者，部分家庭还有照顾失能失智人员和残疾人的压力。总的来看，家庭劳动力严重不足，失能失智人群、长期慢性病患病者、残疾人等弱能群体转化成现实劳动力的难度较大，同时，这一群体的自我发展与脱贫能力难以得到有效提升，并缺乏稳定可持续的收入来源，加之应对外部风险的能力不足，长期处于贫困的恶性循环中，对加快我国反贫困的进程和提升脱贫效果带来难度，需要社会救助充分保障部分或完全丧失劳动能力的老弱病残等弱能群体的基本生活，严格守好脱贫攻坚的最后一道防线，确保如期实现高质量打赢脱贫攻坚战的目标。

二 社会救助项目在建档立卡贫困人口的覆盖情况

全面脱贫攻坚以来,尽管我国农村低保救助政策的覆盖率逐年减少,但社会救助政策的综合覆盖率却在持续攀升。调查数据分析结果显示,在建档立卡贫困户(1031户,4526人)中,享受过农村低保救助政策的样本家庭占到42.8%、分散特困人员供养政策的样本家庭占到1.6%、临时救助政策的样本家庭占到12.7%、残疾人两项补贴政策的样本家庭占到18.6%、困难老人生活补贴政策的样本家庭占到3.4%、失能老人护理补贴政策的样本家庭占到0.1%、高龄津贴政策的样本家庭占到8.0%、孤儿或困境儿童生活补贴政策的样本家庭占到0.6%、医疗救助政策的样本家庭占到37.3%、重特大疾病医疗救助政策的样本家庭占到4.3%、水电费减免政策的样本家庭占到22.5%(见图1-2)。

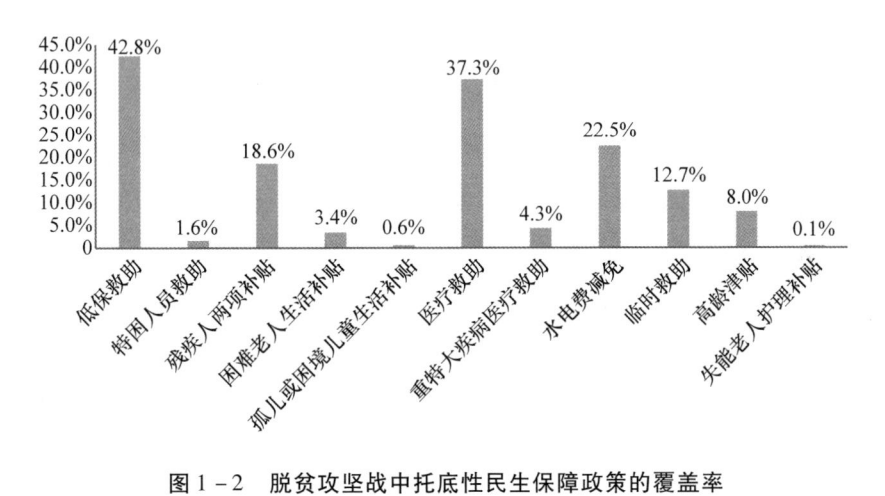

图1-2 脱贫攻坚战中托底性民生保障政策的覆盖率

表1-4反映了各类贫困人口的社会救助项目在建档立卡(4526人)中的覆盖情况。综合起来看,Ⅰ类核心社会救助在建档立卡人口中的覆盖率为43.35%,Ⅱ类基本社会救助在建档立卡人口中的覆盖率为46.26%,Ⅲ类基本社会救助在建档立卡人口中的覆盖率为

50.34%，Ⅳ类拓展性社会救助在建档立卡人口中的覆盖率为54.12%，Ⅴ类综合性社会救助在建档立卡人口中的覆盖率为90.20%。从不同层次的救助对象来看，基本生活性的救助基本还是围绕低保和特困人口，只有7个百分点的差别；临时救助也没有形成实质性差别，不到4个百分点。形成差别较大的是四项专项救助，进而也说明四项专项救助并未真正捆绑低保与特困对象的身份。

表1-4　　　　建档立卡贫困人口的社会救助项目覆盖率

救助类别	具体救助项目	覆盖率
Ⅰ类：核心社会救助	低保+特困人员供养	43.55%
Ⅱ类：基本社会救助	Ⅰ类+残疾人两项	46.26%
Ⅲ类：基本社会救助	Ⅱ类+困难老人两项+高龄津贴+困难儿童津贴	50.34%
Ⅳ类：拓展性社会救助	Ⅲ类+临时救助	54.12%
Ⅴ类：综合性社会救助	Ⅳ类+四项专项救助	90.20%

三　社会救助项目对建档立卡贫困人口的收入贡献

表1-5统计了建档立卡贫困户（1031户）享受各类救助的等值金额。其中覆盖率排在前三位的救助项目分别是教育救助（530户）、低保金（436户）和医疗救助（378户），52.5%的建档立卡户享受过教育救助，他们全年获取的教育救助等值金额平均为2108.68元；有42.5%的建档立卡户享受过低保救助，他们全年获取的低保金等值金额平均为6842.86元；37.3%的建档立卡户享受过医疗救助，他们全年获取的医疗救助等值金额平均为7853.44元。

在基本生活救助中，低保等值金额占建档立卡贫困户人均收入（9245元）的74.01%，1.6%的建档立卡户享受过特困供养，他们全年获取的特困供养金等值金额平均为4402.94元，5.7%的建档立卡户享受过临时救助，他们全年获取的临时救助等值金额平均为1522.67元，分别占建档立卡户全年人均收入的47.62%和16.5%，低保金和五保金在保障困难群众基本生活中的力度较大，临时救助为解决突发性、临时性困难起到补充作用。住房救助的等值金额最高，11.5%的建档立卡户享受过住房救助，他们全年获取的住房救助等值金额平均为33034.85元，住房救助等值金额偏高与近年来政府着力解决住房保障问题有关；其次是就业救助，26.9%的建档立卡户获取的就业救助等值金额平均为13360.64元；8.1%的建档立卡户享受过自然灾害救助，他们全年获取的自然灾害救助等值金额平均为1260.66元；3.5%建档立卡户享受过慈善救助，他们全年获取的慈善救助等值金额平均为4091.67元（见表1-5）。

表1-5 建档立卡（1031户）中全年享受社会救助项目的实施情况

	N	最小值	最大值	平均数	标准差
低保金等值金额	436	0	26000	6842.86	5102.40
特困供养金等值金额	17	70	9840	4402.94	2837.97
自然灾害救助等值金额	83	40	24000	1260.66	3788.96
医疗救助等值金额	378	0	150000	7853.44	13655.33
教育救助等值金额	530	0	12200	2108.68	1946.31
住房救助等值金额	111	0	392000	33034.85	58796.43
就业救助等值金额	276	0	56000	13360.64	19186.72
临时救助等值金额	130	110	20000	1522.67	2075.25
慈善救助等值金额	36	90	45000	4091.67	10356.08

从资金投入的角度，建档立卡贫困户的人均大口径（包括低保金、五保金、临时救助、残疾人生活补贴、困难老人生活补贴、高龄津贴、孤儿、困境儿童生活补贴）的津贴性收入合计为796元，占人均年收入（9245元）的8.6%，占人均政府转移支付收入（1175元）的比重为67.7%，是转移支付的重要组成部分（见表1-6）。

表1-6　建档立卡贫困户（1031户，4526人）各项救助项目人均等值金额情况

社会救助项目	平均值（元）	占人均年收入的比重（%）
人均低保金等值金额	659	7.13
人均五保金等值金额	17	0.18
人均临时救助等值金额	44	0.48
人均残疾人生活补贴等值金额	42	0.45
人均困难老人生活补贴等值金额	7	0.08
人均高龄津贴等值金额	15	0.16
人均孤儿、困境儿童生活补贴等值金额	12	0.13
合计	796	8.60

四　低保贫困户的基本情况

建档立卡户中的低保户具有生计脆弱性，其中年老多病、无劳动能力的人口的比重较大。报告的数据样本建档立卡1031户中的低保贫困家庭有333户，1293人。表1-7反映了2019年低保贫困户家庭的基本特征，每户平均有3.88个成员，其中有男性成员1.99个、女性成员1.89个。2019年有48.3%的低保贫困户家庭都有未成年儿童，其中每个低保贫困家庭平均约有不满6岁的儿童0.18个、6—16岁的儿童0.59个，40.8%的低保贫困家庭面临着抚养两个及以上在校学生的生活压力。从群体类别看，81.1%的低保贫困家庭有1名及以上的劳动力，每户平均约有1.56个劳动力；约57.1%的家庭需要赡养老人，其中赡养2个及以上的占比23.7%；每户平均有0.4个需要长期照料的家庭成员，其中需要长期照料2名及以上的占到7.8%。每户平均有0.58个失能人员，其中有2名及以上的失能人员占到16.2%。每户平均有0.21个失智人员，其中有2名及以上的失智人员占到1.2%。从家庭成员的健康状况来看，每户约有1个患慢性病的家庭成员，其中有2名及以上患慢性病的占到28.8%。每户平均有0.41个患大病的家庭成员，其中有1个及以上患大病的占到34.8%。40.8%的低保贫困家庭有残疾人，其中有2个及以上持证残

疾人的占到10.5%。低保贫困家庭的户均土地面积为11.59亩，其中平均种植面积为7.93亩。

表1-7 2019年低保贫困户（333户，1293人）家庭的基本特征

	个案数	最小值	最大值	平均值	标准差
家中人数	333	1	8	3.88	1.595
男性人数	333	0	6	1.99	0.985
女性人数	333	0	5	1.89	1.158
未成年人数	333	0	5	0.77	0.944
不满6岁人数	333	0	3	0.18	0.495
6—16岁人数	333	0	4	0.59	0.836
劳动人口数	333	0	5	1.56	1.200
老年人数	333	0	3	0.81	0.807
长期照料人数	333	0	5	0.40	0.690
失能人数	333	0	5	0.58	0.853
失智人数	333	0	4	0.21	0.482
失能失智人数	333	0	4	0.11	0.384
慢性病人数	333	0	4	1.02	0.868
大病人数	333	0	3	0.41	0.628
残疾人数	333	0	4	0.53	0.746
土地面积	332	0	292	11.59	21.698
种植面积	333	0	292	7.93	18.342

表1-8 2019年低保贫困户（333户，1293人）人均收入结构

类别	收入（元）	比重（%）
人均可支配收入	8007.37	
人均工资性收入	3730.94	46.59
人均经营性收入	1194.73	14.92
人均财产性收入	175.98	2.20
人均转移性收入	2867.13	35.81

表1-8反映了2019年低保贫困户1293人的收入结构情况，人均可支配收入为8007.37元，其中工资性收入为3730.94元，占比最高，为46.59%；其次是人均转移性收入为2867.13元，占比为35.81%；人均经营性收入为1194.73元，占比为14.92%，人均财产性收入最低为175.98元，占比为2.20%。2019年各项社会救助项目在333户低保贫困户的覆盖情况如表1-9所示，其中覆盖率排在前三位的救助项目分别是低保金（308户）、教育救助（165户）、医疗救助（145户）。从资金投入的角度来看，人均等值金额排名前三位的分别是低保金等值金额为1883.74元，医疗救助等值金额1188.46元和就业救助等值金额为752.30元。

表1-9 低保贫困户（1293人）各项救助项目人均等值金额情况

	领取户数	最小值	最大值	人均等值金额（元）	占人均可支配收入比重（%）
低保金等值金额	308	350	26000	1883.74	23.53
特困供养金等值金额	4	800	9840	14.88	0.19
自然灾害救助等值金额	34	50	10000	20.45	0.26
医疗救助等值金额	145	20	150000	1188.46	14.84
教育救助等值金额	165	100	9368	278.45	3.48
住房救助等值金额	39	12	112000	552.60	6.90
就业救助等值金额	78	40	56000	752.30	9.40
临时救助等值金额	58	180	5000	71.78	0.90
慈善救助等值金额	22	100	45000	96.21	1.20

表1-10反映了2019年低保贫困户（333户）生产生活设备的拥有情况，其中通信类设备电视机拥有量为305户，占比为91.6%；智能手机拥有量为281户，占比为84.4%；洗衣机、冰箱这样的传统类家电拥有比例较多，分别占比为89.2%和87.1%；空调的拥有量较少，这主要与调查对象主要分布在四川省、贵州省、甘肃省的气候条件有关；交通类用具中电动自行车、摩托车的占比为30.9%和

专题一　社会救助兜底农村贫困人口脱贫

表1-10　2019年低保贫困户（333户）生产生活设备的拥有情况

（单位：户，%）

	电视机		洗衣机		冰箱		空调		电动自行车		摩托车		智能手机	
	频率	百分比	频率	百分比	频率	百分比	频率	百分比	频率	百分比	频率	百分比	频率	百分比
否	28	8.4	36	10.8	133	12.9	305	91	230	69.1	189	56.8	52	15.6
是	305	91.6	297	89.2	898	87.1	30	9.0	103	30.9	144	43.2	281	84.4

	钢琴		汽车、货车或卡车		船舶		工程机械（挖掘机、吊车）		大型农机具（拖拉机、收割机）		贵重物品（古董字画、珠宝、金银首饰）		以上都没有	
	频率	百分比	频率	百分比	频率	百分比	频率	百分比	频率	百分比	频率	百分比	频率	百分比
否	333	100	329	98.8	332	99.7	333	100	288	86.5	331	99.4	331	99.4
是	0	0	4	1.2	1	0.3	0	0	45	13.5	2	0.6	2	0.6

43.2%；汽车、货车或卡车的占比较少，为1.2%；45户拥有大型农机具（拖拉机、收割机）的占比为13.5；钢琴、贵重物品（古董字画、珠宝、金银首饰）的占比很少，仍有2户以上生产生活设备都没有。

五 建档立卡贫困人口对社会救助项目的认知和评价

救助对象对社会救助项目的主观认知和评价是衡量受助者主观福利水平的一项重要指标，同时也可以在一定程度上反映社会救助政策助力脱贫攻坚的实施效果，通过个体的满意度和获得感可以判断各类社会救助项目的减贫效果和改善救助对象生计的目标实现程度，救助者对当前社会救助政策实施情况、减贫效果的直接和间接的心理感受、主观评价和政策期望也为未来社会救助兜底保障政策的设计和完善提供了一定的参考。救助对象的获得感和满意度是社会救助服务效能的根本评价标准，本专题对受访建档立卡户（1031户）关于对社会救助体系中核心救助项目救助作用的评价、社会救助项目实施过程中常见问题的主观感知，以及对救助对象基于当前的生活评价对未来遭遇风险的担忧情况进行了统计梳理。

表1-11中反映了受益建档立卡贫困户对社会救助体系中最低生活保障金、特困人员救助供养金、医疗救助、教育救助、住房救助、就业救助、临时救助和灾害救助发挥的救助作用的主观评价，调研采用了李克特五级量表的形式，对救助作用的评价按照从小到大的顺序划分为无作用、较小、一般、较大和很大五个等级。统计结果显示，其中最低生活保障金（低保金）、特困人员救助供养金（五保供养金）、医疗救助、教育救助、住房救助、就业救助、临时救助的救助作用评价为"很大"的比重分别有79.59%、82.53%、78.18%、74.49%、79.83%、74.73%、82.80%，大多数建档立卡户对各类救助项目的救助作用的评价和满意度都处于较高水平。对灾害救助的评价为很大的建档立卡户占比为45.78%，低于以上七项救助中的占比情况，这可能是因为自然灾害具有不确定性和偶发性的特征，与日常

专题一　社会救助兜底农村贫困人口脱贫

生活中的长期性、稳定性的救助项目相比,是一种非常态化的临时性的保障。最低生活保障制度是社会救助的核心内容,也是覆盖率较高的救助项目,调查问卷设置了救助对象对低保政策的知晓和评价情况的相关问题,其中有74.68%的建档立卡户了解低保金要通过政府审批,79.24%的建档立卡户知道享受低保要对家庭经济状况与财产状况进行核查比对,84.09%的建档立卡户认为低保评审过程是公平的,个体对救助政策的知晓度在一定程度上反映了政策的实施效果,同时也决定了个体的参与情况和满意程度,大部分建档立卡贫困户了解低保政策的操作流程、对低保政策的实施评价较好,反映了近年来低保政策兜底脱贫和低保专项治理的成效显著。

表1-11　建档立卡户(1031户)对社会救助项目的救助作用的评价情况

	很大	较大	一般	较小	无作用
低保金	347 79.59%	63 14.45%	23 5.28%	3 0.69%	—
五保供养金	14 82.53%	—	2 11.76%	1 5.88%	—
医疗救助	301 78.18%	45 11.69%	33 8.57%	3 0.78%	3 0.78%
教育救助	403 74.49%	62 11.46%	73 13.49%	3 0.55%	—
住房救助	95 79.83%	12 10.08%	8 6.72%	3 2.48%	1 0.83%
就业救助	207 74.73%	34 12.27%	30 10.83%	—	6 2.17%
临时救助	96 82.80%	21 10.30%	12 5.20%	—	2 1.70%
灾害救助	38 45.78%	8 8.30%	9 4.10%	27 32.53%	1 1.40%

注:以上数据呈现的是已剔除"缺失项"的处理结果,"—"表示无。

表1-12汇总了建档立卡贫困户对当前社会救助中存在的主要问题的反映。76.72%的建档立卡贫困户认为所在村不存在该救助（或扶持）的人没有得到救助的现象，74.98%认为所在村不存在该退出（救助或扶持）的人没有退出的现象，74.20%的建档立卡贫困户认为所在村不存在低保或扶贫户的家庭情况还过得去，但依然获得了救助的情况。认为所在村没有靠关系得到救助的贫困户比重最高，占比为81.38%，不存在隐瞒工作或收入的比重位居第二位，为77.89%，反映了近年来社会救助各类救助项目"公开""公正""透明"，在执行过程中严格公正，切实维护了救助对象的基本权益。随着农村低保专项治理、低保退出机制的逐步完善，发展型救助政策使有劳动能力的救助对象逐步减少对社会救助的依赖，77.21%的建档立卡贫困户认为所在村不存在依赖心理不努力找工作的现象。有关特殊群体的救助中，75.56%和77.01%的建档立卡贫困户认为，所在村不存在留守儿童生活困难和老年人、残疾人缺少照料的现象。综合来看，反映了社会救助兜底脱贫工作的系统性和有效性，在各类困难群众生活保障中发挥了重要的作用。

表1-12 建档立卡户（1031户）对当前社会救助中存在的主要问题的认知情况

	没有		有		不知道	
该救助没有得到救助	791	76.72%	128	12.42%	111	10.77%
该退出没有退出	773	74.98%	106	10.28%	151	14.65%
情况过得去得到救助	765	74.20%	143	13.87%	122	11.83%
靠关系得到救助	839	81.38%	69	6.69%	123	11.93%
隐瞒了工作或收入	803	77.89%	68	6.60%	160	15.52%
依赖心理不努力找工作	796	77.21%	153	14.84%	82	7.95%
留守儿童生活困难	779	75.56%	166	16.10%	86	8.34%
老年人、残疾人缺少照料	794	77.01%	139	13.48%	98	9.51%

注：以上数据呈现的是已剔除"缺失项"的处理结果。

表1-13反映了建档立卡贫困户根据当前生活情况，预测未来2—3年后对整个家庭遇到下列情况的担心情况统计，担心程度从完全

专题一 社会救助兜底农村贫困人口脱贫

不担心到非常担心共五个等级。其中对看病开销大、家中主要劳动力没工作这两项持非常担心态度的建档立卡贫困户较多，担心程度最高，所占比重分别为42.39%和50.53%。一半以上的建档立卡贫困户对子女学费负担重、婚嫁成家开支难以承受、照料老年人压力大、生育和幼儿抚育开销大、（建房、购房）负担沉重的担心程度较低。大额医疗费用支出所带来的负担较为沉重，远远超过贫困家庭财力的承受范围，也是主要的致贫和返贫原因，医疗救助服务的可及性和可持续性则是防止因病返贫和因贫致病的有力手段，也是建档立卡贫困户对社会救助的主要诉求。稳定就业是降低贫困家庭脆弱性、应对外部风险、提高收入来源可持续性的重要保障，特别是对于陷入贫困时间较长、贫困程度深的贫困群体，持续稳定的就业收入对实现稳定脱贫、防止脱贫之后的返贫至关重要，因此也是建档立卡贫困户的迫切需求。

表1-13　建档立卡户（1031户）对未来生活的担心情况

	完全不担心	不太担心	有点担心	比较担心	非常担心
看病开销大	152	118	201	123	437
	14.74%	11.45%	19.50%	11.93%	42.39%
子女学费负担重	388	145	114	87	297
	37.63%	14.06%	11.06%	8.44%	28.81%
家中主要劳动力没工作	158	96	135	121	521
	15.32%	9.31%	13.09%	11.74%	50.53%
婚嫁成家开支难以承受	389	132	89	62	358
	37.73%	12.80%	8.63%	6.01%	34.72%
照料老年人压力大	431	127	119	84	270
	41.80%	12.32%	11.54%	8.15%	26.19%
生育和幼儿抚育开销大	539	140	101	69	182
	52.28%	13.58%	9.80%	6.69%	17.65%
（建房、购房）负担沉重	427	128	87	70	319
	41.42%	12.42%	8.44%	6.79%	30.94%

注：以上数据呈现的是已剔除"缺失项"的处理结果。

第四节　研究结论及政策建议

一　研究结论

党的十八大以来，我国的社会救助工作围绕兜住脱贫攻坚底线、切实保障绝对贫困群众基本生活，建立了综合性社会救助兜底保障体系。从政策梳理、地方实践和课题组对调查数据量化分析的结果来看，社会救助政策的综合覆盖率和救助标准不断提升，为保障困难群众基本生活、巩固脱贫攻坚成效做出了重要贡献。从救助对象对兜底保障政策的主观评价来看，救助对象的满意度、幸福感和获得感很高，同时也必须清晰地认识到，2020年以后有相当一部分脱贫人口的脆弱性本质并不会立刻产生变化，贫困人口中还存在劳动能力不足，失能失智人群、长期慢性病患病者、残疾人等劳动能力较差的群体，长效稳定的兜底保障是这部分群体的主要诉求，对现有救助对象的支持力度应该继续加强。同时，随着人们对美好生活的愿望不断提升，民生保障政策的内容也应该不断扩展和升级，相对贫困和发展不平衡问题也会长期存在，要在总结脱贫攻坚工作中社会救助兜底扶贫经验的基础上，研究建设"弱有所扶"的长效机制，继续探索相对贫困与打赢脱贫攻坚战相衔接以提升脱贫质量、巩固脱贫成果。要适度拓展民生保障和服务的群体，除了低保对象和特困人员，要把生活困难的老年人、重度残疾人、重病患者、困境儿童、弱能和低收入等边缘群体纳入社会救助和帮扶对象；要在救助和帮扶内容和形式上不断拓展，除了"济贫"性质的现金和实物救助，要把"解困"性质的社会服务和社会基础设施建设作为未来工作的重点来拓展；还要加强和创新基层公共社会服务的机构和网点建设。

二　政策建议

（一）持续提高兜底保障水平和质量，保障低收入人口的收入达到基本要求

当前的脱贫攻坚需要开发式扶贫和保障性扶贫共同发挥作用，其

中兜底保障是实现脱贫攻坚不可替代的手段。确保低收入人口的收入在其他扶贫措施失效的情况下也能达到基本要求（贫困线）、保证一个不掉队，确保低保标准始终高于各省执行的贫困标准，避免出现"兜不住底"现象。

要确保贫困县（市、区）农村低保标准均达到或超过国家扶贫标准，是中央《关于打赢脱贫攻坚战的决定》的精神。目前由于统计口径不一致的问题，一些省份的低保标准显示出已经高于贫困标准的迹象，但实际上落实到深度贫困地区各县区低保标准只是不低于国家贫困线，两个标准相差不大。

针对不同类型的低收入人群分类施策。实现脱贫的准确含义并不是没有贫困现象，而是使得每一类低收入人群的基本需求得到满足、收入能够达到贫困标准，其中有些人是通过自身发展实现的，这部分人可以说不再是贫困人口；有些人是通过低保等转移支付性政策支持使其收入达到或超过贫困标准，这部分人口的性质仍然处在困难中，只是他们的困难得到缓解，对这部分人口的数量要充分考虑。应该明确，属于兜底脱贫的家户，脱贫后应该继续享受低保救助政策；低保标准高于原贫困标准的地方，享受低保但不是兜底对象的脱贫户，可以继续按照补差政策享受低保救助，这样可以减少非目标群体的攀比。

在对救助对象识别的过程中，应该重新认识"劳动能力"概念。不能将其全部等同于体力劳动能力，而忽视简单劳动与复杂劳动的区别，更不能采用"有""无"劳动力的简单二分法。在判断低收入家庭是否具有劳动能力时，要坚持以户为单位，综合考虑每个家庭成员的基本情况，重点考虑低收入家庭成员具备劳动能力的可能性和可能性大小，如给予日常照护重度残疾人、重病患者以及单亲抚养学龄前儿童等不具备劳动可能或劳动条件的群体更多的政策考量。量化劳动能力时可尝试探索就业收入或当地最低工资标准的扣减比例作为就业成本，可考虑分类设置普通就业岗位、公益性岗位和残疾人就业岗位的就业成本比例，同时要结合家庭整体结构中的内部差异性扣除基本的生活成本，确保低收入群体的务工收入认定公平公正，避免出现"被脱贫"的急功近利行为。

（二）适度提高老弱病残等特殊困难群体获得低保救助资金的标准，将兜底保障的标准和范围扩大到各类困难群体和残疾人等弱势群体

科学地设置农村低保标准，坚持底线公平与多元需求相统一的原则。为了保证老人、儿童、残疾人等特殊困难群体对象的生活质量，考虑到在计算单户补贴水平时，可以适度增加家庭成员中特殊群体的权重，进一步拓宽传统的现金和实物救助方式。单一的现金给付会出现边际消费倾向的问题，欧洲福利国家先后进行了几轮福利制度改革，其福利供给更加注重现金给付和社会服务并重，尤其是福利产品和服务供给日益增长。当前我国也可以灵活运用实物、消费券、服务等救助手段，这样不仅可以减少其他人员的攀比和不公平感，也会减少救助对象因长期接受现金救助滋生的依赖思想，有条件的转移支付为贫困人口提供了参与市场的机会、激发他们人力资本的活力。例如，基层专门设立扶贫救助中心，采用积分卡兑换、发放扶贫爱心券或爱心卡等形式对困难群体进行实物救助，或通过慈善资源实物代销的方法，提升困难群体的内生动力和发展能力。

加强对失能半失能群体的服务帮扶救助。一方面，通过政府购买服务或社会爱心捐助等形式，组织并动员好社会组织、慈善、志愿服务等社会力量参与兜底保障系列项目，对行动不便和无法外出的老年人和残疾人尽可能地提供生活用品和养老服务，满足他们的基本生活需要，提高生活质量。另一方面，鼓励地方在农村探索新型养老模式，比如在农村推广"邻里互助护理"模式，鼓励低收入家庭户中有劳动能力但因外部条件制约不能外出务工的贫困人口与生活不能自理的老弱病残贫困户结成对子，通过打扫卫生、洗衣服等形式提供居家服务，村集体利用光伏发电、资产收益等项目获取的收入为服务供给方发放补贴。

把积极预防的视角引入兜底保障。当前需要兜底保障人群和低收

入人口的特点已经产生变化,除了全面落实低收入老年人、重病人群、重度残疾人、孤弃儿童、事实无人抚养儿童等特殊群体的服务政策外,也应瞄准轻度弱智人群,做到应帮尽帮。这部分群体内生动力明显不足,在劳动力市场竞争中始终处于劣势,且多数都长期处于社会平均生活水平之下,是最容易被忽视的困难人群。兜底保障的残疾人的限定标准可以放宽,将覆盖面由一级、二级重度残疾人和三级智力残疾人、三级精神残疾人延伸到一级、二级、三级残疾人和所有的智力、精神残疾人群体。

(三)积极探索发展型、多样性、包容性社会救助项目,将"增能"作为社会救助政策的重要出发点

当前的社会救助方式存在"重现金、轻服务"的现象,单一的社会救助难以满足贫困群众多样化的需求。除现金补助以外,对于无偿兜底保障的内容,还应该考虑消费券、实物、服务、精神慰藉等方式,构建积极的社会救助政策。基本公共服务和适度普惠的福利对救助功能的实现也有重要的作用。一些地方在农村社区建立"四点半课堂",解决留守儿童午休、晚放照管等问题。拓展内容丰富和形式多样的社会救助项目,以工代赈、公益性岗位等形式兜底保障,在社工发育不足的情境下,可以依托现有的学校、幼儿园、敬老院、爱心超市等机构为贫困老人、残疾人、儿童提供兜底保障服务。

开发式扶贫不仅要注重自然资源的挖掘,也要重视低收入人口人力资本的提升,尽可能创造更多的就业机会。比如,针对有就业意愿和劳动能力的年龄偏大人群、留守妇女等转移就业能力相对较弱的建档立卡适龄低收入人口,设计出四类互助性公益性岗位,即互助养老公益扶贫岗位、互助托幼公益扶贫岗位、互助照料病患公益扶贫岗位和互助助残公益扶贫岗位。还可以运用政府购买服务的理念和方式予以现金或实物补贴,实现贫困人口的就业和增收。如为低收入家庭提供小额贷款、个人发展账户等资产建设项目,提供现金的同时设定一定的条件——包括参加教育培训、接受金融知识培训等。

(四)聚焦返贫风险较高、持续增收能力弱的已脱贫人口和低收

入边缘人口，充分发挥临时救助在巩固脱贫攻坚中的重要作用

　　进一步总结基层兜底保障的工作经验，探寻兜底保障工作内在规律，更好指导下步工作。要聚焦如何实现深度贫困地区兜底保障到位，致贫风险较高的重病、重残等特殊群体有效脱贫，如何巩固脱贫成果、防止已脱贫人口返贫，如何消除工作死角和盲区、确保"一个不漏"等当前最为急迫的问题，提出破解思路和解决方法。一方面，基于发展视角和相对性原则，继续加大社会救助特别是低保和特困供养的支持标准，并使救助标准和实际补差救助额度的提升始终与当地平均消费水平的变化保持同步；另一方面，聚焦特殊群体，全面考虑致贫风险和个体脆弱性特征，综合发挥其他各项民生保障的作用。如完善医疗保险和医疗救助、加大支出型贫困低收入家庭医疗的救助力度，加强养老保险和养老福利、落实并不断提升针对残疾人和困难弱能老人的"两项补贴"项目，巩固脱贫成果、防止已脱贫人口返贫，即时、动态解决在脱贫攻坚中发现的各种问题，加强对低收入群体生计结构和各级社会救助政策的研究，不断修正完善政策，形成良性的政策过程。发挥好城乡社区的社会管理职能，落实临时救助，做好致贫问题的主动发现和预防，协助解决好返贫和边缘人群陷入贫困的问题。

专题二 支出型贫困家庭认定与兜底保障

在风险社会背景下,贫困问题将呈现多维度、动态性、高风险的特征。社会救助体系需要根据贫困的新特点不断调整与完善,尤其是针对日益凸显的支出型贫困问题,强化多样化的综合性措施来兜底保障。

第一节 问题的提出

贫困问题是世界性难题,反贫困是人类的共同使命。一直以来,中国致力于消除贫困,为全球减贫事业做出巨大贡献。党的十九大提出要坚决打赢脱贫攻坚战,确保到 2020 年我国现行标准下农村贫困人口实现脱贫。与此同时,全球化的浪潮席卷全球带来的开放性让社会的发展变迁更为迅速与快捷,同时多元文化的冲击与多维度风险接踵而来。在这一过程中,大量高新技术的应用大幅度推动了社会生产力的发展与进步,更是在极短的时间内改变着人们的生活方式、消费习惯、沟通方式,影响着人们的经济、社会、文化以及精神领域。整个社会已经进入乌尔里希·贝克(Ulrich Beck)所言的"风险社会",人类社会在快速发展的同时也面临着无穷的风险。在全球化、高科技、高风险的社会背景下,贫困问题呈现新的特点和转变,即从绝对贫困转变为相对贫困,从单一收入型贫困转变为多维贫困,其中支出型贫困进入研究者和实际工作部门的视野。现行社会救助体系建立了"8+1"社会救助模式,这一救助模式的提出扩大了社会救助的对象范围,但是以低保制度为基础社会救助体系,主要考虑家庭收入与财产标准,那些收入高于低保标准却因病、因残、因学造成刚性支出过大而陷入贫困的家庭常常处在社会兜底保障的"夹心层",实际生活困难。因此如何更好地实现对这类支出型贫困家庭的兜底保障也是当前贫困治理的重点和难点。目前,上海市、浙江省、江苏省等地陆续出台相关政策文件,探索对支出型贫困家庭的救助模式,但也存在一些问题,比如支出型贫困家庭认定标准模糊、救助方式单一、部分因病支出型贫困家庭依然难以摆脱贫困等。

近年来,支出型贫困相关研究开始增多但仍处在起步阶段,具体主要集中在以下几个方面。

一是关于支出型贫困家庭的致贫原因。一般从风险遭遇、家庭韧性、家庭成员发展动力和社会保障四方面分析支出型贫困的生成机制。[①] 支出型贫困产生的本质在于对贫困内涵的理解过于狭隘,即支出型贫困群体出现并成为社会的"夹心层"正是因为我们对贫困的认识还停留在最初的收入贫困阶段,未把健康、教育等需求作为基本需求。[②] 突发事件造成家庭短期支出剧增、现有保障制度的不完善也是支出型贫困产生的原因。[③] 外部风险、家庭禀赋和安置地社会环境对于一些特殊群体,例如移民户的贫困脆弱性均有显著的影响。[④]

二是关于支出型贫困家庭救助中存在的问题。支出型贫困的提出突破过去以单一收入为标准的救助模式,但是目前对支出型贫困的救助实践存在着概念界定不清、救助政策简单叠加、救助理念有待发展等不足。[⑤] 当前社会救助制度仅仅考虑家庭的收入状况,忽略家庭支

[①] 田北海等:《支出型贫困家庭的贫困表征、生成机制与治理路径》,《南京农业大学学报》2018年第3期。

[②] 段培新:《支出型贫困救助——一种新型社会救助模式的探索》,《社会保障研究》2013年第1期。

[③] 李朋朋:《支出型贫困家庭救助问题研究》,《社会福利》2017年第4期。

[④] 龚一纯等:《水库移民家庭支出型贫困问题研究》,《水力发电》2018年第8期。

[⑤] 谢宇等:《发展型社会政策视角下的支出型贫困问题研究》,《学习与探索》2017年第3期。

◈◈ 专题二 支出型贫困家庭认定与兜底保障 ◈◈

出情况，使得部分支出型贫困家庭被排除在制度之外基本生活无法得到有效保障。[①]

三是关于支出型贫困的救助模式。引入发展型福利理念，以动态变化的视角重新界定支出型贫困范畴，以前瞻性干预方式介入贫困生产机制，重视人力资本预先投资，消除致贫潜在因素等。[②] 一些地方的经验值得借鉴，例如上海市救助和帮扶"支出型"贫困家庭的基本经验为：构建信息平台；调动多方力量；深化分类施保；健全"四医联动"。[③] 此外，要关注因病支出型贫困问题，因病支出型贫困社会救助政策应定位于保大病，以医疗救助为主体，并设置一定的起付线；应以基本医疗保险制度为主体化解因病支出型贫困风险；应多渠道筹集资金；应提高低保制度瞄准效率以更高效、公平地利用社会救助资金化解因病支出型贫困风险的建议。[④]

整体而言，现阶段对于支出型贫困的研究存在着以下不足之处：第一，从研究内容上看，主要集中在对支出型贫困家庭的致贫原因和救助方式的分析，但对支出型贫困具体概念的定义与理解存在一定的偏差，后期研究需要从理论上厘清认识以指导具体政策实践；第二，从研究的资料获取看，更多的是基于现有的救助实践和出台的文件进行分析，较少从支出型贫困家庭的视角入手厘清支出型贫困家庭的特征及救助需求；第三，从研究的区域看，支出型贫困家庭兜底保障政策较多的以区域性为特征，缺乏全国性的顶层设计，且各个省市区的发展存在不平衡与不充分的状况。

如何准确地认定支出型贫困家庭？哪些属于刚性支出？支出型贫

---

① 周绿林等：《基于贫困衡量视角转变的支出型贫困救助问题研究》，《广西社会科学》2015 年第 9 期。
② 郭劲光等：《发展型福利理念下支出型贫困的范畴解读与治理路径》，《兰州学刊》2019 年第 7 期。
③ 梁德阔：《上海支出型贫困家庭的救助模式分析》，《人口与发展》2012 年第 18 卷第 4 期。
④ 王超群：《因病支出型贫困社会救助政策的减贫效果模拟——基于 CFPS 数据的分析》，《公共行政评论》2017 年第 3 期。

困家庭的困境和难点是什么？各地支出型贫困的政策和实践存在什么差异、问题和经验？如何进行支出型贫困家庭的兜底保障？这些都是迫切需要解决的问题。2019年10月31日党的十九届四中全会提出要坚决打赢脱贫攻坚战，建立解决相对贫困的长效机制。解决相对贫困问题将成为今后反贫困的重点，这其中最突出的是"支出型贫困"问题。

第二节　支出型贫困家庭兜底保障政策的梳理

一　各级政府部门出台支出型贫困家庭兜底保障政策概况

《中华人民共和国宪法》（2018年修正）第四十五条明确规定："中华人民共和国公民在年老、疾病或者丧失劳动能力的情况下，有从国家和社会获得物质帮助的权利。国家发展为公民享受这些权利所需要的社会保险、社会救济和医疗卫生事业。"从宪法意义上讲，中国公民在年老、患病或丧失劳动能力无法获取收入的情况下都有权利申请国家的救助。"因病致贫"等支出型贫困的问题实际上在宪法意义上就有明确的体现。2014年的《社会救助暂行办法》确立的"8+1"的社会救助体系，其中的医疗救助、教育救助、住房救助实际上就涉及对支出型贫困家庭的救助，只是将救助的对象限定于低保家庭、特困供养人员及部分特殊困难家庭，并未从支出的角度对这些家庭进行明确的界定。

据不完全统计，当前专门针对支出型贫困出台政策文件的省及直辖市主要有上海市、青海省、福建省、江西省、重庆市、安徽省。上海市最早出台支出型贫困的政策文件，其中《上海市社会救助条例》第十二条专门对支出型贫困家庭作出规定，在《社会救助暂行办法》"8+1"的体系基础上形成"9+1"的救助体系。青海省则是第二个出台支出型贫困家庭救助办法的省份。继上海之后各县市开始探索对支出型贫困家庭的救助并出台专门的政策文件，具体名单见表2-1。

专题二 支出型贫困家庭认定与兜底保障

表2-1 各地出台关于支出型贫困的政策文件的市县[①]

序号	省份	市县名单
1	上海市	—
2	青海省	—
3	浙江省	杭州市、湖州市（德清县、长兴县）、嘉兴市（海盐县、嘉善县）、金华市（兰溪市、浦江县、义乌市）、丽水市（云和县）、绍兴市（上虞区）、台州市（椒江区）、温州市（乐清市、龙湾区）、舟山市
4	江苏省	海门市、太仓市、南通市（港闸区、启东市）、常州市（金坛区）、苏州市、南京市
5	福建省	泉州市（南安市）
6	四川省	成都市（高新区）、凉山彝族自治州、广安市、泸州市
7	江西省	九江市、南昌市、上饶市
8	湖北省	襄阳市
9	山东省	东营市
10	安徽省	安庆市、马鞍山市、宣城市
11	河北省	廊坊市
12	重庆市	—

资料来源：各地民政部门网站。

二 各地支出型贫困家庭的认定办法

在各地出台的支出型贫困政策文件中，首先涉及对支出型贫困家庭的认定，包括重大刚性支出的类别、金额等具体条件，同时也有一些限制性条件，尤其是对收入、财产的限定。科学规范认定支出型贫困家庭是对其进行救助的前提，对各地支出型贫困家庭刚性支出界定以及收支认定条件进行分类归纳形成表2-2。

[①] 由于研究与政策实践之间的时间差等原因，相关梳理有可能存在部分遗漏和不完整，但整体情况差不多。

表2-2　　　　各地支出型贫困家庭收支认定标准

序号	支出型贫困家庭认定标准	刚性支出界定	地区
1	家庭可支配收入－家庭刚性支出＜低保标准	医疗、教育刚性支出	上海市、杭州市、杭州市建德县、湖州市德清县、湖州市长兴县、嘉兴市海盐县、湖州市安吉县、嘉兴市嘉善县、金华市浦江县、金华市兰溪县、金华市义乌县、丽水市云和县、绍兴市上虞区、台州市椒江区
		医疗刚性支出	南京市、海门市、苏州市、舟山市、安徽省（安庆市、宣城市、马鞍山市）
		家庭自负医疗费用支出和突发事件支出	常州市金坛区
		医疗、教育、残疾人费用刚性支出	福建省（提出申请前12个月的家庭收入＜上年度居民人均可支配收入的70%）、山东省东营市
		因病、因灾刚性支出	成都市高新区
		医疗费用支出、就业成本、残疾人相关支出、教育支出	泸州市（3倍）
2	家庭可支配收入－家庭刚性支出＜低保标准2倍	医疗刚性支出	南通市
		医疗费、教育费、公租房租金等生活必需支出	襄阳市
3	家庭年收入＋家庭财产－家庭自负医疗费用支出＜低保标准	医疗费用支出	浙江省乐清市
4	家庭人均月收入＜低保标准的一定倍数	因病、因学、因意外灾祸引发的支出	重庆（3倍）、南昌市（1.5倍）、上饶市（1.5倍）、广安市（3倍）
5	(1) 长期支出型贫困家庭：家庭可支配收入－家庭医疗教育刚性支出＜低保标准 (2) 一次性支出型贫困家庭：一次性刚性支出费用＞上年度家庭可支配收入总和	因病必须性支出、因学（本科及以下教育）支出、租赁住房等维持基本住房支出、突发事件必需性支出	青海省

资料来源：各地支出型贫困相关政策文件。

各地对刚性支出界定不同造成支出型贫困家庭的认定标准存在差异，主要包括以下几类：(1) 将家庭教育和医疗开支作为刚性支出；(2) 仅将家庭医疗自付费用作为刚性支出；(3) 以医疗费用支出和其他必须性支出作为刚性支出。

各地关于支出型贫困家庭的认定主要包括以下几类：(1) 家庭可支配收入－家庭刚性支出＜低保标准；(2) 家庭可支配收入－家庭刚性支出＜低保标准2倍；(3) 家庭年收入＋家庭财产－家庭自负医疗费用支出＜低保标准；(4) 家庭人均月收入＜低保标准的一定倍数；(5) 长期支出型贫困家庭和一次性支出型贫困家庭。

第三节 支出型贫困家庭的特征分析

对支出型贫困家庭的特征分析主要基于问卷调查和入户访谈的资料。问卷调查主要选取家庭入户调查部分数据，其中支出型贫困家庭的调查在浙江省开展共1521份家庭样本，包含1111户支出型贫困家庭样本，其中杭州市569户（占比51.2%）、宁波市138户（占比12.4%）、衢州市404户（占比36.4%），另外包括410份非支出型贫困家庭样本（含其他困难家庭以及困难边缘家庭）。需要特别说明的是，对支出型贫困家庭的问卷调查主要集中在浙江省开展且并未进行抽样，因此该部分调查样本不具有全国代表性，第三、四部分的数据分析结果无法推广至全国层面。

入户访谈部分调研组于2019年8月在全国东、中、西地区分别选取浙江省、山西省、青海省进行实地调查，共抽取4个地级市7个区（县），由当地民政部门推荐支出型贫困家庭名单。最终取得35户支出型贫困家庭的访谈资料，其中浙江省12户，青海省11户，山西省12户。

一 家庭人口结构特征

数据显示支出型贫困家庭人口结构具有以下特征：(1) 家庭人口

较多。其中家庭人口数量在5人及以上的家庭占21.07%，高于全国（16.20%）平均水平[1]，户均人口数3.20人高于调研地浙江省平均水平（2.95人/户）[2]，同时高于全国平均水平（3.02人/户）[3]。（2）家庭抚养比高，劳动人口负担重。不管是家庭少儿抚养比还是老年抚养比都远高于全国平均水平（见表2-3）。一方面少儿和老年人数量多，许多家庭还存在需要长期照料的成员，如失智失能、患病的或残疾人员；另一方面家庭中16岁到60岁之间的劳动力人口少，特别是不少适龄劳动人口因患病或先天残疾丧失劳动能力。支出型贫困家庭的劳动力数量少，少儿与老年人以及需要长期照料的人偏多，家庭负担重。

表2-3　　　　　　　　样本户抚养比与全国平均抚养比

	总抚养比（%）	少儿抚养比（%）	老年抚养比（%）
样本[4]（N=1111）	134.9	40.2	94.7
浙江省	36.4	18.7	17.7
全国	40.4	23.7	16.8

注：全国数据来自《2019年中国统计年鉴》，http：//www.stats.gov.cn/tjsj/ndsj/2019/indexch.htm。

二　家庭经济结构特征

支出型贫困家庭人口构成以老弱病残幼等弱势群体为主，劳动人口缺失且收入水平低，并且因病、因残、因学产生重大刚性支出，因

---

[1] 国家统计局人口和就业统计司：《2017年中国人口和就业统计年鉴》，中国统计出版社2017年版。
[2] 《2019年浙江统计年鉴》，http：//tjj.zj.gov.cn/col/col1525563/index.html。
[3] 《2019年中国统计年鉴》，http：//www.stats.gov.cn/tjsj/ndsj/2018/indexch.htm。
[4] 由于问卷设计原因，此处样本户抚养比计算口径与国家统计口径有所不同，总抚养比=［（16岁以下人口数+60岁以上人口数）/劳动年龄人口数］*100%，统计年鉴计算口径：总抚养比=［（14岁以下人口数+65岁以上人口数）/劳动年龄人口数］*100%。

此家庭经济结构呈现"高支出—低收入"的特征。统计结果显示，支出型贫困家庭户均年收入为 65424.70 元，家庭人均年收入为 20445.22 元，高于 2019 年国家贫困线标准（3747.00 元/年）及各地低保标准。但是户均年支出 85214.55 元，可见家庭年净收入为 -19789.85 元，家庭经济入不敷出。

支出型贫困家庭支出的类别显示，家庭年医疗保健支出 21412.28 元，占基本生活支出的 34.96%，在其他各类支出中占比最高；其次是食物支出 17646.13 元，占基本生活开支的 28.82%；再者是教育以及住房支出。支出型贫困家庭的恩格尔系数为 27.17%，与恩格尔系数标准相比，这个比例应该属于相对富裕的水平，但是由于家庭医疗、教育等刚性支出过大，造成日常生活开支缩减，家庭生活质量低下，支出型贫困家庭实际生活困难。

此外，样本户年各类收入占比显示，支出型贫困家庭的收入主要来自劳动净收入（占比 49.91%），其次是转移性收入（占比 33.52%），经营性财产性收入（占比 7.88%）和较少的财产性收入（占比 7.60%），说明支出型贫困家庭的收入来源较为单一。

三 家庭社会关系状况

一个人的社会关系由远及近包括亲戚、朋友、邻里以及村（居）干部，通过对支出型和非支出型贫困家庭的亲戚、朋友、认识的村社工作人员以及打招呼的邻居数进行对比发现：支出型贫困家庭的亲戚、朋友以及打招呼的邻居数量都少于非支出型贫困家庭，说明支出型贫困家庭的社交范围更窄。而支出型贫困家庭认识的在政府、村（居）两委任职的工作人员比非支出型贫困家庭略多，可能是由于党和政府对其的关注较多。但是支出型贫困家庭打招呼的邻居数远多于非支出型贫困家庭（多 21.83）。再从家庭的社会互动（邻居数）看，两者差异不大。

表 2-4　　　　　　　　不同家庭类型社会关系特征对比

类别		支出型贫困家庭		非支出型贫困家庭	
		均值	标准差	均值	标准差
社会资源	亲戚数量	10.36	26.36	13.73	27.86
	朋友数量	26.14	156.86	26.52	68.27
	认识的村社工作人员	5.87	4.29	4.48	3.97
	打招呼的邻居数	79.79	240.77	57.96	124.84
社会互动	可登门的邻居数	34.09	150.88	38.03	123.70
	可倾诉的邻居数	6.62	45.12	5.18	16.78
	拜访邻居的次数	9.05	61.72	8.06	22.51
	邻居拜访的次数	8.14	24.63	8.59	31.22
样本数		1111		410	

综上所述，支出型贫困家庭的亲戚、朋友等较近的社会资源比较缺乏，但是认识的村社工作人员以及可打招呼的邻居等较远的社会关系资源更加丰富。但是在可打招呼的邻居中，可登门和可倾诉的邻居数量不多，说明支出型贫困家庭与邻居之间交往互动不多且以弱社会关系为主。

四　家庭成员心理状态

一个原本正常的家庭当遭遇疾病、教育、意外事故陷入贫困时，这种落差和打击对整个家庭的心理状态影响很大。不管是深受疾病折磨的家庭成员，还是因常年照料看护病人得不到喘息的家人，抑或是因家庭变故造成生活开支迅速缩减的正在就学的子女，他们的身心都会受到影响。访谈中有很大一部分支出型贫困家庭的成员心理呈现出"悲观、忧愁、抑郁"的状态，特别是常年深受疾病困扰或者被多种疾病缠身的家庭；更有部分家庭成员因此得了抑郁症，加之常年在家里养病和与外界接触较少加重了心理问题。这部分支出型贫困家庭的心理问题不仅仅需要其自身的调节，更需要基层民政工作人员定期上门进行心理疏导，或者请专业的心理医生上门进行心理上的调节。

五　支出型贫困家庭保障措施的特征

分析1111个支出型贫困家庭2018年享受过的保障措施，主要包括救助项目、扶贫项目、免费服务项目、参加社保情况等，结果如下。

享受各类救助情况。大部分支出型贫困家庭都享受过低保金（59.7%），其次是医疗救助（23.4%），再者是教育救助（19.6%）。从救助金额上看，医疗救助的额度最大，其次是住房救助，再者是慈善救助。从访户自身的作用感知上看，在各类救助中作用排前三的分别是五保供养金、住房救助、低保金。

参加社保情况。参加城乡居民基本医疗保险的户均人数最高为1.492，但是相较于户均人数3.199来说，依然有一半多的人口未参保。另外，相对于其他保险，城乡居民基本医疗保险的作用最大。

享受其他项目情况。相对于社会救助和社会保险，支出型贫困家庭样本户享受过扶贫项目、福利优惠项目、免费服务项目的比例较低且作用感知较小。从享受过的人数比例看，扶贫项目享受比例较高的为农业支持保护补贴（15.8%），福利优惠项目中享受人数最多的为困难残疾人生活补贴（38.4%），免费服务项目中享受比例最高的为政府（或残联）逢年过节慰问或日常慰问（38.3%），且各类项目的等值金额均值与作用感知大小的关系不匹配。

第四节　支出型贫困家庭的致贫原因与核心需求

本专题研究首先从支出型贫困家庭自身出发，着眼于分析支出型贫困家庭致贫的直接原因，再从家庭自身能力以及社会保险情况这两方面进一步探讨支出型贫困发生的深层原因，基于此探究支出型贫困家庭的核心需求。

一　因病、因残、因学致贫是直接原因

据国家扶贫办统计，截至2017年年底，因病、因残致贫人口分

别占贫困人口总数的42.3%、14.4%。本次调研访谈了35户支出型贫困家庭，其中因病、因残造成医疗开支过大的家庭26户，占比74%；因病因学等混合因素致贫的家庭7户，占比20%；因意外交通事故致贫的家庭2户，占比6%。因病支出型贫困是支出型贫困最主要的类型，家庭成员患病往往需要全家轮流陪护照料，这造成家庭就业人口缩减，收入减少，特别是部分罕见病既没有系统的治疗方案，医疗支出大报销比例低。因学致贫主要发生在非义务教育阶段，特别是高等教育阶段，部分民办学校费用高且助学项目少，进一步加深了这些脆弱性家庭的负担。调研发现较少有单一因学致贫的家庭，往往是和因病、因残一起形成综合因素最终导致家庭贫困。

通过对问卷调查中关于支出型贫困家庭的致贫原因进行分析，对第一致贫原因、第二致贫原因、第三致贫原因分别设置3、2、1的权重，得到各致贫原因的致贫指数以及排序。结果显示：支出型贫困家庭致贫原因中排在前三的分别是因病/伤（28.71）、缺劳动力（16.13）、因残（15.96），其中因病/伤的致贫指数远高于其他原因。综上所述，因病/伤、因残、因学是支出型贫困家庭的主要致贫原因，且这些属于家庭自身因素与意外风险因素。

二 支出型贫困的外在结构性因素

选取家庭自身因素、外部结构因素这两个方面进行分析。以"是否为支出型贫困家庭"为被解释变量，以家庭自身能力、社会保险情况为解释变量，各变量的定义如表2-5。

社区活动参与因子选取问卷中调查对象参与社区活动情况的7个题项：（1）您参与村委会/居委会组织的社区事务监督活动的频率；（2）您参与村委会/居委会组织的社区文娱类活动（如书法、摄影比赛等）的频率；（3）您参与村委会/居委会组织的社区公益类活动（如结对帮扶、照顾孤老、捐款、捐衣物等）的频率；（4）您参与村委会/居委会组织的社区创建类或维护类活动（如绿色社区、环保社区创建，以及垃圾场选址、健身器材选址等）的频率；（5）您与村委会/居委会干部一起吃饭、聊天的频率；（6）村委会/居委会干部找您或您的家人商量事情的频率；（7）村委会/居委会干部请您帮忙或委托你办事、跑腿的频率。并对回答选项进行赋值，经常有＝5；有时有＝4；一般＝3；很少有＝2；从未有过＝1。

表2－5　　　　　　　　　模型变量描述与定义

变量类型	变量名	变量定义
被解释变量	支出型贫困	是否为支出型贫困家庭（是＝1；否＝0）
解释变量	家庭自身能力	家庭劳动人口占家庭总人口比例 家庭房产数量 家庭年收入（取对数） 社区活动参与因子
	社会保险情况	（1）2018年享受退休金或城镇职工养老保险的家庭人数 （2）2018年享受城乡居民养老保险的家庭人数 （3）2018年享受城镇职工基本医疗保险的家庭人数 （4）2018年享受城乡居民基本医疗保险的家庭人数 （5）2018年享受工伤保险的家庭人数 （6）2018年享受失业保险的家庭人数 （7）2018年享受生育保险的家庭人数

首先进行信度分析，结果如表2－6所示，7个题项的Cronbach's α值为0.803，大于0.7，且删除任何一题后的Cronbach's α值没有增加，说明题项一致性高。但第（5）、（6）、（7）题项的CITC值低于0.5故进行删除，且原题目中这三题主要涉及家庭与村委会/居委会干部之间的人际互动，在一定程度上无法代表家庭参与村委会/居委会活动的情况。

删除（5）、（6）、（7）后，重新进行CITC检验，结果如表2－7。剩余的4个题项的CITC值介于0.591与0.695之间，总的Cronbach'sα值为0.812，大于0.7，且不存在删除后可以使Cronbach's α变大的题项，因此具有较高的信度。

表2-6　　　　　社区活动参与量表信度分析

观测题项	CITC	删除该题项后的 Cronbach's α	检验结果	Cronbach's α
（1）社区事务监督	0.612	0.762	通过	
（2）文娱类活动	0.571	0.771	通过	
（3）公益类活动	0.651	0.756	通过	
（4）社区创建或维护	0.633	0.758	通过	0.803
（5）吃饭、聊天	0.401	0.799	删除	
（6）商量事情	0.421	0.800	删除	
（7）办事、跑腿	0.471	0.788	删除	

表2-7　　删除不合理题项后的社区活动参与量表信度分析

观测题项	CITC	删除该题项后的 Cronbach's α	检验结果	Cronbach's α
（1）社区事务监督	0.591	0.784	通过	
（2）文娱类活动	0.617	0.771	通过	
（3）公益类活动	0.695	0.734	通过	0.812
（4）社区创建或维护	0.628	0.766	通过	

再对删除不合理题项后的社区活动参与量表进行因子分析，按照特征值大于1.000的标准，采用主成分方法提取因子，并运用最大方差法进行正交旋转。最后结果显示，KMO值为0.796，Bartlett的球形度检验显著性为0.000，小于0.001，说明本样本适合做因子分析。因子分析共提取一个因子，各观测题项的因子载荷系数介于0.768与0.847之间，这表明四个观测变量（社区事务监督、文娱类活动、公益类活动、社区创建或维护）能较好地反映社区活动参与潜变量，如表2-8所示。

表2-8　　　　　　　　社区活动参与量表因子分析

潜变量	观测题项	因子
		1
社区活动参与	(1) 社区事务监督	0.768
	(2) 文娱类活动	0.792
	(3) 公益类活动	0.847
	(4) 社区创建或维护	0.798

最后进行二元 Logistic 回归分析，为检验结果的稳健性，通过划分城市和农村样本来检验，但由于在浙江省调查样本中的城市家庭样本均为支出型贫困家庭，因此下面仅加入农村样本进行回归分析，如表2-9所示。

表2-9　　　支出型贫困影响因素的 logistic 回归分析结果

变量	总体样本		农村样本	
	模型1	模型2	模型3	模型4
家庭自身能力				
劳动人口数占比	-0.827***	-1.011***	-1.044***	-1.145***
拥有房产数量	0.182	0.146	0.272+	0.270+
家庭年收入（取对数）	0.363***	0.241**	0.171*	0.171*
社区活动参与因子	0.709***	0.560***	0.409***	0.402***
社会保险情况				
城镇职工养老保险		0.619***		0.155
城乡居民养老保险		-0.002		0.035
城镇职工医疗保险		1.121***		1.156***
城乡居民医疗保险		-0.238***		-0.173***
工伤保险		-0.339		-0.284
失业保险		0.049		-0.254
生育保险		0.177		0.196
_cons	-2.548***	-1.181	-1.202+	-0.994

续表

变量	总体样本		农村样本	
	模型1	模型2	模型3	模型4
样本量	1501	1501	991	991
LRchi2	153.14	351.18	44.92	115.64
Pseudo R2	0.0877	0.2011	0.0335	0.0864

注：+P<0.1，*P<0.05，**P<0.01，***P<0.001。

数据结果显示：在总体样本中，模型1检验了家庭自身能力因素对是否为支出型贫困的影响，模型2加入七个社会保险变量后拟合优度提高了11.34%，因此结果主要看模型2。具体来说，家庭劳动人口比例每上升一个单位，支出型贫困发生的概率下降56.3%（$1-e^{-0.827}$）；家庭年收入（取对数）、社区活动参与因子每上升一个单位，支出型贫困发生的概率分别上升27.3%（$e^{0.241}-1$）和75.1%（$e^{0.560}-1$）。在社会保险情况维度中，参加城镇职工养老保险、城镇职工医疗保险的家庭人口每增加一人，发生支出型贫困的概率分别增加85.7%（$e^{0.619}-1$）和2倍（$e^{1.121}-1$），参加城乡居民医疗保险的家庭人口每增加一人，发生支出型贫困的概率降低21.2%（$1-e^{-0.238}$）。模型3与模型4是农村样本中家庭自身能力与社会保险情况对支出型贫困的影响检验，结果与前两个模型的结果较为一致，说明回归结果具有一定的稳健性。

家庭风险应对能力与家庭拥有的经济、社会资源密切相关，是影响贫困脆弱性的重要因素。[①] 因此，家庭劳动人口数量作为家庭风险应对能力，影响着家庭面临意外风险采取的行动以及产生的后果。但家庭年收入以及社区活动参与与支出型贫困之间呈现正相关，在一定程度上与支出型贫困界定为收入高于最低生活保障的标准有关。社会保险作为家庭保障的基础，能够在社会救助介入之前缓解家庭困难，降低致贫风险。此处参加城镇职工养老保险和城镇职工医疗保险与支

---

① 祝建华等：《贫困脆弱性的形成机理与消减策略》，《学习与实践》2018年第12期。

出型贫困呈现显著正相关,受到调查样本构成的影响,其中城市样本均为支出型贫困家庭。值得一提的是,不管是总体样本还是农村样本,参加城乡居民医疗保险人数增加,均能够显著降低支出型贫困发生的概率,说明城乡居民医疗保险能够降低致贫风险。

由于二元 Logistic 回归分析的统计结果容易受到其他干扰变量的影响,从而可能并不可靠,因此进一步对家庭中是否有人参加城乡居民医疗保险对支出型贫困的影响进行稳健性检验,主要使用四种倾向值匹配法——近邻匹配(1∶3)、半径匹配(0.01)、半径匹配(0.05)、核匹配——进行了稳健性检验。限于篇幅,具体不在此展开,只列出最后的估计结果,见表2-10。

表2-10　城乡居民医疗保险与支出型贫困的稳健性检验

PSM	共同支持域	平衡性	处理组/控制组	ATT	ATU	ATE
近邻匹配(1∶3)	1499	平衡	1010/489	-0.067+ (0.039)	-0.041 (0.028)	-0.067+ (0.031)
半径匹配(0.01)	1480	平衡	1010/470	-0.065+ (0.037)	-0.065* (0.023)	-0.065* (0.031)
半径匹配(0.05)	1498	平衡	1012/486	-0.061+ (0.035)	-0.071* (0.022)	-0.064* (0.029)
核匹配	1488	平衡	1010/478	-0.059+ (0.034)	-0.072* (0.022)	-0.063* (0.028)

注：平衡性的标准是匹配后,处理组与控制组的所有对应自变量在平均值上的绝对标准均<10%；表中标准误是运用自抽样法重复500次检验计算得出, +$P<0.1$, *$P<0.05$。

表2-10分别是基于1∶3的近邻匹配、基于半径分别为0.01和0.05的半径匹配法、基于核匹配得到的测量结果。统计结果显示,在四种匹配法中,除了近邻匹配的 ATU 不显著外,所有其他稳健性指标均显著。因此,可以认为参加城乡居民医疗保险能够降低支出型贫困发生的概率,且基于倾向值匹配法估计的城乡居民医疗保险的影响

系数普遍高于基于二元 Logistic 回归分析模型所获得的结果。

三 支出型贫困家庭的核心需求

结合上文对支出型贫困家庭致贫原因的分析，发现因病、因残、因学是造成家庭刚性支出过大的主要原因。问卷中有一个问题是"未来2—3年后，您在多大程度上担心整个家庭遇到下面的情况"，其中罗列了七个方面可能遇到的困难，按照担忧和迫切程度对不同的答案进行赋值，最终得到各类困难担心程度的均值以及排序（见表2-11），结果显示支出型贫困家庭担心的事情中，排名前三分别是"看病开销大""家中主要劳动力没工作""照顾老年人压力大"。

表2-11　支出型贫困家庭未来2-3年后担心的事及排序

类别	均值	排序
（1）看病开销大	4.13	1
（2）家中主要劳动力没工作	3.35	2
（3）照料老年人压力大	3.04	3
（4）住房（建房、购房）负担沉重	2.46	4
（5）子女学费负担重	2.37	5
（6）婚嫁成家开支难以承受	2.35	6
（7）生育和幼儿抚育开销大	2.10	7
样本数	1111	

对问题"您家还需要哪些方面帮助？"进行分析，对选择不同的帮助类型进行统计并排序。结果显示：在支出型贫困家庭所需要的帮助内容中，排在第一位的是减免医疗费（57.9%），第二位是直接提供生活金或生活品（41.7%），第三位是资助子女完成学业（22.8%）。综合上述分析并结合实地访谈可知，支出型贫困家庭的核心需求主要包括：（1）医疗支出；（2）提升收入；（3）子女教育。

第五节　当前支出型贫困家庭兜底保障存在的问题

一　政策制定与执行问题

（一）制度供给的不平衡，专项政策未普及

从出台专门的支出型贫困救助的省区市来看，存在不平衡发展的状况。据不完全统计，当前只有12个省市出台了支出型贫困家庭专项救助政策，部分地方没有专项政策，但在实际的救助过程中对这类家庭有一定的重点倾斜。此外，对于支出型贫困家庭的认定标准缺乏统一性，既包括支出型贫困家庭刚性支出界定标准不一，也包括支出型贫困家庭的认定条件存在差异。政府有关部门在地方制度创新的过程中，试图突破现有救助办法中集中于收入标准和绝对贫困家庭的局限性，扩展到低保家庭之外的低收入群体，并对包括低保、低收入家庭在内除了生活支出之外的医疗、教育、住房等刚性支出进行核算，对实际生活困难的家庭进行相应的救助，这是非常大的进步。

（二）制度供给不充分，非诊疗性费用支出无法解决

现行医疗救助政策不断优化，但依然存在很多病种的医疗费用无法报销且老百姓无力承担的情况。此外，除了大量的诊疗费用支出以外，还存在大量的非诊疗性费用支出，如陪护人员的交通费、住宿费、生活费等，数量极大，但按照现行政策是无法报销需自行承担的。门诊医疗费用以及异地就诊的医疗费用报销比例低，救助方式以发放救助金的"输血式"方式为主，缺少救助服务供给，如提供陪护照料等"喘息式"服务。

（三）低保门槛效应过强，悬崖效应显著

当前各地对支出型贫困家庭的救助基本与低保制度挂钩，通过核定家庭的收入、支出、财产等条件，部分不符合低保标准的支出型贫困家庭因不能被纳入低保，因而无法享受各类专项救助，其实际生活比低保家庭困难。从浙江省、青海省、山西省等地支出型贫困家庭救助实践看，主要通过将支出型贫困家庭纳入低保或低保边

缘，享受生活救助及其附带的相关医疗救助、教育救助等，少部分地区对收入不符合标准的支出型贫困家庭通过纳入临时性救助范围，以解决他们短期的困难，但是对于生病、残疾等长期持续困难的家庭效果甚微。低保的门槛效益过强，导致社会救助过程中的"悬崖效应"在支出型贫困家庭兜底保障中进一步显著，形成对支出型贫困家庭事实上的制度排斥。

（四）重事后救助而轻事先预防，缺乏风险预判与防控

现有政策设计较多的是事后被动应对，往往是在家庭遭遇疾病、教育、其他意外风险等陷入贫困之后，才采取相应的救助措施进行干预，且主要通过发放救助金等"输血式"的方法来缓解家庭的困难，缺少事前预防的措施，比如对家庭人力资本、医疗保障、就业指导等发展性方面的投入。此外，缺乏对潜在贫困家庭的贫困风险预判机制与防控机制。在当前这样一个高风险、不确定的时代背景下，贫困问题也呈现出动态性、多维性、复杂性的特点，因此通过对贫困风险的精准预判，可以实现对贫困家庭进行积极预防。救助滞后原因，一方面，政策尚未将支出型贫困家庭等特殊群体考虑进去；另一方面，政策执行中的贫困预警机制和主动发现机制不健全，缺乏对贫困风险的预判与干预。

（五）专项救助与临时救助有待加强，需要强化政策衔接

支出型贫困家庭的兜底保障主要与几类专项救助密切相关，即医疗救助、教育救助、住房救助以及临时救助，而生活救助相对于支出型贫困家庭高昂的医疗费用支出来说是"杯水车薪"。首先，多地对收入不符合低保标准的支出型贫困家庭主要通过临时救助来缓解困难，但是临时救助的金额力度较小且不能重复申请。此外，解决医疗开支问题也是支出型贫困家庭的核心需求之一，但是当前各地医疗救助病种目录有限罕见病无法纳入其中，并且医疗救助设置了一定的封顶线，部分重特大疾病患者由于医疗开支巨大而无法被兜底保障。例如青海西宁有一受访户，户主的孙女患有再生障碍性贫血，前后医疗开支花费100多万元，在享受现有所有的救助政

策后，还获得了社会慈善捐款，但是依然无法解决医疗问题。从这个层面来讲，专项救助的功能还需要进一步加强，并且要与医疗保险等制度有效衔接。

二 制度衔接问题

（一）信息共享不足

由于部门之间和不同区域间户籍壁垒，跨户籍地申请低保存在较大困难，由于现行低保政策实行属地管理，一些户籍不在居住地的居民申请低保存在一定的信息壁垒，尤其是跨省域之间更是如此。在访谈案例中，山西太原一个低保家庭，户主妻子非本市的户口且户籍地的各部门无法开具各类证明，只能先迁移户口才能申请低保。因此，在全国很多地方还需要通过"最多跑一次"改革倒逼各部门减政、放权、优化服务，通过救助数据即时归集，救助信息互联互通、资源共享，实现救助信息"大融合"，实现用数据多跑路让困难群众少跑腿，让信息多流转让救助部门少加班，用线上多监管让经办人员少犯错，全面提高救助效能。

民政、医保、人社、住建、司法、教育、应急、慈善总会、红十字会等相关部门需要进一步加强协作，完成各自的部门信息归集汇总，借助社会救助数据库，通过多部门协同办理实现救助类型的自动研判、救助信息的主动推送、救助事项的联动转办。如果部门之间不能很好地协同，就会导致重复救助和救助"盲区"并存。当前部门之间的协同不够主要表现为：民政、教育、住建、医保、工会以及妇联等不同部门都有关于贫困家庭的救助，部门之间信息共享不够可能造成救助上的遗漏及重复救助。此外，同一个家庭的救助需求可能是多样化和多层次性的，这些家庭在申请救助时需要通过"一门受理"、综合评估并进行部门间的转介。

（二）救助前置而保险滞后不利于兜底保障的制度衔接

社会救助在脱贫攻坚中发挥着"兜底"的作用，社会救助兜底应当扮演最后的"出场者"角色；在程度上是对贫困人口突发疾病、遭遇不测等意外变故，致使基本生活难以维持时的"雪中送炭"；在人群上是面向社会救助重在瞄准脱贫路上"跑得慢的、跑不动的"贫困人口；在保障主体上是在家庭、集体、市场主体等无法有效解决贫困问题之后的制度安排。① 在当前的兜底保障设计中，救助制度前置，保险制度滞后，完全依靠救助制度难以解决支出型贫困家庭的实际困难。需要加强救助、保险以及其他支持性政策之间的衔接，要让保险前置，在此基础上再发挥医疗救助的作用，并整合慈善帮扶的资源，形成多层次、有梯度的兜底保障方式。

第六节 支出型贫困家庭的认定办法

社会政策本质上体现为对公民需要的满足，对"基本需要"的不同理解可能会导致制度朝着不同的趋势发展。1974年国际劳工组织首先正式使用了基本需要（Basic needs）这个概念——"第一，包括家庭私人消费的最低需要，如足够的食品、衣物和住宅，以及某些家具和家用器具。第二，包括当地社区提供的一些基本服务，如卫生的饮用水、卫生设施、公共交通、医疗和健康服务、教育以及文化设施。在任何情况下，基本需要都不应当仅仅等同于生理性的最低需要，它应当被置于民族自立的背景中，考虑到个人和人民的尊严，使他们没有障碍地自由把握自己的命运。"这是在满足基本生存需要的基础上，所体现社会正义的原则。因此，现行《社会救助暂行办法》中体现的基本生活需要应包含国际劳工组织所言的"第一层次"和"第二层次"的基本需要。换言之，如果对基本生活需要进行适度拓展，那么救助范围不仅仅局限于收入低下的贫困，而且还包括基本生存需要、医疗、教育、住房、就业等多个维度的多维贫困。

其实不管是收入型贫困还是支出型贫困，实际上都对支出有一个

---

① 江治强：《在兜底脱贫中实现社会救助新发展》，《学习时报》2019年第8期。

专题二 支出型贫困家庭认定与兜底保障

明确的计算与对比,也就是说将贫困家庭的收入或财产(支出能力)与贫困家庭的各类支出进行对比,包括基本生活支出(低保)以及其他的多维度的支出。所以,如果重新厘清贫困的内涵,贫困可分为"收入低下贫困"和"变动性多维贫困"。收入低下贫困家庭的平均收入低于贫困线(一般是"低保线"),进行兜底线的收入保护是最为必要的措施,此外还需要其他"上游干预"和社会保护策略的跟进。变动性多维贫困家庭的平均收入不一定比贫困线低,其贫困主要是基于收入的变动和不稳定的因素,如医疗、教育、住房支出等,其对应的是"相对支出型贫困家庭",进行预防性和投资性的策略降低社会风险、提升其能力、改善其行动是必要的措施。

一 家庭刚性支出的界定

基于上述可知,"支出型贫困"这一概念的提出与我国对贫困内涵的解读发生转变有关,从致力于满足人们生存性需求到发展性的需求,人力资本的投入,如教育发展、健康保障等方面越来越受到人们的重视。因此对贫困内涵的解读也从绝对贫困发展为相对贫困,即从收入低下贫困到变动性多维贫困,社会救助的对象纳入更多边缘贫困人群,支出型贫困家庭正是其中不容忽视的一类贫困人口。然而各地对于支出型贫困家庭的认定标准不一,特别是对于刚性支出的界定。

根据各个地方政策实施的情况综合来看,对支出型贫困家庭的适用情况可以概括为以下几类:(1)患重病大病的:因患有重大疾病或者慢性病医疗刚性支出较大的;(2)子女就学的:家庭中有子女就学导致刚性支出较大的,不包括因出国留学、在私立学校就学、课外辅导等产生的费用;(3)遭受重大意外事故的:其他因意外事故产生的医疗、教育、住房等刚性支出。在满足上面几个条件之一的前提下,再核定家庭收支平衡状况,本专题研究认为,支出型贫困家庭刚性支出可以划分为以下几类。(见表2-12)

表2-12　　　　支出型贫困家庭刚性支出的分类界定

类型	说明
基本生活开支	包括必需食品消费开支和非食品类生活必需品开支，必需食品消费开支根据当地经济发展水平和营养学会推荐的能力摄入量考虑；非食品类生活必需品开支包括维持基本生活所必需的衣物、水电、燃煤、公共交通、日用品等。
医疗开支	指家庭成员因残疾、慢性病或者重特大疾病产生的诊疗、药品、住院服务费用，已按规定享受医疗保险、医疗救助政策后，应由个人承担的自负、自理和自费部分的医疗费总和（违反医疗保险规定部分的医疗费不纳入核定范围）。
教育开支	指家庭成员在非义务教育阶段，就读于国内全日制普通高校、高等职业学校和高等专科学校（含高职、第二学士学位、研究生）以及普通高中和中等职业学校，在开学时缴纳的一学年学费。其中因出国留学、子女补课、在私立学校就学产生的学费不计算入内。
住房开支	承租公有住房的以及符合廉租住房政策条件且承租非公有住房的，在廉租住房配租标准内的使用面积按廉租住房租金标准缴纳租金，超过配租标准部分的使用面积仍按照公有住房租金标准缴纳租金；危房改造产生的费用按一定标准计算。

二　支出型贫困家庭的认定标准

（一）不同层次的支出型贫困划分

在满足家庭因病、因学、因意外事件导致家庭刚性支出过大，超过家庭收入的前提下对支出型贫困家庭进行分类界定：

1. 绝对支出型贫困：家庭可支配收入＜最低生活保障标准（同时满足家庭可支配收入＜家庭刚性支出），此时根据低保标准核定家庭财产、房产等其他条件，满足条件的纳入低保享受生活救助以及专项救助。此类即上述提及的"收入低下贫困"。

2. 相对支出型贫困：家庭可支配收入＋家庭货币财产－家庭刚性支出＜0，此处家庭刚性支出不仅计算教育、医疗、住房等方面，也包括家庭日常刚性开支。由于每个家庭的基本日常开支有所不同，但是低保标准是经过测算且符合当地经济和消费状况，可以作为家庭基本生活开支的一个替代指标。因此这一计算公式最终为：（家庭年度可支配收入＋家庭财产－家庭教育医疗住房刚性支出）÷12÷家庭人口数＜最低生活保障标准。符合这一标准的建议纳入"支出型贫困救助"中。

（二）不同维度的相对支出型贫困划分

按照刚性支出类型，再将相对支出型贫困家庭即变动性多维贫困家庭划分为医疗支出型贫困、教育支出型贫困和住房支出型贫困以及综合支出型贫困。1. 医疗支出型贫困：（家庭年度可支配收入+家庭财产-家庭医疗刚性支出）÷12÷家庭人口数<最低生活保障标准，此时建议纳入"支出型贫困家庭专项医疗救助"中。2. 教育支出型贫困：（家庭年度可支配收入+家庭财产—家庭教育刚性支出）÷12÷家庭人口数<最低生活保障标准，此时建议纳入"支出型贫困家庭专项教育救助"中。3. 住房支出型贫困：（家庭年度可支配收入+家庭财产-家庭住房刚性支出）÷12÷家庭人口数<最低生活保障标准，此时建议纳入"支出型贫困家庭专项住房救助"中。4. 综合支出型贫困：（家庭年度可支配收入+家庭财产—家庭各类刚性支出）÷12÷家庭人口数<最低生活保障标准，此时建议纳入"支出型贫困家庭各类专项救助"中。若存在其他因意外事故产生这三类刚性支出之外的支出，建议纳入"临时救助"的范围。

第七节　支出型贫困家庭的兜底保障

支出型贫困作为贫困治理的难点，需要从治理理念、政策机制、救助内容、基层管理等各方面自上而下进行完善，发挥国家、市场、社会多方主体的作用，按照织密网、兜底线、建机制的要求建立高质量的社会安全网，对支出型贫困家庭实施有效的兜底保障。

一　"兜底保障"的理论基础与含义

（一）"底线公平"理论

"底线公平"是社会与个人之间的关系（权利与责任）、政府与社会和个人之间的关系。也就是说，它是全社会共同认可的一条线，这条线以下的部分是每一个公民的生活和发展中共同具有的、起码必备的部分,其基本权利必不可少。但"底线公平"并非指最低水平的保障,而是指社会保障项目中最起码的、不可缺少的制度安排;强调的并非水平的高低,而是政府责任。①

尽管"底线公平"的重心在于对最基本的政府责任的强调,但依然需要对这一政府责任确定一个"度",体现出公平的内涵。从这个意义上说,"底线公平"的"度"确立的是其具体水平问题。既然"底线公平"强调的是社会主体的基本保障,就需要了解社会群体的基本生活需要。如果按照公民基本权利的实现来讲,则主要应该包括生存权、教育权、健康权、居住权、工作权、资产权这六项基本权利的满足,这也是对"底线公平"具体范围的界定。在一些研究中,"底线公平"的第一个标志是最低生活保障,可以明显地降低社会紧张度;第二个标志是与公民发展密切相关的教育权,教育是解决贫困代际传递问题的关键之一;第三个标志是公共卫生和基本医疗。②"底线公平"应满足全民共享、弱者优先、政府守则、社会补偿、持久效应这五大原则。③ 在具体执行层面,底线公平的机制为:(1)刚性调节机制;(2)柔性调节机制;(3)刚柔相济机制。④

概言之,"底线公平"的理论确立了社会公平的起点与政府责任的边界,这是兜底保障的重要理论基础。

(二) 兜底保障的含义

"兜底保障"实际上是"民生底线"的阐释性表述,具有动态性特征。有关"民生底线"的官方表述最早见于2014年的政府工作报告,2015年"中共中央关于十三五规划建议"和2016年"国家十三五规划纲要"均指出,要"坚守底线"和"保障基本民生",主要关注就业、公共服务、收入差距以及社会保障等层面。很多研究往往也

---

① 景天魁:《底线公平与社会保障的柔性调节》,《社会学研究》2004年第6期。
② 景天魁:《"底线公平"的社会保障体系》,《中国社会保障》2008年第1期。
③ 广东省省情调查研究中心:《与幸福同行:转型期社会建设专家谈》,广东教育出版社2011年版。
④ 景天魁:《底线公平:公平与发展相均衡的福利基点》,《北京工业大学学报》2015年第1期。

从这个意义上将之理解为关注和切实解决下岗失业职工、城乡贫困群体、老人、儿童、病弱者、残障者、失学者的基本需求问题，涵盖了居民的收入、教育、就业、环境、食品安全等多个方面，从社会保障制度的兜底来看，其包含了社会保障制度的各个层面，社会救助、社会保险、社会优抚以及社会福利制度安排，通过这些制度的兜底设计来实现最基本的民生保障。

一些研究者认为"兜底"包括三个方面：发展干预顺序上的兜底、贫困群体分类中的兜底、"家庭—集体—国家"帮扶主体顺序上的兜底。① 一些研究对"兜底"内涵的理解局限在"标准"与"水平"的层次上，认为"兜底"就是所有的社会保障项目设定最基本的"标准"，保证最适度的"水平"。

兜底应是确定社会底线并建立最后的社会安全网。这是一张严密且具有张力的安全网，能够提供向上的作用力，帮助其脱困。简言之，所谓"兜底保障"就是基于底线公平的理论，通过一系列的制度安排构建社会安全网，保障公民最基本的生存与生活，使其不至于陷入贫困或重返贫困。有关"兜底保障"的核心观点为：

1. 根据"底线公平"的理论，兜底保障不仅仅强调的是"标准"与"水平"的兜底，且这种标准与水平也不是最低标准，"兜底保障"同时也是对政府责任的强调，政府在"兜底保障"中居于主导地位，在强调政府责任的同时也强调政府责任的边界性。

2. 在制度的操作层面，兜底保障是包括社会救助及其他的社会保障制度在内的综合性兜底保障。

二 支出型贫困家庭兜底保障的理念与功能目标

（一）社会保护的政策理念

支出型贫困家庭的兜底保障需要构建"社会安全网"来实施社会

---

① 左停等：《脱贫攻坚战略中低保兜底保障问题研究》，《南京农业大学学报》2017年第4期。

保护。卡尔·波兰尼（Karl Polanyi）指出，"社会保护"（Social protection）就是指国家采取各种形式的干预保护个人免受市场不测因素所造成的种种伤害。① 1992年，欧盟理事会采纳了欧盟委员会提出的两大建议——"社会保护目标和政策的趋同"和"社会保护体系中足够的资源和社会救助的通用标准"，之后又通过了有关社会保护的三大通讯文件。2010年"欧洲2020"战略中，把社会保护看作生产性要素，同时也是消除贫困和社会排斥、实现包容性增长的重要手段。② 这对中国有着重要的启示。2012年6月，国际劳工大会通过《关于国家社会保护底线的建议书》（第202号），认为社会保护底线是国家确定的一套基本的社会保障担保，为旨在防止或消除贫困、脆弱性以及社会排斥方面提供保护。③《建议书》中列出了一些具体的津贴项目，例如儿童津贴、失业津贴等项目，非常值得借鉴。

1. 基于"兜底线"的社会保护。"兜底线"的社会保护强调的是对公民提供最低限度的社会保护，就是构建社会安全网，防止公民因为各种风险冲击而落入贫困线以下，以满足基本生存需要为基本目标。

2. 基于"预防性"的社会保护。强调人力资本投资，强调作用于家庭而提升家庭的自我发展能力，关注儿童的早期干预，强调劳动力市场的社会保护。其关注的群体除了传统的贫困群体之外，也拓展到脆弱性群体，包括既贫困又脆弱的群体和不贫困但是脆弱的群体。

总之，社会保护致力于解决贫困的根源而非表象。它承认贫困的多维性，除了关注贫困群体外，还关注低收入群体，充分兼顾了贫困的动态性特征，更具前瞻性和战略性。④ 因此，我们认为在进行社会救助兜底保障的政策设计过程中，需要贯彻社会保护理念。

---

① ［美］卡尔·波兰尼：《大转型》，冯钢等译，浙江人民出版社2007年版。
② 陈振明等：《由边缘到中心：欧盟社会保护政策的兴起》，《马克思主义与现实》2015年第1期。
③ 闫欣：《建立国家社会保护底线》，《中国社会保障》2014年第1期。
④ 赵会等：《社会保护政策：新时期贫困问题治理的新视角》，《安徽师范大学学报》2017年第5期。

(二) 支出型贫困家庭兜底保障的功能目标

根据研究，支出型贫困可以分为两大类型，即收入低下贫困和变动性多维贫困。收入低下贫困的家庭的平均收入低于贫困线（一般是低保线）以下，基本上属于贫困家庭，进行兜底线的收入保护是最为必要的措施之一，除此之外需要其他的上游干预和社会保护策略的跟进。变动性多维贫困的家庭的平均收入不一定比贫困线要低，其贫困主要是基于收入的变动和不稳定的因素，如医疗、教育、住房支出等，采取预防性和投资性的策略，降低社会风险，提升其能力，甚至是改善其行动是必要的措施之一。随着中国的反贫困工作不断得到巨大推进，基于变动性的多维贫困也将会成为政策设计者在后期需要关注的重点。我们将支出型贫困家庭兜底保障的目标设定如下：1. 满足生存需要；2. 缓解风险冲击；3. 提升家庭能力；4. 改善家庭行动。

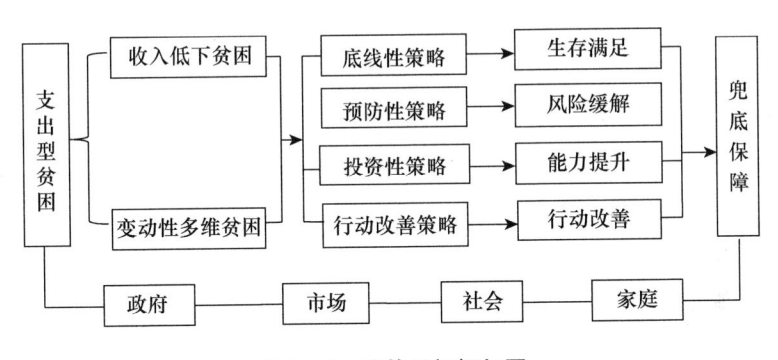

图 2-1 政策目标框架图

三 支出型贫困家庭兜底保障的具体路径

基于"底线公平"的理论基础和社会保护的理念，在"弱有所扶"的目标指引下，支出型贫困家庭兜底保障要实现满足基本生存需要、应对风险冲击、提升能力与行动改善的目标。从制度层面而言，要通过具体的措施实现制度的可及性与可得性的统一。总的来说，支出型贫困家庭的兜底保障就是按照"兜底线、织密网、建机制"的要求建成一个救助制度、保障对象、实际工作广覆盖，内外部制度有效整合，多主体共同参与，从而实现可持续发展，增强公民获得感、幸福感与安全感，为经济、社会发展保驾护航的社会安全网。

（一）整体上构建综合性的多层次兜底保障体系

如前文所述，支出型贫困家庭的需求是多维度的，因此单靠救助制度难以解决其贫困问题，需要综合性的多层次社会保护制度设计，多种制度整合在一起形成一个多层次有梯度的兜底保障体系。何为多层次的兜底保障体系？郑功成等将多层次社会保障体系划分为三个层次。第一层次是政府负责或主导的法定保障层次；第二层次是在相关政策支持下由市场主体、社会组织提供的具有公益性的保障项目；第三层次是倡导家庭的风险管理。① 构建支出型贫困家庭综合性的多层次兜底保障体系可以从以下几个方面入手。

1. 加强对支出型贫困家庭政府保障层次的顶层设计

政府保障是解决支出型贫困的重点，主要包括社会救助、社会保险和社会福利，具体思路如下。

其一，建设专门的支出型贫困家庭救助制度。这实际上是将社会救助体系分为两类，收入型社会救助与支出型社会救助，其区别在于确定救助对象的时候是否要考虑支出的因素。收入型社会救助体系实际上就是现行的社会救助体系，先通过收入核查等方式确定低保或低收入家庭，再根据这些家庭的实际需求给予相应的专项救助。支出型社会救助专门针对支出型贫困家庭，现在很多地方也出台了专门的支出型贫困家庭救助办法，这是一种有效的制度创新。最主要的是收入与支出的差值，一般的做法是低于低保标准的纳入低保救助，高于低保标准但低于低保边缘标准的，不纳入低保但转介到专项救助。

其二，将支出型贫困家庭纳入专项救助，不设立专门的支出型贫困救助制度。由于现行社会救助暂行办法的"8+1"体系本就是回应了多维贫困的需求，而正如前文所述，支出型贫困家庭的问题实质上就是多维贫困的问题，因此，在精确计算城市居民家庭的收入与支出

---

① 郑功成等：《多层次社会保障体系建设现状评估与政策思路》，《社会保障评论》2019年第1期。

专题二 支出型贫困家庭认定与兜底保障

以后,存在基本生存需求的就给予低保救助,存在其他专项需求的(专项支出过大)给予专项救助。与现行社会救助制度的区别在于进一步"去低保化",破除低保的门槛效应,而将低保救助与其他专项救助一起都看作专项救助制度,将基本生活支出与医疗、教育、住房等支出都看作刚性支出,哪一块缺乏就补哪一块。具体支出型贫困家庭的认定办法根据前文提出进行分类,再对收支情况进行计算核对。[①]

其三,进一步完善社会保险制度。社会保险制度,尤其是医疗保险制度的不完善导致部分支出型贫困家庭的大幅度刚性支出缺乏"第一道防线"。因此,需要进一步完善包括医疗保险制度在内的社会保险制度,比如提高异地就诊和门诊的报销比例,推动医疗保险的全覆盖。此外,对因病致贫家庭的医疗支出之外的非医学支出项目要适当考虑给予报销,这些非医学支出主要包括护工的成本,照顾患者的家庭成员在就医期间的护理、出行、食物和住宿成本,以及因为照顾家庭成员而导致的收入损失等。

2. 设计市场主体和社会组织的支出型贫困保障项目

当前支出型贫困家庭的救助方式较为单一,主要以现金补助为主,较少针对困难需求提供多样化的救助服务。比如,对支出型贫困家庭提供心理疏导服务,对因病支出型贫困家庭提供喘息式陪护照料服务,对遭受交通事故致贫的家庭提供法律援助。这些多样化的救助服务往往政府部门难以直接实现,因此政府可以通过项目制运作方式,由政府出资和牵头引入第三方组织去为支出型贫困家庭提供多样化的需求,一方面能够缓解政府基层工作压力;另一方面又能够培育市场和社会的保障项目的运作能力。

此外,由于罕见病发病率低、罕用药研发和生产成本高、罕见病用药价格昂贵、罕见病药物保障立法缺失等原因,目前我国社会基本医疗保险药品目录将罕用药排除在外,所包含的罕见病药品极少。[②]

---

① 具体家庭收入与财产的核定办法见各个地方的具体认定与核对办法。
② 阳义南等:《罕见病医疗负担对支出型贫困的影响研究》,《中国卫生政策研究》2019年第1期。

罕见病极易导致支出型贫困，对于罕见病导致的支出型贫困家庭，由于其支付费用高且治愈率低，因此要在政府医疗救助和大病救助的基础上，引入慈善力量帮助这部分家庭，防止极端事件的发生。

3. 倡导综合性的家庭风险管理

家庭的风险管理近年来逐步引起重视，倡导家庭通过购买商业保险的方式应对家庭的财产、人身健康、突发事件等风险。商业保险在一定程度上能够作为政府兜底保障的补充，弥补支出型贫困家庭支付能力不足的问题，尤其是针对一些突发事件导致的灾难性后果，商业保险未雨绸缪的风险管理方式也会发挥一定的保障作用。培育商业性保障层次不仅需要市场，更需要政府和家庭的参与。现在一些地方对社会救助与商业保险的结合进行了探索，例如浙江余姚推行的"社会救助＋保险服务"模式，增加了社会资金的救助效能。该模式设立了困难群众综合救助保险项目、困难家庭子女高校就学救助保险项目、孤儿及困境儿童综合救助保险项目等。为了让社会资金发挥其最大效益，既起到给予困难群众比较大的保障，又不能让保险公司亏损的目标，经过缜密分析和保险精算，确定了科学合理的赔付标准。同时，保险公司承诺并不赢利，每年的保险费如果在当年理赔后还有结余的，将叠加在第二年的保险费上，使得下一年困难群众的保险"资金池"更加稳定。

总体而言，构建包括社会保险、社会救助以及商业保险相结合的家庭风险管理保障在内的综合性的多层次兜底保障体系是解决支出型贫困问题的重要途径。上海市长宁区给出的"四医联动"的方案就很有参考价值，所谓"四医联动"就是以"基本医疗保险＋基本医疗服务＋政府医疗救助＋社会组织医疗帮扶"共同解决城市贫困人口的医疗问题。

（二）建立相应的具体兜底保障机制

1. 需求发现机制

其一，申请时主动发现。申请时的主动发现包括自主发现、他人发现、信息筛选发现三种。设计一系列信息筛查的问题，并将其以电子问卷的形式发送给对象填写,驻村(居)干部、党员队伍及时掌握联系户情况,帮助其申请救助。在医院、学校、福利院等相关企事业单位办公场所、社会团体常用活动场所设置明显的二维码标识,并对相关工作人员进行简单培训,强化主动发现意识。

其二,救助过程中需求精准发现。在救助过程中需求精准发现应当包括需求收集、筛选、发布、实现等环节,形成闭环流程。设计线上、线下多头需求发现渠道。省、市、县、镇(街道)、村(社区)多级联动,及时掌握辖区居民遭遇突发事件、罹患重病等特殊情况,做到早发现、早救助、早干预,进一步发挥专业社工和志愿者的力量。

2. 困境评估机制

制定困难家庭综合评估办法,统筹考虑人口结构、经济、健康、教育、居住、就业、社会参与、刚性支出等因素,建立综合评估指标体系,综合评估家庭贫困程度和救助需求,为个性化和多元化救助服务提供支撑。将原有"一户一档"细化为更具个性化的"一人一档"。例如支出型贫困对象就需要"一人一档",实行个性化救助帮扶,其效果可能比原有直接针对家庭的救助效果更好。"一人一档"能将支出型贫困对象与其家庭有效区分开来,提高救助的精准性,保障救助的公平性。在调查摸排的基础上建立贫困风险预警预防机制,及时识别发现可能陷入贫困境遇的家庭,缓解贫困代际传递风险。

3. 资源链接机制

统一的社会救助信息平台有救助需求发布系统和救助政策发布系统,通过数据共享、自动研判、推送转介等方式,能够有效直观呈现申请救助的贫困家庭的救助需求。而这些救助需求的满足可以通过救助信息平台实现政府、企业、个人、社会组织等救助资源汇聚并与贫困家庭的救助需求进行有效的对接,自动匹配,合理分配救助资源。在信息平台之外设置救助热线,建立救助电话网,具体可参考"12345市民热线"模式。线下还可以学习上海市长宁区的做法,设置救助顾问。还可以在村(社区)服务中心设置救助终端,让居民可以直接通过手机 App、网页、微信公众号、一体终端机等完成救助申请、发布救助需求、实现救助资源链接。

线上、线下的各个渠道只是实现资源链接的第一步，更关键的是背后的运作机制。首先救助主体与资源实体的对接；其次救助供需双方初步匹配。通过资源链接机制以"项目化"的方式对救助对象进行精准识别和个性化救助。资源链接服务首先由社区进行承接，社区没有能力完成的再介入其他链接。因此，可参考分级诊疗实行分级链接。各社区可将可以承接的资源链接任务与无法承接的任务以清单形式列出，在救助信息平台的系统端口进行说明，避免造成不必要的资源浪费。

4. 服务供给机制

社会救助服务是兜底保障的物质与现金救助方式的拓展，是实现保障可持续性的有效手段，是指社会救助制度以提供社会服务的形式来满足特定群体的生活需求。之所以对其服务功能进行拓展，是因为社会救助制度的服务功能是现代救助对象需求差异化、多样化的应有之义；同时也是对现实贫困状况及贫困人口结构变化的回应。而救助服务体系的构建需要从建构目标、建构主体、服务模式、服务手段和服务内容这五个方面来具体阐述。

从构建目标来看，任何救助形式的着力点都应是帮助保障对象摆脱贫困实现自助，即通过制度性社会救助采取现金给付解决贫困群体的生存问题；通过非制度性社会救助服务满足支出型贫困家庭的多样化救助需求；而现金给付与救助服务最终落实到个人的自立自助自强，从而实现个人脱贫。因此，社会救助服务体系的建构目标应是"现金+服务+自助"。在建构主体上，服务体系的建构需要政府发挥主导作用，同时需要政府、社会、个人之间的有效合作，实现资源共用。[①] 服务模式上主要遵循救助范围由单因素贫困转向多维性贫困、

---

① 杨琳琳：《我国社会救助服务体系构建的可能性与路径》，《西安财经学院学报》2018年第3期。

专题二 支出型贫困家庭认定与兜底保障

救助标准由"保基本"上升到"助推发展",救助理念由"贫困管理"向"贫困预防",甚至进一步实现"贫困治理"。在服务手段方面,引入信息化与数据管理,搭建专业社会工作介入社会救助的现实网络服务双平台。在服务内容上,依据工作形式分为事务性与服务性——事务性工作主要是指基层经办最低生活保障、特困人员救助供养、医疗救助、临时救助等服务时的对象排查、家计调查、业务培训、政策宣传、绩效评价等工作;服务性工作主要是指对社会救助对象开展的照料护理、康复训练、送医陪护、社会融入、能力提升、心理疏导、资源链接等服务。

5. 行动助推机制

我们认为,社会保护不仅仅在于兜底保护与预防干预,行动的改善是非常重要的环节。近年来,行为经济学的研究给我们提供了一个新的思路。"助推"(Nudge)一词在英文中的原意为"用肘轻推以引起某人的注意"。根据行为经济学家理查德·泰勒(Richard Thaler)和卡斯·桑斯坦(Cass Sunstein)的理论,助推理论的基本理论假设在于:人是社会人,其决策与选择会受到多种因素的影响,并非完全"理性"的,不一定能够做出对自己最有利的选择;助推通过非强制性的助推手段引导人的抉择,不仅没有约束人们的选择自由,反而能够降低选择失败的风险。[①]

如何多途径增加家庭的选择机会,保证其采取的行动能够给这个家庭带来最大化和最长远的收益是政策设计过程中需要重点考虑的问题,这也是社会保护的理念在行动改善层面的直观体现。建立助推机制,给支出型贫困家庭提供更多的选择,并加以必要的引导,帮助其决策,能够在一定程度上实现对家庭的社会保护,通过行动的改善起到能力提升和预防风险的作用。构建社会救助兜底保障的助推机制,可以从以下几个方面入手。

(1)设计默认项目:社会救助的供给形式可以是现金、实物以及

[①] [美]理查德·泰勒等:《助推:如何做出有关健康、财富与幸福的更优决策》,刘宁译,中信出版集团2015年版,第11—13页。

社会救助服务，此外再加上社会力量提供的多种形式的救助项目。政府和社会力量可以通过完善的制度化建设，提供制度化的救助项目和救助供给形式，并给予一定的引导，让受助者在保障基本的前提下，能够实现自助发展，体现出"兜底"的发展性功能。

（2）推送关键信息：构建社会救助兜底的助推机制并使其发挥最大效能，在一定程度上离不开对制度本身及其宣扬精神的宣传。要善于利用互联网时代的信息优势，通过微信公众号、微博、电视、广播等多种媒体及时发布、更新、澄清信息，让城市居民能够得到有效的信息，从而在风险来临之时能够做出最优的抉择。

（3）发送失误预警：针对当前社会救助领域的一些违规违法行为，通过专项治理的方式规范制度的运行，并及时地告知各类主体，使之知晓其中利害关系，约束自己的行为。同时通过建立家庭档案，及时发布家庭贫困预警信息，引导其做出合理行为选择。

（4）简化服务流程：结合当前的放管服改革，转变政府职能，推动社会救助领域的最多跑一次改革，简化社会救助申请材料和工作流程，不仅可以减轻政府工作人员压力，更重要的是可以减轻贫困群众的负担，提高社会救助的效率。

（5）公开绩效结果：及时对社会救助兜底保障的工作绩效进行评估，发现其中存在的问题，改进工作方法。同时通过绩效结果的公开，及时引导贫困群众主动申请合理的救助，也助推基层工作人员及时更新观念、改进方法、提高效率。可以学习一些地方的做法，设立"救助顾问""救急难互助会"[①]。

6. 多元主体参与机制

在党和政府的指导下可通过若干共同体的整合来构建多元主体参与机制。

---

① 例如，上海市长宁区民政局推行的"救助顾问"，江苏省东台市的"救急难互助会"的做法等，取得了较好的效果，值得借鉴。

专题二 支出型贫困家庭认定与兜底保障

(1) 党政群团共同体

包括党员干部、人大代表、政协委员、群团组织负责人及成员等。一方面,借助各自的组织力量开展社会救助相关活动,如通过党建活动宣讲社会救助政策、普及社会救助文化、提升社会救助意识;人大代表、政协委员关心社会救助工作,提交提案,反映民众需求;工会、共青团、妇联等开展与实施职业技能培训、助学、助业活动、妇女儿童救助项目等。另一方面,这部分人群以个人身份志愿参与到救助帮扶活动中,可建立积分制度,给予其适当的精神或物质奖励等。

(2) 救助部门共同体

充分发挥由民政部门牵头,其他部门共同参与的社会救助联席会议的作用。各部门既要做到职责分工明确,又要做到通力合作,坚持组织领导,强化政府部门在社会救助工作中的引领地位,统筹、协调、整合、调配各类救助资源,做好项目跟踪、项目督导和意见反馈。完善社会救助通报制度,定期通报工作进展情况,督促各部门如期推进相关工作。通过救助信息平台汇集部门信息、共享数据、整合资源。

(3) 乡镇(街道)村社共同体

要将社区治理的目标与社会救助结合起来。一方面依托社区服务设施加快推进政府公共服务、市场便民服务和居民互助志愿服务的供给。在社区全面推行"一站式"、代办制、组团式等服务方式,进一步提升街道、社区服务中心功能,促进社会救助与社区治理的融合发展。另一方面是依托社区完善社会力量参与社会救助的各项条件,培育承接主体。以乡镇(街道)为引领,整合所辖村社资源,包括村社干部、志愿者、乡绅乡贤、居民等,加强村社间的沟通和资源链接,合理配置资源。

(4) 社会组织共同体

促进在地社会组织的能力建设,培育整合其他志愿力量,提高社会组织承接社会救助服务项目的资质与能力。推进慈善组织、社会组织和爱心企业、志愿服务力量参与社会救助，促进救助需求、资金供给与服务提供三方有效对接。引导社会组织、志愿队伍开展人文关怀、心理疏导、资源链接、能力提升、社会融入等救助服务。

  总体来看，发展型福利理念主张跳出"先贫后扶"的传统观念桎梏，反对消极福利，提倡人力资本先期投资，注重顶层政策设计的前瞻性、综合性和长效性。对支出型贫困家庭的兜底保障应打破事后救助的惯性，开展事先预防。国家及家庭自身要增加发展型投入，如教育投入、医疗保障、就业规划等，增强困难家庭抗风险能力。特别是要加大对非义务教育阶段的教育投入，促进教育的公平，打破贫困的代际传递。基于此理念，加强政策的前瞻性设计，打破政策去适应新变化的怪圈；同时依托大数据系统加强贫困风险的识别，通过基层民政工作人员及时干预，家庭及个人努力提高抗风险能力，多方主体形成合力完善贫困风险预防和应急处理机制。

专题三　城市贫困家庭的社会救助

近年来，随着脱贫攻坚取得全面胜利，广大农村地区的贫困状况得以缓解。随之而来的是，在城市地区，新老贫困问题不断呈现。本专题就当前城市困难家庭的经济状况、消费状况、社会政策支持及社会救助状况进行全面考察，并从中反映困难家庭对当前政策系统的看法和意见。通过分析评估城市贫困政策支持系统成效，发掘典型案例并总结城市反贫困成功的实践经验，为完善面向城市贫困人口的托底性民生保障政策提供决策支持。

第一节　城市贫困救助的政策背景

一　城市贫困救助对象的总量特征与政策资金投入

在1990年以前，我国的贫困问题主要体现为农村贫困，城市贫困人口相对较少，但随着经济社会的发展，以及市场经济体制改革的逐步深化，城市贫困人口自20世纪90年代后呈现出不断上升的趋势，特别是1997年经济结构调整和国有企业改革造成的"下岗"和"失业"问题，加上社会保障体系的缺乏，使其成为我国贫困问题的重要方面。中国政府自1990年代以来一直在努力建立并逐步完善社会保障与社会救助制度，试图通过制度化的政策安排，履行政府责任、保障城市贫困人口的基本生活需求。城市低保制度是我国社会保障体系中专门面向城市贫困问题的一项重要制度，其覆盖面最大、受益群体最多、保障基本生存与生活需求功能最强，因而是整个社会救助体系的核心，构成了托底性民生保障的最重要的基础。

自 1993 年上海市率先建立城市低保制度至今已经历了近 30 年时间，在此期间城市低保制度的政策实践、功能定位及实施效果均经历一个变迁的过程。了解城市低保制度的发展及演化路径，既有助于系统梳理和总结以往工作中取得的经验和教训，也有助于对当前低保救助工作提供参考和借鉴。综合而言，城市低保制度功能定位的演变及发展路径大致经历了以下几个典型时期。[①]

第一，20 世纪 90 年代的国企改革，致使城市中出现大量下岗失业人员，其经济生活陷入困难处境，在此背景下，城市低保制度的建立更多的是作为推动国企改革的配套措施，解决改革带来的下岗分流人员的生活困难问题；第二，世纪之交是低保制度的试行和推进阶段，低保待遇标准较低，覆盖面窄，而且配套措施不够完善，低保制度并没有明显的扶贫效果，且此时低保资金的来源更多是由地方政府承担，地方政府因财力有限或对于低保制度不重视导致其不愿意扩大低保对象覆盖面；第三，从 2000 年开始，中央强调要扩大低保覆盖面，并且由中央财政出资，支持财政能力较弱的地方政府。地方政府推动低保制度发展的动力被激发了起来。从 2000 年到 2003 年的短短几年，全国城镇地区低保对象规模翻了几番，享受"低保"的困难人群规模呈现跳跃式增长态势。这一时期，城市低保制度及其配套措施不断完善，城市低保标准也大幅提高；第四，2010 年以来，城市低保制度又经历了一次显著变化，中央和地方政府在提供稳定财政支持的同时适度降低了资金投入，低保人群规模也较之前一阶段有明显下降，这其中反映出低保制度向"保基本""兜底线"这一初衷的回归[②]，当然与低保对象规模的减少和城镇居民生活水平提升、退保人

---

① 关信平：《新时代中国城市最低生活保障制度优化路径：提升标准与精准识别》，《社会保障评论》2019 年第 1 期；胡思洋：《低保制度功能定位的制度变迁与合理取向》，《社会保障研究》2017 年第 1 期。

② 赵溯理、杨怀印：《我国城镇低保救助制度的完善设计建议》，《中国行政管理》2014 年第 8 期。

专题三 城市贫困家庭的社会救助

员动态调整以及更严格的准入审核制度等有密切的关联。

以下本专题研究将重点从救助对象规模、低保财政资金投入、低保保障标准这三个维度详细展示城市低保制度实施的过程及演变，这将为当前时点的问题分析及政策提出提供参考借鉴。

（一）城市低保制度实施以来的救助对象规模及其变动

我国从20世纪90年代中后期开始城市反贫困行动，经过近30年的发展，建立了以城市居民最低生活保障制度为基础的城市社会救助体系，在城市反贫困行动中发挥了重要的作用。在城市低保制度建立之初，被纳入低保救助体系的城市贫困人口很少，根据《1996年民政事业发展统计公报》，1996年全国城市低保人口只有84.9万人，无论是从人口规模还是占城市人口的比例均较低。当时的低保标准较低，所以即使在城市地区存在很多贫困人口，但真正被纳入低保范围的对象也是较少的。

图3-1描绘了自20世纪末实施城市低保制度以来我国低保对象的规模及其变化情况。从中可以看出，20多年的低保制度实施过程可以典型地区分出四个阶段：第一，低保制度设立之初的几年里低保对象人数在低水平徘徊，一直停留在300万人以下；第二，从2000年开始的三四年时间里，低保对象人数激增，从不到300万人的规模迅速增长到2000万人，人数翻了近三番，这一变化背后的原因主要在于中央政府大力调整低保政策，大幅增加了中央财政对于低保救助的资金额度，从而扩大了低保覆盖面；第三，从2000年初期开始的近10年时间里，低保对象的规模稳定在2300万人左右，其中2009年的低保对象规模达到了自该制度实施以来的最高峰，为2345.6万人，在这十年里中央政府扩大低保覆盖及增加财政投入产生了良好的政策效果，为城市反贫困发挥了很大作用；第四，从2010年至今，低保对象规模呈逐年减低趋势，至2019年，城市低保人群的规模降低至860.9万人，这一变化有多方面原因，其中一方面包括近年来经济快速发展所带来的城镇居民以及城镇低收入人群平均经济收入的提升，从而新增低保人口总量下降；另一方面则源于已有低保人群的退出。

除此之外，低保制度在管理和操作层面的严格审核和控制措施也带来错保率下降及低保规模减小的结果。

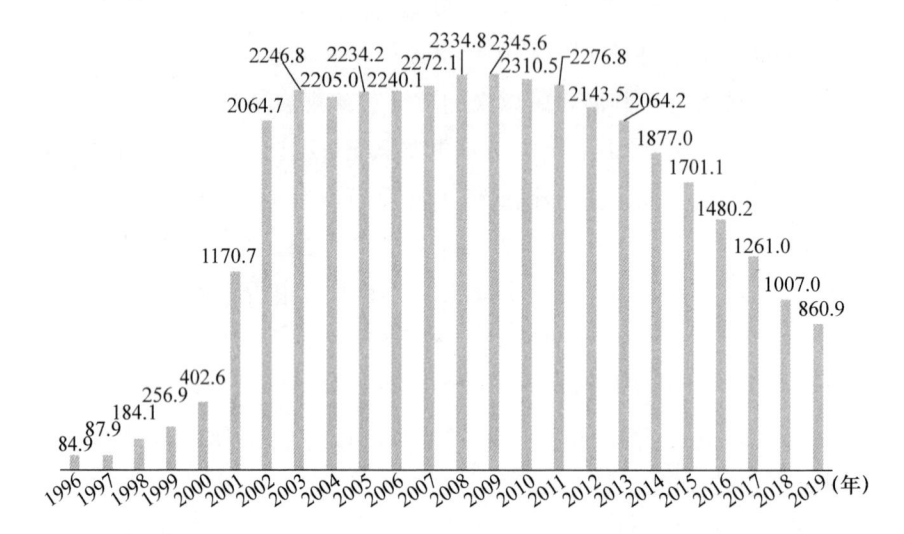

图 3-1 1996—2019 年城镇最低生活保障制度保障人数（万人）

资料来源：民政部：《中国民政统计年鉴（2020 年）》，中国社会出版社 2020 年版，第 132 页。

（二）城镇低保资金投入的历年变化

从城镇低保资金投入来看（见图 3-2），过去二十多年的时间里整体经历了快速提升的过程，从 1997 年低保制度建立之初的财政资金投入 3.0 亿元，至 2000 年左右迈入百亿元大关，由此开始十年财政资金投入稳步增加的时期，至 2012 年达到顶峰，为 756.7 亿元，从此之后的几年里财政资金略有下降，至 2017 年，这一额度降为 575.2 亿元。综合来看，低保财政资金投入的变动趋势与上述低保对象规模的变动趋势基本吻合，均经历了低水平徘徊、迅速提升以及稳中有降等典型阶段。

与低保对象规模变动结合起来考察可以发现，2000 年之后党中央和国务院做出了大幅度扩大低保覆盖面的决策，低保对象人数陡增，但低保投入财政资金并没有随之发生快速增长，这也说明在 21 世纪早期的一段时期里，被纳入低保范围的城镇困难民众人数有较大增长，但享受的低保待遇水平相对较低，低保对象规模扩张的幅度大于财政投入增长的幅度；另外，从2013年之后，低保对象规模逐年降低，且减幅明显，但投入的财政资金的减低幅度要低于前者，这也在一定程度上表明，最近几年城镇低保人群享受的低保待遇水平相较之前有较明显提升。

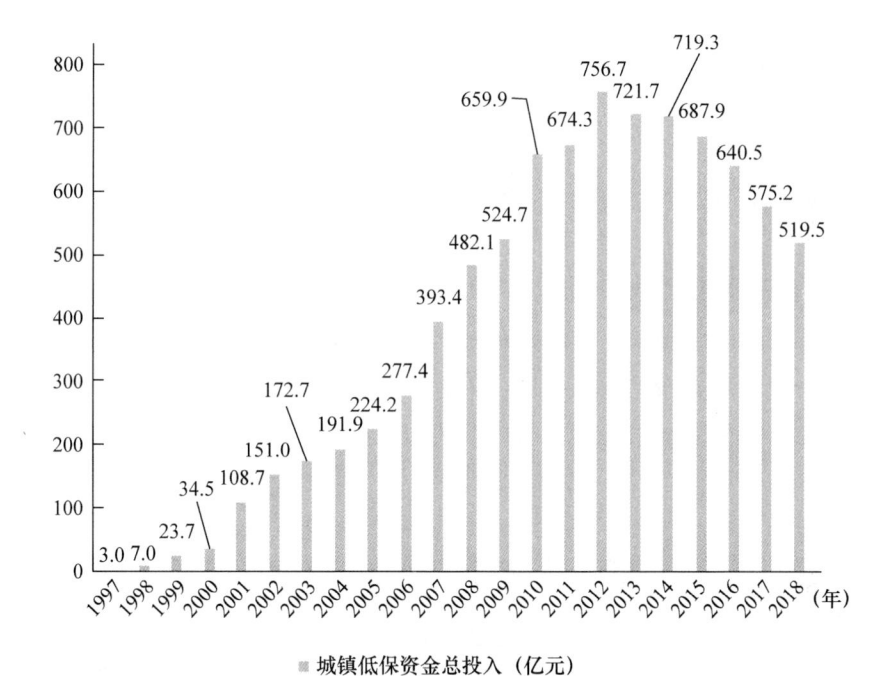

图 3-2 历年城镇低保资金投入

数据来源：1997—2019年《民政事业发展统计公报》。

（三）各省市城镇居民最低生活保障标准的历时性变化

除了低保对象救助规模及财政投入的历时性变化，本专题研究也结合民政部提供的官方数据，呈现了全国各省市城镇居民最低生活保障制度的历时性数据。2019年3月2日修订的《社会救助暂行办法》规定："最低生活保障标准，由省、自治区、直辖市或者设区的市级人民政府按照当地居民生活必需的费用确定、公布，并根据当地经济社会发展水平和物价变动情况适时调整。"

表3-1描述了近10年来三个时间节点（2008年、2014年、2019年），各省市城镇居民最低生活保障标准的变化情况，从中可以得出以下几点结论：第一，以2019年与2008年的对比来看，十年间各省市城镇最低生活保障标准均有较大幅度提升，增长幅度在251.40%到408.19%之间。增长率排在前五位的省份包括河北省、广西壮族自治区、内蒙古自治区、江西省和贵州省，其增长幅度均在385%以上，而增长率排位偏后的几个省份如山东省、江苏省、浙江省、天津市、安徽省等，增长幅度也都在250%以上；第二，从具体低保标准来看，以2019年为例，上海、北京、天津三大直辖市位居前三位，低保标准达到了每人每月1000元左右，尤其是上海和北京，低保标准达到了1000元以上；与之相比，新疆、湖南、吉林、甘肃、四川等省市区的低保标准相对较低，均在536元及以下；第三，低保标准的区域差异较为明显，以2019年为例，上海的低保标准最高，是低保标准最低的新疆维吾尔自治区的言说约2.52倍。

表3-1 2008年、2014年和2019年各省市城镇最低生活保障标准（单位：元）

各省区	2008年平均标准	2014年平均标准	2019年平均标准	2008—2019年年增长率（%）
北京	328.89	650.00	1100.00	334.46
天津	345.00	640.00	980.00	284.06
河北	161.37	422.13	658.70	408.19
山西	163.00	377.12	550.20	337.55
内蒙古	173.74	477.71	689.00	396.57
辽宁	204.07	446.17	630.20	308.82
吉林	137.94	340.68	525.30	380.82
黑龙江	164.43	413.53	567.50	345.13
上海	352.63	705.88	1160.00	328.96

专题三　城市贫困家庭的社会救助

续表

各省区	2008年平均标准	2014年平均标准	2019年平均标准	2008—2019年年增长率（%）
江苏	256.54	527.19	714.40	278.48
浙江	281.56	531.80	790.90	280.90
安徽	202.48	415.18	593.00	292.87
福建	198.38	407.48	615.90	310.46
江西	161.60	415.09	633.80	392.20
山东	224.54	440.44	564.50	251.40
河南	153.05	322.23	537.90	351.45
湖北	165.12	396.35	635.50	384.87
湖南	171.51	351.06	510.40	297.59
广东	225.93	451.58	801.70	354.84
广西	163.49	337.58	655.60	401.00
海南	157.81	361.90	549.60	348.27
重庆	179.64	347.75	580.00	322.87
四川	181.32	324.68	535.60	295.39
贵州	158.31	390.83	613.40	387.47
云南	174.51	348.00	619.70	355.11
西藏	255.75	510.68	834.10	326.14
陕西	159.30	382.02	579.20	363.59
甘肃	157.62	324.98	527.20	334.48
青海	175.85	350.98	573.00	325.85
宁夏	182.27	301.14	570.00	312.72
新疆	141.29	321.77	460.90	326.21

数据来源：《2008年3季度保障标准》《2014年3季度保障标准》《2019年3季度保障标准》，民政部网站"民政数据"栏，http：//www.mca.gov.cn/article/sj/。

二　报告分析数据资料来源及研究思路

本专题研究分析使用的数据来自民政部政策研究中心2019年6月开展的全国范围内的抽样调查，其中共涉及城市贫困家庭样本3117个，涵盖东部、中部、西部共10个省份，每个省市区均涉及三种贫困家庭类型，在总样本中，低保户为1361个，占比43.66%；低保边缘户326个，占比10.46%；其他类型困难户1430个，占比45.88%（见表3-2）。

除了以问卷调查数据为基础的量化研究部分，本专题研究还以座谈会、入户访谈等方式在北京市、甘肃省面向基层民政部门工作人员、城镇困难人群展开了定性资料的收集和分析。面向基层民政部门工作人员的调研主要目的在于了解民政和地方基层部门干部和工作人员在城市贫困人群识别、救助、反贫困援助帮扶工作中的做法和措施，工作推进中存在的难点、困惑和突出问题，工作中积累的典型工作经验与案例，进一步的意见诉求和政策建议等；面向贫困户与脱贫户的入户调查与集体座谈主要聚焦于贫困户在精准识别、保障救助、因户施策、精准帮扶、可持续发展、社会交往与心态、政策评价与诉求期许等方面的情况，以及了解脱贫户是否达到了脱贫标准，其具体的脱贫经验、返贫压力、政策评价以及是否存在"数字脱贫""虚假脱贫"等情况。

下文的分析将重点围绕问卷调查数据并结合部分案例访谈信息，聚焦城市贫困现象，掌握城市贫困人群的基本特征类型、经济民生、社会救助享受以及政府部门反贫困政策措施，反映困难家庭对政策系统的看法和意见，分析评估城市贫困政策支持系统效果，发掘典型案例并总结城市反贫困成功政策实践经验，为完善面向城市贫困人口的托底性民生保障政策提供决策支持。

表3-2　　　　　本专题研究分析样本的区域分布

	低保户（%）	低保边缘户（%）	其他困难户（%）	样本量（n）
北京市	23.06	5.02	71.92	438
四川省	21.43	7.14	71.43	56
山东省	35.16	8.39	56.45	822
广西壮族自治区	51.33	23.01	25.66	113
江西省	65.76	6.52	27.72	368
浙江省	50.29	15.22	34.49	519

续表

	低保户（%）	低保边缘户（%）	其他困难户（%）	样本量（n）
湖北省	56.58	15.70	27.71	433
甘肃省	12.50	37.50	50.00	8
贵州省	65.60	4.80	29.60	125
陕西省	29.79	10.64	59.57	235
总体	1361	326	1430	3117
总体比例	43.66	10.46	45.88	100

第二节 城市贫困家庭的成员结构与基本特征

本专题研究从城市贫困家庭的基本构成特征和致贫原因角度展开分析，重点呈现不同困难家庭的家庭规模、家庭成员构成、劳动与就业、长期照料家庭成员状况以及家庭致贫原因。分析中既呈现整体家庭特征状貌，又对比城市低保户、低保边缘户和其他困难户之间的一致性与异质性。

一 受访城市贫困家庭规模及人员构成

（一）家庭规模

从家庭规模来看，城市贫困家庭大多以2人户、3人户和4人户为主，这三种类型占到了整体中的七成以上（见表3-3）。在各贫困类型的对比上，低保户中1人户的占比要明显高于其他两类贫困户，但在5人户及以上的家庭类型中比例要明显低于其他贫困户类型。这也在一定程度上表明，一人居住的低保户，尤其是独居老人户在整个低保户中占有相当的比例，而在低保户中多人大家庭比例相对较少。

表3-3　　　　　城市贫困家庭的成员规模　　　　（%）

	低保户	低保边缘户	其他困难户	总量
1人户	13.96	7.06	7.62	10.33
2人户	24.98	23.31	29.86	27.05

续表

	低保户	低保边缘户	其他困难户	总量
3人户	31.67	25.46	24.20	27.59
4人户	17.12	21.47	15.87	17.00
5人户	7.13	14.42	13.36	10.75
6人户	3.38	5.52	6.57	5.07
7人户及以上	1.76	2.76	2.52	2.21
合计	1361	326	1430	3117

（二）家庭人员构成

在低保户家庭中的 16—60 岁劳动人口数和就业人口数均值分别为 0.838 人和 0.436 人，远低于低保边缘户和其他贫困户（见表 3-4）。就业是民生之本，是家庭从外部获取资源尤其是经济资源的最重要渠道，劳动人口，尤其是就业人口缺乏是低保户重要的致贫原因。另外，在低保户家庭中 16 岁以下未成年人口数也略低于低保边缘户和其他贫困户，但在 60 岁以上老年人口数上，低保户和低保边缘户之间没有显著差别。

表 3-4　　　城市贫困家庭人口规模及特殊成员人口数

	低保户	低保边缘户	其他贫困户	低保边缘户 VS 低保户	其他贫困户 VS 低保户
家庭人口数	2.968	3.417	3.295	0.449***	0.327***
16 岁以下未成年人数	0.471	0.641	0.529	0.170***	0.058**
16—60 劳动人口数	0.838	1.429	1.405	0.591***	0.567***
就业人口数	0.436	0.917	0.994	0.481***	0.559***
60 岁以上老年人口数	0.772	0.770	1.064	-0.002	0.291***
样本量	1361	326	1430	1687	2791

注：表中右侧星号显示的是两类群体均值差异的显著性水平：$^*p<0.05$，$^{**}p<0.01$，$^{***}p<0.001$。

二 受访城市贫困家庭成员就业状况

由表3-5可知，近半数的低保家庭中缺乏有劳动能力成员，三分之二的家庭没有就业人口，这两个数字比例均远高于低保边缘户和其他贫困家庭类型，并且低保户中仅有1人有劳动能力的比例也高于低保边缘户和其他贫困户，有2人及以上有劳动能力人口数和就业人口数的低保家庭比例明显低于低保边缘户和其他贫困户。综合来看，作为家庭重要经济来源的劳动力和就业人口，在低保家庭中明显稀缺，这也从很大程度上反映了为何这部分家庭陷入贫困且短时期内无法摆脱。

表3-5　　　　　贫困家庭有劳动能力成员和就业成员数

	有劳动能力人口数			就业人口数		
	低保户	低保边缘户	其他贫困户	低保户	低保边缘户	其他贫困户
0人	46.36	25.15	32.17	67.08	38.04	40.98
1人	31.81	26.69	18.74	24.25	38.34	27.69
2人	14.99	34.05	31.96	7.20	18.71	24.41
3人	5.73	9.20	12.24	1.18	3.99	5.24
4人	0.88	3.99	3.99	0.15	0.61	1.33
5人	0.07	0.92	0.56	0.07	0.31	0.28
6人	0.07	0	0.14	0.07	0	0
样本量	1361	326	1430	1361	326	1430

三 受访家庭需长期照料成员状况

低保户家庭中失能人口数、慢性病人口数、大病人口数、残疾人口数等均明显高于低保边缘户，也高于其他贫困户类型（见表3-6）。上述人群既需要家庭成员长时期的照料及时间、精力上的投入，同时这些人群也需要耗费大量的家庭财力物力来支撑其就医就诊及康复工作。

与前述发现结合起来看，城市低保家庭存在较多的疾病、残疾、失能成员，而相应的劳动就业人口短缺，这是一个一体两面的问题，家庭经济资源"流入少、流出多"导致整个家庭经济陷入困境。

表 3-6　　　　　城市贫困家庭中需长期照料成员人口数

	低保户	低保边缘户	其他贫困户	低保边缘户 VS 低保户	其他贫困户 VS 低保户
失能人口数	0.644	0.463	0.429	-0.181***	-0.215***
慢性病人口数	1.068	0.969	0.934	-0.099*	-0.135***
大病人口数	0.577	0.512	0.445	-0.065	-0.131***
残疾人口数	0.734	0.439	0.410	-0.295***	-0.324***
正在接受教育人数	0.553	0.678	0.531	0.125***	-0.022
样本量	1361	326	1430	1687	2791

注：表中右侧星号显示的是两类群体均值差异的显著性水平：$^{*}p<0.05$，$^{**}p<0.01$，$^{***}p<0.001$。

四　城市贫困家庭致贫原因

从致贫原因来看，各类贫困家庭中，因病/伤致贫均排在第一位，比例远高于其他致贫因素（见表3-7）。排在第二位的是家庭中存在残疾成员，因残致贫的比例在低保户中接近三成，而在低保边缘户和其他贫困户中比例略有降低；缺乏劳动力被选择的比例排在第三位，各类型贫困户选择的比例均在一成左右。从上述数据中可以看出，城镇困难家庭的致贫原因主要是家庭存在病、伤、残成员以及由此带来的缺乏就业劳动力的问题。

表 3-7　　　　　城市贫困户最主要的致贫因素（%）

	低保户	低保边缘户	其他贫困户	总体
因病/伤	46.80	42.33	42.03	44.15
因残	27.77	18.10	11.26	19.19
缺乏劳动力	11.02	10.43	8.18	9.66
缺乏资金	7.13	9.20	10.56	8.92
因学	2.72	7.67	7.34	5.36

续表

	低保户	低保边缘户	其他困难类型	总体
其他	2.28	3.07	3.29	2.82
缺技术	1.69	5.83	3.85	3.11
无	0.44	3.37	13.01	6.51
因灾	0.15	0	0.14	0.13
因交通条件落后	0	0	0.28	0.13
缺水	0	0	0.07	0.03
总计	100	100	100	100

第三节 城市贫困家庭经济状况

本部分重点呈现城市贫困家庭的经济收支状况，如家庭的收入额度及分类项目、支出额度及分类项目、储蓄与借贷状况、住房状况、耐用消费品状况等，既从整体层面描述城市贫困家庭的经济状貌，也同时分析不同贫困家庭经济状况的异质性。

一 城市贫困家庭的经济收入状况

从家庭年总收入比较来看，低保户的收入均值最低，仅为43042.23元，低保边缘户的收入均值为53555.95元，高出低保户1万余元，而其他贫困户的收入最高，达到了62433.24元（见表3-8）。综合比较，三类家庭的经济收入状况有明显的差异，低保户最低、低保边缘户位居中间，而其他贫困户的经济状况相对较好。这在一定程度上表明，低保户确实是城镇地区经济状况最差的社会群体，救助对象的瞄准效度较高。

表3-8　　　　不同贫困家庭的收入均值比较（元）

	低保户	低保边缘户	其他贫困户	低保边缘户 VS 低保户	其他贫困户 VS 低保户
全年总收入	43042.23	53555.95	62433.24	10513.72 ***	19391.01 ***

续表

	低保户	低保边缘户	其他贫困户	低保边缘户 VS 低保户	其他贫困户 VS 低保户
劳动净收入	14419.04	31161.67	39287.51	16742.63 ***	24868.47 ***
经营纯收入	1168.92	1013.80	3684.54	-155.12	2515.62 **
财产性收入	1863.13	2451.96	4156.22	588.83	2293.09 **
转移性收入	24934.28	18411.86	14263.94	-6522.41 ***	-10670.34 ***
政府救助收入	7817.15	1379.10	1985.31	-6438.05 ***	-5831.84 ***
其他经济收入	573.09	516.65	1041.03	-56.43	467.94
样本量	1361	326	1430	1687	2791

注：表中右侧星号显示的是两类群体均值差异的显著性水平：$^*p<0.05$，$^{**}p<0.01$，$^{***}p<0.001$。

从细类收入构成来看，2018年低保户家庭的劳动净收入平均仅为1.4419.04元，远远低于低保边缘户的3.1161.67元和其他贫困户的3.9287.51元；经营性纯收入上低保户和低保边缘户均较少，且二者之间的差距不明显，甚至前者还略高于后者，其他贫困户经营收入明显高出前两者；财产性收入的状况与经营性收入类似，低保户与低保边缘户差距不明显，而其他贫困户明显高出前两者；在转移性收入上三者间差异较大，低保户在此项上的收入明显高于低保边缘户，二者间相差6500元左右，其他贫困户也获得了与低保户相当的、较多的转移性收入，这可能与其特殊的贫困需求及获得了有针对性的专项救助有关。在政府救助收入上，三种贫困家庭获益性程度差别很大，低保户受益最多，达到了近8000元，而后两者仅获得1000—2000元；在其他经济收入上三者间没有显著差异，该项收入较低，均在1000元以下。从中可以看出，对于城市最贫困的低保户人群而言，家庭最主要的经济来源是转移性收入，占到了总收入的半数以上，而劳动净收入仅占总收入的三分之一。与之不同的是，经济状况稍好的低保边缘户和其他贫困户类型，其经济来源主要是劳动净收入，其比例占总体收入的半数以上；其次才是转移性收入，占比在三分之一左右。

二 城市贫困家庭的经济支出状况

(一) 家庭总支出

从家庭支出情况来看,无论是就全年总支出还是其他细类支出项目而言,低保户的支出均明显低于低保边缘户和其他贫困户类型(见表3-9)。具体而言,城市低保户家庭年均支出为52272.46元,明显低于低保边缘户的70214.68元和其他贫困户的82279.07元。在其他细类项目上,低保户的家庭基本生活支出在全年总支出中所占比例最高,达到了43156.32元,低于边缘户的57826.23元和其他贫困户类型的64306.38元;低保户的转移性支出在4060.55元,低于低保边缘户的6239.96元和其他贫困户的8693.16元;在资产经营性支出上三者间差距不大,均在3500元到8000元之间;低保户交纳所得税支出最低,仅为29.74元,在其他支出上三种贫困户类型之间没有显著差异,均在270元到830元之间。综合来看,城市低保户的经济收入明显偏低,且支出与收入状况相匹配,也处于较低水平,并且在有限的支出中,满足生活需求的家庭基本支出又占了绝大部分比例(高达82.7%),这一比例高于低保边缘户和其他贫困户,可以从中看出低保户的经济状况明显差于其他两类家庭。

表3-9　　　　　贫困家庭支出均值比较(元)

	低保户	低保边缘户	其他贫困户	低保边缘户 VS 低保户	其他贫困户 VS 低保户
全年总支出	52272.46	70214.68	82279.07	17942.22***	30006.61***
家庭基本支出	43156.32	57826.23	64306.38	14669.92***	21150.06***
转移性支出	4060.55	6239.96	8693.16	2179.41***	4632.61***
资产经营性支出	3810.19	5711.04	7800.24	1900.85	3990.05
交纳所得税支出	29.74	160.46	405.44	130.73**	375.70***
其他支出	533.20	276.96	829.04	-256.24	295.85
样本量	1361	326	1430	1687	2791

注:表中右侧星号显示的是两类群体均值差异的显著性水平:* $p<0.05$,** $p<0.01$,*** $p<0.001$。

（二）贫困家庭生活基本支出

从各类贫困家庭基本生活支出细类来看，排在前三位的支出类型均为食物支出、医疗费用支出和教育支出（见表3-10）。其中，食物支出在低保户家庭基本生活支出中占到了三分之一以上，低保边缘户及其他贫困户的这一比例也大致相当；医疗费用支出在低保户家庭生活支出中的比例也达到了三分之一，食物支出和医疗费用支出合计占到了家庭生活支出的三分之二，占到了家庭年总支出中的55.1%。这是一个相当高的比例，表明当前城市低保家庭的两大支出源头分别是满足生存生活所需的食物支出和医疗费用支出，刨除食物支出，医疗费用支出是低保家庭最大的支出项，家庭中存在的病残失能人员的医疗支出是低保家庭的重要经济负担来源，也是其陷入贫困而短时期内难以摆脱的重要原因。

除了食物、医疗费用和教育支出，其他类型支出额度均不高，对于低保户而言，住房、水电燃料采暖、衣着、婚丧嫁娶、家庭设备及日用消费品等项目的支出均在1000—3000元。另外需要注意的是，低保户家庭在保健、上网和文化娱乐方面的消费支出排在最后三位，且额度均不高，均在500元以下，这也表明低保户目前的经济支出更多还是"保基本"，而在发展方面的支出投入明显不足。

表3-10　　　　　　贫困家庭基本支出均值比较（元）

	低保户	低保边缘户	其他贫困户	低保边缘户 VS 低保户	其他贫困户 VS 低保户
家庭基本支出	43156.32	57826.23	64306.38	14669.92 ***	21150.06 ***
食物支出	14853.57	17805.62	19604.33	2952.06 ***	4750.76 ***
医疗费用支出	14066.66	17475.35	17140.34	3408.68	3073.67 **
教育支出	4128.85	7974.73	7213.82	3845.89 ***	3084.98 ***
住房支出	2752.85	4245.97	4396.72	1493.12 **	1643.87 ***
水电燃料采暖支出	2544.22	2993.79	3878.05	449.57 ***	1333.83 ***
衣着支出	1289.67	1977.26	3437.21	687.58 ***	2147.54 ***

续表

	低保户	低保边缘户	其他贫困户	低保边缘户 VS 低保户	其他贫困户 VS 低保户
婚丧嫁娶支出	1257.28	1973.34	4091.75	716.06	2834.47***
家庭设备及日用消费品支出	1045.76	1472.99	1832.85	427.24	787.09
邮电通信费	883.52	1234.83	1428.76	351.31***	545.24***
交通费	627.04	907.15	1756.01	280.11**	1128.97***
护理费用	556.22	603.99	1196.74	47.77	640.53***
保健费用	409.27	547.28	737.63	138.02	328.37***
上网费	232.62	412.72	461.04	180.10***	228.42***
文化娱乐支出	178.96	318.74	1024.62	139.79*	845.66***
样本量	1361	326	1430	1687	2791

注：表中右侧星号显示的是两类群体均值差异的显著性水平：* $p<0.05$，** $p<0.01$，*** $p<0.001$。

（三）贫困家庭的储蓄与欠债

从当前家庭储蓄和欠债情况来看，低保户的经济状况明显较差，他们的储总蓄额均值为12035.23元，远低于低保边缘户的18701.92元和其他贫困户的32391.86元；不仅储蓄额度低，且低保户的欠债额度高，低保户家庭平均欠债额度为35168.02元，高于低保边缘户的31721.17元以及其他贫困户类型的37163.56元（见表3-11）。

表3-11 贫困家庭目前储蓄及欠债总额均值比较（元）

	低保户	低保边缘户	其他贫困户	低保边缘户 VS 低保户	其他贫困户 VS 低保户
目前储蓄总额	12035.23	18701.92	32391.86	6666.69**	20356.63***
欠债额度	35168.02	31721.17	37163.56	-3446.86	1995.54
样本量	1361	326	1430	1687	2791

注：表中右侧星号显示的是两类群体均值差异的显著性水平：* $p<0.05$，** $p<0.01$，*** $p<0.001$。

三 城市贫困家庭的住房与耐用消费品状况

(一) 贫困家庭的住房状况

从住房情况来看,低保户的状况在所有贫困户中也是较差的。在房产数量上,低保户平均为 0.85 套,而低保边缘户为 1.11 套,其他贫困户为 1.23 套;在房产市值方面,低保户的所有房产的均值为 7508.22 元,明显低于低保边缘户的 116245.40 元以及其他贫困户的 128898.78 元(见表 3-12)。

表 3-12　　　　　　　　贫困家庭的住房状况比较

	低保户	低保边缘户	其他贫困户	低保边缘户 VS 低保户	其他贫困户 VS 低保户
房产数量 (套)	0.85	1.11	1.23	0.25 ***	0.37 ***
房产市值 (元)	7508.22	116245.40	128898.78	108737.18 ***	121390.53 ***
样本量	1361	326	1430	1687	2791

注:表中右侧星号显示的是两类群体均值差异的显著性水平:* $p<0.05$,** $p<0.01$,*** $p<0.001$。

(二) 贫困家庭的耐用消费品状况

从耐用消费品数量来看,问卷中列出了 14 类物品,本课题组在表 3-13 中算出了不同贫困家庭拥有耐用消费品的平均值。数据结果显示,低保户的耐用消费品数量平均为 4.52 个,明显低于低保边缘户的 5.44 个以及其他贫困户的 5.62 个。这也从侧面反映出低保户家庭的经济状况要差于其他两类家庭(见表 3-13)。

表 3-13　　　　　　　　贫困家庭的耐用消费品状况

	低保户	低保边缘户	其他贫困户	低保边缘户 VS 低保户	其他贫困户 VS 低保户
耐用消费品数量	4.52	5.44	5.62	0.92 ***	1.09 ***
样本量	1361	326	1430	1687	2791

注:表中右侧星号显示的是两类群体均值差异的显著性水平:* $p<0.05$,** $p<0.01$,*** $p<0.001$。

第四节 城市贫困家庭享受社会救助状况及其效果

本部分从城市贫困家庭享受低保救助及其效果评估的角度展开分析，其中既包括贫困家庭低保享受时长、社会救助项目类型与享受额度，以及享受福利优惠、免费服务、就业创业服务等状况，同时也包括救助制度受益者反馈的有关救助效果的评价。

一 城市贫困家庭享受各类社会救助项目的状况

低保户享受低保状况

低保制度是整个社会救助体系的核心，构成了托底性民生保障的最重要基础。从低保户享受低保时长来看，将近四成的低保户享受时长达到了5—10年，其次是有17.72%的低保户享受时长达到了3—5年。综合来看，享受时长在3年以内的占比为25.53%，3—10年的占比近六成，而享受时长在10年以上的占比接近两成（见表3-14）。

表3-14　　　　　　　低保户享受低保时长

享受低保时长	频次	百分比	累计百分比
半年以内	44	3.43	3.43
半年至1年	85	6.64	10.07
1—2年	93	7.26	17.33
2—3年	105	8.2	25.53
3—5年	227	17.72	43.25
5—10年	503	39.27	82.51
11—15年	139	10.85	93.36
16—20年	70	5.46	98.83
20年以上	15	1.17	
Total	1281	100	100

表3-15展示的是三种典型的贫困户享受不同社会救助项目的状

况，课题组根据低保户的享受比例做了从高到低的排序。数据结果显示，低保户中有九成以上的享受过低保金救助，而低保边缘户中这一比例仅为12.27%，其他贫困户的比例更低，仅为3.36%。可以看出，绝大部分低保户享受到了低保救助，而其他贫困户则较少享受到这个救助。除了低保金外，低保户享受其他救助项目的比例都不是很高，排在前三位的分别是医疗、教育和慈善救助，而享受较少的项目分别是就业救助、五保供养金以及自然灾害救助，这三者的享受比例均不足2%。低保边缘户和其他困难户享受社会救助的状况与低保户大致相类似，医疗、教育救助是覆盖面相对高一些的项目类型，而他们享受就业救助、五保供养金及自然灾害救助的比例也都比较低。综合来看，低保户家庭享受到更多的社会救助资源，不仅是享受低保金待遇，而且在其他各类配套性救助项目上，低保户相对于其他困难家庭也具有显著优势。

表3-15　　　　　　贫困家庭享受各类救助项目的百分比

	低保户	低保边缘户	其他贫困户	总体
是否享受过低保金	92.87	12.27	3.36	43.38
是否享受过医疗救助	23.66	17.79	9.72	16.65
是否享受过教育救助	19.76	10.74	5.66	12.35
是否享受过慈善救助	14.03	8.28	3.57	8.63
是否享受过住房救助	9.85	2.76	2.10	5.55
是否享受过临时救助	5.29	6.44	2.94	4.33
是否享受过就业救助	1.47	1.23	0.7	1.09
是否享受过五保供养金	1.18	0	0.28	0.64
是否享受过自然灾害救助	1.03	0.92	0.56	0.8

二　城市贫困家庭享受各类社会救助金额状况

从享受各救助项目的具体额度来看，低保户享受到的额度最大的救助项目为低保金，年均达到了10000元以上，其次是医疗救助，均值超过了3000元，排在第三位的是住房救助，额度为1271.53元，

专题三 城市贫困家庭的社会救助

这三大项目的享受额度均超过了 1000 元，而其他项目额度均在 1000 元以下，尤其是排在后面的就业救助、五保供养金和自然灾害救助，享受额度均低于 100 元。与低保户享受的额度相比，低保边缘户和其他贫困户享受的则要少很多，对于低保边缘户而言，享受额度排在前三位的分别是医疗救助、慈善救助和低保金，但每项的年度均值也在 2000 元以下；其他贫困户享受的救助额度排在前列的主要是医疗救助，只有这一项达到了 1500 元以上，其他项目的额度均较低，甚至大部分在 200 元以下（见表 3-16）。

综合来看，与各种社会救助的覆盖面状况一致，低保户享受的救助额度最高，不仅是低保金，几乎在所有救助项目上低保户均享受到最多的资金救助，其相对于低保边缘户和其他贫困户的优势是全方位的。

表 3-16　　　贫困家庭享受各种救助的金额及其比较（元）

	低保户	低保边缘户	其他贫困户	低保边缘户 vs 低保户	其他贫困户 vs 低保户
低保金	10145.63	725.60	293.00	-9420.03***	-9852.63***
医疗救助	3017.61	1874.44	1790.90	-1143.17	-1226.71**
住房救助	1271.53	78.24	92.24	-1193.28	-1179.29**
慈善救助	635.56	1035.98	96.99	400.42	-538.57***
教育救助	417.28	397.86	158.50	-19.42	-258.78***
临时救助	170.49	257.09	42.72	86.60	-127.77***
就业救助	78.29	72.16	11.21	-6.13	-67.08*
五保供养金	54.42	8.00	0.36	-46.42	-54.06**
自然灾害救助	1.74	5.87	12.39	4.13	10.65
样本量	1361	326	1430	1687	2791

注：表中右侧星号显示的是两类群体均值差异的显著性水平：$^*p<0.05$，$^{**}p<0.01$，$^{***}p<0.001$。

三　城市贫困家庭享受各类社会救助的效果

从救助效果看，低保户评价较高的项目分别为住房救助、医疗救助、教育救助、低保金，比例均超过了七成；临时救助、慈善救助、五保供养金被认为作用较大或很大的比例也都在六成至七成之间；相对而言，就业救助和自然灾害救助被认为救助作用很大/较大的比例稍低，但也都超过了五成（见表3-17）。

与低保户不同，边缘户对于各项救助的效果评价呈现出另一番现象，被认为救助效果较好或很好比例排在前列的分别是就业救助、教育救助、慈善救助，比例均超过了七成，五保供养金和住房救助被认为作用很大或较大的比例略低，仅在四成到五成。另外，其他困难家庭的排序与低保户较为一致，但总体他们认为这些项目救助作用很大或较大的比例要略低于低保户家庭。

综合来看，不同贫困家庭对于各类救助项目的效果均给予较高的评价，几乎每个项目都有半数以上的贫困家庭选择了该项目救助作用较大或很大；这表明各类救助项目在贫困家庭的经济压力缓解、支持和帮扶中切实起到了积极效果，在当前覆盖面或受益人群比例相对较低的情况下，仍然需要进一步扩大覆盖比例，让更多困难民众受惠。另外，从横向比较来看，几乎在所有的救助项目的效果评价中，低保户认为作用较大或很大的比例均明显高于低保边缘户和其他贫困户，低保户不仅直接获得了额度较高的低保金，而且享受了各项综合性配套救助帮扶项目，其受益性程度明显优于其他两类贫困家庭。

表3-17　　　　　贫困家庭享受救助效果评价（%）

	低保户	低保边缘户	其他贫困户	总体
住房救助作用较大/很大	81.34	44.44	73.33	78.03
医疗救助作用较大/很大	79.19	60.34	67.63	73.99
教育救助作用较大/很大	76.21	71.43	64.20	73.25
低保金作用较大/很大	72.55	65.00	62.50	71.97
临时救助作用较大/很大	69.44	61.90	59.52	65.19
慈善救助作用较大/很大	65.45	70.37	49.02	62.83
五保供养金作用较大/很大	62.50	50.00	60.00	58.30
就业救助作用较大/很大	55.00	75.00	50.00	55.88
自然灾害救助作用较大/很大	50.00	66.67	25.00	44.00

此外，由于就业救助、自然灾害救助等项目覆盖人群较少，有必要进一步分析潜在受益人群对政策效果的评价。在得到就业救助的受访户中，认为就业救助帮助很大或较大的占比78.60%，认为作用一般的占比17.58%。样本中有490个家庭表示近一年内遭遇过自然灾害，但只有123户得到了灾害救助（占比约25.1%），他们当中认为自然灾害救助效果很大或较大的比例达到43.09%，认为作用一般的占比37.40%。

四 城市贫困家庭享受福利优惠、就业创业服务状况

（一）福利优惠

总体而言，各困难家庭享受各类福利优惠的比例不高，整体都在三成及以下（见表3-18）。其中，低保户享受比例较多的福利优惠项目主要有残疾补贴和物价补贴，这两项比例均在三成以上，享受过水电减免的比例为24.03%，享受过护理补贴的比例为14.03%，除此之外，其他福利优惠项目的享受过比例均较低，如高龄津贴享受比例不到一成，享受过困难老人补贴、儿童生活补贴和老人护理补贴的比例更是低于3%。

与低保户相比，低保边缘户和其他贫困户享受过各类福利优惠的比例明显更低，差距较大，原因主要在于当前的救助资源和福利优惠更多是以低保户身份为基础的，这能够对低保户提供有效支援和帮扶，但也在一定程度上带来了资源机会的过度投放以及相伴随的社会公平问题。其后果在于，低保家庭成员一旦享受了各种救助和福利优惠项目，就很难退出了，因为跟低保身份捆绑附着在一起的其他待遇太多了。

表3-18　　　　　　　贫困家庭享受福利优惠状况（%）

	低保户	低保边缘户	其他贫困户	总体
享受过残疾补贴	32.70	18.10	11.89	21.62
享受过物价补贴	32.18	10.43	3.43	16.71

续表

	低保户	低保边缘户	其他贫困户	总体
享受过水电减免	24.03	3.68	4.34	12.86
享受过护理补贴	14.03	8.28	5.94	9.72
享受过高龄津贴	8.89	7.36	10.77	9.59
享受过贫困老人补贴	2.72	2.15	1.33	2.02
享受过儿童生活补贴	1.91	0	0.28	0.96
享受过老人护理补贴	1.18	0.61	0.42	0.77

在福利优惠项目的帮扶效果上，数据结果显示（见表3-19），各类困难家庭均对老人护理补贴、儿童生活补贴的作用予以充分认可，均有八成左右甚至更高比例的享受者认为其作用很大或较大，这是三类家庭的共同之处。具体到低保户上，排位在中间的优惠项目包括护理补贴、物价补贴和残疾补贴，认为其作用很大或较大的比例均在六成以上；相较而言，高龄津贴、水电减免及贫困老人补贴的作用相对低一些，但认为作用较大或很大的比例也都在半数以上。

与低保户不同的是，低保边缘户们除了认可老人护理补贴、儿童生活补贴的作用外，也对水电减免评价较高，认为其作用较大或很大的比例超过了三分之二，而认为护理补贴、残疾补贴、困难老人补贴作用较大或很大的比例略低，仅在四成作用；其他贫困户也对贫困老人补贴和水电减免的作用予以较多认可，但认为物价补贴、高龄津贴作用较大或很大的比例不高，仅三成多一点。

综合而言，与前文所述福利优惠项目的覆盖比例相一致，低保户几乎在每项福利优惠救助效果上的正向评价都要高于低保边缘户和其他贫困户，这在很大程度上源于他们有更高比例和机会享受这些福利优惠项目，且享受的额度可能要高于其他困难人群。

专题三 城市贫困家庭的社会救助

表3-19 贫困家庭享受福利优惠的效果评价（%）

	低保户	低保边缘户	其他贫困户	总体
老人护理补贴作用较大/很大	81.25	100.00	66.67	79.17
儿童生活补贴作用较大/很大	80.77	75.00	80.00	78
护理补贴作用较大/很大	62.83	44.44	38.82	54.46
物价补贴作用较大/很大	62.56	58.82	32.65	59.5
残疾补贴作用较大/很大	62.25	40.68	38.24	54.3
贫困老人补贴作用较大/很大	56.76	42.86	57.89	55.56
水电减免作用较大/很大	54.43	66.67	53.23	54.61
高龄津贴作用较大/很大	52.89	33.33	35.06	42.14

（二）免费服务项目

表3-20显示各类贫困家庭享受免费服务项目比例排在前两位的分别是政府慰问和政府上门，这两项服务享受的比例远高于其他项目，但在上门看病、上门做家务、心理咨询、康复护理、法律援助、助餐服务、日间照料、喘息服务、就医陪同以及助浴服务等项目上的享受比例明显较低，均不足一成，且很多在3%以下，说明这些免费服务项目在困难人群上的覆盖比例明显较低。从横向比较来看，低保户享受各免费服务项目的比例均高于其他两类贫困家庭。其中享受过政府慰问和政府上门服务的比例均超过了半数，这一比例远高于低保边缘户和其他贫困户。

表3-20 贫困家庭享受免费服务项目状况（%）

	低保户	低保边缘户	其他贫困户	总体
享受过政府慰问	58.34	40.80	24.55	41.00
享受过政府上门	55.84	32.21	20.42	37.12
享受过社会工作服务	11.61	7.67	7.27	9.21
享受过健康教育服务	10.73	12.88	15.03	12.93
享受过上门看病	9.63	6.13	6.15	7.67
享受过上门做家务	7.94	4.29	6.78	7.03

续表

	低保户	低保边缘户	其他贫困户	总体
享受过心理咨询	5.14	5.21	5.03	5.10
享受过康复护理	2.79	1.53	1.33	1.99
享受过法律援助	2.28	1.23	1.40	1.76
享受过助餐服务	1.98	0.31	0.84	1.28
享受过日间照料	1.25	0.92	0.98	1.09
享受过喘息服务	1.10	0.61	0.84	0.93
享受过就医陪同	0.88	0.31	0.91	0.83
享受过助浴服务	0.59	0.31	0.14	0.35

从免费服务项目的帮扶效果来看，各类享受过此类帮扶项目的贫困家庭均给予较高评价（见表3-21）。从数据结果来看，低保户家庭中认为各免费服务项目作用很大或较大的比例均超过了六成，其中就医陪同、助浴服务、喘息服务、助餐服务的认可度均超过了八成。与低保户相比，低保边缘户及其他贫困户的效果评价有所减低，且对于不同类目帮扶效果的作用评价也与低保户不相一致。总体而言，低保户对于免费服务项目的评价最高，这与其享受比例更高有很大关系。

表3-21 贫困家庭享受免费服务项目效果评价（%）

	低保户	低保边缘户	其他贫困户	总体
就医陪同帮助作用较大/很大	100.00	100.00	46.15	73.08
助浴服务帮助作用较大/很大	87.50	100.00	50.00	81.82
喘息服务帮助作用较大/很大	86.67	50.00	75.00	79.31
助餐服务帮助作用较大/很大	85.19	100.00	25.00	67.50
日间照料帮助作用较大/很大	76.47	66.67	78.57	76.47
康复护理帮助作用较大/很大	68.42	40.00	73.68	67.74
社会工作服务帮助作用较大/很大	68.35	56.00	54.81	62.37
心理咨询帮助作用较大/很大	67.14	58.82	75.00	69.81

专题三 城市贫困家庭的社会救助

续表

	低保户	低保边缘户	其他贫困户	总体
政府上门帮助作用较大/很大	66.45	53.33	50.34	61.19
政府慰问帮助作用较大/很大	66.37	51.13	45.01	58.92
健康教育服务帮助作用较大/很大	65.75	54.76	53.49	58.06
上门看病帮助作用较大/很大	62.60	50.00	46.59	55.65
上门做家务帮助作用较大/很大	62.04	64.29	64.95	63.47
法律援助帮助作用较大/很大	61.29	50.00	75.00	65.45

(三) 就业创业服务

由表3-22可知城市困难家庭享受就业创业服务项目的整体比例较低，三类困难家庭之间没有呈现明显差异。即使是享受比例排在前列的技能培训/就业培训/职业教育、职业介绍/就业机会等，比例也都在5%—10%之间，另外在低息或免息贷款、就业技能培训补贴、劳务输出交通补贴、技术支持、税收优惠、创业补贴等项目上，享受比例均低于1%。与前文比较来看，城市贫困家庭享受到"保基本"的救助项目较为丰富，但在"促发展"方面享受比例明显不足，仍有较大的有改善和提升空间。

表3-22　贫困家庭享受就业创业服务项目状况 (%)

	低保户	低保边缘户	其他贫困户	总体
技能培训/就业培训/职业教育	6.17	10.74	8.81	7.86
职业介绍/就业机会	5.95	7.06	6.01	6.10
结对帮扶	5.07	3.68	2.24	3.63
房屋新建或改造	1.54	1.23	1.89	1.67
低息或免息贷款	0.73	0	0.77	0.67
就业技能培训补贴	0.44	0.31	0.35	0.38
劳务输出交通补贴	0.37	0.61	0.14	0.29
技术支持	0.29	0.61	0.84	0.58

续表

	低保户	低保边缘户	其他贫困户	总体
税收优惠	0.07	0	0.70	0.35
创业补贴	0.07	0.31	0.35	0.22

由表3-23可知，对于帮扶作用最大的就业创业服务，不同困难群体的选择较为接近，技能培训/就业培训/职业教育、职业介绍/就业机会均排在前两位，且选择比例均超过了四分之一，这也表明这些就业创业服务对困难群体是有切实可行的帮扶作用的，值得在以后的政策实践中进一步改善与提升。与之相比，劳务输出交通补贴、税收优惠、创业补贴、就业技能培训补贴、技术支持等被困难群众选择的比例都非常低，几乎都在1%以下，这一方面反映了困难群体享受这些就业创业服务的比例和机会较小；另一方面也表明这些帮扶举措并未取得实质性效果，并未被困难群体成员所认可和接受。

表3-23　　贫困家庭享受就业创业服务效果评价
（作用很大或较大的比例）（%）

	低保户	低保边缘	其他贫困户	总体
技能培训/就业培训/职业教育	29.30	49.09	43.72	38.12
职业介绍/就业机会	27.44	27.27	23.38	25.55
结对帮扶	26.05	14.55	8.66	16.77
房屋新建或改造	8.84	3.64	10.39	8.98
低息或免息贷款	3.26	0	3.46	2.99
其他	1.86	0	3.03	2.20
劳务输出交通补贴	0.93	3.64	0.87	1.20
税收优惠	0.47	0	2.16	1.20
创业补贴	0.47	0	1.73	1.00
就业技能培训补贴	0.47	0	0.87	0.60
技术支持	0	1.82	1.73	1.00
样本量	215	55	231	501

◈ 专题三　城市贫困家庭的社会救助 ◈

第五节　城市贫困家庭救助中存在的问题

本部分主要聚焦于城市贫困家庭救助过程中仍然存在的问题，其中既包括在低保准入环节的经济状况核查和跨部门信息对比，也包括各救助相关部门之间的工作衔接与平台联动，还包含了救助的动态管理与退出问题。总之，社会救助中存在的问题既有源自贫困家庭及其成员的，也有低保工作人员和工作流程，尤其是不同部门衔接配合方面的。本部分的数据来源主要是社会救助基层工作人员问卷。

一　退保难与福利依赖问题

据基层工作人员反馈，当前低保工作中仍存在的最突出问题是"退保难"问题，认为存在这一问题的比例超过了三成（见表3-24）。一旦低保家庭进入救助体系，他们在长时期内就很难退出，这其中既包括家庭确实困难长期无法摆脱贫困的情况，也包括一部分脱离贫困但仍不退出的对象。第二大问题是"养懒人"现象，与低保资格相匹配的配套优惠过多，使得有些低保户怕失去这些额外附着的福利优惠而拒不退出低保资格，工作人员反映的这一问题的比例为15.70%；除了前两类问题反映较为突出外，"没有根据不同家庭类型制定分类分档的救助标准""低保标准过低，难以解决基本生活问题"也分别有超过一成的选择比例，这也说明分类救助仍然有进一步改善的空间。

表3-24　　　　　低保工作中仍存在的严重问题

	频次	百分比
低保家庭一经确定，长年持续很难退保	113	31.13
对低保户的配套优惠过多，造成养懒人现象	57	15.70
没有根据不同家庭类型制定分类分档的救助标准	43	11.85
低保标准过低，难以解决基本生活问题	42	11.57
临时救助不完善，造成救助缺位	25	6.89

续表

	频次	百分比
低保家庭收入和资产核实不准	21	5.79
对低保户的整体救助不足，造成救助不力现象	20	5.51
其他问题	9	2.48
低保审批不严谨，该进来的没进来，不该进的进来了	7	1.93
低保认定工作存在搞关系、优亲厚友的现象	6	1.65
总计	363	100

进一步地，我们对低保福利依赖的原因做了一个排序，排在第一位的是认为其他救助、福利制度和低保捆绑，选择比例超过了三分之一，也就是说被纳入低保体系，就能够享受到跟低保挂钩的"一揽子"救助项目和福利待遇，这是当前该退未退的最主要因素；另外，受助对象懒惰，内生动力不足也是很大的一个因素，选择比例接近四分之一（见表3-25）。总体来看，应退未退的低保对象之所以难以退出，主要和两方面因素有关，一是外在的、与低保身份相配套的一系列福利待遇；二是主观内在原因。

表3-25　　　　　　　　能否退保及福利依赖的原因

能否退保	频次	百分比	低保福利依赖的原因	频次	百分比
不知道	1	0.28	其他救助、福利制度和低保捆绑	124	34.16
全部能主动退保	26	7.16	受助对象懒惰	86	23.69
多数人能主动退保	100	27.55	其他	73	20.11
少数人能主动退保	138	38.02	低保人员就业培训做得不好	38	10.47
没有人主动退保	78	21.49	不清楚	18	4.96
不清楚	20	5.51	低保金水平过高	14	3.86
总计	363	100	申请过程有漏洞	10	2.75
			总计	363	100

二 低保对象识别中隐瞒真实状况的问题

从基层民政工作部门反馈的信息来看，当前社区低保申请人员隐瞒家庭真实经济状况的现象存在，但并不突出。数据结果显示（见表3-26），认为当前隐瞒经济状况的人较多的比例仅为1.93%，另有三分之一的人认为隐瞒现象较少，而有六成以上的人表示没有隐瞒现象。

表3-26　　　　　　　隐瞒家庭真实经济状况现象

	频次	百分比
隐瞒的人比较多	7	1.93
隐瞒的人比较少	119	32.78
没有人隐瞒	227	62.53
不清楚	10	2.76
总计	363	100

三 救助标准问题

由表3-27可知关于现有低保救助的标准和救助效果，基层民政工作人员中有近七成的认为当前低保标准是合适的，绝大部分工作人员对现有低保标准持肯定和认可的态度，有23.14%的工作人员认为当前低保标准较低，有进一步提升的空间和必要性，以上两种态度占到了总体的九成以上，认为低保标准过高或过低的比例极低，均在3%以下；在低保效果评价上，各有四成的受访工作人员表示当前低保救助很有成效和较有成效，两者比例相加达到了85.67%，认为当前低保救助效果一般的比例不足一成，而认为低保救助没有成效的比例极低，仅为1.10%。可见绝大部分工作人员对当前低保的救助效果予以较高评价，这也从一个侧面反映了低保制度在困难人群救助上的积极作用。

表 3-27　　　　　　　　　　低保标准及效果评价

低保标准看法	频次	百分比	低保效果	频次	百分比
过高	4	1.10	很有成效	157	43.25
较高	11	3.03	较有成效	154	42.42
合适	251	69.15	一般	36	9.92
较低	84	23.14	没有成效	4	1.10
过低	12	3.31	不清楚	11	3.03
总计	363	100	总计	363	100

四　社区内出现的"问题家庭"

由表 3-28 可知，基层工作人员反馈了其所辖区域内的"问题家庭"，其中排在第一位的是低保对象未如实填报经济状况，有 14.33% 的工作人员选择了该项；排在第二位的是社区内存在家庭成员因赌博、吸毒、嫖娼等行为被行政处罚的家庭，这一比例为 10.47%；排在第三位的是有劳动能力的成员一年内无正当理由 3 次拒绝接受社区介绍工作的家庭，比例为 7.44%；另外，也有少量骗取低保、子女自费出国留学、高档消费等问题家庭，这三类问题家庭出现的比例大致都在 5% 以下。

表 3-28　　　　　　　社区内存在以下问题家庭的比例

	频次	百分比
未如实填报经济状况（不如实填报家庭收入或拒绝社区工作人员核查经济状况）	52	14.33
行政处罚（家庭成员因赌博、吸毒、嫖娼等行为被行政处罚）	38	10.47
拒绝工作（有劳动能力成员一年内无正当理由 3 次拒绝接受社区介绍的工作）	27	7.44
骗取低保（未如实提供就业单位和收入，被认定为骗取低保）	18	4.96

续表

	频次	百分比
出国留学（安排子女择校就读或自费出国留学）	16	4.41
高档消费（享受高档消费项目或购买高档消费品）	15	4.13
违法结婚（家庭违法结婚、收养和违规生育子女）	11	3.03
限制申请低保（因妨碍低保经办工作、与工作人员发生冲突而被限制申请低保）	3	0.83

五 贫困家庭收入核查与经济信息跨部门协作

数据结果显示（见表3-29），超过八成的基层部门对低保申请家庭的更多经济信息进行了跨部门比对，且超过三分之二的认为跨部门信息比对的效果较好。

表3-29 是否对低保申请家庭的经济状况展开跨部门信息比对

是否跨部门信息对比	百分比	跨部门信息对比评价	百分比
是	81.54	不适用	18.46
否	15.98	很有效	66.12
不清楚	2.48	效果一般	14.50
总计	100	不清楚	0.83
		总计	100

对于低保家庭收入核查问题，有近九成的基层工作人员表示核查很准确或比较准确，而对于当前收入核查存在的最主要问题，排在前两位的分别是服务对象收入不稳定以及收入难以精确量化，选择这两项的比例均超过了30%，这两大问题确实构成了经济状况核查的难点所在（见表3-30）。另外，也有12.11%的工作人员反映存在故意隐瞒收入的问题，虽然这一比例不高，问题不太严重，但仍然是一个不同程度存在的问题，影响了社会救助资源合理和公平的分配。

表 3-30　　　　　　　　收入核查评价及其困难

收入核查评价	百分比	收入核查最大困难	百分比
很准确	36.36	服务对象收入不稳定	38.29
比较准确	52.07	收入难以精确量化	30.03
一般	8.82	服务对象故意隐瞒收入	12.11
不太准确	1.65	没有困难	8.82
不清楚	1.1	服务对象的无理取闹	5.51
总计	100	其他	3.86
		相关部门不配合	1.10
		不知道	0.28
		总计	100

第六节　研究结论及政策建议

本专题研究围绕2019年度问卷调查数据并结合部分案例访谈信息，聚焦城市贫困现象，旨在掌握城市贫困人群的基本特征类型、经济民生、社会救助及其效果状况，反映困难家庭对政策系统的看法和意见，分析评估城市贫困政策支持系统成效，发掘典型案例并总结城市反贫困成功政策实践经验，为完善面向城市贫困人口的托底性民生保障政策提供决策支持。

一　研究基本发现

（一）城市贫困家庭的构成特征与致贫原因

一是城市贫困家庭规模以2—4人户为主。2—4人户占到了整体中的七成以上，相比较而言，低保户家庭人口数明显低于低保边缘户和其他贫困户，并且低保户中一人居住，尤其是独居老人户在整体中占有相当高的比例。

二是超半数低保家庭缺乏有劳动力成员，三分之二低保家庭无就业人口。这两个数字比例均远高于低保边缘户和其他贫困户。缺乏有劳动能力成员及就业人口是低保家庭陷入贫困且短时期内无法摆脱的原因。

三是低保家庭拥有更多需长期照料成员。低保户家庭中失能人口数、慢性病人口数、大病人口数、残疾人口数等均明显高于其他贫困户类型。

四是家庭成员病/残是城市贫困家庭致贫首因。在各类城市贫困家庭中，因病/残致贫排在第一位，选择比例高达六成至七成，远高于其他致贫因素。

(二) 城市贫困家庭的经济状况

一是低保家庭在收入上显著低于边缘户和其他贫困户。在经济收入上，低保户经济收入水平最低、边缘户位居中间，而其他贫困户的经济状况相对较好。

二是收入结构上低保家庭最主要经济来源是转移性收入。转移性收入占到低保户总收入中的半数以上，而劳动收入仅占三分之一；低保边缘户和其他贫困户的经济来源主要是劳动收入，其次才是转移性收入。

三是从支出规模和结构来看，低保家庭支出最低且主要是保基本的生活需求支出。低保户支出额度低于其他贫困户，在其有限的支出中，满足生活需求的支出又占了八成以上，排在前三位的支出类型分别为食物支出、医疗费用支出和教育支出。

四是在家庭储蓄、住房、耐用消费品等方面，低保户状况也明显差于低保边缘户和其他贫困户。低保家庭储蓄额度低、欠债额度高；在房产数量及房产市值上均差于低保边缘户和其他贫困户；在耐用消费品数量上，低保户的拥有数量也明显较低。

综合而言，与低保边缘户和其他贫困户相比，城市低保户在家庭经济状况上处于全面弱势的地位。这一方面反映了当前社会救助制度中低保对象识别与资格审查工作做得较为到位，救助瞄准效度较高；另一方面也凸显出当前低保家庭经济状况的脆弱性和城市反贫困斗争的艰巨性。

(三) 城市贫困家庭享受社会救助状况及其效果

一是低保户享受低保时长分布较为分散，1—20年均有分布。低保户享受低保时长在3年以内的占比25%，3—5年的占比18%，5—10年的占比接近四成，而享受时长在10年以上的占比接近两成。

二是绝大部分低保户享受到了低保金救助。低保户中有九成以上享受过低保金，而低保边缘户中这一比例为12%，其他贫困户的比例更低，仅为3%。

三是贫困家庭享受其他救助项目的类别较多，但总体享受比例不高。除了低保金，贫困家庭还享受到其他的一些救助项目，如排在前几位的分别是医疗、教育和慈善救助，但总体来看享受到这些项目救助的贫困户比例并不高。

四是低保户享受到最多的社会救助资源和救助额度。低保户享受了更多的社会救助资源，如低保金（年均10000元以上）、医疗救助（年均3000元），与之相比，低保边缘户和其他贫困户享受的则要少很多。

五是各类贫困家庭均对享受到的救助项目予以较高评价，尤其是低保户的评价更高。不同贫困家庭对于各类救助项目的效果均给予较高的评价，尤其是低保户中认为作用很大的比例均明显高于低保边缘户和其他贫困户，原因可能在于他们在救助项目类别及额度上受益更多。

六是困难家庭享受各类福利优惠的比例不高，低保户仍具有优势。各类贫困家庭享受福利优惠比例整体都在三成及以下，排在前列的主要有残疾补贴和物价补贴，而享受贫困老人补贴、儿童生活补贴和老人护理补贴的比例均低于5%。与低保户相比，低保边缘户和其他贫困户的享受比例明显更低，因为当前的福利优惠资源投放很多也是以低保户身份为基础的。

七是各贫困家庭享受免费服务项目比例不高。各类贫困家庭享受免费服务项目比例排在前两位的分别是政府慰问和政府上门服务，但在上门看病、上门做家务、心理咨询、康复护理、法律援助、助餐服务、日间照料、喘息服务、就医陪同及助浴服务等项目上的享受比例较低，均不足一成，说明这些免费服务项目在困难人群上的覆盖范围仍然较低。

专题三 城市贫困家庭的社会救助

八是各贫困家庭享受就业创业服务比例较低,"促发展"项目有待提升。各类困难家庭享受就业创业服务的比例整体均较低,即使是享受比例排在前列的技能培训/就业培训/职业教育、职业介绍/就业机会等,比例也仅在5%至10%之间;在低息或免息贷款、就业技能培训补贴、劳务输出交通补贴、技术支持、税收优惠、创业补贴等项目上,享受比例均低于1%。

二 城市贫困救助中仍然存在的问题

一是"退保难"与"福利依赖"问题。"退保难"是城市贫困救助中存在的较为突出的问题,一旦低保家庭进入救助体系就很难退出,这其中既包括家庭确实困难长期无法摆脱贫困的情况,也包括一部分脱离贫困但仍不退出的对象。与退保难相伴随的是"福利依赖"现象,与低保资格相匹配的配套优惠过多,使得有些低保户怕失去这些额外附着的福利优惠而拒不退出低保。

二是低保对象隐瞒真实状况的问题。当前低保资格审核工作已较为完善,很少出现因审核把关不严而导致救助资源"错配"的问题,但仍然不能对这一问题掉以轻心,低保对象的经济核查、信息联动,尤其是动态跟踪工作仍有提升的空间。受访工作人员反映,当前困难家庭成员瞒报假报信息而无须担责,更无法律惩戒措施,这在一定程度上助长了其投机心理,从而敢于瞒报假报而有恃无恐。

三是以家庭为经济核算单位导致部分困难家庭"应保难保"。基层工作人员反映,现行低保救助的单位是"小家庭",未婚成员都要与家庭一起核算,这会带来一些实际操作上的问题。例如,部分"老残/弱一体家庭",未婚子女为重残人员,父母有退休金或存款,但整体家庭经济状况不佳,难以申请并纳入低保;或者反过来老人病残,未婚子女有工作与收入,也难以纳入低保;另有些"刑满释放人员"家庭也面临类似问题。

四是低保对象收入不稳定与难以精确量化的问题影响收入核查的准确性。数据结果显示,超过八成的基层部门对低保申请家庭经济信息进行了跨部门比对，且超过三分之二的认为跨部门信息比对的效果较好。有近九成的基层工作人员表示核查很准确或比较准确，而对于当前收入核查存在的最主要问题，排在前两位的分别是服务对象收入不稳定、收入难以精确量化。

五是当前贫困救助主要是"保基本"，但在"促发展"上着力不多。数据显示，当前城市中各类贫困家庭享受就业创业服务的比例较低，如享受技能培训/就业培训/职业教育、职业介绍/就业机会等，比例也都在5%至10%之间，而在低息或免息贷款、就业技能培训补贴、劳务输出交通补贴、技术支持、税收优惠、创业补贴等项目上，享受比例均低于1%。

六是救助标准上仍有进一步提升的空间。受访者均表示低保制度在困难人群救助上具有积极作用，而对于现有低保救助标准的评价，很多基层工作人员认为仍然偏低，有进一步提升的空间和必要性。

七是社会救助衔接机制及经济状况核查对接系统/平台中的问题。基层工作人员反馈，今后在低保家庭经济状况核查及资格甄别过程中，民政部门需要重点加强与金融、财政、人力资源、扶贫等部门的衔接联动，以更好摸清低保家庭的整体经济基础，及时掌握低保家庭的经济变动状况。另外，受访者表示，与金融部门和公安部门的信息对接较为困难，难度远高于其他部门。

八是社会救助资源整合方面的问题。对于社会资源的整合，基层民政工作人员反馈了多种有效平台和机制，信息共享、一门受理、政府购买服务、部门协调机制、民众参与救助等都被认为值得大力拓展，有必要在今后实际救助工作中做出更多尝试、总结、推广。

九是基层救助工作面临压力挑战和能力提升问题。很多基层工作人员表示，当前的低保救助对于工作人员的专业性要求越来越高，工作量与之前相比大增，尤其是随着申请人和受保者维权意识、法律意识的提升，基层部门面临越来越多的行政复议与民事诉讼案件；另外，工作人员在工作开展中面临很多来自贫困家庭成员的负面情绪宣泄、言语攻击甚至是人身安全威胁。

专题三　城市贫困家庭的社会救助

三　政策性建议

一是加强社会救助衔接机制和对接平台建设,更准确掌握贫困家庭的经济状况及其动态变化。基层部门在低保家庭经济状况核查环节需要进一步加强与扶贫部门、金融部门、财政部门、人力资源、公安等部门的衔接联动,以更好地摸清低保家庭的整体状况,尤其是经济、就业等信息,及时掌握低保家庭的经济变动状况。

二是审慎对待低保对象"退保难"和"福利依赖"现象,做到精准识别、分类施策。对于那些有健全劳动能力但不参与工作和劳动的,应该予以明确要求,将救助项目、额度与劳动参与相结合,以是否参加培训和积极寻找工作为继续救助的条件,对拒绝参加或未履行约定义务者,实施从减少付款到终止资格的制裁[①];对于家中有成员需要长期照料,可提供社区照料等社会服务;对于曾长期脱离劳动力市场的受助者,可以通过安排公益岗位来帮助其重新接触并融入社会。

三是从"温饱型"救助向"发展型"培育转变,面向有劳动能力者提供更有针对性的能力建设和就业帮扶举措。对于这些成员,应提供更为切实有效的救助帮扶措施,如通过职业教育、技能培训提升人力资本含量,使其进入更高劳动力市场而非强制进入低端劳动力市场;提供更多职业介绍和就业机会以及在当前"大众创新、万众创业"大潮中为贫困家庭成员提供税收、贷款、补贴、技术等方面的帮扶支持,为他们获得更多就业和创业机会,进而为增加家庭经济收入、早日摆脱贫困创造更多渠道。

四是构建就业激励体系,实行收入豁免机制和救助渐退机制。对于那些刚参加工作或正在积极寻找工作的救助对象,要注重实施收入

---

① 刘璐婵、林闽钢:《"养懒汉"是否存在?——城市低保制度中"福利依赖"问题研究》,《东岳论丛》2015年第10期。

豁免政策和渐退机制。① 目前的"差额补贴"救助原则在一定程度上挫伤了受助者的再就业积极性，对处于再就业起步阶段或就业收入不稳定阶段的受助者，应该给予一定时期或金额的收入豁免，待收入稳定后再实行收入渐进扣除，但也不宜进行收入全额抵扣，以此激励受助者再就业的积极性和主动性。另外，为鼓励就业，对实现再就业的受助者，当家庭收入超过低保标准后，不应立即停发救助金和其他专项救助、优惠政策，应视受助者具体家庭状况来确定，保障困难群体在退出低保后"总体生活水平不降低"，从而实现对受助者再就业和自力更生等行为的政策激励。

五是针对特定情况，在低保准入阶段适当调整以家庭为经济核算单位的政策。严格地以家庭为经济核算单位（未婚成员都要与家庭一起计算），会导致部分贫困家庭"应保难保"，如部分"老残/弱一体家庭"或者"有刑满释放人员家庭"等。在今后的政策实施过程中，可根据特殊情况进一步适当放宽准入门槛。

六是适当调整以低保户身份为基础的救助资源享受政策，加大对低保边缘户和其他贫困户的分类救助。当前的各种救助资源与机会（如专项救助、福利优惠、就业创业帮扶等）的投放大多是以低保户身份为基础的，与低保户相比，低保边缘户和其他贫困户享受各类资源的比例明显较低。低保边缘户收入稍超低保线，无法享受低保对象的很多救助资源与扶持项目，所以他们之中有相当一部分成员的实际生活比低保户还要贫困，这在一定程度上导致社会资源的过度投放以及相伴随的社会公平问题。建议注重加大对低保边缘户和其他特殊困难对象的救助扶持力度，尤其是出台更具针对性和灵活性的专项救助和优惠政策。

七是加强社会救助资源的整合，构建社会救助多元合作模式。据基层反馈，信息共享、一门受理、政府购买服务、部门协调机制、民

---

① 慈勤英、兰剑：《"福利"与"反福利依赖"——基于城市低保群体的失业与再就业行为分析》，《武汉大学学报》（哲学社会科学版）2015年第4期；刘璐婵、林闽钢：《"养懒汉"是否存在？——城市低保制度中"福利依赖"问题研究》，《东岳论丛》2015年第10期。

专题三 城市贫困家庭的社会救助

众参与救助等都是值得大力拓展的救助资源整合机制,有必要在今后实际救助工作中做出更多尝试、总结、推广。另外,也要注重政府和社会力量的紧密结合与多元合作,在有效的救助供给机制下,共同参与、资源共享、优势互补,整合成为一个社会救助的多元合作模式[①],如确保政府主导,提倡慈善组织自身发展,提倡企业承担社会责任,提倡社区帮扶与互助,等等。

---

① 陈泉辛:《社会救助多元主体的整合路径》,《人民论坛》2019年第12期。

专题四 老年贫困与照护救助制度

我国人口老龄化程度日益加深，深刻形塑社会经济生活结构，对国家经济社会发展提出一系列挑战。在这一过程中，老年贫困和失能照护问题不断凸显，特别是面临贫困、失能双重脆弱的老年人群，如何为他们提供持续可及的照护服务，已成为社会政策必须回应和解决的重要问题。为此，本专题研究全面梳理总结我国老年贫困现状和现有照护救助政策框架，综合运用数据分析和案例研究方法，客观呈现贫困失能老年人的生活质量和照护需求，深入分析典型调查地区贫困老年人照护服务供需匹配状况，在此基础上，试图澄清照护救助的基本定位，并初步提出我国照护救助框架体系的思路。

第一节 研究背景、思路与方法

一 问题的提出

人口老龄化叠加老年贫困给世界各国带来巨大挑战，我国正处于社会快速发展和转变过程中，加之老年人口基数大，社会保障体系建设滞后于老龄化速度。使得老年人贫困与失能风险治理更具紧迫性和艰巨性，突出表现在三个方面。第一，老年贫困问题日益凸显且亟待解决。脱贫攻坚取得历史性成就，我国农村贫困人口累计减少了7.5亿人。与此同时，更值得关注的是，2018年年末，在剩余的1660万贫困人口当中，老年贫困人口占贫困总人口的比重超过50%，可以说，老年人已经成为贫困的主体。此外，老年贫困具有长期性、复杂

专题四　老年贫困与照护救助制度

性等特点。第二，贫困失能老年人"照料贫困"现象普遍存在且急需破解。我国有失能、半失能老年人近4000万人，且农村地区占多数。一方面，失能老年人照料需求大，而能够为失能老年人提供的照料服务仍存在较大缺口；另一方面，对于贫困失能老年人而言，照护需求往往得不到满足，从而陷入无人照料的窘境。第三，贫困失能老年人生活质量堪忧。老年人的身体健康状况与其生活质量有着密切的联系。对于贫困失能老年人而言，一方面，失能的身体健康状使得其日常活动能力受限，生活质量下降；另一方面，家庭贫困又为其带来沉重的生活压力和心理压力，无法得到良好的照料和医疗服务。贫困和失能互为因果、相互转换，兼有"贫困"和"失能"两重困难的老年人是弱势中的弱势群体，是生活质量最为堪忧的群体。

为保障贫困失能老年人得到基本照护，维持其基本生活质量，我国建立了贫困失能救助体系，核心是特困人员供养制度安排。当前，我国失能救助体系取得了一定积极的效果，但仍存在一定程度上的兜底不足，在制度环境、保障对象、保障内容、保障水平、递送方式等方面亟待改进。基于此，本专题研究使用全国性调查数据，并结合地方调研的实践发现，全面展示和分析贫困失能老年人群体的基本特征、生活质量和护理需求，深入介绍部分地区在贫困失能老年人照护救助服务政策和实践探索方面的做法经验，并综合数据和案例分析结论，分析我国当前照护救助体系及其存在问题，针对贫困失能老年人照护救助制度体系提供政策决策参考，特别提出有关照护救助本质和定位方面的思考，并将针对框架内的制度组合和具体内容建议进行阐述。

二　理论基础

（一）脆弱性理论

"脆弱"是一个广泛使用的概念。韩峥将脆弱性定义为受到冲击和抵御冲击能力两者相较的结果，并包含从冲击中恢复的能力。[①] 通

---

① 韩峥：《脆弱性与农村贫困》，《农业经济问题》2004年第10期。

常而言，风险越高、抵御风险的能力越弱，脆弱性也就越强。对于老年人这一特殊群体，李树茁等认为老年人家庭由于缺乏一系列生计资本、制度性支持且面临自然和社会等方面的风险，从而导致养老脆弱性，是老年人生活福祉方面的固有特征。①

对于脆弱性框架的构建与分析，存在着较多讨论，大致经历了从二元到三元的发展历程（Chambers R.，2006）。"内部—外部"分析框架是使用最广泛的二元分析框架，其中内部的脆弱性是指个人缺乏防御能力和机制；外部的脆弱性是指个人遭遇的风险。徐洁等应用气候变化专门委员会（IPCC）的"暴露—敏感性—适应能力"的概念框架，构建关于农村老年人家庭养老脆弱性的三元分析框架。②脆弱性框架强调，强化家庭保障基础是降低农村家庭养老脆弱性、实现家庭养老可持续的重要方向。

（二）需求溢出理论

"需求溢出理论"由刘太刚教授提出，其理论主要是在讨论和反思公共物品理论，并将讨论的范畴集中在民生公共物品和民生政策的讨论。其主要思想和观点认为，无差别化、具有普惠特点的公共物品供给理念，并不是最符合公平和效率标准的选择，而应当采取差别化的原则来应对，而差别化的标准或者依据就是需求溢出，即以个人或家庭在民生服务中是否无法在家庭内部完成供给和满足，存在需求溢出到社会的问题。同时，在这样一个差别化的民生策略中，政府应当走向关注和补偿弱势人群，来纠正市场和其他领域导致的不公平问题。③

此后，关于需求类型和溢出程度的研究不断细化，刘太刚进一步将个人需求分为人道需求、适度需求和奢侈需求三个等级，主张基于

---

① 李树茁、徐洁、左冬梅等：《农村老年人的生计、福祉与家庭支持政策——一个可持续生计分析框架》，《当代经济科学》2017年第4期。

② 徐洁、李树茁、吴正等：《农村老年人家庭养老脆弱性评估——基于安徽农村地区的实证研究》，《人口研究》2019年第1期。

③ 刘太刚：《公共物品理论的反思——兼论需求溢出理论下的民生政策思路》，《中国行政管理》2011年第9期。

需求溢出提供更为精准的差别化的服务供给政策。[1] 围绕老年人的长期照护问题，在刘太刚理论和观点的基础上，雷咸胜认为个人是个体需求的第一责任人，第二责任人是家庭，政府和社会则是第三责任人。[2] 政府需要解决的需求优先是人道需求，且应是个人和家庭都无法满足的需求，并认为在失能老年人长期照护方面，个人与家庭应当承担起主体责任，政府和社会起维护和弥补作用。

三 研究思路与基本方法

本专题研究基于政策梳理、数据描述和案例分析，试图描绘贫困失能老年人群体基本照护现状、需求和挑战，并提出进一步优化照护救助体系完善的相关意见建议，大致思路如下。

第一，分析我国贫困失能老年人基本特征及生活质量。基于全国性数据，全面展示贫困失能老年人的基本特征、生活质量和失能照护需求等特征。

第二，分析我国贫困失能老年人照护救助体系框架和发展方向。基于政策梳理，试图提出我国贫困失能老年人分析框架，分析照护救助的本质和定位，进一步提出我国贫困失能照护救助制度体系改革方向。

为了完成上述研究任务，课题组对日照市、青岛市、重庆市、六安市四地进行老年贫困与照护救助制度的实地观察及案例访谈，以深入了解地方在贫困老年人失能照护救助方面的探索实践，挖掘我国贫困失能老年人照护救助制度存在的问题、面临的挑战，并提出可行的改革方向。同时，在典型地区对贫困失能老年人，展开问卷调查和结构式访谈。

---

[1] 刘太刚：《公共物品理论的反思——兼论需求溢出理论下的民生政策思路》，《中国行政管理》2011年第9期。

[2] 雷咸胜：《需求溢出视角下老年人长期照护的主体责任划分》，《云南民族大学学报》（哲学社会科学版）2019年第1期。

第二节　我国老年贫困状况与照护救助政策框架

一　中国老年贫困状况分析

（一）老年贫困人口规模

目前，我国老年保障制度还未完善，部分老年人仍不能充分享受制度的保护，缺乏基本的经济和服务保障。此外，我国老年贫困人口的数量和贫困发生率也呈现快速增长的趋势。截至目前，关于中国老年贫困人口的规模尚无全国性的统计调查资料和官方数据，不同学者的结论因所使用的数据来源、分析方法的不同而相差甚远，呈现出较大的差异性。于学军使用中国城乡老年人口一次性抽样调查的原始数据，结合恩格尔系数法测算的结果表明，我国农村老年贫困人口的数量超过3000万人[1]；乔晓春同样选用了"中国城乡老年人口一次性抽样调查"的原始数据，运用绝对贫困标准法估算的我国贫困老年人口的总量约为2274.8万人[2]；杨立雄关于我国老年贫困人口规模的研究则选择了民政部每月公布的最低生活保障数据作为数据来源，估算出我国老年贫困人口的总体规模约为1800万人。[3] 综上所述，根据现有的研究可知，学界关于中国老年贫困人口的规模尚无一致的结论。但尽管如此，一个普遍的共识是，在贫困人口的年龄结构中，老年人所占的比重较大。

（二）老年贫困人口特点

第一，老年贫困受人口统计变量学的影响。老年群体内部的高度分化决定了该群体的贫困发生率也存在较大的异质性，这主要表现在老年贫困受年龄、性别、婚姻状况、受教育程度等人口统计学变量的影响，呈现特定的异质性。第二，老年贫困存在明显的城乡、地区差异。中国老年贫困在城市与农村之间、东部地区与西部地区之间，呈

---

[1] 于学军：《从上海看中国老年人口贫困与保障》，《人口研究》2003年第3期。
[2] 乔晓春：《对中国老年贫困人口的估计》，《人口研究》2005年第2期。
[3] 杨立雄：《中国老年贫困人口规模研究》，《人口学刊》2011年第4期。

专题四　老年贫困与照护救助制度

现出较大的差异性。第三，健康状况同老年贫困互为因果。一方面，深陷贫困会导致老年个体缺乏物质维持身体健康；另一方面，"因病致贫""因病返贫"的现象在老年群体中依然存在。第四，贫困老年人更多地依赖转移性支付。转移性支付包括公共转移支付和代际转移支付。第五，老年精神贫困问题突出。随着生理机能的逐步衰退以及政治话语权的降低，老年人容易感觉自己不再被家庭和社会需要，进而出现精神贫困的问题。

（三）老年贫困人口挑战

随着人口老龄化进入快速发展时期，中国作为世界上唯一一个老年人口规模超过2亿人的国家，对老年贫困问题的治理在取得显著成就的同时也面临着诸多挑战。第一，关于治理老年贫困的制度保障体系尚不健全；第二，老年贫困治理主体结构失衡；第三，贫困老年群体是非贫困治理的重点。为此，针对上述问题，需加快优化我国老年贫困的脱贫路径，不断提升老年贫困的治理能力。

二　我国照护救助现有框架

我国特困老年人、低保、低收入家庭老年人以及残疾老年人，分别受不同照护救助制度的保护，本部分主要围绕这些制度展开论述，以厘清中国照护救助制度的基本框架。

（一）我国现有照护救助框架

特困老年人照护救助制度。针对特困老年群体的照护救助，我国实施特困人员供养制度。2014年《社会救助暂行办法》正式出台，传统的城市"三无"人员供养制度和农村"五保"供养制度合并，形成统一的特困人员供养制度。针对特困人员的救助供养形式，因供养对象生活自理能力和养老意愿的不同，可划分为在家分散供养和在当地供养服务机构集中供养两种，救助供养标准包括了基本生活标准和照料护理标准两方面，具体照料护理标准依据特困人员生活自理能力分类制定。2018年起，鼓励有条件的农村特困供养服务机构（农村敬老院），在满足特困人员集中供养需求的前提下，逐步为农村低保、低收入家庭和建档立卡贫困家庭中的老年人提供低偿或无偿的集中托养服务。从各地区的实施情况来看，我国特困老年人照护救助制度呈现集中供养所占比重较低、供养条件改善与供养服务水平偏低并存等特点，面临制度衔接不畅、服务人员专业水平低下等困境。

低保、低收入老年人照护补贴制度。针对低保、低收入老年人的照护需求，我国主要通过基本养老服务补贴和护理补贴制度予以满足。其中，基本养老服务补贴的覆盖人群主要是经济困难老年人，而失能护理补贴对象主要是经济困难的高龄和失能老年人。经过发展，养老服务补贴和护理补贴取得了一定的成效，截至2018年年底，我国已有30个省份建立了经济困难老年人的基本养老服务补贴制度，护理补贴制度也已覆盖全国29个省市区。从各地区的实施情况来看，基本养老服务补贴和护理补贴呈现出明显的地区差异，各地区受助对象的资格条件和保障水平差别较大，部分地区基本养老服务补贴与护理补贴存在重叠交叉现象。例如，四川省规定两项补贴择高享受一项，天津市规定二者叠加享受。养老服务补贴政策和护理补贴制度仍面临一定的问题和挑战，包括服务内容有限且存在交叉、保障水平普遍偏低等。值得关注的是，很多地方政府改变了现金发放模式，改为政府主导的购买服务模式，但在购买流程规范化、服务质量保障等方面也遇到了不少挑战。

残疾老年人照护补贴制度。针对老年人口中残疾群体的照护需求，我国实施残疾人两项补贴制度。2015年，国务院正式颁布《关于全面建立困难残疾人生活补贴和重度残疾人护理补贴制度的意见》，在全国实施困难残疾人生活补贴和重度残疾人护理补贴制度两项残疾人补贴制度。其中，困难残疾人生活补贴主要补助最低生活保障家庭中的残疾人；重度残疾人护理补贴主要是针对残疾人因残疾产生的额外长期照护支出的补贴，其对象为残疾等级被评定为一、二级且需要长期照护的重度残疾人。残疾人两项补贴以现金的形式按月发放，有条件的地区也采取凭据报销或政府购买服务形式。残疾人两项补贴制度针对这一群体的特殊生活困难和长期照护困难进行专门的制度安排，并与最低生活保障等制度进行了有效衔接，有助于巩固并提升家庭对残疾人的照顾功能，但从各地区的实施情况来看，两项补贴的受益范围过窄，其水平也不足以解决残疾人群体的生活贫困问题。

(二) 现行照护救助制度不足

尽管现有的社会救助和社会福利政策体系可以形成一个宽泛的针对贫困失能老年人的照护救助制度体系，但仍然存在一些问题和不足。

第一，制度碎片化，缺乏专门的照护救助制度安排。在现有的各项养老服务体系建设和老年福利制度安排当中，只有针对特困老年人的照护安排，而针对其他贫困失能人群的照护救助性服务需求，并没有相应的、明确的、独立的照护性救助制度安排来应对。并且，针对贫困失能老年人的照护补贴制度设计碎片化严重，各地在制度设计和保障水平方面差异显著。

第二，保障水平不足、服务质量不高。总体而言，现有各地方政府主导的照护性补贴水平总体偏低，且水平参差不齐，多数地区只能提供日常家政类的照料服务。以特困人员救助供养制度为例，尽管我国特困人员救助供养制度在保障水平上被要求不低于低保标准的1.3倍，而且给予不同档次水平的失能救助补贴，但是总的来看，我国特困人员失能照护补贴的水平仍然偏低：集中供养的护理水平不足，难以满足特困人员的照护服务需求；而分散供养标准无法负担市场提供的护理服务，导致特困失能群体的护理服务需求无法得到保障。当然，分散供养可能还面临家庭照护成员无法提供专业、充分的照护服务问题，补贴并没有转变为老年人生活质量的保障和改善，这也是应当注意和改进的问题。

综合上述分析，当前贫困失能老年人能够得到何种照护性救助服务，以及得到何种水平和形式的照护性救助服务仍缺乏稳定的、周全的制度保障，保障水平和质量也需进一步提升，因此，我国迫切需要针对贫困失能老年人建立"一揽子""兜底性"的照护救助制度安排，为其提供稳定且能满足基本保障的照护。一方面，在政策设计上明确建立具有贫困和失能综合指向的照护救助制度安排，形成一个相对清晰的制度框架结构；另一方面，对制度的救助内容、救助水平和服务质量进行针对性提升，为贫困失能老年人提供更能满足基本生活需要、更高质量、更为专业的照护性服务。

第三节 我国贫困失能老年人照护救助状况分析

一 我国贫困失能老年人照护状况：基于调查数据分析

基于2019年"托底性民政保障政策支持系统建设"项目数据，本部分将对我国贫困失能老年人的基本特征展开说明。本次调查采用多阶段分层随机抽样方法，在全国28个省、市、自治区的1800多个村居内展开，共回收老年人问卷6042份。作为一个操作性定义，"贫困失能老年人"是指ADL量表的六项行为中至少有一项不能独立完成的、来自低保家庭或低保边缘家庭的老年人。

（一）贫困失能老年人基本特征

在接受调查的贫困失能老年人中，平均年龄为70.68岁，男性占比54.05%。如表4-1所示，配偶在老年人日常生活照料和情感慰藉中扮演着重要角色，对贫困失能老年人而言，处于"丧偶"（29.93%）、"离异"（4.54%）等没有配偶陪伴的婚姻状态的老年人占比将近四成，这部分老年人的照料和心理问题值得关注。

表4-1　　　　　　　　贫困失能老年人婚姻状况

婚姻状况	占比（%）
已婚（初婚）	56.78
再婚	3.48
离异	4.54
丧偶	29.93
从未结婚	4.70
同居未婚	0.32
其他婚姻状况	0.24

专题四　老年贫困与照护救助制度

对于老年人而言，文化程度在一定意义上代表了其人力资本水平，而贫困失能老年人的文化水平相对较低，上过"私塾或小学"的占比最高，为42.96%；其次为未上过学（29.92%），表明其人力资本积累水平较低，处于较低水平的社会网络之中，能够获得的社会资源也相对较少（见表4-2）。

表4-2　　　　　　　贫困失能老年人文化程度

文化程度	占比（%）
未上过学	29.92
私塾或小学	42.96
初中	20.08
高中或中专	6.07
大专或大本	0.97

健在子女和同吃同住数量能够在一定程度上反映老年人能够得到的家庭支持、资源和照料水平。对贫困失能老年人而言，家庭支持和照料十分重要，与此同时，家庭支持和照料负担也相对较大，而贫困失能老年人的家庭状况表明，其家庭状况并不十分乐观，健在子女数均值为2.46人，同吃同住人数的均值为1.82人。家庭层面能提供的照料和支持仍是相对有限的（见表4-3）。

表4-3　　　　　　　贫困失能老年人家庭状况（人）

	均值	中位数	标准差	最小值	最大值
健在子女数	2.46	2.00	1.32	0.00	11.00
同吃同住人数	1.82	1.00	1.74	0.00	10.00

（二）贫困失能老年人生活质量

总体而言，贫困失能家庭老年人的经济状况不容乐观。数据结果表明，接受调查的贫困失能老年人家庭年收入均值为20481.26元/年；

家庭年支出均值为29421.68元/年，家庭年支出相对高于家庭年收入（见表4-4）。尤其值得关注的是，贫困失能老年人的医疗支出和家庭债务较多，表明贫困失能老年人的家庭经济负担较重，抵御风险时的经济能力不足。

表4-4　　　　　贫困失能家庭老年人经济情况（元/年）

	均值	中位数	标准差	最小值	最大值
家庭年收入	20481.26	12000.00	21587.29	3600.00	210480.00
家庭年支出	29421.68	118857.50	37456.53	200.00	300000.00
医疗支出	13802.09	5000.00	32720.13	0.00	700000.00
家庭债务	25044.00	0.00	69677.67	0.00	1000000.00
金融资产	4544.13	0.00	36097.31	0.00	1000000.00

如表4-5所示，贫困失能老年人平均照料人数为1.08人，平均照料时长为10.05时/天，照护负担较重，且反映了其接受的家庭照护存在一定程度的不足。同时，住院次数和距最近医疗机构的距离数据也说明了其医疗及照护状况仍面临一定程度上的不充分。

表4-5　　　　贫困失能家庭老年人医疗及照护情况

	均值	中位数	标准差	最小值	最大值
照料人数（人）	1.08	1.00	0.84	0.00	6.00
照料时长（时/天）	10.05	6.00	9.28	0.00	24.00
住院次数（次/年）	0.93	0.00	1.50	0.00	12.00
距最近医疗机构（分钟）	21.18	15.00	22.33	0.00	200.00

如表4-6所示，在社会参与和支持情况方面，值得关注的是，这两个数值的中位数均为0，表明贫困失能老年人在社会交往和支持方面的两极分化较为严重，仍有大量老年人不与家人、朋友来往，这部分老年人十分值得重视。同时，在每周锻炼次数和社会活动参与次

数方面，也同样存在两极分化的现象。

表4-6　贫困失能家庭老年人社会参与与支持情况（元/年）

	均值	中位数	标准差	最小值	最大值
经常来往家人数	4.06	0.00	3.52	0.00	20.00
经常来往朋友数	2.79	0.00	6.38	0.00	50.00
每周锻炼次数	3.22	0.00	4.13	0.00	21.00
参与社会活动次数	0.37	0.00	1.16	0.00	9.00

如表4-7所示，贫困失能老年人的居住与环境状况相对较差。接近三成贫困失能老年人居住危房，超过四成困难失能老年人缺乏主要或必要生活设施。居住与环境状况是生活质量的重要影响因素之一，贫困失能家庭老年人相对较差的居住和环境条件在很大程度上将对其生活质量产生负面影响。

表4-7　贫困失能家庭老年人生活设施齐全情况

生活设施	占比（%）
生活设施齐全	7.55
生活设施够用	48.48
缺乏主要生活设施	33.59
缺乏必要生活设施	10.39

（三）贫困失能老年人照护需求

如表4-8所示，在贫困失能老年人主要的照料方式中，亲属照料占比最高，为87.75%；其次为社区照料、机构照料；最后更值得关注的是，有7.75%的贫困失能老年人处于无人照料的状态，这部分老年人的照料状况十分严峻。

表4-8　　　　　　　　贫困失能家庭老年人照料方式

照料方式	占比（%）
亲属照料	87.75
社区照料	3.00
保姆照料	1.75
机构照料	2.75
无人照料	7.75
其他照料	2.25

注：部分老年人可能同时接受多种照料方式，因此此处百分比加总不为100%。

家庭照护是贫困失能老年人最主要的照料方式，接近九成的贫困失能老年人接受家庭照料，且照料人数均值为1.51人，日照料时长均值为9.83时/天，如表4-9所示。数据分析结果进一步显示，96.62%的照料者未接受过照料相关的基本培训，缺乏失能照料的基本知识。对贫困失能老年人而言，家庭照料存在专业性的欠缺，无法有效满足其最基本的护理和医疗需求。

表4-9　　　　　　贫困失能家庭老年人家庭照护情况

	均值	中位数	标准差	最小值	最大值
照料人数（人）	1.51	1.00	1.16	0.00	8.00
日照料时长（时/天）	9.83	6.00	8.68	0.00	24.00
照料月数（月）	138.81	84.00	159.22	0.00	1440.00

如表4-10所示，机构照护因其专业性特点，在失能老年人的照护中占据着越来越重要的地位。然而，对于贫困失能老年人而言，由于难以负担机构费用，机构照护仍是相对较少的选择。在接受机构照护的2.75%贫困失能老年人中，近八成的老年人入住收费机构，但多数贫困失能老年人入住机构的月收费不超过2000元。对贫困失能老年人而言，机构照护在一定程度上能为其提供更全面、更专业的照料，然而，机构费用难以负担。且对入住机构的老年人而言，多数老年人入住收费较低

的机构，其照护质量和照护水平同样有待进一步提高。

表4-10　　　　　贫困失能家庭老年人机构照料情况

是否收费	占比（%）
收费	78.43
免费	21.57

我国逐渐形成以居家为基础、社区为依托、机构为补充的养老服务体系，社区服务在老年人养老服务中的地位日益受到重视。如表4-11所示，近3%的贫困失能老年人接受了社区提供的照护，其中，接受康复护理的老年人最多，占比12.70%。但是仍有70.96%的老年人尚未接受过上门服务，这表明社区服务的覆盖面仍较小。

表4-11　　　　　贫困失能家庭老年人接受上门服务情况

上门服务	占比（%）
生活照料	8.27
心理疏导	6.50
康复护理	12.70
其他服务	9.65
以上均没有	70.96

二　我国贫困失能老年人照护状况：基于典型案例分析

案例分析部分侧重于照护服务的供给，主要说明典型案例中照护性质的养老服务是如何供给的，综合反映代表地方在应对贫困老年人失能照护服务和生活服务供给时的创新理念和举措。

（一）典型案例调查

1. 山东省日照市案例调查简述。近年来，日照市高度重视养老服务体系建设和经济困难老年人养老服务工作，进行了大量政策探索和尝试，取得了良好的政策效果。第一，创新模式，打造"四位一体"

全区域养老服务综合体；第二，重视失能老年人照护服务设施建设，重点夯实福利中心和敬老院服务网络的服务能力；第三，管理体制上推进公办民营，改革公办养老机构的管理体制；第四，大力通过"农村幸福院"建设推动农村养老服务和功能拓展。需要重点强调的是，日照市的居家社区养老服务工作一直发展得非常快，并且入选了"第4批中央财政支持开展居家和社区养老服务改革试点"，将在日照市2019年的养老服务体系建设工作当中得到重点体现。具体包括进一步完善政府为贫困失能老年人购买养老服务，并建立相应的补贴制度；重视通过完善长期护理保险体系建设，对贫困失能老年人服务需求进行覆盖；重视通过构建多层次、多样化养老服务体系建设，覆盖包括贫困失能老年人在内的所有老年人的服务需求；重视城市养老服务中心和体系建设；重视老年人食堂建设；推动"时间银行"等养老服务项目的建设和发展；重视农村地区的养老服务体系建设；高度重视"农村幸福院"对于农村贫困、失能老年人的服务覆盖；等等。

2. 山东省青岛市案例调查简述。青岛市政府高度重视养老服务业发展工作，不断强化政策引导，加大财政投入，优化发展环境，调动社会参与，使养老在服务体系建设、医养结合、标准化和信息化建设等方面，走在了全国前列。第一，青岛市高度重视养老服务体系建设，并重视养老服务体系的融合发展；第二，建立制度安排，为贫困失能老年人等提供服务补贴，为政府购买照护服务和青岛市照护服务市场的发展奠定了良好的基础；第三，依托长期护理保险，发展对应的救助性照护支持；第四，重视农村养老服务体系建设和农村贫困、失能老年人照护服务工作，将其纳入乡村振兴战略并大力发展；第五，高度重视老年食堂建设；第六，探索"时间银行"等新型养老服务供给机制。

3. 重庆市案例调查简述。重庆市在困难老年人失能照护方面的举措具有系统性，在贫困老年人失能照护救助方面的主要工作集中在如下几个方面：第一，服务设施和能力建设。重视敬老院、养老院等服务体系建设，特别是区域性特困供养服务机构改造和质量提升工程。

◈◈ 专题四 老年贫困与照护救助制度 ◈◈

此外,重视健全养老服务人才培养、教育培训、激励晋升等制度体系,鼓励扶持民营企业兴办养老机构。第二,重视通过政府购买服务,为困难失能(高龄)老年人购买基本照护服务。重庆市启动实施"为老服务关爱工程",在部分区县试点为高龄困难失能老人购买助餐、助浴、助医等基本养老服务。第三,重视失能留守老年人照护机制建设。建立老年协会或其他老年人组织,把具备资质和服务能力的老年协会纳入政府购买服务承接主体,鼓励和引导独居、空巢、留守老年人入会。

4. 安徽省六安市舒城县案例调查简述。舒城县针对贫困老年人的照护救助政策,主要体现在其社会救助制度改革当中。在救助内容方面,仍以现金补贴为主,同时开展了政府购买救助性照护服务的有益探索,通过政府购买社会组织服务的形式,为城乡贫困家庭老年人购买基本的居家照护服务,取得了良好的实施效果。但是,仍然存在一些问题。第一,购买照护服务有限。每次的政府购买服务的标准为60元,服务质量和效果受到了一定限制。第二,专业服务供给不足甚至缺乏。在县域范围内,特别是农村地区,具有一定专业化水平的养老服务组织发展有限,影响了地方政府为贫困失能老年人购买一定专业服务的可能性。当然,舒城县也正在计划未来进一步夯实和优化照护服务供给机制,具体包括如下几个方面:第一,完善和优化舒城现有农村基层社会治理创新;第二,探索政府购买非正式救助服务供给模式;第三,探索中心组对应建立社会组织方式,探索政府在农村购买非正式服务方式,摸索农村地区救助服务生产和供给问题。

(二)调查结论

1. 贫困失能老年人照护服务需求情况。结合典型地区案例调查过程中的发现,可以看出,城乡贫困失能老年人照护救助服务需求具有如下几个方面的特点:第一,城乡贫困失能老年人照护救助服务需求较为强烈,失能所衍生的长期照护依赖,必然导致失能老年人因贫困缺乏获得照护服务的能力。第二,农村照护救助服务需求更加迫切。农村贫困老年人口数量和规模相对较大,农村贫困失能老年人衍生的农村照护救助服务需求更为强烈。第三，专业性失能照护服务需求和日常照护需求都较为迫切，而相应服务的供给有赖于农村医养结合的发展，特别是农村专业性照护服务人员的服务供给。第四，要重视家庭的照护责任，但也不能忽视家庭照护能力弱化的现实。对于没有照护能力的贫困失能老年人家庭来说，国家和社会要承担起相应的照护救助责任。

2. 贫困失能老年人照护服务供给政策探索情况（见表4-12）。通过对上述城市在贫困失能老年人照护服务方面所做的努力进行比较，可以发现，各地方在贫困失能老年人照护救助服务方面具有以下几个方面的特点。第一，将贫困老年人失能照护问题解决融入了现有政策体系建设之中，考虑到贫困失能老年人问题的迫切性和严重性，应当优先解决贫困失能老年人的照护救助问题，将该群体照护服务供给视为整个照护服务体系的基础性任务；第二，地方制度探索为城乡贫困失能老年人照护救助制度探索奠定了良好基础；第三，农村贫困失能老年人照护服务应对取得了突破，但各地在农村养老服务体系建设方面投入的资源，和城市相比仍然有相当大的差距；第四，各地在应对失智老年人照护方面都存在不足，仍然缺乏具有推广价值的实践解决方案；第五，各地方都存在地方法规条例与实践探索的动态协调问题，特别是对于部分地区所开展的政策探索，往往面临区域性法律支持不足的窘境，部分可能有被问责的风险。

三 我国贫困失能老年人照护救助问题挑战分析

本节拟在综合前文研究结论的基础上，通过汇总梳理呈现我国贫困失能老年人照护救助问题的现状和面临的挑战。对我国贫困失能老年人照护救助问题挑战的分析，将为后文关于照护救助制度框架的提出奠定基础。

第一，贫困失能老年人照护服务供给普遍缺乏。数据分析显示，家庭是贫困失能老年人照护服务的主要来源，但缺乏专业性的照护服务。在社区层面，贫困失能老年人往往没有获得过任何上门的照护服

专题四　老年贫困与照护救助制度

表4-12　四城市贫困失能老年人照护服务供给政策与实践探索比较

城市	常规性内容	地方特色内容	评价
日照市	通过完善养老服务体系、包括设施建设和机制改善，应对贫困失能老年人照护服务问题；	整合特困护理资金集中使用；重视通过"互联网+"养老服务，提供延伸性服务递送；重视老年食堂和配餐服务网络建设。	在资金集中使用、提高特困人员实际生活质量方面发挥实效；网络型服务供给符合城乡养老服务发展实际需要。
青岛市	通过建立地方性的政府补贴，以及对应的政府购买服务机制来供给服务；	高度重视大食堂建设，扩展食堂复合功能，为贫困失能老年人提供服务中心功能；重视同银行等新型养老服务机制。	重视老年人常发实际需求，以食堂为中心和载体，开展综合、整合的各类养老服务，包括服务上门；政府资金引导，推动"大食堂"从概念走向实际成效；城乡养老服务发展仍然有不少不足。
重庆市	重视"居家、社区、机构"融合发展，重视整合各类养老服务资源和力量；	重视农村留守老年人关爱服务体系建设；鼓励有条件的医院为社区失能病床，建立巡诊制度；将失能老年人照护培训纳入政府人员集中照护工程，满足贫困特困失能老年人集中照护需求，逐步安排特困人员集中入住的特困人员全部实现集中供养。	养老服务体系发展覆盖城乡，符合城乡重视困难特困失能老年人供养，重视家庭适老化改造，关心困难特困失能老年人家庭环境的支持。
六安市	重视区域性养老服务中心建设，包括在基础上，升级接县区、乡镇街道、村居社区的养老服务网络，特别重视养老服务中心的失智护理服务能力；支持"农村幸福院"建设，推动农村互助性养老服务。	采取政府补贴的高龄、失能、残疾老年人立卡范围的《无障碍设计规范》，实施适老化改造。政府购买服务，为农村贫困失能老年人购买照护服务；通过"社会治理+政府购买服务供给"思路，引导社会治理在提供农村失能老年人照护服务供给中发挥积极作用；重视村民小组在农村失能照护服务中的作用。	重视农村贫困、失能老年人服务供给，特别是农村贫困失能老年人服务供给；失能贫困特困老年人服务供给的成本和效率，就近服务供给，鼓励农村社会组织的作用。

· 133 ·

务，这其中有贫困制约购买能力的因素，也在很大程度上归因于相应服务体系发育发展的不完善。从我国实际情况来看，机构养老的成本相对高昂，在地养老的成本相对较低，而且也更能满足老年人精神慰藉等多方需要，所以应当重视大力完善基于居家社区的照护性服务，尤其是基于居家社区的照护救助服务。

另外，在机构护理方面，许多特困供养机构由于服务设施建设和能力不足，只能满足最为基本的生活照顾，失能特困人员并不能得到有效的照料和护理。针对这一问题，国家已经启动了敬老院质量提升工程，部分地区进行了有益的探索，但是在全国层面，农村敬老院的照护服务能力仍然是相对有限的。应当继续加大居家社区和机构在贫困失能老年人照护方面的实践探索。

第二，贫困失能老年人照护救助需求与家庭贫困风险防护功能发挥之间仍然有待平衡。对于贫困失能老年人来说，其家庭也往往面临贫困风险，贫困风险对其家庭成员的基本生活，以及最为基本的经济与消费安全都会产生重要影响。贫困失能老年人的家庭往往会存在照护服务供给能力不足的问题，所以从需求溢出的角度来看，迫切需要构建贫困失能老年人照护救助制度安排，来承接这种家庭无法承担的溢出性照护服务需求。

另外，照护救助服务也应当考虑对家庭提供支持，包括提供一些喘息服务和一些家庭成员培训的支持性服务。由此，如何发挥贫困失能老年人家庭照料服务与贫困家庭反贫困政策相结合，也就成为一个重要挑战。现实中，家庭照料者往往由于提供照料服务而无法参与工作，进而丧失通过劳动改变家庭经济状况的可能，致使家庭处于长期贫困的经济状况。所以，从这个角度而言，应当把基于反贫困政策的家庭就业支持和基于贫困失能老年人最基本照护需求的照护救助相结合，两个制度要充分衔接，平衡和处理好家庭照护服务供给和家庭成员就业之间的矛盾关系。还应关注家庭照护对照护者的压力，包括经济压力、时间压力和服务压力等。

第三，既有照护救助政策探索对特殊性群体关注不足。从概率来

专题四 老年贫困与照护救助制度

说,失能风险发生是具有人群异质性的,同样地,贫困失能老年人的照护服务需求也具有显著的人群异质性特征。对于贫困失能老年人来说,如果家庭没有能力来提供照护服务,那么照护风险将大幅提升,因此亟须对无子女、丧偶的群体进行关注。

另外,既有照护体系对贫困老年人的失智风险回应性不足。调查中发现,由于生活条件、营养等因素的影响,贫困老年人发生失智风险的概率要高于其他类型老年人,贫困失智老年人的照护需求往往更加难以满足。由于失智照护具有专业性、耗时性的特点,一般性的照护服务往往难以满足,迫切需要给予专业性的照护服务支持。

第四,医养结合等照护发展策略尚不能充分支持贫困失能老年人照护需求。调查中发现,现有的医养结合战略推进状况尚不能充分支持贫困失能老年人的失能照护需求。在居家社区层面,家庭医生签约实际执行情况并不尽如人意,社区卫生服务中心的功能发挥存在不足,仍有不小的改进空间。

另外,在机构层面,贫困失能老年人的照护服务机构主要是特困供养机构和乡镇敬老院,这一类服务机构在医养结合方面发展相对总体滞后,无法提供最为基本的医疗和保健服务,在很大程度上影响了贫困失能老年人照护服务需求的满足。

第四节 研究结论及政策建议

解决老年贫困和失能照护问题都是重要的民生问题,应当成为整个照护服务体系建设中的基础部分。本节紧紧围绕贫困失能老年人照护救助工作中存在的难点、堵点,对照护救助制度的目标定位和基本框架进行系统性思考,并就下一步的发展方向和改革思路提出建议。

一 准确把握照护救助的基本定位

(一)坚持兜底性长期照护保障的目标定位

从照护救助的功能定位和水平定位来看,应当是"兜底性"的长期照护保障制度。2019年11月，《国家积极应对人口老龄化中长期规划》出台，明确提出了"兜底性长期照护保障"的概念，并将其作为我国照护保障制度体系建设的关键内容。应坚持这一制度发展思路，建立健全具有照护性质、"兜底性"功能的长期照护保障制度体系，向贫困失能人群提供充分、可及的照护救助。具体而言，应从六个层面理解和明确照护救助的"兜底性"制度定位：

一是确定次序指向。照护救助应当扮演最后出场人的兜底角色，次序上位于长期护理保险之后出场，用以解决长期护理保险未能覆盖和未能充分解决的护理保障需求。

二是精准对象指向。兜底对象应瞄准特困、低保、低收入群体当中的失能群体，这类人群同时具备贫困和失能两种脆弱特征。

三是明确主体指向。照护救助具有显著的国家干预特征，是个人、家庭、集体、市场等主体无法解决服务需求时，需要国家承担的、最后的兜底性责任。

四是设定水平指向。照护救助的保障水平应当能够满足最基本的生存需要和保证最基本生活质量的维持，既不能太高，也不能太低。

五是规范内容指向。照护救助优先提供的应当是具有基本性、基础性、常规性的生活照料、辅助性医疗护理以及部分精神慰藉等服务。

六是形成道德与认知指向。社会公众和基本伦理对于什么是社会的"底"，往往存在一个基于常识和伦理道德的基础性共识，道德与认知是整个"兜底性"长期照护保障制度的核心指向。

（二）围绕目标定位向失能贫困老年人提供服务性社会救助

照护救助的本质是社会救助，是整个社会救助体系当中的一个组成部分，属于服务型救助。从照护救助供给内容来看，主要包括基本生活照料服务、与医疗护理相区别的长期医疗照护服务、精神慰藉服务和其他必要的基础性照护服务。照护救助服务所提供的服务内容应当与社会长期护理保险制度所提供的服务内容一致，都是非治愈性的、功能维持性的照护性服务，以日常生活性照护为主体。照护救助与长期护理保险服务的区别在于服务保障金额方面的区别,照护救助的服务内容供给的目标水平是维持个人生存和功能所需要的最基本的照护服务需求。

二 建立综合性照护救助框架,不断丰富制度供给内容

(一)基于专项救助特征构建照护救助制度组合

照护救助制度瞄准的是贫困人口的失能风险,从这个角度来看,照护救助制度具有专项救助的特征,即该项救助制度(体系)目标是应对脆弱人群的一项专门的困难。由于失能,其无力通过市场交换而获得必要的照护服务,所以照护救助制度具有一定意义上的专项救助制度含义。有鉴于此,照护救助制度体系应当包括如下几个具体的制度安排:一是特困人群的失能照护救助,同特困人员救助供养制度充分结合;二是针对低保或低收入人群的照护救助,同基本的养老服务补贴、护理补贴,以及残疾人两项补贴相结合。综上所述,照护救助本质上是一种救助性照护服务(主体是服务);是一个制度框架,由多项具体的制度安排组成;是具有专项救助特点的社会救助,目标人群必须同时满足贫困和失能两个基本条件。

(二)搭建多维度的照护救助制度框架

应从目标对象、保障标准、救助内容、递送方式、筹资来源等维度,搭建照护救助制度框架,并在此基础上完善政策内容。

1. 目标对象。主要从两个维度共同来确定,在经济维度上,主要选择特困、低保、低收入三类贫困人群;在生理维度上,主要瞄准持证残疾人,以及经综合等级评估为失能的老年人。只有同时满足贫困和失能两个标准,才能被照护救助框架体系覆盖,成为"兜底性"长期照护保障制度的目标对象。特别地,在贫困失能老年人中要格外关注重度残疾人、空巢、失独、留守、失智等特殊老年人人群,优先保障这部分人群的基本照护需求。

2. 保障标准。照护救助具有显著的"兜底"特征,其根本定位是兜底性长期照护保障,这就对其内容和水平也有了相应的要求和限

制，既要满足保障对象最低水平、维持最基本生存和生活质量的照护需求，又要控制在一定限度的水平和内容范围内。另外，考虑到照护救助所覆盖的特困、低保、低收入人群，其家庭经济状况在一定程度上是梯次上升的，所以要改变传统"一刀切"的做法，照护救助的水平针对上述几个人群也应当是梯次递减的。

3. 救助内容。从照护救助供给的内容来看，主要应当包括基本生活照料服务、与医疗护理相区别的长期医疗照护服务、精神慰藉服务和其他必要的基础性照护服务。照护救助所提供的是一种长期照护服务，以日常生活性照护为主体，是定位于功能维持和疾病状况维持的照护性服务。

4. 递送方式。照护救助的具体救助形式应当以服务性救助为主体，以现金性救助为辅助。除给予保障对象一定限度的现金补贴外，更应当通过服务对其予以保障。一方面，通过提供照护服务，可以实现照护救助制度的本意，直接增强老年人的照护获益；另一方面，由老年人使用现金补贴购买照护服务的效率相对较低且服务质量相对较差。此外，乡镇敬老院和特困供养机构应当优先对"兜底性"长期照护保障对象的入住需求给予回应。当然，还需保证救助服务的质量。针对集中供养，注意提高集中供养机构硬件设施条件和专业服务能力；针对一般性的照护服务，应当保障服务的专业性、必要性和服务递送的及时性。

5. 筹资来源。政府有义务保护每一个社会成员的生存权利，当个体的生存权利得不到保障时，政府应当承担责任对其提供支持，因此政府应当在"兜底性"长期照护救助制度筹资中承担主要责任。同时，基于特困、低保、低收入认定制度的制度特点，低收入失能老年人的制度筹资应主要以地方财政支持为主；低保失能老年人的筹资应当由地方财政出资，由国家财政给予部分补充；而特困失能老年人则通过国家财政予以提供。当然，各个地方在具体财政责任划分的时候，也要考虑不同区域的特点，对于中西部和一些相对发展落后的地区，中央财政应当给予更多支持。

(三) 加强照护救助工作的制度保障

第一，增强政策和环境支持。贫困失能老年人的长期照护引发越来越多的关注和思考，《国家积极应对人口老龄化中长期规划》等政策文件明确提出"兜底性长期照护保障"的探索。照护救助也符合我国的社会保障制度"保基本"的定位，政府在长期照护领域的首要责任先是"兜底线、织密网"，优先解决政策性的重点兜底人群，其中就包括特困人群、低保、低收入人群等，而此类人群的失能照护问题并不能通过市场机制充分解决，会成为我国"兜底性"长期照护保障体系和社会救助体系建设的重点内容。另外，从德国、日本等国家的实践经验来看，护理保险制度的推行在一定程度上会强化而不是弱化照护救助制度的重要性，由于护理服务需求的释放，呈现居民的照护赤字问题会得到极大缓解，也必然会带来支出增加，从而增加照护救助的必要性，这为照护救助制度的出台和发展奠定了扎实的环境基础。

第二，夯实照护救助制度基础。针对贫困失能老年人的照护需求，我国已有特困人员救助供养、基本养老服务补贴等制度的探索和保障，为照护救助奠定了一定的制度基础。但现有体系仍然是一个碎片化的制度框架，因此非常有必要对照护救助的框架进行完整、清晰的勾勒，主张在规范、统一现有照护救助既有安排的同时，积极推动低收入老年人照护救助制度的充分建立。从制度发展和整合治理的角度来看，将现有碎片化的制度安排整合为更具有一致性、协同性的整体制度安排，形成涵盖多个主体、分类分层、梯度保障的照护救助制度体系，已经成为当前相关部门完善社会救助和失能照护服务政策的重要方向，所以照护救助制度的实行具有良好的可行性。

第三，落实配套政策。从宏观来看，照护救助制度属于基本养老服务的重要内容，照护救助所涉及的照护服务和照护补贴是最为基本的照护内容，属于养老服务资源。从这个角度来看，照护救助制度的发展也依赖各类评估制度支撑，其中，包括更为规范和广泛适应性的失能状况评估制度，以及包括经济状况核对的家庭经济能力评估，还有家庭照料服务支持能力评估。除了上述三项基本制度安排外，还需要更为精细的照护服务需求评估制度，从而为细化需求、精准供给服务奠定条件。当然，实现上述配套制度安排的规范建立，还需要一定时间，这要求当前和今后一段时间加强政策创制，当然，这也将是"十四五"期间我国民生和社会保障制度建设的重点。

专题五　困境儿童、留守儿童群体的兜底保障[*]

近年，困境儿童、留守儿童群体受到党和国家高度重视，有关政策也陆续出台，为加强对这部分特殊儿童群体的兜底保障奠定了制度基础。但是在我国一些欠发达地区，困境儿童、留守儿童依然面临家庭功能缺失、教育资源不足、社会服务匮乏等问题，有必要对其成因和应对措施进行总结反思，以便更好地推动欠发达地区建立健全困境儿童、留守儿童兜底保障制度，为儿童健康成长、全面发展创设良好环境。

第一节　研究背景、思路与方法

一　我国的困境儿童和留守儿童

由于我国区域以及城乡经济发展的不平衡，农村劳动力，特别是贫困地区的农村劳动力，大多外出务工，同时受城市较高的消费水平以及子女就学政策的限制，他们大多选择将子女留在农村交给长辈抚

---

[*] 本专题报告是夏传玲研究员主持的民政部政策研究中心专项课题"托底性民生保障政策支持系统建设"的研究成果。本课题组成员包括夏传玲、赵联飞、赵锋、徐法寅、马妍、张彦、李中、王锦涛、罗银花、秦黎、王武林。感谢贵州省民政厅、绥阳县民政局、大方县民政局对本调研的大力支持和协助。本报告中的所有人名均匿名或化名。困境儿童和留守儿童这两类儿童之间有重叠，面临的问题有较多相同之处。在本专题研究中提及的调研案例中，"陈叹息""陈小农""小丽""王水滴"为留守儿童；"榴夏""小红"为困境儿童。

养，由此形成了农村留守儿童群体。据民政部"全国农村留守儿童和困境儿童信息管理系统"披露的数据，2018年，我国留守儿童数量约697万人；从区域分布来看，其中，四川、安徽、湖南、河南、江西、湖北、贵州7省的农村留守儿童总数占全国总数的69.7%[①]，四川省农村留守儿童规模最大，总人数达76.5万人。

困境儿童是近几年受到社会格外关注的特殊群体，它是指因家庭贫困、个体残疾、缺乏监护等原因，陷入个体生存、发展和安全困境的未成年人，包括流浪儿童、孤儿、无人抚养的儿童、受艾滋病影响的儿童、父母服刑或戒毒期间的儿童、困境家庭（贫困、重病、罕见病等）等。根据第六次人口普查数据，估计困境儿童规模在数百万左右。[②]

2016年，国务院先后出台了《关于加强农村留守儿童关爱保护工作的意见》和《关于加强困境儿童保障工作的意见》两份政策文件，将留守儿童和困境儿童群体纳入社会救助的范围之内，同时要求家庭、政府、社会组织等主体多方合力，加强农村留守儿童关爱保护和困境儿童保障工作。同时，成立了由民政部牵头、27个部门组成的农村留守儿童关爱保护工作部际联席会议制度，研究明确了职责任务分工，定期分析工作推进情况和问题。

2016年，民政部根据工作发展需要，增设未成年人（留守儿童）保护处，将儿童福利和困境儿童工作统一归口管理，并会同中央综治办、教育部、公安部等8部门印发《关于在全国开展农村留守儿童"合力监护、相伴成长"关爱保护专项行动的通知》；为加强农村留守儿童基础信息动态管理，民政部组织开发了全国农村留守儿童和困境儿童信息管理系统，并于2017年10月10日上线运行。根据该系统统计，截至2018年9月，我国农村留守儿童数量较2016年下降了

---

① 参见《图说2018年农村留守儿童数据》，2018年8月，中国社会保障学会网站，http://www.caoss.org.cn/1article.asp?id=3258。

② 澎湃新闻：《中国困境儿童达数百万，学者呼吁建网络防范未成年人被侵害》，https://www.thepaper.cn/newsDetail_forward_1394256_1。

专题五　困境儿童、留守儿童群体的兜底保障

22.9%①，留守儿童及困境儿童的关爱工作取得阶段性成果。

2019年，民政部、教育部、公安部等十部委联合印发《关于进一步健全农村留守儿童和困境儿童关爱服务体系的意见》，从机构服务能力、工作队伍建设、社会力量参与以及工作保障强化这四个维度进一步明确了农村留守儿童和困境儿童关爱服务的工作要求，充分体现了对这两类群体的关注。根据这一文件精神，课题组开展了本专题的调研活动，为下一步政策细化和调整提供案例、思路和建议。

二　调研地点的选择

从全国范围来看，贵州省的留守儿童、困境儿童问题相对突出。贵州省地处云贵高原，平均海拔在1100米左右，高原山地居多，素有"八山一水一分田"之说。全省地貌可概括分为高原山地、丘陵和盆地三种基本类型，其中92.5%的面积为山地和丘陵。境内山脉众多，重峦叠嶂，绵延纵横，山高谷深。重重山峦阻碍了贵州省与外界的沟通，使其长期处于封闭状态，经济发展相对落后。鉴于遵义市绥阳县、毕节市大方县以及贵阳市在留守儿童关爱保护和困境儿童保障工作方面各有特色，课题组选择这三个地方作为调研地点。

绥阳县隶属贵州省遵义市，位于贵州省北部，大娄山脉中段，总面积2566平方公里，占贵州省总面积的1.45%，占遵义市总面积的8.28%。绥阳县南北长75多公里，东西宽56多公里，东连湄潭，南临汇川区，西接桐梓，北靠正安。截至2019年，绥阳县辖有2个乡、13个镇和1个省级经济开发区，119个村（居），总人口56.3万。②绥阳县0—18岁儿童共14.51万人，其中留守儿童6742人，困境儿童232人。绥阳县儿童关爱服务的特色在于其引进的儿童关爱项目——"童伴妈妈"项目，项目共涵盖全县13个镇43个村（居），该项目通过项目运作的方式为当地儿童，特别是留守儿童和困境儿童

---

① 央视网：《民政部：全国农村留守儿童总体数量下降22.9%》，http://finance.people.com.cn/n1/2018/0901/c1004-30265649.html。

② 数据源自《绥阳县志2018》。

提供服务，在一定程度上促进了儿童关爱理念的传播。

大方县隶属贵州省毕节市，位于贵州省西北部，大娄山西端，东邻金沙县，南连黔西县，西接七星关区，地处贵州金三角核心地带，县城距省城贵阳150公里。截至2019年，大方县共辖3个街道、9个镇、16个乡（其中11个民族乡）、126个社区、161个行政村。目前城镇人口32.44万人，乡村人口62.7万人，户籍总人口95.14万人。① 大方县共有留守儿童18484人，困境儿童（孤儿）2168人，其中，困境儿童1844人，社会散居孤儿301人，集中养育孤儿23人。2014年4月，大方县被列为"全国进一步开展适度普惠型儿童福利制度建设试点"工作的46个试点县之一；同年8月，被列为"第二批全国未成年人社会保护试点"工作的78个试点县之一。

贵阳市为贵州省省会，简称"筑""金筑"，有"林城"之美誉，是贵州省的政治、经济、文化、科教、交通中心和西南地区重要的交通、通信枢纽、工业基地及商贸旅游服务中心。贵阳市位于贵州省中部，东南与黔南布依族苗族自治州瓮安、龙里、惠水、长顺4县接壤，西靠安顺地区平坝县和毕节地区织金县，北邻毕节地区黔西、金沙2县和遵义市播州区。贵阳地处黔中山原丘陵中部，地势西南高、东北低，海拔1100米左右。贵阳辖6个区，1个县级市，3个县，26个乡，49个镇，918个村，588个居委会。2017年年末，贵阳市常住人口511.49万人，其中0—17岁人口89.25万人。贵阳市儿童关爱服务的特色在于其儿童救助服务，2017年，贵阳市保障697名孤儿，其中机构养育孤儿432名，散居孤儿265名，为其提供基本生活补助；救助流浪未成年人251人次。②

三 研究思路和方法

本专题研究一方面从儿童成长发展的角度，关注社会变迁过程中

---

① 数据源自《大方县志2018》。
② 数据源自《贵阳市2018年年鉴》。

◈◈ 专题五 困境儿童、留守儿童群体的兜底保障 ◈◈

儿童成长发展环境的变化及由此引发的需求满足困境；另一方面从关爱服务供给的角度，关注当前各方主体在留守儿童和困境儿童群体关爱保护工作中实际发挥的作用，并总结当前儿童关爱服务体系建设中形成的经验和面临的问题，期望为政府政策制定提供参考。

调研主要采取定性研究方法进行。课题组共访谈省、县两级政府部门近20个，调研街道、乡镇6个，调研社区和行政村共12个，调研相关社会组织7个，访谈调研对象50余人，组织座谈会5次，召开内部讨论会20余次，收集相关文献资料125项。

课题组分析了两县困境儿童、留守儿童问题的成因和当前面临的主要问题，从四个方面提出了政策建议。

第二节　贵州困境儿童、留守儿童问题分析

一　儿童成长发展的一般环境

儿童成长发展的过程实际上是个体早期社会化的过程，"社会化"是指人从生物人转变为社会人的过程，在这一过程中，个体通过与社会的互动，逐渐养成独特的个性和人格，同时通过社会文化的内化和角色知识的学习，逐渐适应社会生活。[1] 在儿童成长发展过程中，儿童成长环境会对其产生巨大的影响。我们将从儿童成长发展的主要社会环境入手，分析留守儿童、困境儿童成长过程中面临的主要问题，并进行相关讨论。

（一）家庭

家庭是基于血缘和婚姻关系而形成的生活共同体，作为一种社会结构的家庭是社会的生活单位，是社会关系和社会组织典型。它是一种特殊的组织，是世代更替的场所。[2] 在现代社会之前，家庭履行七种功能：经济功能，即家庭能够自给自足；给成员以威望和地位，即

---

[1] 郑杭生：《社会学概论新修》，中国人民大学出版社2002年版，第83页。
[2] ［美］J. 罗斯·埃什尔曼：《家庭导论》，潘允康等译，中国社会科学出版社1991年版，第56页。

成员依附于家庭；教育功能，传授成员各种知识；保护性功能，满足家庭成员的需求；宗教功能；娱乐功能；情感功能，即维系父母子女之间的亲情。①

家庭所具备的多种功能使它成为儿童成长过程中最重要的社会环境，特别是在中国，家庭的作用更加突出。在两千多年的历史发展进程中，传统社会长期以农业和家庭手工业为主的经济结构和自给自足的生产方式使"多子多福"的观念深入人心。时至今日，在许多农村地区，家庭和宗族仍是一股非常强大的力量。

（二）学校

在儿童成长发展的过程中，家庭发挥着重要的作用，但家庭并非儿童成长发展的唯一主导环境。学校同样是个体进行社会化的重要场所之一，特别是对于进入学校学习的儿童而言，随着年龄的增长，在社会化方面学校的教育作用逐渐超过了家庭的教育作用，成为儿童社会化过程中最重要的社会环境因素。

学校是专门为社会化目的而设立的学习机构，能够为学生提供有组织、有目的的系统化受教育的各种条件。同时学校设立一系列规章制度来引导学生按照规范要求去扮演自己的社会角色，学会处理人际关系。在学校中，每个学生都是平等而独立的个体，在这个群体中培养与他人交往的独立性与合作性，并按照他人的评价来调整自己的行为。随着社会的不断发展，教育越来越成为影响儿童发展的重要因素。

（三）村落

村落同样是儿童成长发展的必要社会环境。中国社会是乡土性的，"乡下人"才是中国社会的基层，"土"是他们的命根。中国农民大多聚村而居，村落是中国乡土社区的单位。村民作为其中的一员，在村落中形成稳定的社会交往关系，即"熟人社会"②。正是这

---

① ［美］J. 罗斯·埃什尔曼：《家庭导论》，潘允康等译，第13页。
② 费孝通：《乡土中国》，江苏文艺出版社2007年版，第5—11页。

种长期稳定的交往关系，使得村落在儿童成长发展过程中发挥着重要的作用。村落一方面为儿童提供玩耍的场所；另一方面同村的玩伴，即"同辈群体"是儿童的主要交往对象。

（四）幼儿园

当前学前教育并不属于教育范畴，但近年来，学前教育受到越来越多的重视。幼儿园是学龄前儿童接受学前教育的场所，是儿童由单一家庭环境向多元社会环境过渡的第一个场所，对儿童成长发展具有十分重要的意义。它能够为儿童提供更加科学的教育方式、更加多元的社交环境，为儿童将来进入学校学习打下良好的基础。幼儿园是儿童成长发展的重要环境之一，所以课题组也十分关注当地的幼儿园情况。

（五）救助站与福利院

"尊老爱幼"一直是中华民族的传统美德，早在西周时期就出现了有记载的儿童福利政策——"慈幼"[1]，这是今天儿童救助保护工作的重要思想渊源。福利院与救助站在儿童成长发展过程中并非十分重要的场所，但它们却是维系部分特殊儿童群体生存发展的最后一道防线。当儿童无法从其他环境中获取支持时，救助站与福利院能够保障其最低的生存需求。

在民政部出台的《关于进一步健全农村留守儿童和困境儿童关爱服务体系的意见》中，对两类机构进行了准确的功能定位，救助站的主要功能为"对生活无着的流浪乞讨、遭受监护侵害、暂时无人监护等未成年人实施救助，承担临时监护责任，协助民政部门推进农村留守儿童和困境儿童关爱服务等工作"，福利院则"主要收留抚养由民政部门担任监护人的未满18周岁儿童"。可以看到，尽管同为救助机构，救助站与福利院的功能仍存在差别，救助站只提供临时性救助；而福利院则主要为无监护人的儿童提供长期救助。

（六）社会

"社会"是一个相对宽泛的概念，在这里具体是指独立于政府、

---

[1] 陈鲁南：《从中国古代儿童福利政策看"爱幼"的中华传统文化》，《社会福利》2012年第1期。

家庭、学校等一般主体之外的主体，包括营利和非营利性的社会组织，比如社会工作机构、基金会等。它能够为服务对象提供多种服务，满足服务对象多样化的需求。这种服务在城市地区比较常见，但在贵州省农村地区，此类社会服务发育并不充分。除此之外，社会正在以"虚拟网络"的形式出现在儿童的身边，以网吧、游戏、微信等面目，成为当代最具有影响力、开始主导儿童生活的新兴力量。

二 贵州农村留守儿童和困境儿童成长环境分析

（一）家庭功能缺失

随着社会的不断发展，家庭也在随之不断变化。家庭不再是昔日的生产场所，而成了单纯消费的场所。同时，它也丧失了帮助和照料老人或病人的传统功能，而它的子女社会化功能也由其他社会机构来分担。[①]对留守儿童和困境儿童来说，家庭功能的缺失主要表现在三个方面。

首先是家庭教育功能的缺失。在父母外出打工的家庭中，隔代监护人的文化水平相对较低，对儿童的学习往往不能给予帮助。[②]如："陈叹息"就是一个因学习成绩较差而"闻学习而叹息"的孩子[③]；"陈小农"年仅5岁便已经是一个农活小能手[④]；还有严重缺乏家人管教的"榴夏"两兄妹以及育新中学那些走上违法犯罪道路的孩子们。[⑤]在"榴

---

① ［罗］S. M. 勒杜列斯库、D. 班丘：《过渡中的家庭——当代社会学争论中的"家庭危机"》，乔亚译，《国外社会科学》1988年第7期。
② 吴霓等：《农村留守儿童问题调研报告》，《教育研究》2004年第10期。
③ "陈叹息"是大方县一个即将步入小学五年级的小男孩，他的父母在浙江绍兴务工，平时与爷爷奶奶还有5岁的弟弟生活在一起。爷爷奶奶都已经60多岁，都不识字，无法给"陈叹息"学习上的帮助。
④ "陈小农"是绥阳县的一个5岁小男孩。之所以叫他"小农"，是因为他才5岁，就已经开始跟爷爷奶奶下地干活了。
⑤ "榴夏"是大方县的一对兄妹，其中小A，男，14岁，小学五年级，身体有轻微残疾，行动不便；小C，女，10岁，小学三年级。他们居住在离大方县城比较近的T乡，他们的父母在外出务工的时候走到了一起，但并没有办理结婚手续，在生了两个孩子之后，母亲由于接受不了贫困的生活而离家出走。为了维持生计，父亲继续外出务工，每年回家的次数屈指可数。小A和小C从小就和爷爷奶奶生活在一起，两个孩子养成了逃学、偷盗、破坏公共财物的不良习惯。

专题五　困境儿童、留守儿童群体的兜底保障

夏"两兄妹的案例中，我们可以更直观地看到家庭教育对于儿童成长发展的影响。母亲在他们很小的时候离家出走，父亲对他们的成长不闻不问，爷爷奶奶在他们犯错的时候不会予以纠正，最终导致孩子在错误的道路上越走越远。育新中学中的孩子同样可以反映出家庭的力量，据学校相关数据统计（见表5-1），在校的101名儿童中留守儿童54人，占比53.47%；离异家庭儿童18人，占比17.80%；既是离异家庭儿童同时又留守的有24人，占比24.20%；还有5人成长在溺爱的家庭环境中。① 尽管样本数较小，但同样能够反映出家庭教育的巨大影响力。在家庭教育缺失的情况下，孩子更容易产生行为偏差。

表5-1　　　　　　大方县育新中学就学儿童的家庭类型

类型	人数（人）	百分比（%）
留守儿童	54	53.47
离异家庭	18	17.80
离异且留守	24	24.20
家庭溺爱	5	4.53
合计	101	100

数据来源：贵州大方县育新中学资料。②

其次是家庭娱乐功能的缺失。在大方县T乡小学，老师给课题组介绍的另一个典型案例中，奶奶在下地干活的时候担心孩子乱跑出意外，把孩子绑在椅子上，一绑就是一天，导致现在孩子反应相对迟缓，性格也十分内向。而在绥阳县Y社区的另外一户被访家庭中，课题组看到了四个风格迥异的孩子，但她们却又有一个共同点——渴望别人的关注。老大、老二要内向一些，听到韦妈妈说要带人过来看她

---

① 数据为学校自行统计。
② 大方县育新中学（化名）为当地的一所青少年特殊教育管理学校。

们，老大避而不见①；老二在最初欢迎韦妈妈后，就一直待在屋子里看电视，一直到课题组离开都没有再露面。老三、老四则表现得特别活跃，老三有点"人来疯"，在课题组和她妈妈聊天的时候时不时露个头，目光看向她时就扑在妈妈怀里哈哈大笑；老四则一直用好奇又带点羞涩的目光关注着课题组，当看向她时，她又马上扑到韦妈妈的怀里"藏"起来。在养育孩子的过程中，过于关注孩子的人身安全问题，在一定程度上会阻碍儿童社会化的过程。娱乐功能的缺失对儿童性格产生了较大影响，留守儿童和困境儿童更为内向、羞涩。

最后是家庭情感功能的缺失。父母离异后，小红的母亲再也没有回来看过她②，父亲再婚后组建的新家庭也不愿意接纳这个"拖油瓶"，所以小红与奶奶相依为命，即使奶奶就在身边痛斥小红父母的行为，她也一脸麻木；陈叹息已经大半年没有见过爸爸妈妈了，当提起他们的时候，陈叹息有些哽咽。对于留守儿童来说，他们缺少父母的关怀和陪伴，与父母较少的情感交流使他们普遍感觉到了内心的孤单和失落。③

（二）教育资源不足

教育是影响个体成长发展的重要因素，但贵州省当前教育资源严重不足。教育资源不足可以从两个方面进行理解。一是社会教育资源不足。在城市生活的孩子，除了接受学校教育之外，还可以报各种辅导班、兴趣班等，充分利用课余时间培养兴趣爱好；同时，图书馆、少年宫等设施比较齐全，孩子能够轻松获取丰富的文化知识。相较而言，贵州省农村地区的儿童就没有这种便利的条件，即使在镇上，这样的辅导机构都十分匮乏，孩子到兴趣班的平均距离在10公里以上，这严重限制了儿童教育需求的满足。二是学校教育资源不足。尽管幼儿园尚未被纳入义务教育体系，但同样有政府出资设立的公立幼儿

---

① 韦妈妈是"童伴妈妈"项目中的一位工作人员，详见后文"童伴妈妈"项目介绍。
② 小红是一个读小学二年级的小女孩，母亲在她很小的时候离家出走，现在父亲重新组建了新家庭。父亲在福建务工，继母和弟弟在贵阳市生活。
③ 叶敬忠等：《父母外出务工对留守儿童情感生活的影响》，《农业经济问题》2006年第4期。

专题五　困境儿童、留守儿童群体的兜底保障

园，因此在此将其包括在学校教育之中进行讨论。当前贵州省学校教育资源存在三方面的严重不足。

第一，学校教师不足，难以满足儿童教育需求。在"检查型校长"与"资料型老师"的案例中，我们看到的是满脸无奈的校长与疲倦的老师，提及留守儿童与困境儿童，他们要么一声叹息，要么默默无言。的确，在基层儿童关爱服务中，由于儿童在校时间较长、老师数量相对其他系统较多，大部分的责任都落在了老师的肩上。根据T乡中学一位老师计算的每周的额外工作量，在日常教学工作之外，每周走访3个留守儿童，来回一次用时2个小时，儿童及监护人同时在家的情况下每个儿童访谈2个小时；如果遇到儿童或其监护人不在家中的情况，这次走访就不作数。回到学校以后填资料大约需要3个小时，老师用在这方面的时间比用在教学上的时间可能还要长，在这种情况下，老师"提高教学质量"成为空谈。

第二，学校缺乏校车，儿童上学十分困难。绥阳县P镇的冉老师给我们讲了一个奇怪的现象：那些就住在街上[①]、有爸爸妈妈照顾的孩子可以去读公立幼儿园；而那些居住在很远的村子里、由爷爷奶奶照顾的孩子却要来私立幼儿园上学。经过详细的了解我们才知道，原来公立幼儿园就"输"在校车上。对于居住在山村里的孩子来说，上学是一件十分困难的事情，特别是对于留守儿童、困境儿童来说，家里没有交通工具、爷爷奶奶年纪较大、儿童年龄太小走山路很危险，使得他们的上学之路难上加难。冉老师所在的幼儿园是一家私立幼儿园，他们的校车每天早上5点左右就要去村子里接孩子来上学，如果没有这辆校车的话，可能那个村子里的孩子就很难读幼儿园了。

第三，学校资金不足，难以培养儿童兴趣发展。公立学校无法像营利性机构一般获取利益，只能依靠财政拨款。由于缺乏资金，学校很多活动无法开展。正如Y小学的校长所说，他们无法学习美国的社团组织模式，由学生根据自己的兴趣提出申请，老师为其提供资源，

[①] P镇分上街、下街，住在"街上"是指居住在集镇附近。

主要是因为他们没有老师、缺乏资金，所以只能在开学之初由老师根据师资情况决定社团的类型及数量，招募学生参与。但这并不意味着学校没有能力将社团活动做好，不过，校长对此很有信心，他坚信，只要为其提供足够的资源，他们一定能够把这件事情做好。

（三）村落形态分散

中国农民大多聚村而居，但在贵州省却并非如此，受制于特殊的地形，他们的村落形态相对分散，只要是有一块平地就可以在此建造房屋。同时在贫困村民中拥有交通工具的比例并不高，根据有关调查数据，拥有电动自行车的比例仅占五分之二，而摩托车只有五分之一的家庭才拥有，拥有汽车的比例更是不足十分之一（见表5-2）。

表5-2　　　　　贵州省家庭拥有的物品设备（交通工具）

拥有的物品设备	频次	百分比
电动自行车	3492	41.9%
摩托车	1747	21.0%
汽车	799	9.6%

数据来源：民政部政策研究中心"托底性民生保障政策支持系统建设"调查数据。[①]

分散的村落形态影响了儿童的社会交往环境，使得"村落"的影响力受到极大的限制，"熟人社会"无法发挥作用，儿童的社会交往受到限制，进而对儿童性格发展产生不利影响。

在我们的访谈对象中，小丽与上文提及的四姐妹一样居住在相对偏远的村落[②]，她正读初中，课题组本来是去访谈一户获得搬迁资格

---

① "托底性民生保障政策支持系统建设"由民政部政策研究中心发起，2019年6月由北京大学中国社会科学调查中心在全国12个省、自治区、直辖市（北京市、甘肃省、广西壮族自治区、贵州省、湖北省、江苏省、江西省、山东省、陕西省、四川省、云南省、浙江省）开展家庭入户调查，有效样本为8335个家庭。

② 小丽是大方县P村的一个小女孩。她正在读初中三年级，与爷爷奶奶共同生活，小丽家同样没有代步工具，上学只能步行。P村距离县城约半小时车程，距离村子最近中学的镇上，约15里路，小学、医务室、幼儿园都在隔壁村子，大约5—6里，甚至买个文具都要走5里路。

◈◈ 专题五　困境儿童、留守儿童群体的兜底保障　◈◈

却始终不肯搬的村民，在访谈结束的时候碰到了小丽，课题组很好奇她的想法，所以问她愿不愿意搬到新社区。小丽非常想搬，奶奶也十分支持小丽，"为了孩子当然想搬出去"。小丽现在上学十分不方便，中学距离村子比较远，每周需要步行去上学，十分辛苦。周围跟她同龄的孩子比较少，回家了也没有自己的玩伴，而且村子里没有公共活动空间，甚至连小卖部都没有，生活也十分不便。而移民社区中具有较为完善的基础设施，光是用于公共活动的小广场就有9个。除此之外，社区还建立了相当完善的基础设施，幼儿园、小学、初中都在社区周围，上学十分方便；超市、饭馆、商铺一家接着一家，数不胜数；还有儿童专用的活动空间、图书室等。社区内有许多各个年龄段的儿童，小丽也不用发愁交朋友的问题。这些都对小丽有着巨大的吸引力，但由于不符合搬迁条件，小丽只能继续在村子里生活。

与小丽形成对比是前文提及的四姐妹的妈妈。尽管已经意识到当前的居住环境不利于孩子的成长，她依然不愿意搬到镇上居住。对她而言，即使养育四个孩子也没有什么负担——除了孩子上学的花费和她的药费外，家里几乎没有其他开支。菜是自家地里种的，水是山上的山泉水，逢年过节也许还能收到食用油，家里两个老人从不外出。还有什么需要花钱的地方呢？目前她们家里最大的开支莫过于四个孩子上学的费用，但全部加起来一年也不会超过2万元，而她家有一个在外务工的劳动力，有政府为其提供的低保，所以她感觉"没有什么压力"。但搬到镇上生活的话，首先考虑的是自己家的地。人走了，地就不能种了，吃菜就需要花钱买了。然后是自己家的猪，这也是她的重要的经济来源之一。最后还考虑到自己患病，两位老人年纪又大，照料负担过重。在以上种种顾虑之下，这位妈妈坚持不肯搬离自己的家。

通过两个家庭的对比，可以很明显地看出"搬迁"对儿童来说应是一个巨大的改变，尤其是对那些居住地较为偏远的儿童来说，搬迁是一种很好的解决方案。搬迁能够从根本上改善儿童的生活环境，为儿童创造一种新的、更有利的成长环境。但完全依靠政府组织移民搬迁是不可行的，一方面会给政府财政造成巨大的负担；另一方面这种搬迁形式的可持续性较差。相比之下，"移民"具有更显著的效果。儿童的适应能力远远高于成人，他们的搬迁意愿也更强烈，从长远来看，"移民"可能是成为解决留守儿童和困境儿童问题的重要途径。

（四）社会服务匮乏

贵州省农村留守儿童和困境儿童成长环境特殊性还体现在于其社会服务的匮乏上。在贵州省，特别是在农村地区，以儿童为服务对象的社会服务十分稀缺。当前由中国扶贫基金会所运作的"童伴妈妈"项目是我们在当地见到的一个儿童关爱项目，但这种活动比较分散，没有连贯性，很难真正对留守儿童、困境儿童产生总体规模上的实质性影响。

而从城市救助来说，当前政府正积极推进救助站与福利院进行机构转型。在调查的案例中可以看到，救助站作为一个临时性的救助机构，其作用正在逐渐减弱，特别是在未成年人救助保护这一方面，在G救助站只有两名儿童，救助站只能为其提供饮食与住宿，两个孩子在救助站每天的娱乐就是看电视。[①]从某种意义上来讲，救助站反而在一定程度上阻隔了他们融入社会。而G福利院在尝试提供部分服务[②]，比如教育、康复等，试图从"救助型"向"服务型"进行转型，但院长坦言，当前福利院发展仍存在很多困难：一是用人机制，当前用人机制下很难激发员工的工作积极性；二是员工素质，福利院很多员工不具备专业知识；三是资源缺乏，福利院可利用的资源相对较少；四是政策衔接，院长希望"医疗、教育、照料等方面能开通绿色通道"；五是系统合作，当前福利院与学校进行了一些合作，但她希望还能与更多的社会机构、慈善组织等建立合作关系。

---

① G救助站是贵阳市一家临时救助机构。为了更好地满足被救助人员的需要，2018年，政府投资约1亿元在郊区建成了这家救助站，该站总共可容纳700人。

② G福利院，2003年建成，占地67亩，一期不动产投入约3241万元，共有500个床位。全院共分为8个部门，在院儿童330名。福利院的救助范围不断扩大，从最初只救助弃儿、孤儿到现在将服刑人员子女纳入救助体系；同时救助标准不断提高，从最初保障其生存需求到现在集康复、教育为一体。

⬥ 专题五　困境儿童、留守儿童群体的兜底保障　⬥

三　农村留守儿童和困境儿童困境的形成原因

导致农村留守儿童和困境儿童面临成长困境的原因是多方面的。归纳起来包括以下几个方面：劳动力再生产的困境；长期累积的城乡和区域性发展差异；当地自然条件的限制。

（一）劳动力再生产的困境

既有关于农村劳动力进城务工的研究聚焦于我国社会政策存在的问题，认为政策法规的制定严重滞后于社会的发展[①]；受教育政策影响，将未成年子女留在户籍地是流动人口迫不得已的选择[②]等。的确，很多年轻的父母由于流入地入学困难、政策不支持等原因选择将孩子留在家中交由父母照看。但在条件允许的情况下，年轻父母更愿意将孩子带在身边，不将子女带在身边的根本原因却是他们的实际工资水平无法支持其完成劳动力再生产的过程。

在马克思看来，工资是人们通常称之为"劳动力价格"的特种名称。工资的波动一般与商品价格的波动相适应，在这种波动范围内，劳动的价格是由生产费用来决定的。简单劳动力的生产费用就是维持工人生存和延续工人后代的费用，这种维持生存和延续后代的费用的价格就是工资，这样决定的工资就叫作"最低工资额"[③]。外出务工人员大多从事体力劳动，平均工资在4000—5000元左右，其中用于维持自身生存的费用约为1500—2500元，约占他们总收入的一半，剩余的工资就是他们的"积蓄"。课题组按照贵州省当地的经济水平为儿童算了一笔账：每月基本生活费用约600元，上学（包括在学校用餐、交通等各项费用）每月平均约600—800元，营养费用每月约200元，其他费用每月约200元。也就是说，一个正常的孩子在每月

[①] 张俊良、马晓磊：《城市化背景下对农村留守儿童教育问题的探讨》，《农村经济》2010年第3期。

[②] 段成荣、吕利丹等：《城市化背景下农村留守儿童的家庭教育与学校教育》，《北京大学教育评论》2014年第12卷第3期。

[③] ［德］马克思：《雇佣劳动与资本》，中共中央马克思恩格斯列宁斯大林著作编译局译，人民出版社2014年版，第16—26页。

不生病的前提下最低花费约为 1600 元，而在经济较为发达的城市，这个数字可能需要再翻几倍。此外，还有祖辈照顾孩子的家务劳动无法明确计算。低收入与高消费的冲突使得家长无法将子女带在身边，这是大规模留守儿童群体形成的根本性原因。

留守儿童父母外出务工在一定程度上增加了家庭的收入，因此留守儿童在物质方面需求相对较少，但祖辈的教育观念以及知识的缺乏问题仍然比较突出。如果留守儿童跟随父母外出，则成为所谓"流动儿童"。W 先生的案例从反面说明了外出务工人口在收入允许的情况下愿意将孩子带在身边。[1] W 先生的孩子原本也是留守儿童，但当他发现老人对孩子多加溺爱、管教不足的时候，他决定把孩子接到自己的身边。孩子初到陌生的环境中也曾出现不适应学校教育方式、难以融入的情况，但在父亲和老师的帮助下，他们仅用了半年时间便适应了在昆山的学习和生活。在 W 先生的眼里，孩子能够有今天的改变和进步就是因为他把孩子带在自己的身边进行教育，把孩子从一个相对封闭落后的山村之中带到了一个具有现代化气息的城市生活，所以他由衷地感叹"孩子还是要自己教育才放心"。

（二）长期累积的城乡和区域性发展差异

自 1949 年以来，我国的发展战略基本上是优先发展城市，同时，基于战略安全、经济效益等多方面的考虑，我国优先发展了东部地区。由此导致城乡之间、地域之间的发展水平差异巨大。尽管近年实施了一系列促进城乡融合、促进中西部地区发展的政策，但长期累积的城乡和区域性发展差异并没有得到很大改变。贵州地处西南，是我国发展历史上的三线地区，基础服务建设相对落后于东部地区。这里以贵州省和北京市的教育发展相关数据进行对比来说明这一点。

表 5-3 中的数据表明，在学校数方面，北京市共有 970 所小学，

---

[1] W 先生是绥阳县 G 村的一位蔬菜种植大户，1968 年出生，7 岁读小学，初中毕业后在家务农一年，后来在亲戚带领下去厦门打工。1995 年，他到江苏昆山做工程，在昆山待了十几年。在两个孩子二三年级的时候，W 先生将他们接到昆山上学，在昆山学习 10 年后，因为户籍缘故，回到贵州参加高考。

◈◈ 专题五 困境儿童、留守儿童群体的兜底保障 ◈◈

贵州省共有6951所小学,约为北京市的7.2倍;在教学点①数方面,北京市没有教学点,而贵州省有3521个教学点;在班数方面,北京市共有27280个班,其中复式班②的数量为0个,贵州省共95720个班,其中复式班140个。这样的数据似乎并不能证明贵州省教育资源不足,但当我们将两地的面积考虑进去,就可以得出更加清晰的答案了。贵州省总面积为17.6167万平方公里,而北京市总面积仅1.641万平方公里,不足贵州省总面积的10%,但北京市班级数量却占到了贵州省的28.6%。另外,教学点以及复式班的存在也是贵州省教育资源不足的有力证明。

表5-3　　　　　　小学校数、教学点数及班数

地区	学校数（所）	教学点数（个）	班数（个）						
			合计	一年级	二年级	三年级	四年级	五年级	六年级	复式班
北京	970	0	27280	5159	4598	4355	4332	4432	4404	0
贵州	6951	3521	95720	18298	17376	16372	15478	14393	13663	140

数据来源:中华人民共和国教育部,http://www.moe.gov.cn/s78/A03/moe_560/jytjsj_2018/。

就小学教职工数量而言(见表5-4),贵州省教学职工总数约为北京市的3.44倍,但2018年贵州省小学毕业生共605043人,而北京市毕业生共124610人,贵州省毕业生数量约为北京市的5倍,贵州省的小学师生比要远高于北京市。两地的行政人员数量几乎相同,北京市教辅人员数量更是达到了贵州省的两倍。这也是当地老师面临的最大难题,由于人员缺乏,许多教师不得不承担行政性的工作,从而延误教学工作。以T乡小学为例,全校共有33位老师,由于学校

---

① 教学点是指不完整的学校,即一所小学并非完全包含1—6年级,而只包含其中的一部分。

② 复式班是指两个或多个班共用一个教师,即一个教室中有两个或两个以上的班级,老师要同时给这个教室中的班级上课,设置复式班主要是由于教室数量紧缺。

实行寄宿制，学生用餐及住宿都需要专门的老师来负责，学校也曾考虑聘请专门的食堂、宿舍的管理人员，但出于安全考虑未能得到批准。所以一些老师每天只能从事食堂、宿舍的安全管理工作，无法进行教学工作，据校长透露，留守儿童、食堂以及住宿安全占据了他们约2/3的工作。此外，北京市代课教师及兼任教师的数量也要远低于贵州省。

表5-4　　　　　　　　　　小学教职工数　　　　　　　　　　单位：人

地区	教职工数						代课教师	兼任教师
	合计	专任教师	行政人员	教辅人员	工勤人员	校办企业职工		
北京	61138	54531	3393	2293	920	1	0	1190
贵州	210206	194848	3380	1186	10791	1	128	1596

数据来源：中华人民共和国教育部，http://www.moe.gov.cn/s78/A03/moe_560/jytjsj_2018/。

就专任教师的学历情况而言（见表5-5），在学历方面，北京市教师中本科毕业的比例高达84.8%，研究生毕业和本科毕业的教师占到总数的93%；而贵州省教师中本科毕业所占比例不足50%，专科及高中毕业教师所占比例达到49.7%，教师学历水平整体低于北京市。

表5-5　　　　　　　　小学专任教师学历情况　　　　　　　　单位：人

地区	合计	其中：女	按学历分				
			研究生毕业	本科毕业	专科毕业	高中阶段毕业	高中阶段毕业以下
北京	66894	54683	5430	56746	4504	203	11
贵州	207839	112594	246	103909	92762	10583	339

数据来源：中华人民共和国教育部，http://www.moe.gov.cn/s78/A03/moe_560/jytjsj_2018/。

专题五　困境儿童、留守儿童群体的兜底保障

(三) 当地自然条件的限制

贵州地处云贵高原，山地居多，素有"八山一水一分田"之说。全省地貌可概括分为高原山地、丘陵和盆地三种基本类型，其中92.5%的面积为山地和丘陵。连绵的山峰是大自然最壮丽的景观，但就开展社会服务而言，山地成了他们最大的阻碍。

以后文的"童伴妈妈"项目为例，该项目实际覆盖范围不足1公里。"童伴妈妈"大多是年轻女性，该项目没有为其配备交通工具，使得"童伴妈妈"下组开展活动的过程面临诸多困难。"一般早上不到8点出发，晚上七八点钟才能回家"，可以说，"童伴妈妈"下组一次就是一整天，时间成本十分昂贵。以T乡中学老师为例，他们去家访一次大概也要花费6个小时，因此，在贵州省农村地区很难开展相应的社会服务。

四　对"童伴妈妈"介入留守儿童、困境儿童关爱服务的分析

(一) "童伴妈妈"的由来

"童伴妈妈"是贵州省农村留守儿童、困境儿童关爱服务的一大特色，是由中国扶贫基金会于2015年启动的留守儿童关爱项目。通过基金会与地方政府合作的方式，中国扶贫基金会在贵州和四川两省分别选择了10个县的100个村作为项目村。在"童伴妈妈"项目运作过程中，中国扶贫基金会作为项目管理者，主要负责项目规划和资金投入；项目合作方中国公益研究院负责提供技术支持；当地政府负责资源的对接和辅助项目开展。项目持续时间为3年（2017年1月至2019年12月），中国扶贫基金会每年为每个项目村提供5万元资金支持，专款专用，主要用于支付人员工资和活动费用。在项目实施的前期，县里还获得28万元的专项资金，用于项目的筹备。

"童伴妈妈"项目的运作模式可以概括为：一个人、一个家、一条服务网。"一个人"是指在村居中实际负责执行留守儿童关爱服务的"童伴妈妈"。她们的职责主要包括为留守儿童和困境儿童建立档案并及时跟进，每月进行一次信息更新、定期家访、及时发现并协助

解决儿童困难、为留守儿童、困境儿童链接各种政策资源以及关爱和陪伴儿童成长等。"一个家"是指每个项目村为推动项目运行而专门开发的儿童活动场所,即"童伴之家"。"童伴之家"大多在镇政府及村委会的协调下,利用村集体的各种资源帮助开发,有些是由村委会废弃的仓库改建,有些则由"农村幸福院"改建而成。"一条服务网"是指基金会、政府各部门依托"童伴计划"形成的留守儿童和困境儿童服务网络。由"童伴妈妈"进行信息的初步整理,村委会相关负责人进行核实并在镇政府备案。

"童伴妈妈"项目获得当地政府的广泛认可。为了更好地实现服务目标,由村镇政府在村支两委女性成员或当地妇女同志中遴选政治素质较好、有突出服务意识的同志作为专职的"童伴妈妈"。"童伴妈妈"的薪资由中国扶贫基金会承担,包括每月1200元基本工资+300元补贴+300元绩效,在"童伴妈妈"按月完成工作量的情况下到手1800元,由于经常下组开展活动,"童伴妈妈"还有一份意外险。除此之外,"童伴妈妈"每月还有200元的活动经费补贴,主要用于组织儿童开展活动以及购买相关材料。"童伴妈妈"每年定期开展培训,培训由项目方主办、县级民政部门组织,主要包括就地培训、到县培训、到省培训以及进京培训四种形式,培训主要围绕如何开展儿童关爱服务来进行。

"童伴之家"平时于周六、周日全天开放,周一至周五是"童伴妈妈"家访、整理资料的时间,暑假期间的开放时间相对灵活,在"童伴妈妈"不下乡的情况下,孩子随时可以进入"童伴之家"玩耍。儿童在"童伴之家"的活动范围不足20平方米,在这间小小的屋子里,最多可以容纳20个孩子一起,"童伴妈妈"一个人一次最多只能看顾12个孩子,超过这个数量,她们就"照看不过来"[①],有些力不从心了。在我们住在P镇的两周时间内,从未见过有儿童到"童伴之家"活动。在Y社区我们看到了在小广场活动的孩子,小广场有

---

① Y社区童伴妈妈在访谈过程中谈及。

专题五 困境儿童、留守儿童群体的兜底保障

部分健身器材,孩子们三五成群地凑在一起玩游戏。而"童伴之家"就在小广场的最内侧,是由村里的"幸福院"改造而成,"幸福院"被征用后,老人就在外面的长廊活动,韦妈妈说,"相比于在这个狭小的屋子里,老人更喜欢在外面活动",如今,这间狭小的屋子成了儿童唯一的活动空间。在热闹的小广场的对比下,这间小小的屋子就显得有些凄凉了。

(二)"童伴妈妈"的具体做法

"童伴妈妈"的工资远低于当地的平均工资水平,课题组十分好奇"童伴妈妈"职业化的可能性。彭妈妈是一位刚刚上任不久的"童伴妈妈",前任"童伴妈妈"回家待产所以推荐她在这里工作,彭妈妈也是由于孩子还小才会在这里工作,"离家近,照顾老人孩子比较方便",对于彭妈妈来说,工作灵活是最能吸引她的地方。但同时她也说,自己从没有这样的工作经历,所以在面对一些比较内向的孩子的时候,自己不知道该怎么办。韦妈妈是第一批"同伴妈妈",她是一位人大代表,目前也是作为村干部在培养的。韦妈妈从事这份工作同样有需要就近照顾家庭的原因,同时"童伴妈妈"这个身份能够为她带来一定的声望,所以她能够稳定地从事这份工作。

"童伴妈妈"工作初期也曾经历过村民的不认可。韦妈妈在最初入户了解儿童信息的时候,也曾遭到老人的质疑,留守儿童、困境儿童的家长对她的工作并不支持。"老人一看我们来了就关门",但韦妈妈并没有就此放弃,"一次不行就去两次啊,多去几次熟悉了就接受了",在韦妈妈一次次的坚持下,老人慢慢地接纳了她的工作。儿童对"童伴妈妈"同样经历了一个由排斥到接受的过程。起初让孩子们称呼她们"X(姓氏)妈妈"的时候,孩子是十分排斥的,"我们自己有妈妈,为什么要叫你妈妈",但在跟孩子们逐渐接触之后,通过耐心的引导,他们十分喜欢"童伴妈妈",有什么烦心事也愿意跟"童伴妈妈"分享。在"童伴妈妈"的不懈努力之下,她们的工作逐渐得到了当地人的认可,特别是对于留守儿童、困境儿童而言,很多时候,她们能够帮其争取到一定的政策资源,改善他们的生存环境。

同时，村镇干部陪同下乡、下组的过程，也能够体现出政府对这部分儿童的关注，增进了干群之间的互动。

"童伴妈妈"所接受的培训大多是如何与儿童建立联系、如何设计儿童活动、如何引导儿童参与，每个周末都会在"童伴之家"组织一次活动，附近的孩子都可以参与。但"童伴妈妈"所接受的培训都是十分城市化的，比如破冰游戏——"大风吹"，在实际的游戏过程中，孩子们并不喜欢这种游戏方式。"精心设计的游戏并不能吸引儿童参与，反而是他们自己聚在一起玩自己的游戏"，韦妈妈在工作的过程中发现了这一问题，所以很多时候她会让孩子们自己决定要玩什么游戏，然后由她来为他们提供各种资源。对于下组开展活动而言，200元的活动经费十分不足，稍大型的活动一般会结合传统文化节庆活动开展，比如一些重要的节日会在村寨开展活动。韦妈妈借助自身的资源，为留守儿童、困境儿童争取了许多的社会捐赠，用于保证活动的顺利开展。

"童伴之家"是目前当地农村儿童专用的重要公共活动空间。它一般位于村委会附近，开放时间内儿童可自行前来玩耍，为了避免留守儿童特殊化，"童伴之家"对本村所有儿童开放。但贵州省农村形态较为分散，往往是山上的一块平坝上有几户人家，而"童伴之家"是固定不动的，所以"童伴之家"的实际覆盖范围不足1公里。课题组住在P镇一家宾馆，从宾馆到镇政府不足1.5公里，就在宾馆外不远有一家小餐馆，她家有一个在读小学三年级的小女孩，课题组经常看到她乖巧地坐在饭桌上玩卡片，于是问老板娘为什么不让孩子到"童伴之家"玩耍，老板娘反问我们："你说的这个地方在哪？"当知道"童伴之家"有很多孩子可以玩耍的玩具，还有专门的"童伴妈妈"在一旁陪伴的时候，老板娘有些心动了。但当我们告诉她"童伴之家"就在镇政府附近，离她家也就1公里路程的时候，老板娘立刻摇了摇头，"那不行，我没有时间送她过去，她自己去我不放心"。

由于"童伴之家"只能辐射到居住在周边的儿童，那些居住相对较远的留守儿童、困境儿童很难接受服务，远一些的地方只能靠"童

专题五　困境儿童、留守儿童群体的兜底保障

伴妈妈"下组,以家访或者组织活动的形式开展服务。但由于"童伴妈妈"全是女性,而且基金会除工资薪酬外并不提供其他帮助,所以在下组的过程中"童伴妈妈"面临着诸多困难。比如,"童伴妈妈"没有必要的交通工具,步行显然是不切实际的,一些居住稍微偏远一些的家庭,开车尚需 40 分钟,步行可能需要两个小时以上。所以"童伴妈妈"一般都在有公交车的时间内乘坐公交车,或者由村干部或包组干部"护送"下组开展服务;此外,在下组入户的过程中,"童伴妈妈"的人身安全也存在较大的隐患,考虑到工作的风险,基金会为其购买了一份意外险,但"童伴妈妈"在此过程中的一些小伤小病就不在保障范围之内了。

为了切身感受"童伴妈妈"工作的辛苦,课题组请两位"童伴妈妈"带领入户。P 镇的彭妈妈带课题组到了王水滴的家中。[①] 在这一家,王水滴与彭妈妈之间的互动十分短暂,水滴对彭妈妈并不亲近,王水滴的妈妈感激"童伴妈妈"的关心,但谈到"童伴妈妈"所起的作用的时候,她沉默了;Y 社区的韦妈妈则是带课题组来到了一家比较远的儿童家中。在这一家,三姐妹(老大不在家)对韦妈妈的到来表现出了异常的热情,可以看出她们十分亲近韦妈妈,并且家长对韦妈妈的工作也十分认可。家长和孩子对两位"童伴妈妈"的态度值得课题组反思。在王水滴家,由于孩子患病的原因,他性格上可能更加内向,而对于王妈妈而言,她最关心的是孩子的病情能否改善,彭妈妈虽然也积极地完成工作,比如关注孩子的学习和生活情况、定期

---

① "王水滴"是一个正在读小学三年级的男孩,与奶奶、爸爸、妈妈和年幼的弟弟一起生活。父亲在绥阳从事销售工作,月基本工资 1800 元,其余靠提成,收入较不稳定。母亲是铜仁沿河人,初中文凭,原来在泉州做酒店管理工作,月平均工资在 4000 元以上。王水滴患白血病几年了,但至今仍未查明病因,本来他的爸爸妈妈都在外面工作,兄弟二人由奶奶照顾,但近期由于王水滴病情加重,奶奶的身体也出了很大问题,妈妈就只能回家照顾老人和孩子。得知王水滴一家的情况后,镇政府为其申请了低保,每年有 1 万多元,另外还为其争取到了危房改造 7000 元。比起接受地方政府的救助,王水滴的妈妈更倾向于利用"水滴筹"筹款。"网络上大家彼此不认识嘛,我的心理负担要轻一些,反正我也会帮助别人的。"上次王水滴生病住院的时候,王妈妈曾利用"水滴筹"筹款 1 万多元,手续费 2000 余元。尽管如此,王妈妈还是坚持认为,比起政府救助,"水滴筹"是更好的形式。

· 163 ·

与王妈妈进行沟通等，但这些工作对于王水滴而言可能并不具有实际的意义；在四姐妹家，由于居住的较为偏远，孩子们的社交环境受到了极大的影响，特别是在假期，近两个月的时间内她们可能都只能见到居住在这里的那三五户人家，所以在看到韦妈妈的时候她们异常热情，同时对课题组也充满了好奇。

  在两位"童伴妈妈"入户的对比中，不难发现，"童伴妈妈"的服务效果因人而异。"人"可以从两个方面进行了解。一是指服务的提供者，即"童伴妈妈"，韦妈妈作为第一批"童伴妈妈"，从事这份工作已经有两年半的时间了，所以在跟孩子、家长的互动中表现得更加得心应手；而彭妈妈是在前任"童伴妈妈"待产的情况下被推荐过来的，目前工作只有三个月，所以在面对一些不愿意配合或者不肯与她交流的服务对象时，她有心无力，不知从何下手。二是指服务的接受者，即服务对象。"童伴妈妈"的服务对象主要是家庭中的儿童，但不可避免地要与儿童家长建立联系，值得注意的是，"童伴妈妈"将家长作为联系儿童的唯一途径。当服务对象是像王水滴这样的儿童的时候，"童伴妈妈"的很多服务对他们而言没有具体的意义，所以他们感激其关心却认为这种服务没有效果；当服务对象是像四姐妹这样的儿童的时候，"童伴妈妈"的每一次到来都让他们感到了政府和社会对他们的关心与爱护，所以不管是孩子还是家长，都对她们的工作十分认可。"童伴妈妈"的服务效果同样因"地"而异。"地"指的是服务开展的场地。能够在"童伴之家"参加活动的孩子，大多居住较近，他们能够有一个更加开放的活动场地进行活动，所以即使"童伴妈妈"不组织任何的活动，孩子也会自动聚集在这里；而对于那些只能在家里靠"童伴妈妈"家访来接受服务的孩子而言，"童伴妈妈"每月一次两个小时的"探视"对他们能够起多大的作用还不得而知。

  （三）"童伴妈妈"的未来发展

  "童伴妈妈"项目持续时间为3年，自2017年1月开始，2020年是项目开展的最后一年，项目结束后，"童伴妈妈"将何去何从？儿童关爱服务应如何开展？这是当前需要探索的问题。课题组也曾跟相

专题五　困境儿童、留守儿童群体的兜底保障

关负责人员以及"童伴妈妈"交流过这个问题，县政府曾考虑将其纳入财政预算，实现"童伴妈妈"村落全覆盖，但目前尚未形成完整的规划。

就"童伴妈妈"目前所做的工作而言，至少可以看出以下四点意义：

第一，"童伴妈妈"作为专职的工作人员定期走访儿童，及时整理并更新留守儿童、困境儿童的相关信息，便于村镇两级更好地掌握留守儿童、困境儿童的相关情况，在一定程度上节约了行政资源；

第二，"童伴妈妈"能够根据儿童的家庭情况，及时帮助他们链接各种政策资源，避免一些家庭陷入危机；

第三，"童伴妈妈"通过与儿童的交往，在某种程度上扩大了儿童的社交环境，对于部分儿童而言，具有十分积极、正面的效应；

第四，"童伴妈妈"对于留守儿童、困境儿童的关爱工作，在一定程度上唤醒了社会对于儿童生存境况的关注，提高了全社会对于儿童的关爱意识。

但"童伴妈妈"服务的开展，在当前我国农村，特别是如大方县这样的偏僻山区的农村，仍然面临一系列的挑战。首先是服务的可及性问题。前面已经提及，"童伴之家"的实际覆盖范围不足1公里，在贵州省这样的山村地区，村民居住十分分散，仍有许多居住较偏远的孩子是童伴妈妈所覆盖不到的。其次是"童伴妈妈"下组提供服务的时间成本和人力成本相对较高，每月一次、一次两个小时左右的"探视"，相较于路程的成本而言，其绩效还难以评估。最后是专业性的问题。"童伴妈妈"薪资待遇水平远低于当地的平均工资水平，因此"童伴妈妈"大多由村委兼任，或由其他待业人员担任。一方面，由于是熟悉当地环境的人员来提供相应服务，在服务开展初期，可能更容易让当地人接受；但另一方面，这部分人员没有接受专业知识的系统训练，有限的培训不足以让他们从容自如地应对儿童成长所面临的复杂局面，比如彭妈妈在面对孩子不愿与她交流时，就有点力不从心。最后还需考虑服务与其他相关系统的结合。当前"童伴妈妈"将

所有工作重心放在家庭上，与家长之间保持着单线联系，完全独立于教育系统之外，使得"童伴妈妈"无法真正了解孩子的情况。孩子在学校度过的时间是相当长的，学校同样开展了一系列关爱服务，是留守儿童、困境儿童服务的重要主体之一，因此，加强与学校、老师之间的沟通交流具有非常重要的意义；除此之外，"童伴妈妈"接受的培训大多源自城市文化，他们购入的玩具也都是一些球类玩具，这与当地本土文化之间存在着一定的差距，"童伴妈妈"需要考虑如何结合本土文化来开展服务。

"童伴妈妈"介入留守儿童、困境儿童关爱服务是一次非常有意义的探索型社会实验，它在一定程度唤醒了当地社会对于儿童的关爱意识，但受制于地形以及项目本身的局限性，"童伴妈妈"项目无法独自承担解决农村留守儿童和困境儿童所面临的复杂而艰巨的问题的时代重任。

五　影响留守儿童、困境儿童成长发展的力量

（一）影响留守儿童、困境儿童成长发展的传统与新生力量

埃里克森在美国从事儿童精神病分析治疗，通过临床观察与经验总结，提出了"人格发展八阶段理论"，他认为人格的发展是一个阶段性的过程，并将其划分为八个发展阶段，每一阶段都需完成一个特定的受文化制约的任务。前一阶段任务的完成情况会直接影响下一阶段人格的发展，每一阶段又有一股主要的影响力量，它能直接影响本阶段任务的完成。与0—18周岁的儿童相对应的是"人格发展八阶段"理论中的前五个阶段，而与之相对应的主要影响力量可以总结为父母、老师以及同辈群体。具体而言，影响0—3岁婴幼儿成长发展的主要力量是父母，母亲的关心能够培养其孩子的信任感，同时父亲的鼓励使其逐渐学会自主；埃里克森的理论基于当时的社会背景，认为4—5岁时主要的影响力量仍然是家庭，这个阶段儿童主要学会主动；对6—11岁的儿童影响较大的是老师、同学和邻居；到了12—18岁就主要是同辈群体或者校外集团在起作用了。

◈ 专题五 困境儿童、留守儿童群体的兜底保障 ◈

家长对孩子的影响主要通过家庭互动体现出来。家庭互动是家庭教育的基本形式,在家庭互动的过程中,家庭教育得以实现。家庭互动过程分为控制性互动、支持性互动、引导性互动及干预性互动四种形式。① 控制性互动的本质特征是家长权力的无限扩大,家长将自己的意愿强加在孩子身上,一方面可能使孩子养成怯懦的性格;另一方面可能造成孩子的逆反心理。支持性互动较好地体现了民主平等的特征,为孩子的成长提供了宽松、自由的环境。引导性互动以沟通作为主要手段,家长注重让孩子表达自己的感受。干预性互动是专制教养行为的集中体现,常常带来意想不到的效果。中国家庭的行为模式一是支配与顺从;二是规矩与控制。② 在这种行为模式的影响下,家长对孩子的控制欲十分强烈,害怕见人的小红就是一个鲜活的例子,由于奶奶不允许小红与他人接触,小红养成了如今怯懦的性格。

在儿童成长发展的过程中,老师是一股具有关键作用的力量,老师陪伴在儿童身边的时间不一定比父母短,而且老师掌握了更多的教育学知识,也和更多的孩子产生互动,对于孩子的了解会更为深刻。在育新学校,那些"调皮"的孩子在老师的教育下表现并不比别的孩子差,他们也能够在各类比赛中获奖、能够有自己的美好理想、能够体谅父母的辛苦,比一些"乖孩子"还要懂事。在育新学校老师提及的例子中,母亲离家出走,"酒鬼"父亲对孩子的学习不闻不问,喝酒后还会对孩子拳打脚踢,孩子打电话的时候哭着对老师说想回学校,老师给他的支持远比父亲、母亲要多,甚至可以说好的老师能够影响孩子的一生。

同辈群体在儿童成长发展的过程中同样是一股不容忽视的力量,通过同辈群体之间的交往,能够更好地促进儿童形成自我概念,建立起自我同一性,这也是目前贵州省农村留守儿童和困境儿童面临的最大困难。受到地形、村居形态等多方面因素的限制,很多儿童没有自己的玩伴,居住在大山深处的四姐妹、小小年纪随爷爷奶奶下地干活的陈小

---

① 缪建东:《家庭教育社会学》,南京师范大学出版社1999年第1版,第89—90页。
② 缪建东:《家庭教育社会学》,第114—115页。

农、长期被奶奶关在家里害怕见人的小姑娘,都是留守儿童、困境儿童同伴力量缺失的真实写照。由于缺乏必要的社交,四姐妹见到陌生人兴奋又紧张,陈小农见到陌生人开心而羞涩,小姑娘不舍得与同龄人分开……太多太多的故事折射出孩子们渴望同伴交往的强烈心理。

在个体成长发展的过程中,家长、老师、同伴三股力量具有不容忽视的作用,但随着科技的进步、时代的不断发展,不断形成的新生力量对传统力量产生了一定的冲击。特别是改革开放四十多年以来,儿童成长环境发生了巨大的变化,父母外出务工、家庭破裂使得"家长"的作用逐渐减少,由于特殊的地形及居住形态的限制,同辈群体很难发挥作用。在此情况下,新生力量的作用迅速凸显出来。

随着计算机的出现和普及,人类步入信息时代,电子化信息由于其便携、高效的优势迅速占领人类生活的各个角落。科技的发展催生出了对人类生产生活产生重要影响的新型大众媒体,特别是在交通受到限制的山村地区,由于打破了时间与空间的束缚,网络逐渐成长为一股重要的影响力量。在儿童的成长发展过程中,网络通过其特定的传播媒介发挥作用,可以将其具体细化为彩色电视机、智能手机和网吧(电脑),这三种信息传播工具在儿童成长发展的过程中起到越来越重要的作用。前文我们已经阐明,由于居住相对分散,儿童的社交受到极大的限制,而手机、电视则没有这方面的顾虑,它们可以在任何时间、任何地点获取想要的信息,特别是随着人民生活越来越富裕,一般家庭都可以负担得起手机、电视,由此手机、电视等在农村的普及率越来越高(见表 5-6),使得它们的影响力也越来越突出。

表 5-6　　　　　　　拥有的物品设备(信息传播工具)

拥有的物品设备	频率	百分比
彩色电视机	7297	87.5%
智能手机	5702	68.4%
网吧(电脑)	1876	22.5%

数据来源:民政部政策研究中心"托底性民生保障政策支持系统建设"调查数据。

专题五　困境儿童、留守儿童群体的兜底保障

（二）多种影响力量在儿童成长发展各阶段的排序

对于0—3岁的婴幼儿来讲，父亲、母亲始终是最为重要的影响力量。在0—18个月期间的婴儿，面临的最重要的问题是能够补充营养保证正常的成长发育，同时母亲的照顾能够使其形成对人的信任感；18个月到3岁的幼儿成长速度逐渐放缓，这时要特别注意一些微量元素及必要营养物质的补充，确保其健康成长，同时家长的鼓励能够使其形成自主性，这时父亲的影响要更大一些。

步入学前阶段，儿童本应去幼儿园接受学前教育，但很多留守儿童和困境儿童无法入园，同时由于村居形态、交通等各方面的限制，他们更多时候只能待在家中，这时候，电视的力量就逐渐显现出来了。很多家长没有时间、精力一直陪伴孩子，所以让他们自己看电视就成了最常见的选择，看电视的时候他们比较安静，大人也可以有空闲时间做自己的事情，所以在很多案例中我们可以看到孩子最主要的娱乐方式就是看电视；到了小学阶段，孩子在学校与老师、同学进行交流，回家写完作业以后看电视依然是打发时间的最佳方式，一般放学之后回到家写作业、吃饭后就七八点了，这时候去外面玩家长肯定是不放心的，但是睡觉又太早，所以看电视是娱乐消遣的最佳方式，而在寒暑假期间，孩子就更加无拘无束了，家长不放心孩子出去玩，所以把他们锁在家里，电视是他们最好的伙伴。

对于初中、高中的儿童来说，学业压力逐渐增大，他们在电视上花费的时间逐渐减少，但对于山村里的孩子来说，初中、高中一般离家较远，很多家长为了能够和孩子方便联系都会给孩子配一部手机，"除非是真的拿不出钱，一般上了初中孩子都是有手机的"，先不说在学校孩子们是否会玩手机，放假回家的时候"抱着手机能玩一整天"，所以手机就成了一股仅次于同辈群体的影响力量，甚至手机的力量还隐隐超过了同辈群体的影响。

我们原本假设网吧（电脑）也会是一股重要的影响力量，但实际情况并非如此，通过数据我们可以更直观地看到电脑的影响力逐渐下降（见表5-7），主要原因有二：一是当地农村的电脑普及率相对低

一些，一般家庭都没有电脑，可能与年轻父母大多外出务工有一定关系；二是网吧是收费的，而且大多在镇上，对于居住在农村的孩子而言，去一次比较麻烦，而且他们也没有那么多生活费，所以网吧的力量在我们的案例中呈现较少。

表5-7　　　　　　　　　儿童使用电脑上网情况

上网情况	频率	有效百分比
经常上	272	9.2%
偶尔上	679	23.1%
很少上	355	12.1%
从不上	1636	55.6%
合计	2942	100%

数据来源：民政部政策研究中心"托底性民生保障政策支持系统建设"调查数据。

通过以上分析，我们可以看到，对于0—3岁的婴幼儿来说，父母始终是主要影响力量；对于学前阶段、小学阶段的儿童来说，电视成为一股非常重要的影响力量；到了初中、高中阶段，则是手机的影响力逐渐增强。在关注家长、老师、同伴的同时，我们也要同时关注到电视、手机的巨大影响力，寻求一种科学的使用方法使其能够更好地服务于儿童的成长发展。

（三）关于电视、手机的几点思考

对于学前阶段以及小学阶段的儿童而言，电视无疑是一股重要的影响力量，电视主要通过"节目"发挥作用。受制作水平差异性的影响，当前许多儿童电视节目存在质量参差不齐的现象，部分儿童电视节目为获得较大的市场占有率，激发儿童对电视节目的兴趣，在儿童电视节目制作过程中加入暴力和血腥成分，在价值取向上，凸显对英雄主义的膜拜，通过增加英雄的传奇色彩，对英雄的暴力行为进行美化，使儿童深陷英雄形象中不能自拔；但与此同时，好的儿童电视节目同样能够对儿童产生一系列积极的影响——促进儿童健康成长，培

专题五 困境儿童、留守儿童群体的兜底保障

养儿童审美情趣以及培养儿童的思想道德品质。[①] 优秀的儿童电视节目能够起到积极的作用,甚至有助于培养整个社会对于儿童的关爱意识。如韩国一档综艺节目《超人回来了》,它记录儿童与父亲共同度过的48个小时,在节目中传播出许多良好的育儿观念,家长同样可以从中学习很多育儿知识,受到了观众的广泛喜爱。

对于学前阶段的儿童来说,动画片是他们看电视的第一选择,优秀的动画片同样能够培养儿童形成正确的价值观。如《小鲤鱼历险记》讲述的是小鲤鱼和朋友们齐心协力、不畏艰险,勇斗大反派"癞皮蛇",最终成功鲤鱼跃龙门的故事。在这个故事中,小鲤鱼始终和朋友们共同努力,遇到困难时不轻易退缩,能够在潜移默化中使儿童培养起优秀的品格。但也有许多动画片过于注重趣味性,比如《喜羊羊与灰太狼》,情节十分有趣,但其中注入了许多暴力因素,使得孩子也受到了很多影响,在动画中红太狼经常一平底锅将灰太狼"抽飞",很多孩子会觉得好玩,也逐渐出现了一些模仿类似的暴力行为。

制作优秀的儿童电视节目至关重要。首先,可以从育儿节目入手。当前我国也有不少亲子类的节目,如《爸爸去哪儿》《爸爸回来了》等,"星爸萌娃"的设定使得这类节目受到了广泛的关注,但它把重心偏离了育儿,因此节目"火"了明星,人们的关注点更多地落在了"星二代"的身上。但真正的育儿节目应该更加关注儿童在成长发展过程中出现的一系列问题,通过解决这些问题,逐渐培养对于儿童成长发展的科学认识,提高社会的儿童关爱意识。其次,将教育元素融入动画片制作中,结合中华优秀传统文化、生活常识、安全知识等,创新动画片形式。当前国内也有不少动画片在做这方面的尝试,但没有形成一定的规模,动画片时长也相对较短,大多是单独的几分钟讲述一个主题,更像是一支采用动画形式的宣传广告,很难吸引儿童的兴趣。最后,也要通过公益广告加强宣传,强调儿童过度沉迷电

[①] 赵蕾:《关于儿童电视节目对儿童成长的影响研究》,《西部广播电视》2017年第22期。

视的危害，比如影响儿童的视力发育、大脑发育等，避免儿童过分沉迷电视，影响其健康成长。

步入初中、高中阶段，手机的力量逐渐取代电视成为儿童成长发展的主要影响力量，手机主要通过"游戏"发挥作用。儿童利用手机，拓展了学习的空间，增加了与世界的联系，满足了他们不同的需求，激发了他们对生活的热情与学习的兴趣，实现寓教于乐，给儿童的童年生活带来全新的体验与快乐。但同时儿童在生活中不当或过度使用手机，导致儿童远离大自然与社会生活，人际关系疏离，童年梦想面临一系列挑战，童年和成年的分界线被侵蚀，手机媒介成为陪伴儿童成长的"精神保姆"，以致儿童的童年生活出现危机。[1]

尽管没有相关的数据统计，但在本专题的调研的过程中特别关注儿童的手机使用情况，因此可以清楚地发现手机在儿童成长发展过程中的重要作用。在孩子步入初中、高中以后，大多寄宿在学校，每周或者每两周回一次家，为了方便与孩子联系，很多家长都会给孩子准备一部手机，回家一两天的时间父母当然不会再把手机收回来。而且，很多时候，由于手机不受时间、空间的限制，能够给孩子的学习带来很大的便利，比如现在在中小学生中十分流行的 App "作业帮"——当孩子遇到不会做的题目时，只需要把题目拍下来就可以从中搜索到答案，有些问题直接通过手机浏览器搜索就可以得到答案，对于农村儿童而言，这是一个非常重要的优点。但同时，也有家长反映儿童过分沉迷于手机游戏，比如带课题组访问贫困家庭的村干部，当课题组问那家孩子有没有手机的时候，她的反应十分强烈。原来，她的孩子在读初中，自从给他买了手机以后，放假回家他就一直打游戏，"一打就是一天"；韦妈妈也说"越大的孩子越难管，越不让他玩他越是要玩"，手机同样成了儿童成长发展过程中的一把"双刃剑"。自制力强一些的孩子把它当成工具来加以使用，自制力差一些

---

[1] 梁业梅、唐荣德：《手机媒介下儿童童年新生活的建设》，《当代青年研究》2017年第6期。

的孩子则把它当成是"宝贝"一样沉迷。

尽管手机的作用因人而异,我们却不能寄希望于儿童的自制力,游戏对于儿童的吸引力显然是很大的,因此,只能从手机本身下手,一方面需要加强手机 App 的监管。目前,很多 App 也已经进行了相关改进,比如深受青少年喜爱的"B 站"——"哔哩哔哩"上线了"青少年模式",进入青少年模式时 B 站会自动筛选一批教育类、知识类的内容呈现在首页,同时关闭充值、打赏等相关操作;在使用时间上也有所限制,每日晚 22 点至次日早 6 点该 App 无法使用,每 40 分钟会自动开启时间锁,避免儿童过度使用。游戏类 App 大多采用实名认证的形式,即必须正确输入个人身份信息才能启动游戏,在一定程度上减少了儿童过度使用。另一方面可以多开发一些益智类的小游戏,供儿童适当放松。同时,教育类 App 对于山区农村的儿童而言具有十分重要的意义,可以在拍照搜题的形式外,开发网课类 App。现在很多大学都有网课,只需要下载一个 App 就可以在线完成课程的学习,在山村地区同样可以推广这种形式,由教师将题目的解析录入,学生在遇到不会做的题目时可以及时得到辅导。

第三节 贵州经验总结与反思

一 贵州经验总结:内生力量与外生力量的结合

贵州省留守儿童和困境儿童关爱保护经验可以简单总结为:充分挖掘内生力量,积极引进外生力量,将内生力量与外生力量相结合,共同致力于留守儿童和困境儿童关爱保护工作。

"内生力量",即本土力量,指本地的儿童关爱资源。从政府的层面来讲,横向地看,各部门都要求担起机关职责,建立起部门协调工作机制,共同参与留守儿童、困境儿童关爱保护工作,各部门依照自身性质开展工作,如教育部门组织老师在假期对留守儿童、困境儿童的安全教育,政法部门推进"法制宣传"进校园等;纵向地看,建立起县—乡—村三级工作机制。由县级部门制订相应的政策方案,乡镇政府定期检查，村居负责人及时更新信息并落实相关政策方案。从家庭的层面来讲，为了照顾孩子，老人付出了相当多的时间和精力；年轻的父母在条件允许的情况下将孩子带在身边或返乡就业。从学校的层面来讲，老师定期与学生交流、定期家访、组织一系列活动、进行资料的整理。群团组织如共青团、妇联等积极开展相关活动，义工协会也参与到儿童关爱活动中来……贵州省充分挖掘了本地能够服务于儿童关爱服务的一系列资源，并将其纳入儿童关爱服务体系中来。

"外生力量"，即外部力量，多以项目运作的方式呈现。前文我们已经提及的"童伴妈妈"，就是引进的由中国扶贫基金会资助的儿童关爱项目。"童伴妈妈"由基金会进行资助，在项目村开展一系列关爱服务。一方面引进了资金，每年每个项目村都可以得到基金会提供的5万元资金，用于支付专职"童伴妈妈"的薪酬及组织开展相关的儿童关爱活动；另一方面引进了技术，"童伴妈妈"定期接受相关的培训，培训由基金会聘请专业儿童服务人员进行讲解，帮助"童伴妈妈"更好地开展工作；最后还引进了理念，"童伴妈妈"项目的最大作用就在于它推动了当地儿童关爱理念的创新，儿童关爱不再被视为家庭的唯一责任。同时，群团组织还依靠其自身的影响力为患病儿童争取到了许多社会上的慈善捐助，用于儿童的治疗康复。贵州省积极引进儿童关爱项目、慈善捐助等资源，并将其运用到儿童关爱服务之中，形成了更加完善的儿童关爱保护体系。

二 问题反思：政策实践过程中的新挑战

尽管目前政府在留守儿童、困境儿童的关爱保护方面做了大量的工作，但受我国当前区域发展不平衡、城乡发展不平衡的双重限制，儿童关爱服务仍面临诸多困难。贵州省在儿童关爱服务体系建设的实践过程中遇到了一系列困难，当前留守儿童、困境儿童的"兜底"保障政策虽然已经逐步完善了顶层设计，但在政策实行过程中出现了新的问题。在当前形势下，我国留守儿童、困境儿童群体仍将长期存在，在总结经验的同时，及时发现问题并加以反思，有助于更好地推

专题五 困境儿童、留守儿童群体的兜底保障

动政策完善。

（一）谁来"兜"——儿童关爱保护的主体问题

无论是留守儿童的关爱保护还是困境儿童的保障工作，都涉及多方主体。家庭、学校、村居乃至救助站、福利院等都在儿童关爱的体系之中，但主体如何界定是当前相关工作人员普遍存在的困惑，特别是有些政府工作人员在实践过程中不清楚自己的定位。

当前基层实践中片面强调家庭的监护责任。父母对子女具有监护责任，但如何落实监护责任是一个大难题，特别是在当今家庭结构解构的情况下。在"榴夏"两兄妹的案例中、在大方育新中学的案例中以及在T乡小学的案例中，我们都可以看到许多父母未尽监护责任，但对于地方政府来说，追责是一件十分困难的事情。我们在贵州省看到了一种特殊的家庭结构：一方离家出走；另一方外出务工，且出走一方多为女性。青壮年劳动力在外出务工的过程中自然走到一起，"先流动，后婚恋"成为新生代农民工的典型人生经历，受此婚恋模式的影响，新生代农民工婚后工作、生活的选择突破地域限制，跨省婚姻比例不断提高，地理通婚圈逐步扩展，婚前同居、怀孕现象较普遍。[①] 但由于生活环境的不同，很多年轻女性受不了当地贫困的生活，在生下孩子后离家出走，受地域限制以及家属不愿意追责等诸多因素的影响，在这种情况下很难追究父母的监护责任；还有部分单亲家庭一方死亡，另一方离家出走的，这只能说在道德上具有一定的可谴责性，但追究责任是十分困难的。对于这部分儿童而言，家庭已经无法为其提供支持。

政府与其他主体之间呈现出合作与冲突的双重倾向。在"童伴妈妈"项目中，我们能够看到政府与社会的合作。"童伴妈妈"由基金会每年给每个项目村提供5万元资金，用于支付"童伴妈妈"的酬劳，但仅仅有一个"童伴妈妈"是远远不够的，在实际的项目运作过

---

① 宋月萍、段成荣：《传统、冲击与嬗变——新生代农民工婚育行为探析》，《人口与经济》2012年第6期。

程中，每个项目村都会为此项目提供一个活动场所，即"童伴之家"。由于"童伴妈妈"多为女性且没有配备交通工具，在下组过程中面临诸多困难，所以每次"童伴妈妈"下组开展活动都有村委干部陪同，这对政府与基金会来说是一项"双赢"的活动。对于基金会而言，他们通过项目运作提高了自身的声望，而对于当地政府而言，干部下组的过程中与村民逐渐建立起信任关系，在一定程度上缓和了干群关系。

　　但在王水滴的案例中，我们同样看到了政府与社会之间的彼此排斥。在得知水滴的家庭情况后，当地政府为其提供了许多经济帮助，还为其申请了政府贴息的贷款，但在王妈妈的心里，这些不需要任何回报的帮助远不及她利用水滴筹筹到的1万多块钱。我们也询问了王妈妈产生这种想法的原因，可以将其总结为两点：第一，政府救助不及时。对于王妈妈而言，当儿子躺在病床上急需救命钱的时候是最揪心的时刻，但很显然，医疗保险报销需要事后进行，政府救助也往往无法起到"及时雨"的作用，所以王妈妈依然需要到处借钱来支付儿子的医疗费用。而水滴筹只要达到条件就可以提现，所以即使需要付出高昂的手续费，王妈妈依然愿意使用水滴筹。第二，政府救助的现实性。陈妈妈是一个十分坚强同时又很倔强的妈妈，在工作时，她的工资远高于她的丈夫，本来他们一家的生活也十分轻松，但水滴的病情使得这个家庭陷入困境。陈妈妈并不愿意接受别人的"同情"，所以政府这种"送上门的救助"成了她"低人一等"的证明。而水滴筹通过网络的形式筹款，虽然实行实名制，但仍具有一定的"匿名性"，"大家互不相识，我心里的负担要轻一点，有钱了我也会去帮助别人"。对王妈妈而言，这是一种更为轻松的方式，使她免于接受别人异样的眼光。

　　当前在留守儿童、困境儿童的关爱实践中，政府各部门都依托部门性质做了大量的工作，但这些工作对于儿童的成长发展而言很难起到作用，因为其工作是难以稳定持续的。政府面临着大量工作，特别是基层政府，"上面千条线，下面一根针"，儿童服务只是他们众多工

专题五　困境儿童、留守儿童群体的兜底保障

作中的一项,所以注定了政府不能成为服务提供的直接主体。受制于散居的村落形态,当前儿童关爱项目很难作为服务提供主体,但可以尝试将资源放在学校,使学校具有更多的服务功能。学校是儿童成长发展过程中的关键一环,将当前学校教育与服务提供相结合,学校可以利用自身的天然优势,更好地服务于儿童,地方政府在其中只需扮演好一个资源提供者与监督者的角色。

政府与社会是儿童关爱的两大主体,二者缺一不可。通过对比我们可以发现,二者各有利弊,呈现出一种既对立又统一的矛盾形态,但很显然,实现二者之间的资源整合能够最大限度地发挥作用。政府兜底救助与社会资源相结合,能够使儿童关爱体系更加完善。

(二) 如何"兜"——儿童关爱保护应从何下手

基层工作人员面临的另一困惑是不知关爱服务如何下手。留守儿童由于父母外出务工,其经济状况相对较好,物质层面需求相对较少;困境儿童由于自身性质的不同,需求也存在差异。目前儿童关爱保护工作由地方民政部门作为牵头单位,但民政部门应从何下手开展关爱保护工作是一个问题。

马斯洛将人的需求划分为五个不同的层次,即生理需求、安全需求、情感需求、尊重需求以及自我实现需求。当低级需求得到实现时,个体会追求更高层次的需求。对于当前儿童的成长发展而言,生理的也即基本的生存需求已经得到了保障,目前政府所做的一些工作如制定档案、定期家访、安全排查等主要保障了儿童的安全需求,目的是使其"不出问题",在政府部门的监督、巡视下,儿童的安全确实得到了相应的保障。但对于儿童更高层次的需求,政府应如何开展相应工作还有待商榷。如表 5-8 所示,当前儿童需要的帮助集中在教育方面,排在第一位的就是儿童的学业辅导问题,这与课题组实地调研相符,儿童的学业辅导是留守儿童和困境儿童家庭面临的最大问题,家长在儿童学习遇到困难时无法提供任何帮助。而且当地的辅导机构并不多,特别是在农村,没有任何学习辅导机构,受制于特殊的地形以及交通工具的不足,儿童没有可用的学习资源。

表 5-8　　　　　　　　　儿童需要的帮助

需要的帮助	有效百分比
增加营养	58.9%
学业辅导	79.4%
教育费用减免	72.8%
人际交往	45.1%
心理辅导	40.0%

数据来源：民政部政策研究中心"托底性民生保障政策支持系统建设"调查数据。

当前村居中专职儿童福利人员占比并不高，据入户调查数据显示，79.2%的家庭表示当地没有专职的儿童福利人员。而在村居工作人员所开展的工作中，我们也可以看出当前儿童关爱保护工作的一些问题（见表5-9）。村居工作人员到村民家中的主要工作就是登记填表以及核实经济状况，而帮助村民解决困难的有效百分比仅占27.6%，不足三分之一，提供心理辅导则只占11.7%，还有超过四分之一的工作人员被认为没有开展以上任何工作，这与课题组实地调研中所看到的现象相吻合。当前村居工作人员到村民家中更多的是为了进行资料的收集，能够为他们解决的困难很少。比如在"害怕见人的小姑娘"的案例中，奶奶一直在强调"谁都帮不了我们"，她一个人与孙女相依为命，儿子重新组建了新的家庭，小姑娘的母亲也不知所踪，对于奶奶而言，孙女永远不可能再有一个完整的家庭，在她看来，这是谁都帮不了的。在王水滴的案例中，我们同样可以看到，即便政府也为王水滴的家庭争取到了许多经济帮助，但在王妈妈的心里，她最先想到的却是自己用"水滴筹"筹到的1万多元钱。

表 5-9　　　　　村居工作人员到村民家中开展的工作

开展的工作	有效百分比
登记填表	64.0%

专题五 困境儿童、留守儿童群体的兜底保障

续表

开展的工作	有效百分比
核实经济	59.5%
解决困难	27.6%
心理辅导	11.7%
走访慰问	36.3%
其他	3.2%
都没有	25.1%

数据来源：民政部政策研究中心"托底性民生保障政策支持系统建设"调查数据。

通过表5-8与表5-9的对比，我们可以更清晰地看到基层工作人员开展的工作与儿童实际需求之间存在严重脱节，这也同样是基层工作人员所面临的一大问题。数据涉及6—16岁的留守儿童和困境儿童家庭，可以看出在此阶段儿童的教育需求最为突出。前面我们已经对此问题进行讨论，基层工作人员由于不具备专业的教育学、心理学知识，在这方面存在严重不足，无法对儿童进行课业辅导以及心理辅导。学习教育是儿童成长发展重要影响因素，特别是在相对边远的农村地区，更应该注重教育的力量。政府应该协调各方资源，帮助学校更好地发挥作用。

（三）"兜"什么——"底"的界限在哪里

"兜底"指的是政府制定政策保障困难群众基本的生产生活需求，主要包括生活兜底、住房兜底、医疗兜底、教育兜底等四个方面。2016年，国务院出台了《关于加强农村留守儿童关爱保护工作的意见》和《国务院关于加强困境儿童保障工作的意见》两份政策文件，不仅将留守儿童、困境儿童纳入社会救助范围，还进一步提出完善关爱服务体系，对儿童兜底保障工作提出了新要求。对于留守儿童而言，儿童兜"底"工作不再仅仅停留在物质保障的层面，还要关注儿童的心理发展及安全教育；对于困境儿童而言，儿童"兜底"工作既包括保障儿童的生活、医疗、教育等基本需求，同时也包括落实无人监护儿童的监护责任以及加强残疾儿童的福利服务等，"底"的范围

进一步扩大。

随着时代的发展,在兜底范围不断扩大的同时,"底"的标准也同样发生了变化,推动救助机构转型是时代发展的必然要求。随着社会经济的不断发展,人民的美好生活需求也随之不断提高,在G救助站的案例中我们可以看到当前社会救助机构的功能正在逐渐弱化,推动其由"救助保护"到"关爱服务"转型是新时代背景下的必然选择。儿童在成长发展过程中,不仅有低级的生存需求,还包括更为高级的发展需求,特别是对于这些成长在不利环境中的儿童而言,他们可能存在更多特殊需求,比如医疗、教育、心理咨询、情感发展等,对救助机构的转型提出了更多新的要求。

当前救助站与福利院的转型主要面临以下几个问题:从人的方面来讲,一是员工的选拔机制,当前救助站与福利院工作人员多为在编人员,很难激发员工的工作积极性;二是员工的专业素养,工作人员大多不具备心理、教育、医疗等专业知识;三是员工的团队合作,当前员工之间未形成团队合作精神,使得工作效率大打折扣。从物的方面来讲,一是自身资源不足,救助站与福利院不具备提供服务的能力;二是外部资源缺乏,进入救助站与福利院的慈善捐助相对较少。从政策方面来讲,则主要是政策衔接方面存在一些问题。当前地方政府对于留守儿童和困境儿童群体的界定尚未统一,特别是"困境儿童"包含多种类型,在大方县"困境儿童"共分为18种,各主体的责任界定并不明确,导致实践中存在职责不清的情况。

可以看到,在新的时代背景下,"兜底"有了新的意义。特别是对于留守儿童和困境儿童群体而言,"兜底"不再局限于"不出问题",而是要求政府发挥更大的作用,让儿童能够更好地成长。当前基层工作人员工作集中在资料整理、经济状况核查,儿童关爱保护工作同样停留在保障其生存需求的层面,很难满足儿童的高层次需求。留守儿童和困境儿童群体儿童长期处于不利的社会环境中,即使生存得到保障也难以真正走出困境。在此背景下,政府更应有所作为,为儿童创造更好的成长发展环境。

第四节　研究结论及政策建议

基于本地调研的发现，课题组对类似于贵州省这样的欠发达地区解决困境儿童和流动儿童的工作提出如下四点建议。

一是持续推动城乡一体化建设，使城市和农村真正融为一体。从长远来看，推动城乡一体化建设是解决留守儿童问题的根本途径。对于家长而言，外出务工更多是为了给孩子争取更好的环境，但由于诸多现实因素的影响使得父母与子女长期分离，反而不利于儿童的成长发展。大方县T小学2013年有178名留守儿童，目前只有24名，究其原因，就是随着当地经济的发展，能够容纳更多的农村剩余劳动力在本地就业，学校也尽可能地为家长提供一些就业岗位，如环卫、厨师、保安等，虽然工资比在外面打工低很多，但家长依然愿意留一位在本地务工。目前学校24名留守儿童全部来自单亲家庭，其家长外出务工是无奈之下的选择，在当地一个人的工资难以支撑起一个家庭。通过城乡一体化建设，家长无论在城市还是在农村工作，都能够将子女带在身边，能够从根本上改变留守儿童、困境儿童的成长环境。

二是延长公共场所开放时间，提高教育资源利用率。对于贵州省农村儿童而言，由于地形影响，他们缺乏公共的活动空间，学校、村图书馆和"童伴之家"是他们为数不多的能够进行学习、娱乐等活动的"专用"空间，它们在儿童与同辈群体的互动中发挥了极大的作用。学生在校期间可以充分利用这些设施进行学习、娱乐等活动，满足其多种需求。但在放学后、假期期间，为了便于管理，学校不再开放，使得学校的设施闲置得不到利用，而儿童则失去了一个重要的活动空间。延长学校、图书馆等公共场所的开放时间能够在一定程度上帮助儿童获取更多教育资源，同时满足他们的社交与娱乐需求，对于儿童的成长发展具有十分重要的意义。

三是促进各服务系统之间的整合，更好地服务儿童。儿童成长发展是一个连续的过程,家庭、学校、村居都在其中发挥着一定的作用,但同时只能发挥阶段性的作用。为了更好地促进儿童的成长发展,各服务系统之间整合介入必不可少。整合介入首先要求信息共享。应建立起留守儿童和困境儿童群体的信息数据库,包括儿童及其家庭的基本信息、学习情况、心理评估等,实现在政府各部门之间、政府与其他服务系统之间、其他各个服务系统之间的信息共享,减少重复性的文档工作。其次要求资源整合。当前群团组织、社会机构等依靠自身力量获取许多慈善捐助,然后将其用于儿童关爱以加强自身宣传,但资源的使用并未发挥出最佳作用。由于未形成统一的资源整合平台,造成资源的浪费。最后应注重建立良好的沟通机制。当前自下而上反映情况的渠道较少,基层的一些信息很难向上传达,造成脱节,应建立起更好的沟通机制,确保信息传播渠道的畅通。

四是充分利用大众传播媒介,发挥其积极作用。大众传媒作为信息传播载体,在人们的日常生活中发挥着越来越重要的作用,特别是随着互联网时代的到来,人们获取信息的方式越来越高效、便捷,对网络的依赖性也越来越高。贵州省由于其特殊的地理环境限制,农村留守儿童、困境儿童群体的社交和学习活动受到极大的影响。网络能够打破时间和空间的界限,手机、电视等是农村儿童认识外界的重要渠道。从电视、手机两方面入手,充分利用大众传播媒介,发挥出其积极的作用,能够在很大程度上促进儿童的健康成长。一方面要制作高质量的教育类动画片。电视对于学前和小学阶段儿童具有重要影响,因此要努力制作出高质量的教育类动画片,在保证趣味的同时,为其注入教育元素,在潜移默化中培养儿童形成正确的理念,塑造其价值观。另一方面要加强手机 App 监管,注重开发学习类软件。手机对于初中、高中儿童是一项巨大的诱惑,但同时也是其获取信息的重要途径。既要加强各类 App 的监管,如实行实名制、设立青少年模式等,防止儿童过分沉迷手机;又要注重学习类软件的开发,对于农村儿童而言,学习资源的匮乏是最大的困难,可以通过开发学习软件来为儿童提供学习资源。

专题六　深度贫困地区农村残疾人兜底保障

党的十八大以来，我国深入推进脱贫攻坚，取得了历史性成就。残疾人脱贫一直是脱贫攻坚的一个重点，特别是深度贫困地区农村残疾人具有较高的贫困发生率，针对这部分残疾人有必要以制度建设为重点，从政府、社会、家庭等方面综合施策，进一步加强兜底保障力度。

第一节　研究背景、思路与方法

一　研究背景

自2015年实施精准脱贫战略以来，我国采取一系列措施加大了对农村贫困地区和农村贫困人口的政策支持，脱贫攻坚取得显著成效。2013—2018年共减贫6600多万人，年均减少1300万人以上。[①]随着越来越多的贫困县脱贫摘帽和建档立卡贫困户脱离贫困，农村贫困人口分布和组成发生变化，中部地区呈现"插花式"分布状态，西部地区呈现向"三区三州"集中的趋势，贫困人口逐步向残疾人、老年人、重病患者等人群集中，并逐渐沉淀为"贫困内核"。针对上述变化，中共中央办公厅、国务院办公厅印发了《关于支持深度贫困地区脱贫攻坚的实施意见》，加大了对深度贫困地区的支持力度。在残疾人扶贫方面，

[①] 黄俊毅：《全面打赢三大攻坚战精准脱贫向深度发力》，《经济日报》2018年1月4日第5版。

中国残联、中央组织部等 26 个部门联合下发了《贫困残疾人脱贫攻坚行动计划（2016—2020 年）》，提出了七个"一批"的脱贫任务[①]，实施十项重点行动[②]，建立十七项保障措施。[③] 2018 年 8 月 19 日，中共中央　国务院印发了《关于打赢脱贫攻坚三年行动的指导意见》，将"开展贫困残疾人脱贫行动"以专章形式列入其中。

但是，受身体心理等因素的影响，农村残疾人贫困发生率高、贫困程度深，是最难脱贫的群体之一。而生活于深度贫困地区的农村残疾人，受制于地理环境、自然条件、经济发展等因素，脱贫难度更大。为了解深度贫困地区的残疾人生存状态，2019 年 7 月和 9 月，本课题组对云南省怒江傈僳族自治州福贡县农村残疾人进行了调查研究。

二　研究方法

本专题采取两种研究方法。

一是典型调查。在选择典型调查地区时，经与民政部和云南省民政厅协商，课题组确定云南省怒江傈僳族自治州福贡县作为本专题研究的典型调查地点。怒江州是"三区三州"脱贫攻坚战略中的三州之

[①] 七个"一批"是：通过全面落实农村低保等社会救助政策和困难残疾人生活补贴、重度残疾人护理补贴等保障制度兜底脱贫一批。通过减少贫困残疾人医疗康复费用刚性支出并改善其身心功能状况缓解一批。通过加快实施易地扶贫搬迁工程和农村危房改造，推动贫困残疾人家庭住房安全解困一批。通过加大职业教育和实用技术培训力度赋能一批。通过产业带动、资产收益折股量化等多种方式帮带一批。通过深入开展基层党组织和党员干部助残扶贫行动结对帮扶一批。通过动员社会各界力量参与贫困残疾人扶贫帮助一批。

[②] 十项重点行动是：基层党组织助残扶贫行动；残疾人精准康复扶贫行动；残疾青壮年文盲扫盲行动；产业扶持助残扶贫行动；光伏助残扶贫行动；电商助残扶贫行动；百村千户乡村旅游助残扶贫行动；"妇女编织"助残扶贫行动；阳光志愿者助残扶贫行动；残疾人脱贫典型示范引领行动。

[③] 十七项保障措施是：完善残疾人贫困户精准识别机制；加强社会救助等社会保障政策和扶贫开发政策有效衔接；加大对建档立卡残疾人贫困户易地扶贫搬迁的扶持力度；加快农村贫困残疾人危房改造实施进度；加大对贫困残疾人结对帮扶力度；提高贫困残疾人医疗和康复服务保障水平；加大职业教育和实用技术培训；支持贫困地区特殊教育发展；积极扶持残疾人贫困户发展产业；开展各种形式的助残扶贫专项行动；加大财政资金投入；加大金融扶持力度；保障贫困残疾人优先获得资产收益；构筑农村残疾人关爱服务体系；加大对重点地区贫困残疾人的扶持力度；加大东西部扶贫协作、定点扶贫对贫困残疾人脱贫攻坚的支持；广泛动员社会力量参与残疾人脱贫攻坚。

专题六 深度贫困地区农村残疾人兜底保障

一,所辖四县均为国家扶贫开发重点工作县。福贡县是怒江州最为贫困的县,是一个集边疆、民族、宗教、贫困和高山峡谷为一体的国家扶贫工作重点县,境内居住着傈僳族、怒族等"直过民族"。福贡县在贫困深度、贫困致因、反贫困的艰巨性方面均具有典型性。

二是个案访谈。农村残疾人是社区中较为特殊的群体,个体之间具有较强的异质性,生命历程复杂艰辛,采用个案访谈方法,可以收集到更加详细的资料,形成个体的全面图景。课题组以村为单位,采取随机抽样方式选择5—6户残疾人家庭进行个案访谈,共访谈19户残疾人家庭(部分村庄残疾人家庭举家外出,无法访谈)(见表6-1)。访谈内容主要包括残疾人个人情况、残疾人家庭状况、社会保障状况、社会支持状况、个人及家庭的负担与需求等。

表6-1　　　　　　　　个案基本情况

个案号	住址	年龄(岁)	残疾类型	残疾等级	贫困类型
个案1	鹿马登乡鹿马登村	75	视力残疾	一级	低保户
个案2	鹿马登乡鹿马登村	40	肢体残疾	一级	低保户
个案3	鹿马登乡鹿马登村	33	肢体残疾	二级	
个案4	鹿马登乡鹿马登村	46	听力残疾	三级	低保户、建档立卡户
个案5	鹿马登乡鹿马登村	47	肢体残疾	二级	建档立卡户
个案6	鹿马登乡鹿马登村	71	肢体残疾	三级	低保户、建档立卡户
个案7	鹿马登乡赤洒底村	32	视力残疾	三级	
个案8	鹿马登乡赤洒底村	31	智力残疾	二级	建档立卡户
个案9	鹿马登乡赤洒底村	39	肢体残疾	二级	建档立卡户
个案10	鹿马登乡赤洒底村	28	肢体残疾	二级	
个案11	鹿马登乡赤洒底村	19	肢体残疾	一级	
个案12	匹河乡老姆登村	57	听力残疾	一级	低保户
个案13	匹河乡老姆登村	71	肢体残疾	二级	低保户、建档立卡户
个案14	匹河乡老姆登村	66	肢体残疾	二级	低保户、建档立卡户
个案15	匹河乡老姆登村	64	肢体残疾	二级	建档立卡户

续表

个案号	住址	年龄（岁）	残疾类型	残疾等级	贫困类型
个案16	匹河乡老姆登村	55	肢体残疾	四级	低保户、建档立卡户
个案17	匹河乡知子罗村	13	言语残疾	一级	低保户
个案18	匹河乡知子罗村	71	肢体残疾	一级	低保户、建档立卡户
个案19	匹河乡知子罗村	74	多重残疾	一级	低保户、建档立卡户

本次专题调研时间为2019年7月22—27日，回访时间为9月2—4日。课题组与福贡县民政、扶贫、残联等部门进行了座谈，与福贡县鹿马登乡和匹河乡负责扶贫、民政、残联工作的负责人分别进行多次座谈；入村后与村长、驻村第一书记、残疾人专职委员进行座谈，随后村里安排人员带领调查人员入户访谈。

三　福贡县情及调研乡镇基本情况

福贡县地处云南省西北部，隶属怒江傈僳族自治州，与缅甸毗邻，属于典型的高山峡谷地带，处于碧罗雪山和高黎贡山之间，怒江穿山而过，呈"V形"地貌，村落散布于峡谷两岸。福贡一词意为"幸福的高黎贡山"，具有壮美的山河、独特的气候、生态多样性和多民族文化，但是，峡谷地形地貌导致交通极为不便，且人地矛盾较为突出。

福贡县是一个以傈僳族为主体的少数民族县，少数民族占总人口的98.3%，其中傈僳族占总人口的70%以上。1949年前，傈僳族处于农耕为主、采集狩猎为辅的发展阶段，以刀耕火种的原始耕作方式为主，民众生活极为艰辛。新中国成立后，傈僳族直接跨入社会主义社会形态，成为"直过民族"，在国家的大力支持下，傈僳族的贫困面貌有所改变，但是受制于高山峡谷地形，人多地少的矛盾越来越突出①，农村贫困发生率居高不下。1994年，怒江州四个县人均纯收入

---

① 福贡县耕地面积11.82万亩，其中坡度在25度以上的占85%以上，人均耕地不足1.2亩。

专题六 深度贫困地区农村残疾人兜底保障

300元以下的特困人口占农业人口的比例达到38.1%，高出全国平均水平29个百分点，人均纯收入500元以下的人口占农业人口的76.85%，缺粮面达到了68%。①

福贡县经济发展落后，没有工业基础，虽有丰富的矿产和水利资源，但是处于受限开发状态。2017年，全县生产总值15亿元，地方公共预算收入仅只有7527万元，但是地方公共预算支出达到15.2亿元，财政自给率仅有5%。城镇常住居民人均可支配收入20861元，农村常住居民人均可支配收入5168元，人均受教育年限6.4年。②2017年，全县所辖6个乡1个镇均属于边疆"直过民族"地区，7个乡（镇）中有5个列入贫困乡，共有52个贫困村，其中51个属于深度贫困村。2013年，按国家贫困县标准人均纯收入2300元测算，全县贫困人口7.8万人，其中绝对贫困人口有4.7万人。③经过几年的精准扶贫，到2018年年底，全县未脱贫建档立卡贫困人口37272人，贫困发生率35.54%，排在云南省第一位。④

本专题研究的个案访谈地点选在福贡县鹿马登乡（选择了鹿马登村和赤洒底村作为个案访谈村落）和匹河怒族乡（选择老姆登村和知子罗村作为个案访谈村落）。鹿马登乡地处福贡县中部，与缅甸接壤，居民以傈僳族为主。鹿马登乡地处怒江谷底，具有"石头多，山坡多，贫困人口多"特征，是云南省506个扶贫攻坚乡之一。匹河乡位于福贡县南部，与缅甸相邻，是全国唯一的一个怒族乡。匹河乡政府地处怒江谷底，但是村寨多分布于山腰与山顶，海拔落差达千米以上。匹河乡下辖的九个村均为深度贫困村，贫困发生率高达50%以上。

两个乡的基本情况见表6-2。

---

① 张惠君：《怒江傈僳族、怒族、独龙族贫困问题研究》，《云南社会科学》1997年第3期。
② 数据来源：《2017年福贡县人民政府工作报告》。
③ 李树演：《社会管理视角下边疆民族地区民俗宗教生活变迁研究》，云南大学出版社2017版，第72页。
④ 数据来源：《福贡县2019年深度贫困精准脱贫攻坚实施方案》。

表6-2　　　　　福贡县匹河乡和鹿马登乡基本情况

乡镇	耕地面积（亩）	农村人口（人）	深度贫困村（个）	建档立卡（人）	贫困发生率（%）
鹿马登乡	11035	14517	4	1725	11.42
匹河乡	12915	10907	9	5806	52.09

说明：1. 农村人口为2016年的数据；2. 建档立卡人口和贫困发生率为2018年年底的数据。

数据来源：福贡县民政局。

四　福贡县持证残疾人基本情况

2018年，福贡县农村持证残疾人共2701人。按残疾等级划分，一级残疾517人，二级残疾623人，三级残疾500人，四级残疾1061人。按年龄组划分，0—14岁残疾人201人，15—59岁残疾人1680人，60岁及以上820人。分析福贡县残疾类别，福贡县残疾人具有以下特征：肢体残疾占比高，接近58%，超过全国平均水平3个百分点（2019年动态更新数据）；视力残疾占比也较高，超过20%，也超过了全国平均水平9个百分点（2019的动态更新数据）；精神残疾占比低，不到6%，同时也比全国平均水平低近5个百分点（见表6-3）。

表6-3　　　　　福贡县农村持证残疾类别分布　　　　单位：人，%

残疾类型	持证人数	比例
肢体	1562	57.83
视力	544	20.14
听力	228	8.44
言语	143	5.29
精神	138	5.11
智力	75	2.78
多重	11	0.41
合计	2701	100

专题六 深度贫困地区农村残疾人兜底保障

福贡县残联统计了 2695 名农村持证残疾人的基本情况①,其中:建档立卡 1755 人,占比 65%;其他贫困(包括最低生活保障和特困人员)人口 609 人,占比 23%。从受教育程度看,未受过教育的持证残疾人比例高达 54%,高出全国农村平均水平 31 个百分点(2019 年动态更新数据);上过小学的比例接近 30%,比全国农村平均水平低 9 个百分点;上过初中的比例接近 14%,比全国平均水平低 15 个百分点;而接受初中以上的残疾人占比不到 3%。

第二节 福贡县农村残疾人兜底保障制度进展

自实施精准扶贫以来,福贡县加大了兜底保障制度建设,建立了以生活保障为核心、以促进生产为手段的农村贫困人口的兜底保障体系。本课题组与福贡县民政、残联、扶贫办等部门进行了多次座谈,在充分了解的基础上对相关兜底保障政策进行了梳理和分析,将其划分为以下几个方面。

一 生活救助政策

1999 年,福贡县建立城镇居民最低生活保障制度;2007 年,全县开展农村最低生活保障制度,将农村中因病、因残、年老体弱、缺劳动力或劳动力低下和生存条件恶劣这五类重点特困群体纳入保障范围;2009 年,全县建立城乡临时救助制度,对突发性、临时性困难群体提供临时救助;2013 年,根据《云南省人民政府关于进一步加强和改进最低生活保障工作的实施意见》,福贡县建立最低生活保障的家庭收入核对制度、审核审批核实制度和分类施保动态管理制度。2014 年《社会救助暂行办法》颁布后,怒江州相继出台《怒江州人

---

① 需要说明的是,2018 年福贡县共有农村持证残疾人共 2701 人,但是有 6 人的数据未能查找到,故实际统计人数只有 2695 人。

民政府关于进一步健全完善特困人员救助供养制度的实施意见》《怒江州农村低保专项治理实施方案》和《怒江州脱贫攻坚兜底保障工作实施方案》等文件，按照州政府安排，福贡县加强了社会救助的规范性管理，提升精准救助程度。

除上述针对一般贫困人口的社会救助外，福贡县贯彻中国残疾人联合会、教育部等七部门下发的《关于加强残疾人社会救助工作的意见》，将无业重度残疾人单独立户纳入最低生活保障；将无劳动能力、无生活来源、无法定赡养、抚养、扶养义务人或者法定赡养、抚养、扶养义务人无赡养、抚养、扶养能力的残疾人按规定纳入特困人员供养范围；对遭遇突发事件、意外伤害、重大疾病导致基本生活陷入困境，其他社会救助制度暂时无法覆盖或救助之后基本生活暂时仍有严重困难的残疾人家庭或个人，给予应急、过渡性救助。

二 教育保障政策

自2016年秋季学期开始，怒江州全面实施14年免费教育，实施范围是学前2年、义务教育9年（小学6年、初中3年）、高中3年。同时，出台了一系列措施，加大了非义务教育阶段的保障力度。其政策可以划分为以下几个方面。

一是针对学前教育阶段实施的保障政策。主要有：对学前2年在园儿童按照每生每年2200元的标准免除保教费；对学前2年建档立卡户在园儿童按每生每年1000元的标准给予生活补助；对学前教育家庭经济困难儿童按每生每年300元进行资助。

二是针对义务教育阶段实施的保障政策。主要有：免学杂费，免教科书费，对寄宿学生进行生活费补助；对农村学生按每生每年800元标准给予营养餐膳食补助；对8个人口较少民族寄宿生在享受"一补"基础上再给予每生每年250元生活补助。

三是针对普通高中阶段实施的保障政策。主要有：免学杂费，免教科书费和住宿费；对普通高中家庭经济困难学生进行资助，一等助学金为每生每年2500元，二等助学金为每生每年1500元；对普通高

◈◈ 专题六 深度贫困地区农村残疾人兜底保障 ◈◈

中建档立卡贫困户学生按每生每年2500元给予生活补助;对8个人口较少民族在校普通高中学生给予每生每年1000元助学补助;对省定民族中学高中寄宿生给予每生每年300元的生活补助;对品学兼优的普通高中家庭经济困难学生按每生每次1000元给予奖励。

四是针对中等职业教育阶段实施的保障政策。主要有:对所有农村(含县镇)学生、城市涉农专业学生、非涉农专业城市家庭经济困难学生免除学费;对所有农村(不含县镇)学生、城市涉农专业学生、非涉农城市家庭经济困难学生实施国家助学金政策,标准为每生每年2000元;对农村户籍在校生每生每学年给予2500元的生活补助。

五是针对大学及以上教育阶段实施的保障政策。主要有:对家庭经济困难的大学新生给予路费和到校后短期生活费补助;对考入国家直属高校的优秀贫困本科(含预科)大学生,在预科和本科学习期间给予每生每年5000元奖学金;对考入一本院校本科(含预科)的建档立卡贫困户子女,在预科和本科学习期间给予每人每年5000元的学费奖励;对"直过民族"建档立卡贫困户子女,在预科和本专科学习期间给予每人每年5000元的学费奖励。

从上可以看出,福贡县针对各阶段的学生实施了较为丰富的保障政策,保障措施多,保障力度大,收到了良好效果:2018年,九年义务教育巩固率提高到63.38%,比之2013年提高12个百分点,小学、初中辍学率控制在国家规定范围内;68名一本、二本农村大学生得到学费全额资助和每月800元生活补助;输送453名"两后生"就读职业院校。但是,福贡县尚未针对残疾人的入学要求制定特殊的保障政策,受各种条件限制,农村适龄残疾人的入园率和入学率低,辍学率居高不下,对于不能到校就读的重度残疾儿童,未能提供送教上门或远程教育服务。目前全县未建立特殊学校,残疾学生需要到州政府所在地(六库镇)入读特殊学校。虽然福贡县对入读怒江州特殊学校的学生给予交通费补助,但是很多残疾人长年生活在较为偏远之地,交通极为不便;再加上信息闭塞,监护人不了解政策,多数残疾人在接受完义务教育后便停止了学校教育。

三 健康扶贫政策

从2017年起，福贡县建立完善城乡居民基本医疗保险、大病保险、医疗救助、医疗费用兜底保障机制"四重保障"措施，实现"九个确保"：确保建档立卡贫困人口100%参加基本医保和大病保险；确保建档立卡贫困人口家庭医生签约服务率达到100%；确保建档立卡贫困人口28种疾病门诊政策范围内报销比例达到80%；确保建档立卡贫困人口符合转诊转院规范的住院治疗费用实际补偿比例达到90%；确保9类15种大病集中救治覆盖所有建档立卡贫困人口；确保医疗救助覆盖所有建档立卡贫困人口；确保符合手术条件的建档立卡贫困人口白内障患者得到免费救治；确保建档立卡贫困人口个人年度支付的符合转诊转院规范的医疗费用不超过当地农村居民人均可支配收入；确保贫困县脱贫摘帽时至少有1所县级公立医院达到二级医院标准，每个乡镇有1所标准化乡镇卫生院，每个行政村有1所标准化村卫生室。福贡县健康扶贫政策见表6-4。

表6-4　　　　　　　福贡县健康扶贫政策要点

项目名称		乡级	县级	州级	省内州外	省级及省外
起付线	城乡居民（元）	100	300	800	1000	1200
	建档立卡户（元）	无	100	150	1000	1200
住院报销比例	城乡居民（%）	90	80	70	60	60
	建档立卡户（%）	95	90	80	65	65
		单人单次住院，基本医保与大病保险政策范围内报销比例达70%。				
生育分娩	顺产（元）	1500	2000			
	剖宫产（元）	1800；2400	3000			

专题六 深度贫困地区农村残疾人兜底保障

续表

项目名称		乡级	县级	州级	省内州外	省级及省外
门诊待遇	普通门诊	城乡居民	普通门诊基本医疗保险最高支付限额500元。			
		建档立卡	普通门诊基本医疗保险最高支付限额提高5个百分点。			
	特慢病门诊	城乡居民	高血压、结核病、活动性结核病、癌症、终末期肾病、再生障碍性贫血、精神分裂症等28种特慢病，门诊报销比例为60%—70%。			
		建档立卡	高血压、结核病、活动性结核病、癌症、终末期肾病、再生障碍性贫血、精神分裂症等28种特慢病，门诊政策范围内医疗费用报销比例比其他城乡居民提高10—20个百分点。其中重性精神病、终末期肾病门诊报销比例达90%。			
9类15种大病		建档立卡户	儿童白血病、儿童先天性心脏病、食管癌、胃癌、结肠癌、直肠癌、终末期肾病、重性精神病等9类15种大病患者进行集中救治，救治费实行按病种付费，由基本医保、大病保险实际报销85%，其中终末期肾病、重性精神病实际报销90%。			
住院最高支付限额（建档立卡贫困人口）			在一个参保年度内，参保人员全年累计住院补偿最高限额为15万元。一年内多次住院的，只扣第一次住院起付线。			
大病保险最高支付限额			在一个参保年度内，城乡居民大病保险起付线为6000元，建档立卡人口为3000元；城乡居民大病保险支付限额为30万元，建档立卡人口为45万元			
备注			对省级及省外定点医疗机构住院发生的医疗费用，不符合转诊转院的住院报销比例降低为40%。			

福贡县对最低生活保障家庭成员、特困供养人员、建档立卡贫困人口以及其他特殊困难人员给予医疗救助，包括资助参加城乡居民医疗保险，住院费用和门诊费用救助。资助标准如下：五保对象、优抚对象资助220元/人，其余民政服务对象资助70元/人。2018年，超过90%的农村残疾人接受过医疗救助。

应该说，福贡县的健康扶贫措施多、力度大，大大减轻了建档立卡贫困家庭的医疗负担，尤其是精神病人家庭受益较多。但是，健康

· 193 ·

保障政策的主要受益者为建档立卡贫困户家庭，随着越来越多的建档立卡贫困家庭脱贫，政策受益人群变得越来越窄。另外，福贡县针对重度残疾人或贫困残疾人的健康保障政策较为缺乏，多以参保资助、二次报销（医疗救助）为主，贫困残疾人家庭或中低收入的残疾人家庭在面临重特大疾病时往往放弃治疗，或大病小治的现象较为普遍。

四 住房保障政策

福贡县以住房最危险、最需要改造、经济最贫困农户为优先对象，采取就地、就近重建、加固改造农房等措施缓解农村住房困难问题。拆除重建后的新房总面积原则上 1 人至 3 人户控制在 40—60 平方米内，且 1 人户不低于 20 平方米、2 人户不低于 30 平方米、3 人户不低于 40 平方米；3 人以上户人均建筑面积不超过 18 平方米，但不得低于 13 平方米。改造后的农房具备厕所，满足人畜分离、厨卫入户等基本居住卫生条件。福贡县在 2018 年至 2019 年期间投资 5000 多万元，对农村危房进行改造。

福贡县易地扶贫搬迁工作量大，政策保障力度也较大。对于建档立卡贫困人口建房人均补助 2 万元，签订旧房拆除协议并按期拆除的建档立卡贫困人口人均奖励 0.6 万元；纳入国家规划的建档立卡贫困人口，取消目前统一的每户可向县级平台公司申请不超过 6 万元低成本长期借款的政策；同步搬迁户户均补助不低于 1.5 万元、借款不超过 6 万元；单人单户和 2 人户安置住房可采取集中建设公寓、与养老院共建等方式解决；对贫困户改厕改圈改院给予资助。2018—2019 年，福贡县完成 18259 人易地扶贫搬迁，投资超过 16 亿元。

长期以来，傈僳族住房多以竹篾房、木楞房为主，人畜混居较为普遍，卫生条件较差。[①] 由于交通不便，住房改造成本高，多数村民无力进行危房改造，而受资金约束，政府每年危房改造指标受限，导

---

① 周雪冰：《贡山县傈僳族民居的现状及改造原则》，《西南林业大学学报》（社会科学版）2019 年第 3 期。

致部分贫困家庭的住房条件仍然较为艰难。另外，村民居住环境较为恶劣，普遍缺乏废水和垃圾处理设施设备。福贡县村寨多沿山而建，出门上坡下坡十分普遍，而受条件和观念所限，公共设施均没有进行无障碍改造，残疾人家庭进行无障碍改造的比例很低，多数残疾人被困于家庭之中。

第三节 福贡县农村残疾人兜底保障现状及生存状态

应该说，在精准扶贫的要求下，福贡县兜底保障政策日趋完善，保障项目逐渐增多，保障力度逐步加大，贫困家庭的生存状况得到较大改善。那么，农村残疾人享受到何种兜底保障政策？残疾人处于何种生存状态？本专题研究对福贡县鹿马登乡的鹿马登村和赤洒底村以及匹河怒族乡的老姆登村和知子罗村的19户残疾人进行了个案访谈。

一 残疾人的兜底保障现状

对福贡县的典型调查表明，实施精准扶贫战略之后，兜底保障得到强化，政府、残联发挥的作用越来越大。在19个个案中，除个案10未得到任何保障或补偿外，其他均享受不同的社会保障待遇或得到相关补偿。这些待遇或补贴分为两大类（见表6-5）：第一类生活救助。主要针对最低生活保障和特困人员供养。最低生活保障标准分为三档，并对残疾人实行单独施保或提高其待遇标准，以家庭为单位计算，个案13每月享受1250元的低保补助，而最低的个案16因单独施保，其标准为每月205元。特困供养人员每月补贴665元。针对残疾人的特殊救助主要有困难残疾人生活补贴和重度残疾人护理补贴。19个个案中有14个个案享受每月40元或70元的重度残疾人护理补贴，有12个个案享受每月50元的困难生活补贴。第二类是扶贫兜底，针对对象主要为建档立卡户，保障项目主要有公益性岗位补贴、易地扶贫搬迁、兜底保障、建档立卡补贴。公益性岗位补贴最低为每月500元（个案4），最高为每月900元（个案7）；易地扶贫搬迁的补偿标准为21万元（个案15）至22万元（个案6），危房改造补贴为4万元（个案4和个案7），兜底保障每月350元（个案8），建档立卡补贴每月90元（个案9）。

表6-5　　　　福贡县19个个案获得的正式支持现状

个案号	贫困类型	保障或补偿（以家庭为单位）
个案1	低保户	低保：615元/月
个案2	低保户	单独施保：370元/月；重度残疾人护理补贴：70元/月；困难残疾人生活补贴：50元/月
个案3		重度残疾人护理补贴：40元
个案4	低保户、建档立卡户	公益性岗位：500元/月；危房改造：4万元；低保：480元/月；困难残疾人生活补贴：100元/月（两人）；重度残疾人护理补贴：70元/月（其妻）
个案5	建档立卡户	困难残疾人生活补贴：50元/月；重度残疾人护理补贴：40元/月
个案6	低保户、建档立卡户	易地扶贫搬迁补偿：22万元
个案7		公益性岗位：900元/月；低保：300元/月（单独施保）；危房改造：4万元；困难残疾人生活补贴：50元/月
个案8	建档立卡兜底户	兜底保障：350元/月；重度残疾人护理补贴：40元/月；困难残疾人生活补贴：50元/月
个案9	建档立卡户	困难残疾人生活补贴：50元/月；重度残疾人护理补贴：70元/月；建档立卡补贴：90元/月
个案10		无
个案11		困难残疾人生活补贴：50元/月；重度残疾人护理补贴：70元/月
个案12	低保户	特困人员供养：665元/月；重度残疾人护理补贴：151元/月；低保（刚批准，还未领到钱，单独施保）
个案13	低保户、建档立卡户	低保：1250元/月；重度残疾人护理补贴：40元/月；困难残疾人生活补贴：50元/月

专题六 深度贫困地区农村残疾人兜底保障

续表

个案号	贫困类型	保障或补偿（以家庭为单位）
个案 14	低保户、建档立卡户	低保：345 元/月（残疾女儿单独施保）；重度残疾人护理补贴：40 元/月；困难残疾人生活补贴：50 元/月
个案 15	建档立卡户	重度残疾人护理补贴：40 元/月；困难残疾人生活补贴：50 元/月；易地扶贫搬迁补偿：21 万元
个案 16	低保户、建档立卡户	低保：205 元/月（单独施保）；重度残疾人护理补贴：40 元/月；困难残疾人生活补贴：50 元/月
个案 17	低保户	低保：未知（2 人享受）
个案 18	低保户、建档立卡户	低保：700 元/月；重度残疾人护理补贴：40 元/月；困难残疾人生活补贴：50 元/月
个案 19	低保户、建档立卡户	低保：1200 元/月；重度残疾人护理补贴：70 元/月；困难残疾人生活补贴：50 元/月

从个案访谈情况看，多数残疾人及其家庭享受了不同类别、不同水平的各类保障，特别是在疾病保障方面采取了多项措施，出台了更加优惠的支持政策，包括将农村贫困人口（建档立卡贫困人口和农村低保对象、特困人员、贫困残疾人）纳入重特大疾病医疗救助范围，对 9 类 15 种大病提高报销比例，出台补充医疗救助和慈善医疗救助制度等。但是，上述措施对重特大疾病患者起到的作用十分有限，因为高昂的费用而放弃治疗的现象普遍存在，如个案 6 和个案 7。

个案 6。视力残疾三级，32 岁。2009 年，案主从外地打工回家之后感觉到自己的眼睛不舒服，先去福贡县的医院检查，查不出病因。后借了五千块钱，去昆明的一家医院检查，花光了钱也没有查出病因。由于家里穷，又借不到钱，只能放弃治疗。现在在家中吃中草药，情况越来越差，现在大白天只能看见模糊的影子。家庭因为失去主要劳动力，生活变得越来越艰难。

个案 7。71 岁，丧偶。2016 年 5 月，正在干农活的案主突然感觉身体不适，骨关节疼痛，一开始并未在意，后来病情逐渐恶化，来到县医院检查治疗，经检查为骨结核。受家庭经济状况的限制，只进行了初步治疗，共花费4000多元，家里再也拿不出钱。为了不给家里带来额外的负担，放弃治疗，回到家中。目前，案主已全身瘫痪，且病情正在恶化。

对个案访谈进行分析，发现农村残疾人的基本生活得到了基本保障，多数残疾人或残疾人家庭享受了最低生活保障，或被划为建档立卡户，每月享受的最低生活保障标准完全可以解决生活困难问题。除此之外，部分残疾人还可以享受到残疾人福利津贴，在一定程度上改善了生活条件。但是，与此同时，因病致残、因残致贫的问题却显得更加突出，多数残疾人家庭陷入贫困陷阱而不能脱困。造成这种现象的根本原因在于医疗和康复保障政策不完善。目前，城乡居民医疗保障水平低，各地医疗保险基金控费较为严格，城乡居民医疗费用的报销比例普遍偏低，给残疾人家庭造成较为沉重的负责；而残疾人康复保障政策尚未建立起来，残疾人被迫承担康复服务支出，进一步加重了残疾人家庭的贫困程度。而对高昂的医疗和康复支出，部分残疾人被迫放弃治疗或康复，而这又导致残疾程度的加深，这不仅导致残疾人劳动能力的丧失，还加重了家庭成员的照料负担。

二 残疾人的家庭照料现状

家庭一直是中国农村残疾人社会支持的重要来源，尤其是福利体系的不健全、制度约束无力的情形下，残疾人更依靠家庭支持。[1] 研究表明，父母、配偶、子女、兄弟姐妹是家庭照料残疾人的主体，尤其是父母和配偶提供的支持占比较大。[2] 残疾人从家庭成员获得的支持主要有生活照料服务和情感性支持。根据照料者与被照料者的关系，对福贡县残疾人个案进行分析可以将照料模式主要划分为以下三

---

[1] 邱观建、安治民：《我国残疾人社会支持网络的运作逻辑与建构》，《武汉理工大学学报》（社会科学版）2014年第4期。
[2] 杨世霞：《残疾人社会支持网络建设浅析》，《中国社会工作》2019年第30期。

专题六 深度贫困地区农村残疾人兜底保障

种类型。

一是长辈照料晚辈。父母是残疾孩子的第一责任人,几乎承担了全部照料责任。孩子发生残疾后,父母通常带有强烈的愧疚心理,希望通过无微不至的照料给孩子以弥补。长辈照顾晚辈,在照料方式上存在较大差别。虽然父母都很爱他们的残疾子女,也希望子女能过上较好的生活,但是一些父母能够采取积极干预措施,帮助残疾孩子回归正常生活(如个案10);而一些父母采取了消极逃避的措施,让残疾孩子回到家庭中,从社会退却(如个案11);还有一些父母缺乏知识,对晚辈提供的照料极其有限,残疾孩子生存艰难(如个案2)。

个案2。女,40岁,肢体残疾一级,两个姐姐已外嫁,母亲车祸身亡,现与父亲生活在一起。父亲72岁,年事已高,照料她有些吃力。案主家中摆设极其脏乱,堆满了从外面捡回来的垃圾废品,家中无立足之地,做饭做菜则在一个小角落里完成。案主长年无法移出小院,瘫痪20多年以来未迈出过家门一步。父亲能提供的照料主要做饭,其他则一无所知。

个案10。27岁,因车祸造成右腿截肢。案主截肢后,为了帮助儿子走出阴影,其父每周带着全家去教会参加活动。同时,父母花了50万元(征地补偿款)为案主修了一栋面积400平方米的4层砖瓦房,其中两层给案主,另外两层给分家的大儿子,换取大儿子在父母去世后对小儿子的照料。

个案11。先天性肢体残疾人。案主的日常照料者为母亲,为了避免外人异样的眼光对女儿造成伤害,家人很少带案主外出,也不让其上学(曾上过一年学,受到学生的嘲笑,后再也不去上学了)。由于长期封闭于家中,造成案主性格内向,不敢踏出家门。其母表示自己并没有抱怨过,也不曾有过落差感,因为无论好坏都是上天的安排。而对于案主的未来规划,其母表示并没有想太多,只能走一步算一步。她还说,自己担心别人对她女儿不好，因此并不希望她出嫁。

二是晚辈照料长辈。傈僳族家庭中，父母由幼子养老送终，在父母残疾或失能的状态下，幼子有责任和义务提供照料服务，而且这种照料责任不能分担，也不能转移，这给幼子家庭带来极其沉重的负担。在没有儿子的情况下，女儿则承担起照料父母的责任（如个案13、个案18）。

个案13。严重帕金森病患者，同时患有肾结石、脑梗塞等病症，需全天护理。案主的三个儿子、两个女儿均在本村成家，目前与小儿子一家生活在一起。小儿子一家育有四个孩子，最小的小孩才8个月。小儿子原本在怒江州电力公司打工，每月有2000多元收入。母亲失能后，被迫辞职回家照顾母亲，并承担其母的药费、护理用品等所有支出，其兄弟姐妹偶尔会前来看望母亲，但从不承担日常照料的义务，也不给赡养费。

个案18。71岁，肢体一级残疾（第一次访谈时思维灵活，一个多月后进行回访时已失去言语能力）。案主育有三儿两女，均已成家。案主原来一直由小儿子照料，但后来小儿子全身瘫痪，完全失去语言功能，案主就被小女儿接到保山，由其照料。而生活在本村的大儿子和二儿子一年到头从未看望过母亲，甚至不让他们的子女看望奶奶。案主说"两个儿子白养了"，多次产生轻生的念头，但是一想到小儿子瘫痪在床无人照顾，又放不下。目前由嫁在本村的大女儿负责照料，大女儿丈夫全身瘫痪，也需要全天照料，被迫在两家之间奔波。

三是同辈之间的照料。同辈之间的照料主要由兄弟姐妹完成，通常是在父母去世或父母不能履行照料责任时，才由同辈完成照料。同辈的照料存在最大障碍来自于照料者家庭成员的反对（主要来自于嫂嫂或弟媳的反对，如个案5、个案14）。

专题六 深度贫困地区农村残疾人兜底保障

个案5。肢体残疾二级,轻度智力障碍,生活部分自理。案主有一个哥哥,一个姐姐,两个弟弟。案主和母亲与最小的弟弟生活在一起,由其弟提供管理照料。其弟初中毕业后在乡政府工作,工作体面且稳定,但是其妻不愿承担照料责任,多次争吵无果后便离婚出走外地。目前,案主的弟弟独立抚养两个孩子,照顾兄弟和母亲,家境比较困难。而案主的哥哥、姐姐和另一个弟弟,除偶尔看望案主和母亲外,未承担其他照料责任。

个案14。66岁,肢体二级残疾。案主的小女儿患有侏儒症且有轻度智力残疾,需要家人照顾。为减轻家庭照料压力,在城里上班的大儿子将其妹的户口迁到城里,由其提供照顾。但住了一段时间后,大儿子说工作太忙,又将其妹送回农村家中。案主说,大儿子的工作忙只是一个借口,大儿媳的反对才是真正的原因。目前,案主与丈夫、小女儿、小儿子一家生活在一起。全家8口人,有两个残疾成员需要照料,有三个年幼孩子需要抚养,全家感到生活无望。

个案访谈材料表明,福贡县农村家庭结构正面临转型,传统的大家庭结构逐步被核心家庭所取代,家庭成员结婚即分家的现象越来越普遍。而且,越来越多的年轻人外出务工,隔代同堂居住的现象有所增加。家庭结构的变化给残疾人的家庭照料带来严峻挑战:越来越多的老年残疾人处于无人照料或照料不周的状态,老年残疾人的生存状况堪忧;而傈僳族的"小儿子养老"模式又进一步恶化了老年残疾人的照料状况;而在父辈照料子辈残疾人的模式中,由于兄弟姐妹数量的减少以及亲情关系的疏远,在父辈进入老年后,照料护理质量急剧下降。

三 残疾人的社区支持现状

社区不仅是残疾人长期生活的空间区域,也是残疾人社会支持的实现场所。农村社区支持主要由基层自治组织、党团组织、残疾人组织的支持和邻里互助组成。目前，福贡县农村"两委"干部年龄结构老化，知识水平普遍偏低，再加上扶贫攻坚任务繁重，无法开展残疾人社区支持工作。虽然每个村均设立了残疾人专职人员或兼职人员，但是因待遇偏低（每月补助100—200元不等），只能指引年龄偏大的残疾人。他们普遍缺乏残疾人专业知识，没有能力或资源开展残疾人服务。在现代化的冲击下，福贡县传统农村社区正在转型。部分村寨异地扶贫搬迁，在新的定居点中进行重新结合和再社会化，新的社区成为"准熟人社会"。年轻村民纷纷外出打工，还有部分村民为了孩子教育迁往城镇，传统的农村社区逐步走向衰落。农村邻里关系变得疏远，邻里互助传统逐步丧失。残疾人家庭与社区、邻里的联系变得越来越遥远，残疾人正在从社区中退却。在19个个案中只有少数残疾人获得社区支持，包括：个案5的邻居常到家里串门，送东西来；个案6在村里干活时受到大家照顾，干活比别人差，但拿到一样的工钱；个案8在修建房屋时邻居给家里帮了很大的忙；个案19获得了村委会的100元慰问金和大米。

　　研究表明，残疾人社会支持的主要力量仍然以血缘关系为纽带的亲属支持、以信任为纽带的友情支持为主[①]，尤其是来自残疾人生活的社区支持对残疾人的生存状态改善起着无可替代的作用。但是在深度贫困地区，农村社区组织力量薄弱，队伍老化，社区支持相对有限。

第四节　深度贫困地区残疾人兜底保障存在的问题及改进建议

　　福贡县的自然环境较为恶劣，市场发育程度低，贫困人口占比

---

① 周林刚：《社会支持与权能感——以残疾人福利实践为视角》，《西北民族研究》2008年第4期。

专题六　深度贫困地区农村残疾人兜底保障

高，贫困发生率高，是深度贫困地区的典型代表。作为贫困人口主要组成部分的残疾人不仅具有较高的贫困发生率，而且贫困程度深，家庭条件差，脱贫难度大。实施精准扶贫战略后，深度贫困地区加大了贫困残疾人的扶贫力度和兜底保障力度，但是从总体上看，尚未针对残疾人的特殊情况实施区别对待和优惠保障，残疾人的兜底保障制度有待进一步完善。

一　深度贫困地区残疾人兜底保障存在的问题

近年来，深度贫困地区加快了社会救助建设进度，加大了扶贫开发力度，农村贫困家庭的兜底保障政策逐步完善。在生活救助方面，建立了以最低生活保障制度为基础的生活救助体系；在健康保障方面，针对贫困人口提高了医疗保险报销比例、扩大了医疗报销目录范围、实施了健康扶贫工程，缓解了因病致贫问题；在教育保障方面，构建省、市、县三级教育救助体系，因学致贫现象基本得到解决；在住房保障方面，加大了易地扶贫搬迁力度，改善了贫困家庭的生活环境。但是，深度贫困地区的自然环境较为恶劣，交通较为不便，基础设施较为落后，住房条件和居住环境差；再加上人地矛盾突出，产业发展受限，贫困家庭脱贫难度大。与一般贫困户相比，深度贫困地区的残疾人及其家庭贫困程度更深，生存环境仍较为恶劣，发展条件更差，成为脱贫攻坚中难啃的硬骨头。而现有的兜底保障政策尚未针对残疾人的特殊需求给予更有针对性的保障。对福贡县的调查表明，福贡县最低生活保障标准超过了国家贫困线，但是补差标准并不高，缓解残疾人家庭困难的作用有限，多数残疾人家庭在享受各种保障之后仍然停留于贫困边缘地带，生活质量不高，且存在较高的返贫风险；尽管福贡县残疾人参加城乡居民医疗保险的比例高达95%以上，但是因为筹资水平低，医疗保险基金控费严，个人自负额较高，残疾人因病致贫、因病返贫等现象仍然较为突出，甚至因病倾家荡产的现象也时有发生。

目前，深度贫困地区残疾人家庭的兜底保障政策存在以下三个方面的"短板":(1)残疾人社会化照料服务体系处于空白状态。在家庭小型化、空巢化以及传统家庭观念淡化的背景下,农村重度残疾人照料成为残疾人家庭脱贫的绊脚石。目前,深度贫困地区的贫困县普遍尚未建立残疾人托养服务机构,也没有任何社会组织开展残疾人居家服务,农村重度残疾人社会化的生活照料服务长期缺失,重度残疾人的生存状态十分艰难,残疾人家庭也被拖累,难以脱贫。(2)残疾学生的教育保障体系有待完善。在精准脱贫的过程中,从中央到地方高度重视贫困地区的教育扶贫,教育部和国务院扶贫办还印发《深度贫困地区教育脱贫攻坚实施方案(2018—2020年)》,以"三区三州"为重点,补齐教育短板。在教育保障方面,加大了对贫困学生的资助力度,初步建立起教育保障体系。但是,对残疾学生尚未制定特殊保障政策或区别保障政策,包括:缺乏残疾儿童平等入园保障政策,造成残疾儿童入园难,入园率偏低;多数学校没有适合残疾学生入学的硬件和师资,部分符合入学条件的残疾儿童未能接受义务教育,残疾儿童义务教育阶段辍学率偏高;残疾学生因交通、经济等原因而难以接受高中或职高教育,进入高等院校就读的残疾学生显著低于其他地区。(3)残疾人康复服务保障体系尚未建立起来。深度贫困地区农村乡镇卫生院设施简陋且缺乏康复人才,乡镇卫生院和村卫生所没有能力开展康复工作;部分村寨未建立残协,无人普及残疾人康复知识;家庭无障碍改造力度小,受益人数极为有限;除少数残疾人得到免费发放的辅助器具外,多数残疾人没有适配辅助器具,更没有相关的保障政策。

在扶贫开发过程中,深度贫困地区加大了正式支持体系建设,逐步建立起社会保障体系,对贫困残疾人实施兜底保障尤其是针对建档立卡贫困户采取了一系列措施,促进贫困家庭发展生产,夯实保障体系,保障了残疾人家庭的基本生活。在社会支持中,家庭一直是残疾人生存保障的主要提供者,他们在尽最大的努力保障残疾人的生活,提供照料服务。

但是,这种看似完美的社会支持体系仍然难以构建起无缝的兜底安全网。(1)正式支持难以解决因病致贫、因病返贫问题。现行保障

专题六 深度贫困地区农村残疾人兜底保障

制度以解决生存为目标，只能保障残疾人"两不愁"（不愁吃，不愁穿）问题。同时，在教育和住房方面采取了一系列的保障措施，基本解决"两保障"（教育保障，住房保障）。然而，残疾人的医疗和康复问题仍未得到有效缓解，因病、因残致贫仍然是深度贫困地区面临的主要问题。福贡县医疗条件较差，专业人才匮乏，医疗设备紧缺，技术力量薄弱，许多患病群众被迫去州府所在地或省城看病，交通、生活成本居高不下，而且报销比例偏低，个人自负急剧增加，部分困难群众被迫放弃治疗和康复。（2）社会化照料体系处于空白，照料成为家庭不可承受之重。如福贡县傈僳族家庭文化的一个显著特征是幼子养老（养残）模式。由于当地政府对计划生育政策执行较为宽松，傈僳族家庭养育的子女较多。家庭中男孩长大自结婚日起或一年后需与父母分家，组成独立的小家庭，这种小家庭分居的习惯傈僳语称之为"海途"。儿子分居时，父母分与少量的土地、耕畜和其他生活资料，而住房和其他财产则留与父母家，最终由幼子继承，但是幼子也得承担养老送终的责任，而且这种责任通常不可转移。在家庭小型化且空巢化以及家庭观念淡化的背景下，重度残疾人的家庭照料导致照料者负担加重，而社会化的照料体系处于空白状态，重度残疾人的生存环境恶化。（3）关爱服务不足。深度贫困地区农村社区多处于地势崎岖不平的山坡上，无障碍改造难度很大，残疾人被隔离于社区之外。而且农村地区山多地少，人地矛盾十分突出，年轻人纷纷外出务工，村干部老龄化现象较为严重，村里没有实质性的志愿活动，甚至有些村的村干部一年到头没有到过残疾人家庭当中，对残疾人的需求完全不了解。残疾人及其家庭成为社区的"隐形人"。

二 深度贫困地区夯实残疾人兜底保障政策建议

深度贫困地区贫困程度深，脱贫难度大，还有部分残疾人家庭仍然处于深度贫困状态。为此提出以下建议夯实深度贫困地区残疾人兜底保障网。

一是综合施策，缓解因病致贫、因残致贫问题。解决贫困残疾人的医疗康复问题，需要采取综合措施，包括：大幅度提升重特大疾病、罕见病的封顶线，甚至可以考虑设立个人自负"封顶线"；扩大医疗保险药品目录、诊疗项目目录，提升医疗服务设施标准；进一步提升医疗保险覆盖率，实现全民参保目标；平衡医疗保险基金控费与支出的关系，逐步提升患者报销比例；加大中央、省级财政对深度贫困地区的转移支付力度，提高城乡居民医疗保险财政投入；理顺医疗救助和临时救助的关系，做好医疗救助与慈善救助的衔接；设立公益性大病医疗救助基金，吸纳社会慈善和社会捐助资金。同时，将现行的临时脱贫政策转化为制度建设，包括：统一医疗救助政策、救助办法和救助标准，缩小城乡、地区、人群之间的医疗救助差距；整合扶贫、人社、民政、残联等部门和社会组织的医疗救助资源，防止出现保障盲点；扭转大病救助的"保险化"制度设计倾向，提高年度内多次就医且医疗费用支出大的患者的救助力度；消除社会救助中的福利捆绑，扩大医疗救助资格条件，提升低收入家庭或低保边缘家庭、支出型贫困家庭患者对医疗救助的利用；对罹患重大疾病以及家庭中缺乏劳动力或处于劳动年龄段的贫困人口进行重点资助，例如重度残疾人、特困供养人员、贫困家庭中的主要收入来源成员以及未成年人等；医疗救助应该更突出对重大疾病或罕见病等病种的救助力度，提高对这些病种的补贴标准，从而进一步减轻贫困人口负担。

二是以制度建设为重点，因陋就简推进残疾人托养照料服务。深度贫困地区开展残疾人托养工作，可以借鉴河南省驻马店上蔡县的做法。上蔡县是一个国家级贫困县，为解决农村残疾人的托养问题，政府出资将乡镇卫生院闲置病房改造成乡镇托养中心，将建档立卡贫困残疾人家庭列为重点托养对象，而护理人员的选聘则采取政府购买服务的方式，本着优先聘用因残致贫家庭劳动力的原则，从建档立卡贫困家庭中招聘护工和厨师。[①] 上蔡县探索的重度智残人员集中托养实现

[①] 赵庆营、王丛虎：《整体性治理视域下重度残疾人扶贫问题研究——以河南省上蔡县重度残疾人集中托养为例》，《中州学刊》2019年第6期。

专题六 深度贫困地区农村残疾人兜底保障

了"托养一个人,解放一群人,致富一家人"的目标,其建设模式可以为福贡县提供借鉴。福贡县是深度贫困县,发展残疾人托养服务的基础条件差,缺乏资金支持,缺乏专业社会组织,发展残疾人托养服务,需要采取新的思路。在深度贫困地区推行残疾人托养服务,应以制度建设为重点,在发展初期,不必追求托养服务的专业化和托养设施的高端化,以解放重度残疾人家庭劳动力和维持基本托养条件为目标,因陋就简地建立残疾人托养服务,其中包括充分利用现有的闲置资源,包括农村中小学校舍、农村合作社、乡镇卫生院,对其进行改造即可;运营经费以中央和省级两级财政为主,州政府和县级政府可以将重度残疾人护理补贴和特困人员供养整合打包,直接用于托养,支付护理人员工资;招募贫困残疾人为护工,进行简单的护理知识培训即可上岗。

三是正确处理扶贫开发与兜底保障的关系。随着全面脱贫的临近,深度贫困地区加大了扶贫开发的力度;与此同时,在党和政府的全面统筹下,作为深度贫困地区全面脱贫的重要措施,兜底保障政策也越来越受到政府的重视。但是两者存在一定的区别,扶贫开发侧重于地区发展、人力资本开发,且通常以项目形式出现;而兜底保障则侧重于制度保障,以长远发展为目标。对于一般贫困人群,应以"先开发,后保障"为原则,促进地区发展和个体能力的提升,防止陷入贫困陷阱。但是贫困残疾人不同于一般贫困人群,他们的生存状态较为艰难,人力资源开发难度较大,因此应以"先保障,后开发"为原则,优先建立和完善兜底保障体系,这一兜底保障体系由一般性兜底保障制度和特定兜底保障制度组成。目前,一般性兜底保障制度已基本成熟,但是针对残疾人群的特定兜底保障制度尚未建立起来。未来应采取以下措施完善残疾人的兜底保障:(1)改进最低生活保障制度,按家庭结构(如残疾人家庭)分类保障,包括降低残疾人家庭的准入门槛,提高残疾人家庭的保障标准。(2)建立困难残疾人家庭的服务保障制度,如对重度残疾人实施居家护理,对重度精神病人实施机构监管,对老年残疾人实施居家探视服务,对有劳动能力的残疾人实施职业培训服务。(3)建立残疾人康复保障体系。扩大残疾儿童康复救助的范围,逐步实施家庭无障碍改造，实施辅助器具适配补贴政策。

四是加强社区建设，完善社区支持网络。残疾人生活于社区之中，社区是残疾人与各种资源对接的平台，也是搭建在残疾人与社会之间的桥梁。但是贫困地区农村社区的平台作用未能发挥作用，社区隔离导致残疾人及其家庭成为村落中的"孤岛"（见图6-1）。在深度贫困地区，尤其要重视社区建设，消除"社区隔离"，建设无缝的社会支持体系。(1) 加强农村党支部书记队伍建设，建设村级综合党群服务中心，落实基层干部报酬待遇，确保支部团结、村领导班子稳定；加快新生代党员培养，吸引年轻有为的青年回乡，不拘一格将年轻有为的党员选拔到村党支部书记岗位。(2) 增加乡镇残疾人事务工作人员，每个乡镇根据残疾人数设1—2名专职人员，并稳定其工作岗位；由村干部兼任残疾人事务，将补贴发放给兼职村干部；加大残疾人就业保障金的地区统筹力度，解决深度贫困地区残疾人事务管理经费困境。(3) 高度重视无障碍改造的重要性，要求按照《关于加强村镇无障碍环境建设的指导意见》，加强村镇无障碍环境建设，推进村镇道路、基本公共服务设施、基本公共活动场所、残疾人家庭、老年人家庭无障碍设施建设和改造；结合社会主义新农村建设和农村改厕等工作，以重度残疾人家庭和贫困残疾人家庭为主，重点改造厨房、厕所、居家门前坡道，逐步提升改造内容，提高改造水平。

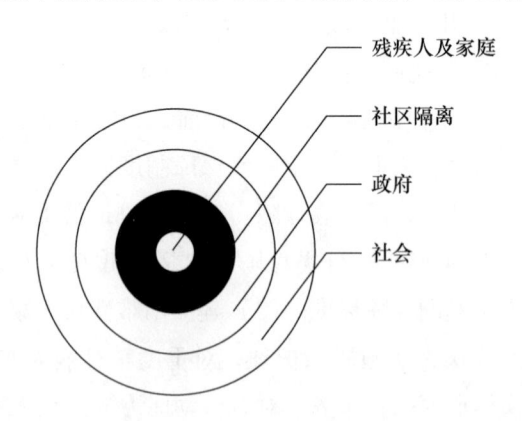

图6-1 深度贫困地区农村残疾人及家庭的社区隔离

专题六 深度贫困地区农村残疾人兜底保障

五是从"家庭支持"到"支持家庭"。家庭支持是残疾人生活支持和照料服务的重要提供者，家庭也是残疾人心理和精神寄托之所在，具有其他社会支持不可替代的作用。但是，随着家庭结构的变化和亲情关系的疏远，家庭支持变得不可承受之重，为此需要政府和社会对残疾人家庭给予支持，实现从"家庭支持"到"支持家庭"的转变。所谓"支持家庭"，是指为了强化家庭在残疾人支持中的作用，使家庭支持变得可持续，政府和社会对残疾人家庭给予物质保障和服务保障的一种方式。目前，需要政府和社会在以下几个方面加强对家庭的支持：（1）建立社会化托养照料服务体系，配备专业化的服务照料人才，对符合条件的残疾人家庭提供资金保障或服务费用减免，让残疾人入住专业机构，或提供喘息服务，减轻家庭照料负担；（2）建立家庭环境改造保障制度，对贫困残疾人家庭的无障碍改造费用给予减免，提升残疾人的行动能力和生活自理能力，国家针对贫困地区给予资金支持；（3）对困难残疾人家庭实施个案帮扶，为其提供个性化且持续跟踪的服务，对家庭成员进行心理疏导。

专题七　社会救助政策衔接

　　社会救助政策衔接是一个复杂的问题，既包括制度体系内部的项目衔接，也包括与社会保险、社会福利的衔接，政府救助与慈善救助的衔接等。针对制度衔接过程中面临的问题，本专题研究选取以江苏省为代表的发达地区和以贵州省为代表的欠发达地区深入调研分析，建议将临时救助前置，通过提高信息化水平、统筹资源配置等措施，加强社会救助不同制度间的政策衔接。

第一节　研究背景、思路与方法

一　文献回顾和研究框架

　　从目前已有的文献来看，与社会救助政策衔接相关研究主要分为以下几个方面：

　　第一，低保与专项救助的衔接。学术界讨论最多的是低保制度和专项制度捆绑而导致的福利依赖问题。实际上，低保金水平本身并不算高，福利依赖主要是由于低保和专项救助叠加后的福利过高造成的。除低保金以外，目前我国的救助项目还包括医疗救助、教育救助、住房补贴、自然灾害救助、临时救助（意外事故救助等）、水电燃料取暖费减免、节假日一次性救助、其他补助收入、其他费用减免等。这些救助项目的叠加提高了救助水平，不利于激励有劳动能力的受助者去就业。[①] 其他一些研究也将福利依赖问题直接指向了低保制

[①] 刘璐婵、林闽钢：《"养懒汉"是否存在？——城市低保制度中"福利依赖"问题研究》，《东岳论丛》2015年第10期。

专题七 社会救助政策衔接

度的福利捆绑,认为最低生活保障从一种单纯维持生活困难居民最低生活水平的手段,向一种可以享受多种优惠与福利政策的身份标签转变。① 低保身份化强化了低保对象的就业惰性。

由于多重福利捆绑,使得低保制度的实际替代率非常高,这极大影响了低保对象的就业动机。这与发达国家有关"福利依赖"有着很大的区别,甚至被定义为"中国式福利依赖"②。在这种情况下,长期接受福利实际上是理性选择(考虑退出福利之后的损失)结果。③ 邓蓉和周昌祥通过对重庆主城区社区调研发现,低保人员不愿意参加工作是因为参加工作获得收入后并不能增加整个家庭的收入,反而会因为现有工作收入的增加,使原有低保福利递减。④ 福利依赖现象的存在表明社会救助制度衔接存在一定的问题。

第二,低保制度和扶贫开发的衔接。社会救助和扶贫政策的衔接也是当前的热点问题之一。

救助和扶贫两项制度衔接是一个非常复杂的问题。有学者认为,要将两项政策真正有效衔接必须要认识到贫困不仅只是一个单纯的经济收入问题,它涉及了社会资本、自然资源、基础设施、健康、教育、社会公正等许多因素。⑤ 社会救助和农村扶贫两项制度衔接对于提升农村的整体返贫效果非常关键。由于两项制度覆盖差异受多种因素影响,包括体制设计、相关部门和基层工作人员的主观理解,以及地方财力、物力和人力等客观制约条件等,因此需要通过常态化的跨

---

① 崔凤、杜瑶:《城市最低生活保障身份化探析》,《江海学刊》2010年第6期;江治强、王伟进:《城市低保制度管理运行现状与提升路径》,《调研世界》2015年第5期。

② 刘晨男:《中国式"福利依赖"的制度设计探源——北京市城市居民最低生活保障制度案例研究》,《社会工作》2009年第6期。

③ Mwangi S. Kimenyi, "Rational Choice, Culture of Poverty, and the Intergenerational Transmission of Welfare Dependency", *Southern Economic Journal*, 1991, 57 (4), pp. 947 – 960.

④ 邓蓉、周昌祥:《福利依赖社会政策的介入》,《贵州大学学报》(社会科学版) 2006年第6期。

⑤ 江彬、左停:《关于我国农村扶贫政策与低保政策衔接问题的研究综述》,《安徽农业科学》2013年第6期。

部门分工协作，才能实现两项制度的衔接互嵌，提升整体的反贫困效果。①

另外，也有大量研究谈到了两项制度衔接的具体细节问题。张洪海等人认为，精准救助是"两项制度"有效衔接的前提，人力保障是"两项制度"有效衔接的基础，部门联动是"两项制度"有效衔接的关键，动态管理是"两项制度"有效衔接的重点、持续发展是"两项制度"有效衔接的核心。②侯学元提出，农村低保与扶贫开发两项制度衔接工作的重点是扶贫标准、扶贫对象和扶贫管理三个环节的无缝衔接。③张廷华认为，完善"两项制度"衔接工作主要是要做好扶贫与民政数据衔接、信息衔接和政策的衔接。④

第三，医疗救助制度和医疗保险制度的衔接。医疗救助和医疗保险制度衔接是解决贫困人口因病致贫的关键。一些研究分析了两项制度衔接的必要性。例如，张莹等人认为医疗救助和基本医疗保险衔接主要是为了实现卫生筹资、卫生服务利用以及卫生健康状况的公平。⑤有学者认为医疗救助和"新农合"有效衔接有利于解决农村贫困人口的医疗问题、有利于节约制度运行成本、有利于构筑完善的农村健康保障体系。只有实现两种制度的有效衔接才能解决我国农村"因病致贫、因贫致病、贫病交加"的现象。⑥有研究分析医疗救助和医疗保险制度衔接时存在的问题。高建民等人对新型农村合作医疗与医疗救助制度衔接的知晓率及满意度等方面进行分析认为，居民对两项制度

---

① 左停、贺莉：《制度衔接与整合：农村最低生活保障与扶贫开发两项制度比较研究》，《公共行政评论》2017年第3期。
② 张洪海、董娟、续文念：《"两项制度"衔接实践中的反思》，《中国社会报》2016年11月7日第004版。
③ 侯学元：《江苏省农村低保与扶贫开发，两项制度衔接工作探索与思考》，《中国民政》2016年第5期。
④ 张廷华：《少数民族地区农村低保与精准扶贫两项制度衔接工作初探》，《中国民政》2016年第5期。
⑤ 张莹、王俊华、姜忠：《基于公平视角下医疗救助与基本医疗保险制度衔接的必要性与路径研究》，《中国卫生事业管理》2011年第12期。
⑥ 赵江利、王裕明、王金涛：《农村医疗救助制度与"新农合"制度衔接问题研究》，《劳动保障世界》2010年第1期。

专题七 社会救助政策衔接

衔接的知晓率较低,因此需加大对相关政策的宣传力度。① 也有学者在梳理医疗救助和健康扶贫功能定位的基础上,认为健康扶贫与医疗救助衔接存在识别机制有区别、信息共享有难度、扶贫对象与民政救助对象重合率不高等困难。② 由此可见,我国目前的医疗救助与医疗保险两项制度衔接存在一定的问题。

第四,政府救助和慈善救助的衔接。慈善救助是政府救助的有益补充。但是,慈善救助要想充分发挥作用的关键环节是要与政府救助做好衔接。由于我国慈善事业发展历程相对较短,慈善事业发展中存在不少困境,尤其在与社会救助衔接中存在问题,具体包括政府社会管理和公共服务的理念存在偏差,对慈善参与社会救助的必要性缺乏认识。救助主体间合作不够,救助资源互补尚未实现。社会救助和慈善事业资源信息共享对接不力等。③ 如何做好慈善救助和政府救助衔接呢?有人认为,应以整体性治理来统筹政府救助和慈善救助,构建有效的衔接机制,具体包括完善协商对话机制、健全信息共享机制、创新政府购买机制。④ 例如,在编制和实施慈善医疗救助时,应当与政府医疗专项救助形成衔接机制;在实施慈善关爱困境儿童项目时,要与政府的孤儿救助机制衔接。⑤

综合以上文献回顾,结合当前我国社会救助制度的具体情况,本专题的研究思路和框架如下(见图7-1)。

二 研究方法

第一,文献法。课题组将收集、整理社会救助政策衔接的相关研

---

① 高建民、卢丽、王娅娟等:《新型农村合作医疗与医疗救助制度衔接实施效果分析》,《中国卫生经济》2014年第10期。
② 向国春、陈运山、李婷婷等:《健康扶贫与医疗救助衔接的挑战及探索》,《卫生经济研究》2019年底6期。
③ 江治强:《慈善事业与社会救助衔接存在的九个问题》,《中国社会报》2015年7月27日第004版。
④ 孙远太:《政府救助与慈善救助衔接机制构建研究》,《中国行政管理》2015年第8期。
⑤ 郭廷建:《慈善救助与社会救助衔接应注意的几个问题》,《中国社会报》2015年5月18日第002版。

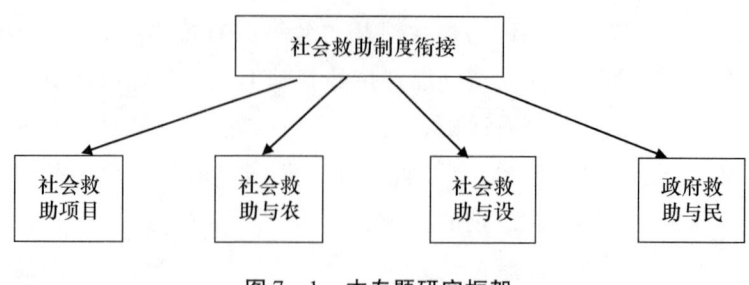

```
                    ┌──────────────────┐
                    │  社会救助制度衔接  │
                    └──────────────────┘
           ┌──────────┬──────────┬──────────┐
    ┌──────┴─┐  ┌─────┴──┐  ┌────┴───┐  ┌───┴────┐
    │社会救   │  │社会救  │  │社会救  │  │政府救  │
    │助项目   │  │助与农  │  │助与设  │  │助与民  │
    └────────┘  └────────┘  └────────┘  └────────┘
```

图7-1 本专题研究框架

究理论和历史文献，分析当前社会救助制度衔接主要理论问题。课题组还将收集各类官方统计数据进行计算分析，以便在实地调查的基础上进一步加强对社会救助政策衔接的论证。

第二，座谈/访谈法。调研地点选取了发达地区的代表江苏省和欠发达的地区代表贵州省进行实地调研，主要采取座谈和访谈的方式进行。座谈/访谈的抽样按照省、市、县、乡镇的层级顺序进行。在江苏省先后访谈了江苏省民政厅、宿迁市民政局、泗阳县民政局、泗阳县卢集镇和泗阳县众兴镇。在贵州省先后访谈了贵州省民政厅、遵义市民政局、赤水市民政局、赤水市天台镇和赤水市市中街道办事处。

在调研中，对参加座谈的人员做了以下要求：（1）省、市、县民政厅/局座谈，除了民政部门从事社会救助和社会福利的相关工作人员以外，还需要找扶贫办、人社、教育、住建、残联等部门的工作人员参加。（2）乡镇和街道工作人员访谈，找从事社会救助工作的基层工作人员。

第三，问卷法。问卷法是本专题研究的主要方法之一。在座谈会召开之前或之后进行问卷调查。问卷填答者既有参加座谈和访谈的社会救助工作人员，也有当天正在民政部门上班的工作人员。本次调研回收有效问卷共107份，其中江苏地区47份，贵州地区60份。表7-1是参加问卷调查的工作人员的基本情况。

表 7-1　江苏和贵州两省问卷调查被访工作人员个人基本信息

		全部（N=107）	江苏（N=47）	贵州（N=60）
性别	男（%）	56.2	59.6	53.4
	女（%）	43.8	40.4	46.6
	总计	100	100	100
年龄	平均年龄（岁）（标准差）	39.1（8.12）	40.2（8.15）	38.4（8.08）
从事社会救助时间	平均时间（年）（标准差）	4.80（4.26）	4.98（4.15）	4.62（4.37）
行政级别	副科级以下（%）	61.2	42.5	74.1
	副科级（%）	13.3	22.5	6.9
	正科级（%）	19.4	25.0	15.5
	副处级（%）	6.1	10.0	3.5
	总计	100	100	100
政治面貌	中共党员（%）	75.2	74.5	75.9
	民主派成员（%）	1.0	—	1.7
	共青团团员（%）	1.9	—	3.5
	无党派人士（%）	3.8	6.4	1.7
	群众（%）	18.1	19.1	17.2
	总计	100	100	100
文化程度	高中/中专（%）	6.5	4.3	8.4
	大专（%）	17.8	23.4	13.3
	本科	68.2	61.7	73.3
	硕士及以上	7.5	10.6	5.0
	总计	100	100	100

从表 7-1 中可以看出，参与本次问卷调查的 107 人中，男性占比 56.2%，女性占比 43.8，平均年龄在 39.1 岁。从事社会救助时间平均为 4.80 年，因此被访者有较为丰富的社会救助从业经验。行政级别在副科级以下的有 61.2%，副科级以上的占比 38.8%，被访对象基本上都是业务骨干。在被访者中，文化程度在大专及以上学历人数占比为 93.5%，

因此总体文化程度较高，综合素质较好，能够比较透彻地理解一系列的救助制度和政策。

除了江苏和贵州两省的数据之外，本专题还将使用民政部政策研究中心的"托底性民生保障政策支持系统建设项目——工作人员调查问卷调查"数据（下文称为"全国数据"）。该问卷调查第三部分（C 部分）使用的题目和本专题研究在江苏省、贵州省调研的问卷基本一致。但是，两个调查的抽样方法和问卷填写的人员不一样。全国数据总共访问从事社会救助的基层工作人员 1099 人。这些基层工作人员来自北京、甘肃、广西、贵州、湖北、江苏、江西、山东、陕西、四川、云南、浙江（12 个省区市）的 38 个区县。与江苏和贵州两省工作人员调查的被访者相比，全国数据的被访者更多地集中在最底层，其中村（居）层级的工作人员占总被访者的 92.5%，样本分布的具体情况见表 7-2。

表 7-2　　托底性民生保障政策项目工作人员问卷被访者基本情况（N=1099）

		百分比（%）
性别	男（%）	58.1
	女（%）	41.9
	总计	100
年龄	平均年龄（岁）（标准差）	42.88（10.308）
从事社会救助时间	平均时间（年）（标准差）	4.88（1.924）
工作身份	机关事业单位在职人员	12.8
	机关事业单位合同制聘用人员	8.1
	基层自治组织人员	70.6
	其他	8.5
	总计	100
文化程度	初中及以下	19.3
	高中/中专（%）	28.4
	大专或本科	52.0
	硕士及以上	0.3
	总计	100

续表

		百分比（％）
城乡类型	城市	33.0
	农村	67.0
	总计	100.0
工作层级	县区级	0.8
	乡镇街道	6.7
	村（居）级	92.5
	总计	100.0

第二节　社会救助体系各项目的内部衔接

我国目前社会救助制度体系源于20世纪90年代建立的城市低保制度。到2014年国务院颁布《社会救助暂行办法》，基本形成了包括基本生活、医疗、住房、教育、灾害等内容的社会救助体系。本部分着眼于社会救助制度的内部衔接，集中探讨两个问题：一是低保制度与临时救助之间的衔接；二是低保制度和专项救助之间的衔接。

一　临时救助和其他社会救助的衔接

（一）临时救助的特点

临时救助指国家对遭遇突发事件、意外伤害、重大疾病或其他特殊原因导致基本生活陷入困境，其他社会救助制度暂时无法覆盖或救助之后基本生活暂时仍有严重困难的家庭或个人给予的应急性、过渡性的救助。根据表7-3显示，绝大部分工作人都认为群众遭遇灾难性事件时最主要的制度依靠是临时救助。在江苏省从事社会救助的工作人员中，有89.4%认为需要依靠临时救助，贵州省的这一比例达到95.0%。全国12省的社会救助工作人员中有91.4%也认为需要依靠临时救助。

表7-3 针对群众遭遇突发事件等陷入困境时需要帮助的回答情况

	全国（%）	两省（%）	江苏（%）	贵州（%）
临时救助	91.4	92.5	89.4	95.0
低保金	58.2	41.1	46.8	36.7
专项救助	77.8	84.1	80.9	86.7
社会慈善救助	67.6	67.3	70.2	65.0
社会福利（困境儿童生活补贴、残疾人两项补贴等）	65.0	35.5	36.2	35.0
其他	4.4	4.7	8.5	1.7

注：本题是多选题。

由于临时救助所能给付的待遇很有限，因此只能解决困难群众的燃眉之急。例如，2015年贵州省政府办公厅下发的《关于进一步加强和改进临时救助工作的意见》（黔府发〔2015〕37号）规定，各地临时救助标准参照当地城市低保标准确定，原则上保障家庭对象1个月至6个月的基本生活，保障个人对象从发生特殊困难至获得家庭支持前期间的基本生活。

尽管临时救助所给予的资金有限，但是给付相对灵活。小额的临时救助审批权限已经下放到乡镇一级，有利于快速及时地解决群众的暂时性困难。例如，贵州省民政厅一位主管社会救助的干部在谈道临时救助时这样说：

> 在实际调研中，很多农村居民只反映存在困难，但具体申请哪一种救助方式，还需要基层干部根据实际情况来决定。目前临时救助的审批权下放到乡镇一级，一般1500元以下的由基层干部决定，大额的、2000元以上的需要县民政局审批。

（二）临时救助与低保、专项救助的衔接

临时救助只能提供临时性的援助，一些遭遇天灾人祸的家庭可能需要长期的救助支持，那么他们可能就要去申请低保、医疗救

专题七 社会救助政策衔接

助、教育救助、困境儿童生活补贴等。除了临时救助之外，社会救助工作人员认为应对群众灾难性事件排在第二位的是专项救助。江苏省这一比例为80.9%，贵州省这一比例为86.7%，而全国12省数据这一比例也达到77.8%。应对群众突发性灾难排在第三位的是低保金。江苏省和贵州省工作人员的相关比例分别是46.8%和36.7%，而全国12省的工作人员这一比例更是达到58.2%。这表明，专项救助在解决居民的突发性灾难时的作用是要排在低保金制度之前的。由于全国12省数据的被访者的村居工作人员比例更高，他们对于专项救助的了解可能要低一些，因此有更高的比例认为应对群众突发性灾难需要依靠低保金。除此以外，也有一些工作人员解决群众突发性灾难还要依靠社会福利（困境儿童生活补贴、残疾人两项补贴等）和其他政策。

虽然临时救助应对群众的突发性灾难冲在最前面，但是其他救助项目也非常重要。因此临时救助与低保金、专项救助和其他救助就需要有效衔接，才能更好地解决群众的困难。例如，泗阳县民政局领导说：

> 泗阳县在县政务服务中心设立了由民政局、住建局等单位组成的民政救助、住房救助、医疗救助、残疾人救助、特困职工救助、教育救助、就业救助7个社会救助服务窗口，建立了"一门受理、协同办理"的工作机制，负责受理、交办、转办、督办等工作。全县21乡镇（街道）、场便民服务中心均设立了"社会救助服务窗口"，由专人负责受理或转办社会救助各项工作。

由于低保金和专项救助的长期性很容易造成福利依赖，因此一些地方政府在实践中，通过将临时救助前置来优化整个救助的流程和衔接，降低制度的福利依赖负面效应。例如，江苏省泗阳县的临时救助方面走在了全国的前列，被称为"急诊救助"泗阳模式。

二 低保与专项救助衔接

（一）低保和专项救助衔接

根据2014年的《社会救助暂行办法》，低保对象自动具有医疗救助、教育救助、住房救助和就业救助的资格。因此，这里涉及的衔接问题主要是专项救助的各个部门需要从民政部门那里获得贫困人员信息，以实现精准救助和动态调整。由于各地通常是在医疗保险结算完之后才启动医疗救助，而当前医疗保险的信息系统比较完善，因此医疗保险和社会救助衔接问题不大。就业救助本身并没有捆绑福利，因此在实践中也较少有衔接问题。总体来看，住房救助、教育救助以及医疗救助在制度衔接问题上面临的情况比较复杂。

一是住房救助的衔接问题。与其他专项救助相比，住房救助的制度衔接更加困难。导致衔接困难的主要问题是保障性住房的清退非常困难。一般说来，各地都会有一个保障性住房的核查周期。贫困/低收入家庭经济状况明显改善后，按照规定要求退出。因为公共性保障房一旦清退会给贫困/低收入家庭带来的额外住房开支会非常大，因此贫困/低收入家庭大都不愿主动退出，这就会造成清退难题。由于清退成本过大，在一些地方有时甚至会选择性放弃清退。例如，贵州省遵义市住建局住房保障科的一位工作人员说：

> 清退手段主要是劝退。对于拒绝清退或者不缴纳租金的住户，会到法院进行申诉，但因申诉成本过高，与追回的租金相比，得不偿失，最后多会不了了之。

江苏省也同样存在同样的问题。在一般情况下，住建部门会对申请住房保障的家庭建立详细家庭档案。为提高救助实效，杜绝违规操作的情况发生，定期组织对保障家庭的收入和住房情况进行严格复查，对收入提高不再符合保障条件的家庭，要收回配租房源或退出租赁补贴。但是从实际情况来看，住房救助核查困难重重。宿迁市住建

专题七 社会救助政策衔接

局的工作人员在谈道住房救助清退困难时说：

> 一是低保户贫困户生活水平发生变化，在实现脱贫后，在审核他的家庭收入方面会遇到困难。二是在核对家庭收入的时候，只能核对居民在本市内的房屋数量，市外的难以核对。

由此可见，清退难实际上非常复杂。既包括无法查实贫困户的收入和资产，也包括思想和认识问题，还包括执行困难等。调研发现，保障性住房清退困难导致一些地方在住房救助人员的信息共享和衔接方面就很不通畅。

二是教育救助的衔接。当前在全面建成小康社会的背景下，很多地方对于教育救助非常重视。例如，贵州省建立了从学前教育到研究生阶段，以国家资助为主体、学校和社会资助为补充，包括"助、奖、免、补、贷、偿、食、勤"等多种手段在内的学生资助政策体系。[1] 与贵州省类似，江苏省也同样建立了从学前教育到高等教育的教育救助体系。由于教育部门并不掌握贫困学生的基本信息，因此他们需要与民政、扶贫办等部门密切合作才能获得相关信息。当前，各地比较常用的手段是信息对接和数据比对。例如，泗阳县教育局的工作人员在谈道政策落实时特别提及制度衔接问题，他说：

> 为确保所有建档立卡户家庭的孩子都享受到教育，教育系统与扶贫办、民政局的信息系统对接，通过数据比对，掌握学生的家庭情况；学校也会根据学生在校情况，将学生信息反馈到教育系统进行补充。

贵州省的教育救助困难学生信息也主要依靠信息比对，从而在源

---

[1] 《贵州省社会救助体系建设与运行情况》，内部资料。

头上主动掌握困难学生的基本情况，避免出现救助不精准的情况。贵州省教育厅的干部在谈道救助的衔接问题时说：

> 现在从教育部到省级已经实现了数据的自上而下，教育部将民政、残联的数据和学籍信息进行比对，在学生进校之初，学校就已经了解到学生的情况并进校资助。

但是，贵州省属于经济欠发达地区，地方信息系统建设滞后，地市级及以下的部门间仍然依靠手工比对，导致教育救助的信息共享和衔接也存在一些问题。如果数据不能实现自动比对的话，那么所需花费的时间较长且耗费精力。例如，遵义市教育部门的工作人员说：

> 目前对于受资助的低保、残疾学生的信息，由学校将全部学生信息上报到民政局，民政局在筛选核查后再反馈给学校，费时费力。

三是医疗救助衔接。低保与医疗救助的衔接也非常重要。很多低保人员不愿意退出低保的重要原因之一是低保对象不想失去医疗救助方面待遇。2015年，贵州省政府办公厅下发《关于进一步完善医疗救助制度全面开展重特大疾病医疗救助工作的实施意见》（黔府办函〔2015〕209号），明确了对精准扶贫建档立卡贫困人口中的大病患者、低保对象等10类对象给予资助参合参保、门诊救助、基本住院救助、重特大疾病医疗救助等救助。因此，医疗救助对于低保家庭十分重要。贵州省赤水市医保局的一位工作人员说：

> 如果看病花费的这部分费用属于报销政策规定内的，那么民政的救助对象或者其他困难对象，在进行报销以后还可以申请医疗救助；如果不属于的话，则无法申请。但是，如果群众因病返贫，最终可能还会走到低保金救助上。

专题七 社会救助政策衔接

在医疗救助衔接上，贵州省各县均建立医疗救助费用"一站式"即时结算机制，对在县域内定点医疗机构看病就医的、身份已明确的医疗救助对象实行"一站式"即时救助。

江苏省的情况与贵州基本类似。低保对象和医疗救助对象，首先要通过基本的医疗保险，再通过大病保险，最后再经过医疗救助。这样的话，基本上自己就可以不用再付什么费用了。但是，江苏省更加注重医疗救助与低保、临时救助之间的衔接。一位江苏省民政厅的工作人员说：

> 医疗救助对象中有一类人是临时救助对象中的大重病患者。他们没有低保，但是可以享受医疗救助。临时救助分担了一部分不符合低保条件的或者申请低保周期过长的这部分人员的负担。在这个阶段内可以先给予临时救助，同时再办理低保。这就是所谓的"社会制度的前端"。

（二）社会救助政策衔接与福利依赖

对于福利依赖问题，不同地区的工作人员有不同的看法。表7-4显示，在江苏省的被访对象中，62.5%的人认为低保福利依赖首先是由于低保和其他救助、福利制度捆绑。其次是受助对象懒惰，所占比例为17.5%。与江苏省不同，贵州省的被访者认为受助对象懒惰所占比例最高，达到了47.8%；低保和其他救助、福利制度捆绑所占比例其次，为37.0%。从全国12省的数据分析结果得到结论与两省的情况基本一致，低保福利依赖最重要的原因首先是受助对象懒惰，其次是低保和其他救助、福利制度捆绑。

表7-4　　　　　　**针对低保福利依赖的原因分析**

	全国（%）	两省（%）	江苏（%）	贵州（%）
低保金水平过高	6.4	3.5	7.5	—
低保和其他救助、福利制度捆绑	24.9	48.8	62.5	37.0

续表

	全国（%）	两省（%）	江苏（%）	贵州（%）
申请过程有漏洞	2.4	1.2	—	2.2
受助对象懒惰	29.8	33.7	17.5	47.8
低保人员就业培训做得不好	11.8	9.3	5.0	13.0
其他	19.2	3.5	7.5	—
不清楚	5.5	—	—	—
总计	100	100	100	100

关于福利依赖问题地方政府也有比较清楚的认识。例如，赤水市的一份社会救助工作情况报告中提到，低保家庭应当向乡镇人民政府（街道办事处）定期报告家庭人口、收入和财产状况的变化情况。但在实际生活中，低保家庭的人口、收入发生变化时，极少数会按照规定主动申报要求不再享受低保，其主要原因包括：一是缺乏对国家社会救助法律法规、政策的认识和了解，把社会救助认为是国家发福利，以获得为荣；二是低保背后其他的救助相关利益，如在住房、医疗、社保、教育等相关救助方面可获得更多便利和福利；三是在制度上缺乏相关的惩戒措施。如发现骗保行为，多是以取消待遇和追回保障金为手段，群众在心理上觉得违规的成本低保，在一定程度上滋长了隐瞒财产骗保行为。以上分析可以看出，福利依赖的原因大体可以分为制度不完善和救助对象的主观原因两方面。

尽管福利捆绑是福利依赖的主要原因，但是也有基层干部认为，低保政策附带的各项福利不应该被取消，这是因为只有加上专项救助才能使得低保人员的基本生活得到保障。正如贵州省民政厅社会救助处的一位干部所说：

因为在贵州这种欠发达地区，如果没有这些优惠的政策补贴等，一些贫困人口很难维持基本生活，所以我认为一些福利

专题七 社会救助政策衔接

捆绑是很有必要的。目前主要问题是政策的"悬崖效应"比较突出。

与贵州省相似，江苏省的民政干部也认为，福利捆绑确实可能诱发福利依赖或"悬崖效应"，但是当前却很难松绑。江苏省民政厅社会救助处的一位干部说：

> 专项救助是不是有必要给低保对象享受的问题，我个人觉得是应该要享受的。因为低保对象已经是最贫困的对象了，如果不救助的话，他的求学教育、医疗看病、住房等都是问题。只能通过各种专项救助，综合性地去解决他的家庭的问题。

因此，目前低保的福利捆绑问题，主要是所有的救助太过于集中，没有形成一种梯度化的保障，造成了"悬崖效应"太明显。

第三节 社会救助与农村扶贫衔接

农村扶贫开发始于20世纪80年代初期。由于当时农村扶贫是区域性开发，因此与社会救助没有明显的交叉。但是，脱贫攻坚也要精准到户，因此社会救助和扶贫开发有明显的分工和衔接。

一 救助和扶贫政策衔接机制

通过数据分析发现，两省和全国12省的工作人员都认为政策衔接最重要。江苏省的这一比例为55.3%，贵州省这一比例为67.9%，全国12省也达到62.9%。从两省的情况来看，排在二位的是对象认定衔接，其中江苏省这一比例为21.3%，而贵州省为17.9%。排在第三位的是贫困标准衔接，两省的比例分别是8.5%和7.1%。而全国12省排在第二、三位的分别是贫困标准衔接和对象认定衔接（分别占比13.1%和8.7%）（见表7-5）。

表7-5 关于什么是社会救助和农村扶贫这两项制度最重要的衔接回答

	全国（%）	两省（%）	江苏（%）	贵州（%）
政策衔接	62.9	62.1	55.3	67.9
贫困标准衔接	13.1	7.8	8.5	7.1
对象认定衔接	8.7	19.4	21.3	17.9
对象动态管理衔接	3.4	2.9	4.3	1.8
部门间的信息衔接	3.5	3.9	4.2	3.5
扶持政策措施衔接	8.4	3.9	6.4	1.8
合计	100	100	100	100

第一，政策衔接。社会救助是一个体系，具体包括低保、特困供养、医疗救助、教育救助等八个项目和社会慈善救助。国家在农村扶贫过程中给予了大量的政策和措施，因此两项制度需要做到政策有效衔接，才能更好地完成和巩固脱贫攻坚的历史任务。江苏省在《关于进一步加强社会救助制度与扶贫开发政策有效衔接的通知》（苏民助〔2017〕15号）指出，社会救助政策要向扶贫建档立卡低收入人口延伸，纳入扶贫建档立卡范围的社会救助对象要全面享受各项扶贫政策。具体包括将医疗救助范围向建档立卡低收入人口拓展，将建档立卡低收入人口纳入临时救助的重点服务对象。同时，扶贫部门要将小额贴息贷款、项目支持、就业帮扶等扶贫政策全面对建档立卡的社会救助对象开放，提升其自我发展能力，防止"一兜了之"。

第二，对象认定衔接。各地低保对象和建档立卡户都存在不同程度的重合。例如，贵州省遵义市建档立卡户全市90多万人（包含已脱贫和未脱贫的）。低保人口全市有30多万人，低保户中建档立卡贫困户有21万人（包括已脱贫和未脱贫对象），重合率70%。从贵州的情况来看，低保对象和建档立卡户的重合主要是为了帮助那些扶贫政策扶不起的老弱病残通过低保救助实现脱贫。江苏省也规定，要将符合条件的农村低保对象、扶贫标准线以下低收入人口全部纳入扶贫建档立卡范围；对无法依靠产业扶持和就业帮助脱贫的低收入农户，符合条件的及时纳入低保，实行政策性兜底保障。

专题七 社会救助政策衔接

在对象认定机制方面，两省均坚持"三共同"机制。遵义市民政局的干部在谈道对象认定时的"三共同"机制时说：

> 在农村低保对象和农村扶贫对象认定上有一个"三共同"机制，共同入户调查，共同民主评议，共同审核公示。同时还有数据信息比对和共享的机制。扶贫部门掌握低保的数据，民政掌握建档立卡贫困户的数据。

第三，贫困标准衔接。当前最重要的标准衔接问题之一是两项制度的标准到底要不要"两线合一"。实际上"合"还是"不合"，其最终的目标都是要完成脱贫攻坚的目标。从调研省份的情况来看，他们的做法并不完全相同。在贵州省赤水市调研时，有工作人员说：

> 自2017年起，我市的农村低保标准就已高过扶贫线，目前农村低保标准更是超出393元，从低保政策和扶贫政策对于收入认定的差别上客观说明两条标准线难以合一，且上级目前已不再要求"两线合一"。

但是，江苏省在贫困标准衔接上的情况与贵州省略有不同。江苏省在2015年的时候就完全达到了目前我国的脱贫标准。2016年的时候，江苏省通过测算，在原来2015年的这个脱贫基础上自加压力，明确到2020年实现低收入人口的年均收入6000元的扶贫标准，这是高于国家要求的自定标准。江苏省宿迁市民政局的干部座谈中明确表示，要在2020年实现两线合一。

二 救助和扶贫制度衔接的困难

调研发现，两省社会救助和农村扶贫两项制度在衔接时遇到的问题主要包括以下几个方面：

第一，对象认定标准不统一。低保和扶贫是两项制度，在对象认定时各有各的标准，这在一定程度上会造成基层操作上的困难。例如，赤水市的民政干部在谈道两项制度对象认定标准的困惑时说：

> 社会救助与农村扶贫制度衔接过程中碰到的主要困难是各自对象的认定上存在差异。如农村低保制度在计算家庭收入时，会减去生产成本、国家政策补偿（助）款等。而扶贫对象认定时，国家政策性收入、社会救助收入均计入家庭收入。又如农村扶贫对象认定时，家庭成员中有商品房、有工商营业登记、有小轿车、有公职人员的"四有"人员，明确规定不能进入建档立卡系统，但在农村低保对象认定时，是以实际家庭收入情况为主，上述"四有"人员不作硬性"一刀切"。

江苏省民政厅的工作人员在谈道两项制度在对象认定标准的不统一时讲得更加具体，他说：

> 扶贫部门有自己的一套收入认定标准，而我们的社会救助对象认定有一套自己的收入认定标准。比如，对赡养抚养费的计算问题，我们通过低保测算子女应该每个月300元，但她实际给了50元或100元，那么我们认的是300元，然而扶贫部门认定的是50元或者100元。这就造成了对象认定不是很精准。

另外，低保户是以同户口且共同生活作为家庭成员的识别依据。贫困户是以常住人口作为家庭成员的识别依据。同时，动态调整时也有差异。贫困户一年只开展一次动态调整，而农村低保户会随时动态管理。

第二，信息系统交换和数据对接问题。目前民政部门和扶贫部门各有自己的信息系统。由于所有的数据都是人为导入的，如果导入的信息不准，那么实际的工作开展也会难以进行。贵州省和江苏省都承认存在信息交换和数据对接不准确问题。贵州省遵义市扶贫办的干部

专题七 社会救助政策衔接

在谈到这个问题时这样表达:

> 扶贫系统里对低保和特困对象会进行标识,在经过一段时间以后,数据导出来时,标注的低保对象可能已经不是低保,而民政部门已经把这部分人纳入了低保系统里了。

江苏省民政厅的干部谈道两个信息系统对接时也有类似的表达:

> 目前来看,两个数据库可能还达不到实时交换,还是两个部门在掌握。而且在两个部门数据对接的时候发现,这个基础数据还不是很精准,也影响后续兜底工作的开展。

第三,脱贫不脱政策。脱贫不脱政策实践中会面临两难选择。例如,一些已经脱贫的贫困户由于他们的生活状况和家庭经济状况明显改善,如果他们继续享受各种脱贫攻坚的优惠政策,那么势必会让那些没有享受政策的低收入家庭觉得不公平,引起他们的心理不平衡。但是,从两省的调研情况来看,被访人员普遍认为,脱贫后政策应该继续执行下去。很多重病重残的贫困户,正是因为低保政策带来的一系列福利,才能够生存下去并实现脱贫。政策中断后,极大可能会恢复到原来的生活水平。例如,贵州赤水市扶贫办工作人员所说的:

> 贫困户在脱贫之初,应该有一段时间的缓冲期。在这个缓冲期内,政策还是会继续延续一段时间,直到稳定脱贫,有自理能力以后,政策才会慢慢退出。所以我认为,政策还是应该有所保留的。

第四节 社会救助与社会福利、社会保险的衔接

一 社会救助与社会保险的衔接

从社会救助与社会保险制度衔接的角度来看,主要包括为贫困人

员代缴社会保险费和社会保险待遇向贫困人员倾斜两个方面。

(一)代缴社会保险费

由于服务于脱贫攻坚任务需要,目前各地普遍的做法是为贫困人员代缴医疗保险费和养老保险费。

第一,代缴医疗保险费。社会保险的待遇获得需要以缴费为前提,而贫困群体往往没有足够的经济收入来参加社会保险,这就需要政府为他们代缴社会保险费。为此,江苏省出台了《关于进一步做好医疗救助与城乡居民大病保险有效衔接工作的通知》(苏民助〔2017〕12号),其中关于资助困难群众参加基本医疗保险规定:对省定7类重点医疗救助对象参加城乡居民基本医疗保险的个人缴费部分给予全额资助;对建档立卡低收入人口及地方拓展的医疗救助对象参加城乡居民基本医疗保险的个人缴费部分由财政给予适当补贴。

在实践中,关于政府是否应该为贫困人员代缴社会保险费这一问题有不同的看法。从表7-6可以看出,江苏省赞成政府代缴的比例为73.9%,比重相当大。在贵州省,赞成代缴的比例是最大的为46.7%,而视情况而定的比例也达到了45.0%,几乎与赞成代缴的比例相当。从全国12省的情况来看,认为政府应该代缴的比例为51.7%,认为视情况而定的比例为40.3%,也有7.8%的人反对为贫困人员代缴社会保险费。这表明,在政府是否应为贫困人员代缴社会保险费这一问题上存在明显的分歧。

表7-6   您认为政府是否应该为贫困人员代缴社会保险费?

	全国(%)	两省(%)	江苏(%)	贵州(%)
应该	51.7	58.5	73.9	46.7
不应该	7.8	5.7	4.3	6.6
视情况而定	40.3	34.9	21.8	45.0
说不清	0.2	0.9	0	1.7
合计	100	100	100	100

专题七 社会救助政策衔接

从调研的情况来看，各地对于为贫困人员代缴医疗保险费争议较小。尤其是在江苏省，在政府为贫困人员代缴社会保险费的问题上基本达成了共识。政府代缴医疗保险费不仅可以减轻贫困人员负担，扩大医保覆盖范围，而且可以利用多方资源，构筑完善的医疗体系。正如座谈会中江苏省民政厅社会救助处科员所说：

> 我觉得这个是好事情，它是一个可以撬动保险这个资源的一个杠杆。如果不给贫困人员代缴医疗保险的话，他只能走医疗救助。医疗救助的盘子就那么多，大盘子是整个的社会这个保险，你只有进入这个体系之后，才能用很小的这个代价去撬动大的资源。

宿迁市医保局的干部从医保全覆盖的角度来说明为什么要为贫困人员代缴医疗保险费，他是这样表述的：

> 政府为贫困人员代缴医保费，可以防止贫困人员因为资金困难或者侥幸心理，未能参加医保。政府代缴之后，有利于将基本医保覆盖到全部的贫困人口。

一些干部认为，代缴医疗保险的对象是特困供养人员、最低生活保障对象、孤儿、临时救助对象中的大重病患者等贫困人员，代缴医疗保险费可以为打好脱贫攻坚战贡献力量。

政府为贫困人员代缴保险费的积极影响是不言而喻的。但是，为贫困人员代缴医疗保险费也会不可避免地有一些负面影响。例如，赤水市民政局的干部是这样表述的：

> 虽然普遍认为医保代缴是为了防止返贫问题，但医疗保险代缴也会在一定程度上助长贫困户的惰性，起到负面作用。有的基层干部为了完成脱贫攻坚的目标自费替他缴纳，增加了干部负担。

第二，代缴养老保险费。养老保险代缴对象主要是建档立卡户，目的是为了完成脱贫攻坚的任务。按照各个地区经济发展水平不同，代缴的标准也不同。例如，贵阳市针对建档立卡未标注脱贫的人员、低保对象和特困人员实行城乡居民养老保险费的代缴。根据省级的财政状况，对全市16个深度贫困县实行的是全额代缴，对其他的非深度贫困县实行的是半额代缴。在这种情况下，代缴养老保险费就会有一定的差异。例如，遵义市民政厅社会事务科工作人员在谈道代缴养老保险费时说：

> 代缴过程中会有地区、人员差异问题。虽然省市进行了同样的资金匹配，但各个县区经济发展水平不同，所以代缴的标准也不同。城乡居保最低标准是100元，有的地方全部代缴，有的代缴一半；针对不同的对象，代缴标准也不一样，比如异地扶贫搬迁代缴30元，其余两类对象代缴标准也不同。

江苏省的情况也比较相似。养老保险代缴主要是建档立卡低收入人口和低保对象。例如，宿迁市城乡居民养老保险代缴方面，全市十三五期间建档立卡低收入人口，低保对象的人员当中年满16周岁不满60岁的人员，参加了市城乡居民基本养老保险及个人所提供的部分，按财政最低标准（100元）代缴。

（二）社会保险待遇向贫困人员倾斜

第一，医疗保险待遇向贫困人员倾斜的做法。医疗保险待遇向贫困群体倾斜具体包括降低起付线，提高封顶线和报销比例等。例如，江苏省出台《关于进一步做好医疗救助与城乡居民大病保险有效衔接工作的通知》（苏民助〔2017〕12号）规定：大病保险向重点医疗救助对象、低收入医疗救助对象以及建档立卡低收入人口等困难群众倾斜政策，大病保险起付线比普通参保患者降低50%，各报销段报销比例比普通参保患者提高5到10个百分点。此外，针对医疗救助对象、

专题七 社会救助政策衔接

建档立卡低收入人口等困难群众,实施定点医疗机构住院先诊疗后付费改革。困难群众在定点医疗机构就医时,减免医疗救助对象、建档立卡低收入人口等困难群众住院押金。

第二,社会保险待遇倾斜争议。两省均有干部认为社会保险待遇向贫困人员倾斜在理论上是存在争议的,理由是社会保险要遵循权利义务对等的原则。贫困人员没有缴纳社会保险,因此不应该享受相应的待遇。例如,江苏省人社厅的一位干部这样说:

> 要不要倾斜是有争议的。社会保险的资金是全部的参保人的资金加政府的一部分资金构成,每个人出一样的钱理应享受一样的待遇。政府资助困难群众的那部分钱,应该征求参保人的同意。理论上来说是不该倾斜的。

而江苏省宿迁市医保局的一位同志也认为医疗保险待遇应该与筹资相联系。如果待遇倾斜,那么容易造成制度的碎片化。此外,他还对制度完善和优化提出了建设性意见,他说:

> 基本医保不建议向贫困人员倾斜。医疗保障的政策是多层次的,如果再对贫困人员进行倾斜的话,政策过于碎片化。对贫困人员的保障,可以在最后的医疗制度和大病补充保险上进行操作,甚至可以将大病补充保险和医疗救助合二为一,对贫困人员的救助应该放到医疗救助的整个框架里面去。

调研发现,与医疗保险的待遇倾斜相比,两省干部似乎更不赞成养老保险待遇的倾斜。比如,贵州省遵义市民政局社会事务科的工作人员认为:

> 财政上对养老保险和医疗保险的支持力度不同。养老保险没有财政支持,而医疗保险是有财政支持的。

另外，他认为代缴医疗保险能够马上解决问题，而养老保险的待遇领取时间过长，意义不大。

也有人认为养老保险可以不代缴是因为当前代缴的费用很少，贫困人员可以自己负担。另外，如果2020年后停止政府代缴也没有关系，因为可以通过低保制度来解决这些人的问题。赤水市民政局的一位干部这样说：

> 养老保险也是讲究权利义务对等的，所以代缴政策到2020年以后没有太大的必要。养老保险最低缴费15年，如果贫困户停止缴纳后，个人认为可以中断养老金的缴纳，直接执行低保政策。这部分人一是数量少；二是各种普惠政策带来的补助足够高。

二 社会救助与福利的衔接机制

社会福利在我国采用的是狭义概念，对象主要是老年人、残疾人和儿童等弱势群体，因此很容易与社会救助交叉和重叠。

（一）分类施保与待遇重叠

社会救助与社会福利的重叠主要表现在一个家庭内部获得低保金的同时也能够获得高龄津贴、残疾人两项补贴、困境儿童生活补贴等。在专项社会福利政策没有发展起来以前，主要是通过低保金制度的分类施保政策来对特殊困难对象实行待遇倾斜。如果低保家庭有重病重残人员、未成年子女、老年人等，该家庭的低保金可以在原来的基础上上浮一定的比例。随着专项福利制度的成熟，一些原先在分类施保中的福利也在逐渐剥离。例如，江苏省民政厅社会福利处的一位干部说：

> 在实际工作中发现，原来的救助承担了很多福利专项化的责任，当这些专项福利成熟起来之后，救助也在慢慢相应地退出。例如，困境儿童生活补贴制度建立之后，就把困境儿童那部分福利从分类施保中剥离了，但是一般的儿童实际上还是通过分类施

保来完成的。

贵州省的情况也比较类似。社会福利和社会救助交叉也是主要通过分类施保来实施。贵州省人社厅的一位干部说：

> 残疾人护理补贴与低保不存在交叉。困难残疾人生活补贴与低保功能重叠，是通过低保发放。困境儿童也没有单独的资金，也是通过分类施保来进行的。

（二）对社会救助和福利待遇重叠的看法

对于社会救助和社会福利待遇是否应该在一个家庭内部重叠在实践中是存在争议的。从表7-7可以看出，赞成社会救助和社会福利待遇应该重叠的只是少部分人。江苏省的这一比例为34.1%，贵州省的这一比例为36.2%，而全国12省这一比例只有29.8%。大部分工作人员所持的态度是视情况而定，江苏省这一比例为45.4%，贵州省这一比例达到60.4%，而全国这一比例为58.1%。

表7-7　关于社会救助和社会福利待遇是否应该在一个家庭内重叠的回答情况

	全国（%）	两省（%）	江苏（%）	贵州（%）
应该	29.8	35.3	34.1	36.2
不应该	11.8	9.8	20.5	1.7
视情况而定	58.1	53.9	45.4	60.4
说不清	0.3	1.0	0	1.7
合计	100	100	100	100

对于社会救助和社会福利待遇重叠看法的分歧在实地访谈中也得到了证实。有些干部认为当前并不存在社会救助和福利待遇重叠的问题，其理由是因为当前我国的社会福利本质上也是社会救助。例如，

江苏省民政厅儿童福利处的一位干部这样表述：

> 其实所谓的"福利待遇"，只是一种传统的概念，实际上民政做的事还是属于救助。如果说带着福利的概念，其实在孤儿这一方面有福利的意思。因为对于孤儿，我们对他的家庭经济状况是不做要求的。

也有一些干部认为当前的社会救助和社会福利都是解决基本生活，目标是一致的，两者之间的重叠是应该的。江苏省民政厅社会事务处的一位干部这样表达两者之间的待遇重叠问题：

> 社会救助政策是保障救助对象的基本生活，而残疾人两项补贴是在确保残疾人基本生活的基础上，解决因为残疾产生的额外支出。这就决定了可能会在经济发展不太成熟的阶段，会导致重叠，这是必然的。

（三）解决社会救助和福利待遇重叠的主要做法

目前各地在解决社会救助和福利待遇重叠问题的做法并不统一。从江苏和贵州两省的实践来看，解决的办法主要包括三种。

第一，补差。江苏省在对待低保和困境儿童补贴在一个家庭内部重叠时，采取补差的方式来解决待遇过高的问题。江苏省民政厅的干部在谈道这个问题时这样说：

> 如果低保家庭有孩子就再上浮20%。但还有政策就是补差。比如说父母监护缺失的孩子或父母服刑跟着爷爷奶奶，按照我们的政策，是散居孤儿的80%。我们平均标准已经在1400元，那80%也是1000元以上了，明显要比低保的救助高许多，然后我们就强调一个补差。

第二，不能重复享受。江苏省规定生活补贴是不可以重复享受的，如果拿到了困境儿童补贴，那么是不可以再享受残疾人生活补贴的，但是护理补贴是可以享受的，这同样也适用于福利院的孤儿，他们不可以享受残疾人补贴，但可以享受护理补贴。由于残疾人的生活补贴与低保的功能类似，因此两地都是通过在低保金的基础上增发一定的比例来发放。例如，江苏省规定，低保内的残疾人系统自动比对，在发放低保金的时候增发30%，作为残疾人生活补贴。

第三，就高不就低。江苏省民政厅的干部在谈困境儿童补贴与低保交叉的时候，就提出了就高不就低的原则，他说：

> 目前江苏的困境儿童保障政策，分为六类情形。第一类就是孤儿，第二类和第三类是参照散居孤儿的一定比例来进行梯度补助的。江苏的各级财政拿出了专项资金，按照散居孤儿的各项标准，每类制定了参照标准的80%、60%、50%的一个层级分类标准。他如果同时又是低保户的话，那么实行一个"就高"享受，可以自由选择。

在社会救助和福利待遇交叉时贵州省也采取就高不就低的原则。例如，遵义市民政局的干部谈道孤儿基本生活费与低保救助衔接时这样说：

> 享受孤儿保障金的儿童不再享受低保，因为在领取了孤儿救助金以后，生活费用已经超出低保标准，所以按照就高的原则只能领取孤儿保障金。

第五节 政府救助和民间慈善救助衔接

一 社会组织参与社会救助基本情况

（一）江苏省、贵州省社会组织概况

江苏省由于经济发展水平较高，除了中华慈善总会、红十字会等全国型的社会救助组织外,民间组织也不在少数。据统计,截至2019年一季度末,江苏省各级民政部门共登记社会组织93992个,数量居全国第一。江苏的慈善救助比较发达跟当地的经济发展程度密切相关,尤其是乡镇企业发达能够提供大量慈善资源,政府救助和民间慈善救助会形成一个良性互补的循环。在经济发达地区,如果政府救助力度小,那么慈善救助的规模相应地就会扩大。江苏省民政厅社会组织管理局的一位干部说:

> 在苏南,因为乡镇企业发展得比较好,慈善资源比较丰富,所以在乡镇一级也是有慈善组织的。慈善组织会到相应一级的企业里去"化缘",得到的资金会放到慈善会里面。我们的社会救助机制是从乡镇一级开始申请的,乡镇得到信息以后,一般会先走政府的救助。政府救助结束后,如果还有困难,一般在乡镇一级就衔接到慈善资源进行救助了。

贵州省社会力量参与社会救助也取得了一定成绩,但是大都跟脱贫攻坚密切相关。例如,2018年召开的"贵州省第五届慈善项目推介会"现场募集善款2亿多元助推脱贫攻坚。2016年以来,全省社会组织共募集资金30亿元用于脱贫攻坚。由于贵州省经济欠发达,尽管公益慈善类在社会救助方面会发挥一些作用,但是和政府相比还是比较小的。比如,遵义市民政局社会组织处的工作人员说:

> 遵义地区多为政府主导的社会救助或者全国性的社会救助组织。比如在助医方面,由中华慈善总会在贵阳进行选点,定期发放慢特定治疗药物,金额达几千万元。教育方面,教育局和贵州省教育发展基金会进行合作,企业进行捐助后,资金会打到教育发展基金会上。也是政府主导,企业参与的形式。

（二）政府购买社会组织服务

政府购买服务是社会组织参与社会救助的主要方式。从目前的情况来看，社会救助领域购买服务主要包括事务性服务和服务性服务两个领域。政府购买事务性服务的主要方式是购买社会救助服务岗位，主要是为了解决基层工作人员人手不足的问题。服务型事务购买主要是通过购买社会组织服务，为留守儿童、低保及低保边缘家庭的儿童进行心理、教育及暑期安全等方面进行关爱照顾。从两省的情况来看，目前开展较多的是针对困境儿童开展的政府购买社会救助服务。例如，宿迁市农村留守儿童关爱保护项目被市委市政府列入"2019年民生项目"，安排专项资金120万元资助市区23个社会组织开展学习教育、安全守护、心理疏导等关爱服务项目。

在贵州省，由于地方经济发展水平不够、政府的财政资金不充裕等原因，政府很少有购买社会救助事务性服务项目。以遵义市为例，社会组织处工作人员表述：

> 政府能够用于购买服务的资金很少，几乎没有预算。但是，目前有一个社会救助协理员的购买，资金来源于低保的工作经费。协理员主要协助民政工作人员进行入户核查、经济状况核对等工作，在乡镇一级就有。

由于贵州省外出务工人员非常多，再加上前几年毕节市连续发生留守儿童意外事件，贵州省政府社会组织参与困境儿童服务方面比较活跃。例如，遵义市在困境儿童方面，有"安幼安森""童伴计划"两个项目，大部分资金来自中国公益研究院，目前已在83个项目村开展计划。

二 政府医疗资源和慈善医疗资源的衔接和整合

如何整合政府医疗资源和社会慈善医疗救助资源，对于解决患重特大疾病群众医疗保障问题非常关键。表7-8显示，在江苏省，城乡居民医疗保险及医疗救助作为解决医疗支出超出家庭负担问题的手段为大多数人所接受,所占比例都在80%以上,慈善医疗救助基金所占比例也超过70%,城镇职工医疗保险及商业性医疗保险所占比例约为50%。而在贵州省,城镇职工医疗保险及城乡居民医疗保险和医疗救助所占比例分别为76.7%、83.3%和88.3%。区别明显的是慈善医疗救助基金,在贵州只有56.7%的比例。相对于经济发达的江苏省,贵州省的慈善医疗救助制度显然没有那么成熟,当地的慈善医疗救助意识较低,仍以政府主导的各种医疗保险制度为主,社会组织参与程度较低。

表7-8　解决群众患重大疾病且医疗支出明显超出家庭负担问题的制度回答情况

制度类型		全国（%）	两省（%）	江苏（%）	贵州（%）
城镇职工医疗保险	是	53.0	65.4	51.1	76.7
	否	47.0	34.6	48.9	23.3
城乡居民医疗保险	是	85.4	85.0	87.2	83.3
	否	14.6	15.0	12.8	16.7
医疗救助	是	84.9	86.0	83.0	88.3
	否	15.1	14.0	17.0	11.7
商业性医疗保险	是	43.3	46.7	51.1	43.3
	否	56.7	53.3	48.9	56.7
慈善医疗救助基金	是	60.5	62.6	70.2	56.7
	否	39.5	37.4	29.8	43.3
公众筹款（水滴筹等）	是	54.3	27.1	23.4	30.0
	否	45.7	72.9	76.6	70.0
其他	是	2.0	3.7	8.5	0
	否	98.0	96.3	91.5	100

慈善性医疗救助和公众筹款在解决群众重特大疾病问题时依然很重要,这与我国当前医疗保险制度设计密切相关。目前江苏省是

专题七 社会救助政策衔接

凭借四个制度来解决医疗的问题,即基本医疗(包括城镇职工医疗保险、城乡居民医疗保险)、大病保险、医疗救助和慈善。当前的医疗费用有两部分,一部分是基本医保范围内的费用,一部分是自付的费用。报销有一个目录范围,基本医保、大病医保、医疗救助的报销是限于目录范围内的;只有慈善才是目录范围外的。目前,群众医疗问题也是目录范围外的费用。江苏省的慈善救助主要解决贫困儿童和贫困地区的一些人口。由于当前政府对于贫困人员的医疗保险待遇非常优厚,同时贫困群体也很容易获得慈善性医疗救助,因此贫困群体的医疗保障不是个大问题。医疗保障有问题的主要是那些既不是建档立卡户,也不是低保户的低收入群体。江苏省民政厅的一位干部这样说:

> 对低保和贫困人口来说,医疗方面反而没有太大的问题。如果不是低保也不是贫困户,得大病以后,也不太可能得到慈善救助,这部分人自付的费用可能会更多,他们往往是最困难的人群。

贵州省的情况基本类似,贫困人口的医疗救助体系也是由城乡居民医疗保险、商业性大病保险(政府代缴)、医疗救助组成。这套体系只能解决药品目录以内的问题,对于药品目录外的医疗费只能依靠慈善性医疗或临时救助。

三 政府救助与社会组织救助衔接机制

目前我国社会组织的能力还较弱,其作用还很难与政府发挥的作用相比拟,因此还必须要强调政府主导。政府应该更加积极地将社会组织纳入急难救助制度体系中,通过各种优惠政策去鼓励社会组织参与和贡献,并采用政府购买服务等方式让社会组织参与和分担政府的任务。政府救助与社会组织救助衔接机制涉及两者之间的角色定位和分工,具体包括协调机制、救助资源共享、信息共享等很多层面。江苏省民政厅社会组织管理局的一位干部这样说：

> 首先，社会组织的慈善救助应该与政府救助体制相结合，建立政府与社会组织之间的合作关系，二者互相监督，互相帮助。其次，政府与社会组织的合作关系应该纳入有关制度和规划体系当中。应该将政府的责任和社会组织的责任进行统一的规定，而不是只建立政府制度而不管民间的。最后，在进行具体规划的时候也要统一规划，在资源投入和具体的服务与管理方面，政府与社会组织之间都应该明确分工、分头实施、相互协调。

贵州省也在建立政府救助与慈善援助的有效衔接机制方面做了一些工作，并主要服务于脱贫攻坚。2018年，贵州省民政厅出台《关于进一步动员社会组织参与脱贫攻坚的实施方案》，通过优化政策供给和完善制度，引导支持社会组织重点对深度贫困地区进行以产业帮扶为主，与教育扶贫、健康扶贫、易地扶贫搬迁、志愿帮扶、捐助帮扶等相配套的综合扶贫。同时，贵州省也出台《关于支持社会工作专业力量参与脱贫攻坚的实施意见》，鼓励支持社会工作专业力量参与贫困群众救助帮扶、脱贫能力建设，促进易地搬迁贫困群众融合适应，参与贫困地区留守儿童关爱保护，针对其他特殊困难人群开展关爱服务。

第六节　社会救助信息衔接和资源整合

一　家庭经济状况核对系统建设与效果

（一）信息核对系统的建设状况

信息核对系统建设是社会救助政策衔接的关键。从全国的情况来看，上海市最早探索建立低收入家庭经济状况核对体系。2009年，上海市成立了全国首个居民经济状况核对中心。目前，全国核对系统平台建设已经基本完成。江苏省作为发达省份，其居民家庭经济状况核对工作也走在了前列。江苏省申请救助家庭经济状况认定指导中心成立于2013年6月。目前全省各市、县（市、区）均建立了核对工作机构。在核对网络体系建设上，与民政部联网，通过民政部认定指导中心与中国证券登记结算有限公司实现数据交换。在银行对接上，与省工商银行等43家省级商业银行实现数据交换。在部门对接上，与民政、扶贫办、法院、公安、司法、人社、自然资源、税务、工商、总工会等11个部门实现联网。[①]

贵州省级核对平台起步较晚。虽然市级核对平台在2012年、2013年左右就开始建立，但是只能在本市内进行核对，并且主要是用U盘拷数据进行核对，工作效率较差。贵州省的省级信息核对平台2019年刚刚建好，才刚刚开展人员培训。贵州省的信息核对平台由政府主导，目前与公安、教育、扶贫、工商等部门实现了数据对接，信息交换。

（二）部门信息对接及困难

在信息核对系统建设过程中，各部门信息的对接是关键也是难点。表7-9显示了两省当地居民家庭经济状况核对平台对接部门信息的情况。在江苏省，公安、人社、住建、税务、工商、金融部门对接较好，都在70%以上。其中公安、人社则达到了80%以上，而交通、卫生、教育部门对接情况差一些，都在40%—50%；在贵州省，与公安、人社、住建、工商部门对接情况较好，都在70%以上，交通部门的比例为61.5%，而其余的税务、金融、卫生、教育部门认为对接的比例都在50%以下。由对比得知，江苏省的居民家庭经济状况核对系统对接的部门信息数量较多，运行较为成熟；而贵州省对接部门数量要明显少于江苏省，这主要是由于贵州省的信息核对系统仍然处于建设时期，目前亟待完善。

---

① 《江苏省申请救助家庭经济状况核对工作情况汇报》，内部资料。

表 7-9　关于当地居民家庭经济状况核对系统/平台对接部门信息的回答情况

		全国（%）	两省（%）	江苏（%）	贵州（%）
公安部门	是	52.1	80.3	87.5	74.4
	否	47.9	19.7	12.5	25.6
人社部门	是	76.3	87.3	84.4	89.7
	否	23.7	12.7	15.6	10.3
住建部门	是	68.5	74.6	75.0	74.4
	否	31.5	25.4	25.0	25.6
税务部门	是	34.2	53.5	75.0	35.9
	否	65.8	46.5	25.0	64.1
工商部门	是	45.5	77.5	75.0	79.5
	否	54.5	22.5	25.0	20.5
金融部门	是	53.2	57.7	71.9	46.2
	否	46.8	42.3	28.1	53.8
交通部门	是	40.6	56.3	50.0	61.5
	否	59.4	43.7	50.0	38.5
卫生部门	是	42.4	42.3	46.9	38.5
	否	57.6	57.7	53.1	61.5
教育部门	是	48.5	42.3	40.6	43.6
	否	51.5	57.7	59.4	56.4
其他部门	是	2.4	16.7	24.2	10.3
	否	97.6	83.3	75.8	89.7

江苏省的信息核对系统建设比较完善、运行平稳，这在访谈中也得到相关工作人员的印证。江苏省经济状况核对中心一位工作人员谈道核对工作时说：

省级层面的家庭经济状况核对平台已经建立，且已经长期投入使用，处于比较成熟的状态。基本上与公安、财政、司法、工商国税、地税、人税、国土、金融机构等单位都实现了数据对

专题七 社会救助政策衔接

接。在宿迁市,还有一个名为"阳光监管"系统的市级核对平台,民政的医疗救助、救灾等六条资金线加上慈善一条资金线全部可在系统上查看到,并且会及时进行更新,实现了对社会救助资金的全方位监管。

江苏省全省和信息核对体系从省级一直到乡镇的运行都非常完善。救助对象经过大数据比对,发现有疑问的数据,反馈到市里,市里再进行信息化比对或者入户调查。

贵州省级核对平台相对滞后,市级核对平台也只局限于室内范围。遵义市信息中心的干部谈及市级核对平台的问题和局限性时说:

> 遵义信息核对平台是一个市级平台,到目前为止也出现了一些问题。信息平台的数据是一个静态数据,需要定期去其他部门索要数据进行比对,不能够随时进行更新。对接部门最初有14家,但是最后收集到的数据有限,而且需要专门人员去收集,费时费力,没有一个整合的互联互通系统,所以整体效果不明显。后来开发的省级核对平台处于试用阶段。各行各业都设有自己的行业规则,保护本部门利益,数据不愿意共享。

由于金融部门信息数据共享在法律上没有突破,同时金融部门不属于政府,因此各地信息系统的部门对接问题最困难的都提及了金融部门。表7-10显示,在江苏省和贵州省地区,金融部门的信息接入最为困难,分别达到了50.0%和61.0%的比例,在总体上也达到了55.7%的比例,居于首位。在实际调研过程中也发现,无论是江苏省还是贵州省,由于种种原因,金融部门的信息接入确实是最为困难的。

表7-10　关于当地居民家庭经济状况核对中部门信息接入最困难的回答情况

	两省（%）	江苏（%）	贵州（%）
公安部门	27.1	38.2	16.7
人社部门	7.1	2.9	11.1
住建部门	4.3	2.9	5.6
税务部门	4.3	2.9	5.6
工商部门	0	0	0
金融部门	55.7	50.0	61.0
交通部门	0	0	0
卫生部门	0	0	0
教育部门	0	0	0
其他部门	1.5	3.1	0
合计	100	100	100

与金融部门的信息对接困难，即使在以江苏省这样的发达地区也是一样。江苏省经济状况考核中心的一位干部谈道金融数据对接困难时这样说：

> 江苏省的金融是走在全国前列的。金融对接是整个对接的核心，也是难度比较大的。2017年的时候，在江苏有一个快速的推进，找到了银行的金融区域网这样一个通道。通过这个通道，与40多家银行建立了联系。目前金融与保险方面的对接进展得仍然不是很顺利。

在欠发地区贵州省，与金融部门的信息对接和共享就更加困难。贵州省民政厅信息中心工作人员反映：

> 在数据对接中，困难最大的是金融部门。金融部门不属于政府部门，通过交换平台无法获取相关数据。其次银行客户将存款

专题七 社会救助政策衔接

转移以及客户流失等问题，致使金融部门提供的信息存在误差。还有地方银行数量众多，除了四大银行以外，还有贵州银行、重庆银行、六盘水银行等，每家银行拥有自己的内网，有一定的保密性，给核对工作增加了困难。

由于与金融部门的信息无法对接，因此只能通过手工核查，这使得核对工作变得不仅复杂而且大大延长了社会救助流程所需的时间。

(三) 核对系统的作用和信息的使用

居民家庭经济状况核对系统的建立，有效运用信息化大数据的技术手段，能准确核算和掌握救助申请人家庭收入和财产状况，为社会救助和扶贫决策提供精准、有效、可靠的数据支持，从而实现救助对象精准认定、精准救助、精准施策的目标。不同部门的信息数据在家庭经济状况核对过程中会有不同的作用。当问及从核对的角度来看哪个部门的数据最好用时，江苏省民政厅经济状况核对中心的一位负责人说：

> 除了金融资产数据外，还有税务信息也很重要。如果一个人有户头，有工资，那么他就会有个人所得税征缴的账号。工资达到一定水平，免征额过了以后，就会有缴费的记录了；还有公积金信息等，这些信息都是相互佐证的。

从两省调研的情况来看，不同地区和不同层级的干部都不约而同地提及死亡信息的重要性。死亡信息如果不准确很可能出现冒领养老金或低保金等恶意欺诈行为，这不仅会对福利欺诈者产生恶劣的影响，更会对相关部门工作人员的前途造成严重影响。死亡信息有几个数据来源。首先公安部门有户籍信息，按照规定，所有的死亡认证，需要先去销户，然后拿着销户的材料到火化的地方再去认证。除了公安户籍信息、火化信息外，医院的医疗方面还有一个死亡信息的登记，基本上这三部分覆盖了所有的死亡人口信息。当前，两省在死亡信息的收集以及部门衔接上存在一定的问题。贵州省社会救助处的一位工作人员说：

> 目前死亡信息系统仍未建立，死亡信息不全面，部分仍依靠民政部来向下推送。死亡信息去年民政部反馈了900多条，分散到90多个县。民政部推送的死亡信息，来自公安、殡葬等各部门和各省核对平台提供的信息，包括一些外出打工异地死亡的，民政部在筛选以后反馈到省民政厅，使民政厅掌握的信息更全面。

江苏省的情况也比较相似。从调研中有干部反映，江苏省泗阳县外出务工人员一般去广州的较多，务工人员在外地死亡以后，死亡信息会在当地殡仪馆记录下来。民政部收集各省的死亡信息后，把与江苏省有关的反馈下来，但是本地系统里又没有他们的死亡信息。

二 社会救助资源整合与部门协作

（一）社会救助资源整合

社会救助资源不仅涉及众多的政府部门，也涉及民间慈善组织。社会救助资源的整合包含建立"一门受理"平台、社会救助协调机制、信息共享平台等几项制度。表7-11显示，在江苏省，认为社会救助资源整合最需要建立"一门受理"平台和社会救助信息共享平台的干部占比36.4%。这表明，"一门受理"平台和信息共享平台是社会救助资源整合的关键环节。贵州省的情况略有不同。首先社会救助信息共享平台占有47.5%的最大比例，其次是建立社会救助协调机制（占比为32.5%），最后才是建立"一门受理"平台（占比为17.5%）。这表明，贵州省社会救助各部门之间的协调对于推动资源整合显得更加重要。

专题七　社会救助政策衔接

表 7-11　　　关于如何整合社会救助资源的回答情况

	全国（%）	两省（%）	江苏（%）	贵州（%）
建立"一门受理"平台	18.7	26.0	36.4	17.5
建立社会救助协调机制	20.7	21.9	9.1	32.5
社会救助信息共享平台	25.8	42.5	36.4	47.5
引导全民参与社会救助	20.2	2.7	6.1	0
建立政府购买服务制度	14.0	6.9	12.0	2.5
其他	0.6	0	0	0
合计	100.0	100	100	100

（二）部门分工和协作

目前，社会救助是一个"8+1"的项目体系。一般情况下，贫困人员向政府相关部门申请各类救助后，对于仍然需要民政部门救助的，再与民政部门衔接救助。如教育部门的贫困生资助后仍然困难的，民政部门再实施临时救助。因此，民政部门的社会救助工作人员需要与教育、住建、人社、司法、卫计、医保、残联、总工会、红十字会等部门打交道。从表 7-12 可以看出，社会救助工作人员与扶贫部门协作的比例最大，分别为 73.8% 和 65.4%。人力资源与社会保障（人社）部门分别以 9.5% 和 19.2% 的比例排行第二。在江苏省，教育部门人员比例排在第三位（占比 7.1%），贵州省排在第三位的是卫生部门（占比 9.7%）。

表 7-12　　　关于社会救助工作中参与部门和组织的回答情况

	两省（%）	江苏（%）	贵州（%）
扶贫部门	69.1	73.8	65.4
人社部门	14.9	9.5	19.2
教育部门	5.3	7.1	3.8
卫生部门	7.4	4.8	9.7
财政部门	0	0	0
住房（建设）部门	2.2	4.8	0

续表

	两省（%）	江苏（%）	贵州（%）
司法部门	0	0	0
工会、妇联、青年团、残联	0	0	0
社会公益组织	1.1	0	1.9
金融部门	0	0	0
其他部门/组织	0	0	0
总计	100	100	100

注：由于录入口径不统一，本题无法与全国的情况进行比较。

表7-13显示，社会救助工作最应该与扶贫部门进一步加强协作。在江苏省，社会救助工作人员认为最需要与扶贫部门协作所占比例为48.9%，接近一半。排在第二位的是财政部门，所占比例为23.4%。人社部门排在第三位（占比8.5%）。在贵州省，扶贫办仍然以36.7%的比例排在第一位。人社部门、财政部门和卫生部门分别排在第二、三、四位。很明显，除了扶贫部门之外，社会救助工作应当加强与财政和人社部门的协作。

表7-13　关于社会救助工作最需要哪些部门和组织进一步加强协作的回答情况

	全国（%）	两省（%）	江苏（%）	贵州（%）
扶贫部门	30.0	42.1	48.9	36.7
人社部门	17.8	13.1	8.5	16.7
教育部门	8.5	4.7	4.3	5.0
卫生部门	5.8	9.3	6.4	11.7
财政部门	8.5	17.8	23.4	13.3
住房（建设）部门	3.8	9.0	0	1.7
司法部门	1.9	9.0	0	1.7
工会、妇联、青年团、残联	6.8	1.9	2.1	1.7
金融部门	7.9	2.8	2.1	8.3
社会公益组织	7.7	6.5	4.3	3.2
无	1.3	—	—	—
总计	100	100	100	100

第七节 研究结论及政策建议

一 社会救助政策衔接主要结论和发现

(一)社会救助体系各项目的内部衔接

第一,临时救助和其他社会救助的衔接。临时救助只能提供临时性的援助,一些遭遇突发性灾难的家庭可能需要长期的救助支持,因此临时救助必须与低保、专项救助和其他救助进行衔接才能更好地解决群众的困难。目前,两省都建立了"一门受理、协同办理"工作机制,负责受理、交办、转办、督办等社会救助工作。另外,由于低保和专项救助的长期性很容易造成福利依赖,一些地方政府在实践中通过将临时救助前置来优化整个救助的流程和衔接,降低制度的负面效应。

第二,低保与专项救助衔接。由于医疗保险结算完之后才启动医疗救助,而当前医疗保险的信息系统比较完善,因此低保对象医疗救助衔接问题不大。与专项救助相比,住房救助的制度衔接更加困难。这主要是由于保障性住房清退难导致一些地方在住房救助人员的信息共享和衔接方面不通畅。由于教育部门并不掌握贫困学生的基本信息,因此他们需要从民政、扶贫等部门密切合作才能获得相关信息。贵州省信息系统建设相对滞后,教育救助的信息共享和衔接也存在一些问题。

(二)社会救助与社会福利、社会保险的衔接

第一,社会救助与社会保险的衔接。两省干部对于为贫困人员代缴医疗保险费争议较小,这是因为政府代缴医疗保险费不仅可以减轻贫困人员负担,扩大医保覆盖范围,还可以撬动多方医疗资源。两省均有干部认为社会保险待遇向贫困人员倾斜在理论上是存在争议的,理由是社会保险要遵循权利义务对等的原则。与医疗保险的待遇倾斜扶持相比,两省干部似乎更不赞成养老保险待遇的倾斜。这主要是因为养老保险没有财政支持。另外,代缴医疗保险能够马上解决问题,

而养老保险的待遇领取时间过长，意义不大。

第二，社会救助与福利的衔接机制。赞成社会救助和社会福利待遇应该重叠的只是少部分，大部分干部所持的态度是视情况而定。但是，也有些干部认为当前并不存在救助待遇和福利待遇重叠的问题，其理由是因为当前我国的社会福利本质上也是社会救助。因此，两者之间的重叠是应该的，也是必然的。目前两省在解决救助和福利待遇重叠问题上的做法主要包括补差、就高不就低等。

（三）政府救助和民间慈善救助衔接

社会救助领域购买服务主要包括事务性服务和服务性服务两个领域。政府购买事务性服务主要是为了解决基层工作人员人手不足的问题。服务型事务购买主要是为留守儿童、低保及低保边缘家庭的儿童进行心理、教育及暑期安全等方面进行关爱照顾。慈善性医疗救助和公众筹款在解决群众重特大疾病问题时依然很重要，这与我国当前医疗保险制度设计密切相关。一般情况下，贫困人员经过一系列的医疗报销流程和政府医疗救助后，自付费用仍超出承受能力，可向社会慈善组织申请医疗救助。江苏省政府救助与社会组织救助衔接机制涉及两者之间的角色定位和分工，具体包括协调机制、救助资源共享、信息共享等很多层面。贵州省社会组织参与社会救助的目的主要服务于脱贫攻坚，也在建立政府救助与慈善援助的有效衔接机制方面做了一定的工作。

（四）社会救助信息衔接和资源整合

江苏省作为经济发达省份，其居民家庭经济状况核对工作也走在了前列。贵州的省级核对平台起步较晚，市级核对平台主要是优盘拷数据进行核对，工作效率较差。在信息核对系统建设过程中，贵州省对接部门数量要明显少于江苏。由于金融部门信息数据共享在法律上没有突破，同时金融部门不属于政府，因此两省信息系统部门对接最困难的都是金融部门。

在信息使用方面，两省干部认为社会救助工作最应该与扶贫部门进一步加强协作。此外，两省不同地区和不同层级的干部都不约而同

◈ 专题七 社会救助政策衔接 ◈

地提及了死亡信息的重要性,这是因为死亡信息如果不准确很可能出现冒领养老金或低保金等恶意欺诈行为,更会对相关部门工作人员的前途造成严重影响。

二 社会救助政策衔接政策建议

（一）社会救助各项目内部的衔接

第一,临时救助前置,优化社会救助制度体系。为了减少福利依赖,可以考虑将临时救助前置并发挥其贫困分类的效果。也就是说所有社会救助申请者都先要接受临时救助的"急诊",符合条件的贫困家庭才可以申请低保、特困或专项救助,获得长期"住院"资格。为了充分发挥临时救助的分拣分类功能,应该简化临时救助程序,充分给予基层充分和灵活的权利,及时解决困难群众突发性、暂时性生活困难。通过充分发挥临时救助的功能,从而在一定程度上减轻了低保金和专项救助的负担,并降低福利依赖现象。

第二,加强低保与专项救助的有效衔接。针对低保福利依赖问题,可以考虑对城市低保家庭成员通过自身劳动实现家庭人均收入超过当地低保标准的,分别给予一定时间（如6个月、12个月、24个月）的救助缓退期,鼓励其低保人员实现就业自立。对于农村建档立卡家庭的低保人员,按照脱贫攻坚期内"脱贫不脱政策"的要求,当其人均收入超过当地低保标准,也可以考虑给予不超过2年左右的渐退期,帮助其实现稳定脱贫。针对住房救助中存在的清退难问题,除了采用法律诉讼以外,还可以进一步探讨建立诚信惩戒机制,通过限制乘坐高铁等交通工具来推动制度的有效执行。

（二）社会救助与社会保险、社会福利的衔接

第一,促进社会保障各项目标准之间的衔接。低保标准应与其他社会保障标准相适应。各地在推进城乡低保标准并轨进程中,应统筹考虑低保标准与特困人员供养标准、扶贫标准、最低工资标准、新农保养老金计发标准、残疾人两项补贴标准、困境儿童基本生活费标准等的衔接,确保社会保障体系整体架构中各项制度有效衔接、科学合

理运行。

第二，社会保险参保和待遇向贫困人员适度倾斜。为了充分发挥社会保险的兜底保障功能，社会保险应针对贫困群体重点开展以下两方面的工作：一是优化制度设计，减轻贫困人员参保缴费负担。在困难群体参加社会保险项目时，各级政府可为其代缴部分或全部养老保险费和医疗保险费，直接减轻贫困群体的缴费负担；同时，要积极引导贫困群体参加社会保险，提高其风险防范意识。二是适时、适度提高贫困群体的社会保险待遇水平，例如基础养老金标准、医疗费用报销比例等，在经济上直接补贴贫困群体的同时，增强社会保险制度对于贫困群体的吸引力。

第三，加强专项社会福利制度建设，给低保制度"松绑"。在分类救助的基础上加上"捆绑福利"会使低保制度的实际水平非常高，容易诱发福利依赖。因此，应当考虑逐步取消分类施保的做法。同时，要尽快建立和完善相应的社会福利制度，通过社会福利津贴来取代分类施保的待遇，逐步将附加在低保制度上的福利部分剥离出来。例如，针对儿童可以扩大困境儿童津贴的覆盖面，并逐步建立家庭津贴制度；针对残疾人可以逐步完善残疾人两项补贴制度；针对贫困老年人可以建立老年津贴等。

（三）政府救助与民间慈善救助衔接

第一，完善协商对话机制，引导社会组织参与社会救助。协商对话是实现主体整合的基本原则。在政府救助和慈善救助衔接过程中，政府要完善社会救助的多元参与、多方互动机制，以社区为基础建立联合救助机制。同时，要把引导社会组织参与社会救助工作纳入社会救助体系建设总体规划，作为创新和完善社会治理的重要内容，通过政策引导来积极推动社会组织参与社会救助服务的供给。

第二，健全信息共享机制，统筹救助资源配置。政府救助与慈善救助功能整合的一个关键点是信息共享问题，而信息技术的发展为实现信息共享提供契机。要通过健全信息共享机制，综合利用政府的资金优势和慈善组织的服务优势，实现不同救助主体的优势互补，满足救助对象的差异化需求，提升社会救助资源的配置绩效。

第三，创新政府服务购买，提高基层救助服务供给能力。政府购买公共社会救助服务是合作治理的具体体现。通过创新政府购买服务机制增加社会救助服务的供给，不仅可以提升社会救助服务的专业化水平，也是弥补基层社会救助工作人员不足的重要途径。因此，要加快探索并推进政府购买服务在社会救助工作领域的发展，积极培育和发展各类社会公益慈善组织，提高其对社会救助事务的承接能力。

（四）完善家庭经济状况核对系统建设

第一，尽快推动《社会救助法》的立法工作。尽快将信息登记、信息查询、数据共享等内容写进《社会救助法》，为数据信息的共享和查询提供法律依据，确保查询信息的完整性、准确性、权威性，客观真实地反映居民家庭经济状况。同时，在《社会救助法》中，要明确规定社会保障审核部门获得申请人授权的情况下有权要求其他相关部门提供户籍、婚姻状况、住房、纳税情况、公积金、养老金、车辆、股票、证券、银行存款个人信用报告等一系列相关信息。各部门也有义务为社会保障审核部门的核对工作提供帮助，以保证核对工作的正常进行。

第二，修改《证券法》《商业银行法》中有关保密的规定。根据居民家庭经济情况，审核工作的要求对《证券法》《商业银行法》中有关保密的规定进行修改，出台具体的查询办法，允许相关部门在获得居民授权的情况下可以调取、查阅居民的相关数据。

第三，加快居民家庭经济状况核对平台建设。探索建立申请救助家庭授权委托书数据库和核对管理人脸识别数据库，升级改造省级居民家庭经济状况核对系统，实现省级区域内"住房、车辆、存款"大数据核对无死角。同时，加强部、省、市、县四级联动，加强与省级部门以及银行、证券、保险等相关机构的沟通对接，健全跨部门、多层次、信息共享、业务协同的核对机制。

专题八　社会救助政策效果评估

党的十九大报告中提出，要建成覆盖全民、城乡统筹、权责清晰、保障适度、可持续的多层次社会保障体系。社会救助是社会保障体系的基本构成部分，是专门针对弱势群体而设定的一套制度、政策体系，它切实保障了弱势群体的基本生活。低收入问题将成为2020年全面建成小康社会后需要持续攻克的难题，为应对新形势下社会救助反贫困的新任务，社会救助政策必须与时俱进地做出调整，而科学客观的政策效果是其重要依据。为此，本专题在全面梳理相关文献的基础上，搭建社会救助政策效果评估的基本框架，并据此对社会救助政策的实施效果进行实证分析。研究发现，各项社会救助政策的作用得到较为广泛的认可，但在实际执行中仍存在一些"福利化""瞄准偏差"、回应性不足、救助资金渠道单一、基层经办服务能力有限等问题。针对上述问题，本专题研究建议通过"会诊式"贫困识别解除低保福利捆绑；调整社会救助目标满足多维贫困的救助需求；推动发展型社会救助，使保障水平与解决相对贫困任务相匹配；整合社会救助资源以实现政策可持续性；提高社会救助专业化水平。

第一节　研究背景、思路与方法

一　问题的提出

党的十九大报告提出，要使人民的获得感、幸福感、安全感更

专题八　社会救助政策效果评估

加充实、更有保障、更可持续,让改革发展成果更多、更公平地惠及全体人民,朝着实现全体人民共同富裕目标不断迈进,要求建成覆盖全民、城乡统筹、权责清晰、保障适度、可持续的多层次社会保障体系,这奠定了我国社会保障体系发展的新方向。社会救助作为社会保障体系的基本构成部分,更应按照党中央、国务院的决策部署,进行系统性优化调整。近年来,我国社会救助力度不断提高,截至2018年年底,全国城市低保平均保障标准579.7元/人/月,农村低保平均保障标准402.8元/人/月,政策在实现社会弱势群体的病有所医、弱有所扶、学有所教、老有所养、住有所居等方面的获得感、幸福感、安全感上发挥了重要作用,切实保障了弱势群体的基本生活。

随着经济发展以及精准扶贫、脱贫攻坚等战略的实施,不少人脱离了贫困,城乡低保对象逐年减少,低保标准逐年提高,我国城乡贫困问题正发生着变化。党的十九届四中全会《中共中央关于坚持和完善中国特色社会主义制度　推进国家治理体系和治理能力现代化若干重大问题的决定》(以下简称《决定》)要求在民生保障建设上尽力而为、量力而行,注重普惠性、基础性、兜底性民生建设,保障群众基本生活;要求统筹完善社会救助制度体系,建立解决相对贫困的长效机制。随着脱贫攻坚等一系列战略以及各项社会救助政策的实施,已经较好地解决了绝对贫困问题,相对贫困问题成为2020年全面建成小康社会后需要攻克的更大难题,为迎接社会救助反贫困的新任务,就要对社会救助政策与时俱进地做出调整。这样掌握社会救助政策效果,为社会救助政策的调整提供依据,就显得尤为重要。

二　研究内容与思路

(一)研究内容

第一节导论,包括问题提出、研究综述、研究意义、研究内容、研究方法。主要是对国内外社会救助政策效果研究文献进行梳理,明确研究内容,介绍资料、数据来源和研究方法。第二节社会政策效果评估的理论基础，界定课题研究的核心概念，即公共政策效果评估，围绕公共政策评估标准、原则、过程、效果评估要点等，阐释了构建公共政策效果评估框架的依据。第三节构建社会救助政策效果评估的基本框架。第四节分析我国各项社会救助政策实施的情况。第五节根据社会救助政策效果评估基本框架对社会救助政策的实施效果进行实证分析。第六节在总结课题研究发现的基础上，对优化我国社会救助政策效果提出具体构想。

（二）研究思路

本专题围绕社会救助政策效果评估这一主线，采用定量与定性相结合的方法，既有问卷调查，又有个案访谈。依据社会救助政策效果评估指标体系分析我国社会救助政策的实施效果，并探究提升社会救助政策效果的具体建议。研究思路见图8-1。

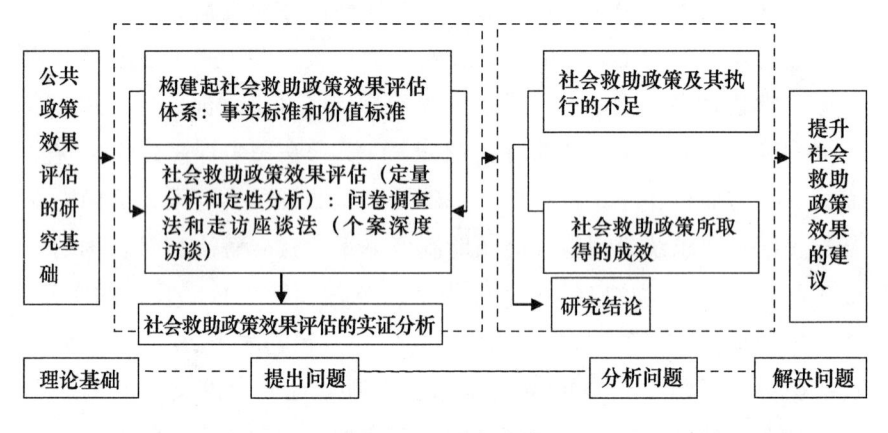

图8-1 研究思路

三 研究方法

（一）个案深度访谈法

采用个案深度访谈法，收集的定性材料包括访谈资料、观察资料、文献资料。课题组先后以村委会、民政工作人员以及低保家庭为半结构式访谈对象，具体访谈对象的基本情况见表8-1。

专题八 社会救助政策效果评估

表 8-1　　　　　　　　　　访谈对象的基本情况

个案	性别	家庭、身体等情况	居住条件
1	女	离异，早年下岗，健康	公租房
2	女	右眼残疾，高度近视	公租房
3	男	肢体残疾	公租房
4	女	重疾	公租房
5	男	肢体残疾	公租房
6	女	精神疾病	与母亲同借住亲戚家
7	女	健康	自有住房
8	女	肢体残疾，女儿重疾	公租房
9	女	年纪大，女儿精神病	农村自有住房
10	女	精神疾病	家里老人留下的住房
11	男	各种疾病，轮椅上生活	全家借住在亲戚家
12	男	民政干部	
13	女	民政干部	
14	女	社区干部	
15	女	居委工作人员	
16	男	村委会工作人员	

（二）问卷调查

基于民政部政策研究中心 2019 年实施的"托底性民生保障政策支持系统建设"项目的调查数据。该套数据包含 2 个问卷调查数据库，分别是入户调查问卷数据库和工作人员调查问卷数据库。入户调查 8335 户有效样本，工作人员 1099 个有效样本。其中以家庭为单位的入户调查，调查的家庭分为建档立卡户、支出型贫困户、农村留守儿童家庭、困境儿童家庭、失能老人家庭、残疾人家庭和普通困难家庭这 7 大类。具体见表 8-2。数据涵盖了全国 12 个省（市自治区）26 个市，其中城市困难家庭有效样本 4400 个，农村困难家庭有效样本 3935 个。

表8-2　　　　　　　　　　　访户类型

	占比（%）	累积占比（%）
建档立卡户	12.37	
支出型贫困户	13.33	25.70
农村留守儿童家庭	4.51	30.21
困境儿童家庭	5.87	36.08
失能老人家庭	11.12	47.20
残疾人家庭	6.03	53.23
普通困难家庭	46.77	100

以工作人员为调查对象，城市363个，农村736个，其中县区级9个，乡镇街道74个，村（居）级1016个。工作人员的文化程度见表8-3，工作人员接受良好的教育程度占比较大，大专或本科学历571位，超过半数。工作人员从事救助工作的年限情况见表8-4，可以认为，受访对象有着较丰富的救助工作经验，对社会救助工作较为熟识，五年以上工作经验532位，占比近半数。

表8-3　　　　　　工作人员的文化程度　　　　　（单位：人,%）

分类情况	人数	百分比	有效百分比	累积百分比
初中及以下	212	19.3	19.3	19.3
中专或高中	313	28.5	28.5	47.8
大专或本科	571	52.0	52.0	99.7
研究生及以上	3	0.2	0.2	100
合计	1099	100	100	

表8-4　　　　　从事社会救助工作的年限　　　　（单位：人,%）

	人数	百分比	有效百分比	累积百分比
一年及以下	141	12.8	12.8	12.8
一年以上两年以下（含两年）	133	12.1	12.1	24.9

续表

	人数	百分比	有效百分比	累积百分比
两年以上三年以下（含三年）	145	13.2	13.2	38.1
三年以上四年以下（含四年）	74	6.7	6.7	44.9
四年以上五年以下（含五年）	74	6.7	6.7	51.6
五年以上	532	48.5	48.5	100
合计	1099	100	100	

第二节 社会政策评估的理论基础

一 公共政策评估及其标准

（一）公共政策评估

公共政策评估是分析评价政策供给质量、执行过程和政策效果，政策评估需要基于政策供给、执行、评估、调整全过程，围绕政策供给、执行和效果展开实际评估工作，其中，政策效果是公共政策评估关注度最高的部分，直接决定政策延续、调整或退出，旨在鉴定公共政策对所确认问题达到的解决程度和影响程度，辨识公共政策效果成因，以求通过优化公共政策运行机制，强化和扩大公共政策的影响。在进行政策效果评估时，评估者必须注意分清预期效果和意外效果、实际效果和象征性效果、短期效果和长期效果，对公共政策价值做尽可能全面而客观的判断。[①]

（二）公共政策评估标准

政策评估既是一个事实判断的过程，也是一个价值判断的过程。事实标准的确立以特定事物和既定事实为依据，多通过调查、统计等实证方法建立数字、比例等量化关系，旨在确定公共政策在事实上产生了哪些实际的效果和影响。价值标准则是建立在道德、伦理、观念、文化等社会和政治价值基础上，旨在确定一项公共政策的价值影

[①] 辽宁省人事厅主编：《公务员公告管理核心课程简明读本》，沈阳出版社2005年版，第3页。

响。事实标准包括政策效益标准、政策效率标准、政策影响标准、政策效能标准、回应充分性标准。价值标准包括生产力标准、社会公正标准、可持续发展标准。①

价值标准以某一政策的投入所产生的直接经济和社会效果为依据的评估标准，旨在确定公共政策的经济和社会价值。价值评估主要指该政策所产生的直接效果，由于间接效果难以统计，且受许多其他因素的影响，因而通常只作定性说明，而不作为评估的标准。② 无论是事实标准，还是价值标准，在具体应用中都很少使用单一的标准，而是将事实标准或价值标准有机配置或综合起来加以使用。

二 公共政策评估的原则

公共政策因政策体系、目标、主体、工具、机制等不同，评估框架、标准、手段存在显著差异。③ 但公共政策评估的基本原则是一致的，即公平与效率、事实与价值、超前与适用相结合。2015年11月习近平总书记在中央财经领导小组会议上指出，"宏观政策要稳、产业政策要准、微观政策要活、改革政策要实、社会政策要托底"。在一定程度上，为公共政策评估指明了标准。

1. 普惠性。社会救助属于社会政策，"社会政策要托底"。2018年12月中央经济工作会议强调，"社会政策要注重解决突出民生问题，积极主动回应群众关切，加强基本公共服务，加强基本民生保障，及时化解社会矛盾"。社会政策要托底，普惠性体现在让发展成果更多、更公平地惠及全体人民，实现全体人民共同富裕，持续增进人民福祉。

2. 渐进性。渐进性标准要求社会政策要借鉴国际经验，循序渐进，稳中求进，平衡推进。要求社会政策要与经济发展水平和保障能

---

① 马国贤等：《公共政策分析与评估》，复旦大学出版社2012年版，第151页。
② 陈振明：《政策科学》，中国人民大学出版社2002年版，第234页。
③ 李琪等：《新时期我国公共政策评估的原则、标准和要点》，《干旱区资源与环境》2019年第10期。

专题八 社会救助政策效果评估

力相协调,注重可及性;要逐步平衡城乡、地域、人群、职业等多个维度的社会保障水平,稳步提高社会保障标准、能力和支出水平,使公众的获得感、幸福感、安全感更加充实、更有保障、更可持续,实现社会福利最大化。

3. 敏感性。敏感性要求社会政策聚焦民生之痛、民生之忧、民生之利,优先补短板,推进社会治理现代化。要求提升预防和化解社会矛盾机制的法制化、专业化水平,强化重大社会治理决策社会稳定风险评估。要求树立安全发展的理念,健全公共安全体系、社会治安防控体系。

三 公共政策效果评估及其要点

公共政策效果是特定政策环境和内外部因素综合影响下,政府、市场、相关利益主体和公众协同推进、长期作用、贡献累积的综合反映。从综合效果中分解并单独评估某项政策效果,一般依据政策目标和重点,设定严格的假设前提或针对性构建指标体系,定性和定量相结合,对政策效果开展综合评估。[①] 评估公共政策效果的要点包括质量、效率、影响、有效性、问题。

(一)政策质量评估,包括政策目标实现程度,政策方案实施和政策工具应用是否符合预期,政策服务对象和利益相关方满意度等。

(二)政策效率评估,主要评估是否以最小的政策成本,实现社会福利最大化、经济效益最大化和生态环境质量最大限度的改善。

(三)政策影响评估,包括对政策目标群体和非目标群体的影响,预期和非预期影响,对经济、社会和生态的近、中、远期的影响。

(四)政策作用机制有效性评估。分析政策传导反馈机制、长期作用机制和相机抉择机制,评估信息引导、统筹管理、协调配合和评估调整机制有效性。

---

① 李琪等:《新时期我国公共政策评估的原则、标准和要点》,《干旱区资源与环境》2019年第10期。

（五）政策问题评估，包括分析社会政策存在的主要问题及其原因，梳理影响政策效果的主客观因素，明确优化和修正政策的方向和重点，作为调整已有政策或制定新政策的重要依据。

第三节 构建社会救助政策效果评估的基本框架

结合公共政策效果评估的要点以及公共政策评估原则、标准，构建起社会救助政策效果评估的基本框架，对社会救助政策的实施效果进行评价，找出社会救助政策在实际运行中存在的不足。

一 "事实—价值"评估框架

评估框架的总体结构立基于事实标准和价值标准。事实标准旨在确定公共政策在事实上产生了哪些实际的效果和影响。价值标准旨在确定一项公共政策的价值影响，这就包括经济和社会价值。这样对政策效果进行评价应该从以下两方面着手：第一，看政策的社会性效率，制度的社会性效率即社会效益，通过实施政策制度来促进社会政治经济的发展而产生的社会效益；第二，从制度成本的角度来看，政策制度本身的设置与运行以是否以最小的成本来取得最大化的收益，即经济效益。[①] 也就是说，从社会效益和经济效益两个方面构建起政策效果评估的指标体系。

二 多维视角下的评估标准

"事实标准"与"价值标准"分别由若干评价内容组成，前者包括效果性、影响性、回应性；后者包括生产力、可持续性、公平公正性。

（一）事实标准

1. 政策效益、效率标准。政策效益是达到政策目标的程度，重视政策实施效果与预期目标相符合、符合的程度以及有无距离和偏差。政策效

[①] 穆怀中：《社会保障国际比较》，中国劳动社会保障出版社2002年版，第344页。

专题八 社会救助政策效果评估

率是政策效益与政策成本之间的比例,政策效率标准往往以单位成本所能产生的最大价值或单位成本所需要的最小成本作为评估的基本形式。

2. 政策影响标准。政策影响指政策产出所引起的人们在行为和态度方面的实际变化。这些变化有直接的、有间接的、有近期的、有中长期的。通过政策影响评估分析政策运行给社会发展总体状况带来的变化,衡量这个政府政策给社会到来的影响或造成的后果。

3. 回应性标准。回应性指政策结果满足人们需求、价值与机会的有效程度。人们的利益和要求会随着时间、空间和其他条件的变化而发生调整,回应的充分性是一个重要的标准。[①]

(二)价值标准

1. 生产力标准。能满足人们的利益需求、促进生产力发展的公共政策是一项进步的政策,能够得到拥护和支持。落后的或反动的政策肯定遭到人们的反对。以生产力发展为标准对政策进行评估,最能体现满足人们经济利益以及社会利益的根本要求。

2. 公平公正标准。政策不应是为少数人或少数集团的利益牺牲大多数人的利益。就某项政策来说,也许达到所要求的效果标准,但如果造成不公平的利益分配,那么这项政策也不是一项成功的政策。

3. 可持续性。政策在制定和执行过程中,须处理好当前利益与长远利益、局部利益与整体利益、经济利益与社会政治利益的关系,使政策符合社会可持续发展的基本价值取向和准则。

三 评估框架的具体表现形式

根据上述框架结构和评估标准,我们设定了具体的评估内容,见表8-5。需要说明的是,由于反映政策效果的数据不易获得,本专题所提出的评估框架偏于理想型,后文将按照这一框架展开,但无法对涉及的指标进行一一对应的测量。

---

① 李维新:《公共政策学导论》,东北林业大学出版社2007年,第247页。

表8-5　　　　　　社会救助政策效果评估指标体系

结构框架	评估标准	具体表现	概念说明
事实标准	效果性	个人效果	社会救助政策保障困难群众最基本生活的效果
		家庭效果	社会救助政策保障救助对象家庭生活，减轻家庭负担的效果
		社会效果	社会稳定、和谐，实现社会再分配，共享经济发展成果的效果
	影响性	对社会民众的影响	影响救助对象之外的社会民众对社会救助政策的认识
		对受助者行为的影响	社会救助政策对救助对象行为的影响（福利依赖或积极工作）
		对民政工作人员的影响	社会救助政策影响民政工作人员对自身工作的认识
	回应性	社会响应性	困难群体对社会救助政策的认同及支持水平
		群体需求	社会救助政策多大程度上有效满足困难群体的生活需求，是否提升了救助对象的获得感、安全感
价值标准	生产力	覆盖率	社会救助政策对困难群众能否实现"应救尽救"
		受益度	社会救助标准的充足性（与经济发展水平相适应、相协调的救助标准）和针对性
	可持续性	经济可持续性	社会救助政策是否有可靠的资金来源，为社会救助政策提供持续、有效的推动力量
		政策的可持续性	"可进可退"的长效机制
		社会可持续性	社会力量的广泛参与
	公平公正性	机会公平	社会救助能否为每个困难群体提供同等的机会来公平地享受政策带来的福利
		结果公平	保证救助对象获得政策规定公平公正的救助和保障
		过程公平	社会救助政策实施过程接受公开透明的监督，保障政策执行过程的公平性

专题八　社会救助政策效果评估

第四节　我国各项社会救助政策的实施情况

随着我国社会救助体系的逐步完善，现已建立了最低生活保障、特困人员救助供养、受灾人员救助、医疗救助、教育救助、住房救助、就业救助、临时救助与社会参与的"8+1"社会救助体系。各项专项社会救助项目较好地发挥了救助合力，有效地保障了困难人群的切实需求。

一　专项救助在整个社会救助体系中的作用

我国基本建立起以城乡低保为基础、专项救助为支撑、临时救助为补充的救助体系，为城乡困难群众织就了一张保护网。在调研走访中，多数地方以城乡低保救助、特困救助为主体，并有针对性地开展医疗救助、教育救助、住房救助、临时救助等专项救助，同时辅以慈善机构为代表的社会力量，不定期地为低保对象发放米、油等生活物品。

表8-6显示，当群众陷入困境时，受访的工作人员大多想到临时救助（91.4%），会建议陷入困境的群众申请专项救助（77.8%）、社会慈善救助（67.8%）、社会福利（65.0%），相对而言，建议申请低保金救助的较少。的确，低保金救助不适合于突发意外事件，而是当陷入困境是常态或持久的情况下，低保金救助或是特困人员救助更为适合。但住房、医疗等专项救助大多以低保救助对象为主，出现"福利排斥"。在"其他"项的填写中，"医疗保险""意外保险""心理疏导""政府援助""网络众筹""亲朋好友"等，即"医疗救助"被多位工作人员在"其他项"填写，说明工作人员并未有意识地将"医疗救助"纳入"专项救助"范围，也反映直接申请"医疗救助"较少。2017年实施住院和门诊医疗救助支出266.1亿元，住院和门诊每人次平均救助水平分别为1498.4元和153.2元。[①] 这相对于

[①] 民政部：《2017年社会服务发展统计公报》，http://www.mca.gov.cn/article/sj/tjgb/2017/201708021607.pdf。

灾难性医疗支出而言远远不够,在一定程度上说明医疗救助离较好地发挥专项救助的作用还很遥远。

表8-6　民政工作人员认为解决群众突发困难家庭应依靠的制度选项　　　　（单位:份,%）

	频率	百分比
临时救助	1005	91.4
低保金	640	58.2
专项救助	855	77.8
社会慈善救助	743	67.8
社会福利	714	65.0
其他	48	4.4

二　对社会救助项目的作用进行评价

（一）"8+1"社会救助体系中各项救助项目的综合作用评价

1. 低保金的帮助作用。在收集到的8335份入户调查的问卷中,有3754份享受过低保救助。其中,认为低保金救助作用很大的占比62.01%,认为作用较大的占比13.96%,认为救助作用一般的占比19.77%。总的说来,认为低保救助起到作用（包括"一般"回答）超过95%。

2. 五保供养金的帮助作用。总共157户五保供养家庭,认为五保供养金作用很大的占比69.43%,较大的占比12.10%,可以认为,五保供养金的整体帮助作用较大。

3. 其他社会救助的帮助作用。除低保金、特困人员救助的作用评价,对"8+1"社会救助体系中的自然灾害救助、医疗救助、教育救助、住房救助、临时救助、就业救助、慈善救助等社会救助项目对社会救助对象的帮助情况进行简单频率统计,具体而言,认为自然灾害救助作用很大的占比33.09%,作用较大的占比10.91%,作用一般的占比37.82%,作用较少或无作用的累计占比18.18%；认为医疗救助作用很大的占比61.93%,作用较大的占比14.87%,作用一般的占比18.65%，作用较少或无作用的累计占比4.55%；认为教育救助作用很大的占比61.32%，作用较大的占比16.41%，作用一般的占比19.63%，作用较少或无作用的累计占比2.64%；认为住房救助作用很大的占比65.26%，作用较大的占比14.46%，作用一般的占比15.66%，作用较少或无作用的累计占比4.61%；认为就业救助作用很大的占比63.77%，作用较大的占比14.83%，作用一般的占比17.58%，作用较少或无作用的累计占比3.81%；认为临时救助作用很大的占比59.86%，作用较大的占比16.94%，作用一般的占比16.71%，作用较少或无作用的累计占比6.5%；认为慈善救助作用很大的占比50.75%，作用较大的占比16.79%，作用一般的占比25.66%，作用较少或无作用的累计占比6.79%。综上所述，除"自然灾害救助"，其他社会救助项目被认为发挥"很大"作用的占比均超过半数，大多都在60%以上。

将"很大"和"较大"比重进行相加，所得比重较大，可以认为，"8+1"社会救助体系发挥着较好的作用。尤其低保金"很大"和"较大"的所占比重近80%，五保供养金的所占比重超过80%，其他救助的所占比重亦在70%至80%之间。

(二)评价具体社会救助举措的作用

1. 各项教育救助举措及其作用。受访困难户对各项教育救助的主观评价较高，在一定程度上表明教育救助在纾解因学致贫方面发挥了重要作用。调查显示，在被问及学费减免的实际作用时，认为作用很大或较大的比例分别达到65.91%和15.52%；表示生活费补偿作用很大或较大的比例分别为65.68%和17.94%；受访户中认为国家助学金作用很大或较大的比例分别达到63.14%和19.70%；认为饭票代金券作用很大或较大的比例分别是60.83%和18.33%；表示学习用品救助作用很大或较大的比例分别为55.53%和14.42%。

2. 各项住房救助举措及其作用。在受访困难户当中，分别有73.91%、13.04%的表示租赁住房救助作用很大；51.79%、22.32%的认为租赁补贴作用很大或较大；认为危房补贴作用很大或较大的占比分别达到74.29%和10.48%。

3. 各项就业创业救助举措及其作用

入户调查数据共8335份，参与各项就业创业救助的比重如表8-7所示，培训和结对帮扶占比较多。其中，为困难群众提供公益性岗位发挥的作用得到高度认可，被认为其作用"很大"占80.84%，"较小"和"无作用"两项加总占比仅2.34%。就业救助，助力弱势群体增强摆脱贫困的能力。

表8-7　　　　就业创业救助的举措　　　　（单位：份,%）

举措	频次	占比
培训	1170	14.0
职业介绍	560	6.7
贷款	749	9.0
税收优惠	93	1.1
技术支持	286	3.4
结对帮扶	1173	14.1
房屋新建或改造	944	11.3
劳务输出交通补贴	64	0.8
创业补贴	77	0.9
就业技能培训补贴	209	2.5

第五节　社会救助政策实施效果评估的实证研究

一　效果性评价

效果性指标偏向评估政策给个人、家庭以及社会带来的直接效果。这里就是指政策的实施对困难群体的个人和家庭产生了哪些效果，是否达到了最初政策设计的保障困难群体最低生活需要的目标。

（一）给救助对象个人和家庭带去安全感

从个人和家庭来看，社会救助政策在保障基本衣食的最低生活需

专题八 社会救助政策效果评估

要等方面起着至关重要的作用,此外,辅之医疗、教育、住房、就业等救助,实现较好地兜底,保障了困难群体个人和家庭的基本生活,给弱势群体带来了实实在在的安全感。

个案:下岗职工,低保非常补对象。丈夫病逝后再婚,孩子本科刚毕业,9月开始医学院研究生的学习。夫妻均享低保,居住在公租房,需要平摊农村家中老人的赡养费用。夫妻双方每个月可以领低保金500余元,主要依靠打零工来维持生活。当被问及对社会救助政策给个人和家庭生活带来的变化,她对救助政策表达了感激之情。虽然低保救助金有限,当遇到困难时还会向亲戚朋友寻求帮助,但起码有生活兜底的安全感,对生活充满信心。这份乐观、信心和安全感来自社会救助政策。访谈中反复强调她的知足,尤其孩子从小懂事,现在又就读研究生,未来可期。这就是一个通过救助实现"贫困代际阻隔"的典型例子。

基层干部:从事救助工作3年,认为社会救助政策的不断完善切实保障着救助对象的基本生活,接受救助前后变化是显著的,社会救助政策兜底线、保民生、救急难的作用明显,让困难群众"弱有所扶",点亮了困难群众生活的希望。但救助对象面临的生活困难各有不同,救助对象处于人生不同阶段,救助需求不一样,老人尤其是残疾需要救助服务、"上有老下有小"的中年人需要工作、病患需要健康救助,分类施救让救助效果更好、更公平。

贫困群体同样对美好生活有向往,经济发展应惠及弱势群体,让其共享改革发展的红利。故而救助水平应有更高的标准,2020年后,贫困不再是绝对贫困,而是缺乏依靠自身摆脱相对贫困的能力贫困。

(二)较好发挥了维护社会稳定的功能

以低保救助、特困人员救助等基本生活救助为基础,以教育救助、医疗救助、住房救助、就业救助等专项救助为支撑,以临时救助等救急难救助为辅助,以慈善组织等社会力量参与救助为补充的社会救助体系，切实编密织牢了兜底保障网，在保障群体基本生活方面取得了比较明显的成效，起到了稳定人心的作用。

  社会救助政策发挥着"稳定人心"的作用，但又因此出现政策执行上的"偏差"——"维稳保""政策保"。地方政府在执行有关政策的过程中，部分群众（包括常访户、钉子户、政策遗漏户等）因利益受损闹事，为了换取"不闹事、不上访"的承诺，一些基层政府将救助政策作为解决问题的辅助或最后手段。

二 影响性评价

该项指标考察社会救助政策对社会公众、救助对象、民政及基层工作人员带来的影响。其中，对社会公众、民政干部等人带来的影响可以称为"社会救助政策的溢出效应"。

（一）普通人眼中的"社会福利"

社会救助被"福利化"。在一些人眼中，社会救助成了特定人群的一种"福利"。社会救助体系基本已经形成了以低保为核心，医疗、教育、住房等救助相配套的格局，旨在保障贫困群体基本生活的各个方面，但却衍生出"福利捆绑"问题，成为"保内人"才能有公租房、看病报销比例高、教育免费等政策，这些辅助政策无形中提高了低保金救助的"含金量"，造成了一定程度上的不公平性。

  医保局工作人员：农村扶贫户就医比例可以高达百分之百，扶贫户的医疗救助资金来源是多渠道的，主要是医保报销、重大疾病医保、商业补充医保、医疗救助、健康扶贫等专项资金，就医也并不受地域限制。在这位工作人员眼里，扶贫户所能享受的医疗服务待遇水平甚至比一般领导干部还好。

(二) 救助对象存在一定程度"福利依赖"

低保对象的救助津贴与实际收入挂钩,每增加一元钱的实际收入就会减少一元钱的低保救助金,在一定程度上导致一些人"宁可要低保不要去工作"。

整理 8335 份入户调查数据,其中关于"依赖心理不努力找工作"的回答,具体如表 8-8 所示。60.40% 的受访对象表示没有这种心理,14.19% 的表示会有这样的依赖心理,其余 25.41% 表示不知道。

表 8-8   "依赖心理不努力找工作"   (单位:份,%)

	频率	百分比
有	1183	14.19
没有	5034	60.40
不知道	2118	25.41

1099 份工作人员的调查数据,问及"福利依赖原因",具体统计数据情况见表 8-9,"受助对象懒惰""其他救助、福利制度和低保捆绑"对于其他原因而言是主要原因。

表 8-9   "福利依赖原因"   (单位:份,%)

	频率	百分比	有效百分比	累积百分比
低保金水平过高	70	6.4	6.4	6.4
其他救助、福利制度和低保捆绑	274	24.9	24.9	31.3
申请过程有漏洞	26	2.4	2.4	33.7
受助对象懒惰	328	29.8	29.8	63.5
低保人员就业培训做得不好	130	11.8	11.8	75.3
其他	211	19.2	19.2	94.5
不清楚	60	5.5	5.5	100
合计	1099	100	100	

但也应看到,许多低保对象是因禀赋不足而陷入依赖,而非主观

福利依赖。如表8-8所示，14.19%表示会有这样的依赖心理。在访谈中，即使低保对象是有劳动限制能力的重度残疾，并不甘于或者不希望依赖政府的救济生活，但是对于他们而言，工作也并不单单是养家糊口的问题，更重要的是关系他们在社会上、在家庭中的地位，以及由职业地位赋予他们的心理自尊和社会地位。

个案：视力二度残疾，有较低光感，离异，孩子读大学一年级。访谈当天赶着就近打临工挣钱，她和孩子两人享受低保，再加"残疾人两项补助"，每个月可以拿到900多元，在当地仅仅凭借低保救助金维持生活是很困难的，还要培养孩子读书，虽然孩子教育能得到补助，但还是会挣钱贴补家用。

个案：肢体重度残疾，56岁，单身，和老母亲生活在一起。平日生活需要照顾，即便如此，之前还开着有经营性质的"拐的"，地方政府取缔"拐的"后并未能找到合适的工作。但通过帮忙看店，换得对自己生活上的帮助。访谈中一再强调身残志不残，充分理解政府救助工作的不易。不过，在访谈中也表达母亲百年后独自养老的担忧。

（三）民政工作人员对救助工作的自我认同

工作人员高度认可自己工作给弱势群体带去的"温暖"。如表8-10所示，不少人长期从事民政工作并认为可以成为终身事业，48.4%的人从事救助工作五年及以上。

基层干部：民政科科长，从部队退伍回到地方，从事社会救助工作十余年，谈及自己所从事的救助工作的意义，工作的自豪感油然而生，认为自己工作很有意义，能帮助到需要帮助的困难群体。习近平总书记说过，"对困难群众，我们要格外关注、格外关爱、格外关心，千方百计帮助他们排忧解难，把群众的安危冷暖时刻放在心上"，说到民政工作人员是有一腔热血、有"善

专题八 社会救助政策效果评估

心"的慈善人。救助工作因为面对的是弱势群体，需要不断创新工作的方式。以退保为例，当遇到不肯退保甚至来闹事的群众，除了做其自身工作，还做家中孩子的思想工作，由孩子来说服家长，往往收效更好。

表 8-10　　　　　从事社会救助工作的年限　　　（单位：份，%）

	人数	百分比	有效百分比	累积百分比
一年及以下	141	12.8	12.8	12.8
一年以上两年以下（含两年）	133	12.1	12.1	24.9
两年以上三年以下（含三年）	145	13.2	13.2	38.1
三年以上四年以下（含四年）	74	6.7	6.7	44.9
四年以上五年以下（含五年）	74	6.8	6.8	51.6
五年以上	532	48.4	48.4	100
合计	1099	100	100	

三　回应性评价

（一）救助对象对社会救助政策的支持和认同

工作人员的问卷调查中，"救助后心态"的回答情况见表 8-11，"得到了政府的帮助，自己应该承担相应的义务""感到这是政府对困难人群的帮助和恩惠"占比 38.8%、36.5%，充分表明救助对象在接受救助后对政府的信任、对政策的高度支持和认同。

表 8-11　　　　　"救助后心态"的描述　　　　（单位：份，%）

	频率	百分比	有效百分比	累积百分比
他们感到这是政府对困难人群的帮助和恩惠	401	36.5	36.5	36.5
他们认为这是政府应尽的职责义务	155	14.1	14.1	50.6

续表

	频率	百分比	有效百分比	累积百分比
他们认为得到了政府的帮助，自己应该承担相应的义务	427	38.8	38.9	89.4
他们觉得政府的钱不拿白不拿	100	9.1	9.1	98.5
说不清	16	1.5	1.5	100
合计	1099	100	100	

（二）回应救助对象的需求不足

经济贫困只能是被救助家庭绝对贫困的直观表现，现行社会救助政策侧重于解决基本生存需要。救助的方式以现金为主，救助服务仍有很大拓展空间，缺乏心理慰藉、人文关怀等需求。

个案：女，随母亲、儿子以及哥哥一家人借住在姐姐家中，哥哥同样患有精神疾病，两个中年人生活基本无法自理，全部依靠年老的母亲。68 岁的母亲是一大家子人唯一的劳动力和经济来源。受助者的儿子刚考上医科大学，每个月外地就读大学的生活费需要一千块钱。孩子不善言辞，目前无力改变现状。68 岁的母亲希望受助者的哥哥也能申请救助，但其户口不在所访辖区，对申请流程也不清楚，已经为申请救助跑过很多次。

个案：女，52 岁，直肠癌晚期，离异独居。四年前做了直肠切除，今年癌细胞转移到子宫后，进行手术切除了子宫，现又发现身体不适，选择不再和家人提及，已然放弃再次治疗，采用姑息疗法。主要担心垫付不起医药费，即使在现有低保报销比例情况下自付部分仍较难承受。深度访谈中她反复谈及癌症后期疼痛的级别，担心自己承受不了。每天钥匙挂在脖子上，独居，亲戚朋友来往得少，自己没有融入社会的物质基础。受访者主动问询是否有癌症患者组织，希望加入后能得到精神上的支持。对这个受访者来说，贫困不光是经济上物质的匮乏，还有身体上的痛苦、社会排斥、情绪上的痛苦、无力感。她不仅需要物质上的支持来帮助其接受治疗以延续生命，还尤其需要精神上的慰藉、人文关怀。

四 生产力评价

（一）覆盖率

社会救助政策应有"公平性"和"普遍性"的原则要求，保障政策对象的"应救尽救"，同时不要出现"漏救"情况。

1. "漏救"使得"应救尽救"稍有欠缺

长期以来，社会救助目标定位于绝对贫困人群，救助标准偏低，救助范围过小。随着国家精准扶贫的实施，农村贫困人口逐步减少，"弱有所扶"要向更大规模的相对贫困群体扩展。生活窘迫的群体，不仅指最低生活保障家庭，还应该包括低收入家庭、支出型贫困家庭、特殊困难家庭。[①] 目前以收入作为标准的做法只会将一部分人挡在政策之外，"漏救"难以避免。实际上，贫困不光是收入低，还有支出大、物质匮乏、社会排斥等一系列表现。

> **救助工作人员**：支出型贫困群体无法纳入低保救助。这类群体大多因医疗费用支出大、报销比例有限而陷入贫困，但由于家庭收入不符合纳入低保救助的条件，纳入低保救助并享有相应的医疗救助和大病救助的做法不可行。当地低保标准低，这类疾病灾难性支出型家庭就属于"漏救"对象。如果民政工作人员出于同情，以及出于"问责"机制下的自保，甚至通过政策"擦边球"如离婚等方式将其纳入低保。救助标准低使得救助对象认定主观随意性大。

---

① 章维：《超大城市"弱有所扶"的长宁实践——上海市区探索建立解决相对贫困的长效机制》，第六届中国社会救助研讨会，2019 年。

表8-12　　　　"该救助没有得到救助"情况　　　（单位：份,%）

	频次	占比%
拒绝回答	1	0.01
有	1468	17.61
没有	4864	58.36
不知道	2002	24.02

入户调查数据关于"该救助没有得到救助"的回答情况见表8-12，8335份问卷有2002份表示"不知道"，1468份问卷表示"有"，分别占比24.02%、17.61%，可以认为"漏救"问题存在。社会救助政策并未惠及所有应该得到救助的对象。

2. 政策附加福利带来的"瞄准偏差"

除获得低保生活救助外，附带福利涵盖了教育、医疗、住房、司法等各个领域，在一定程度上缓解了单纯依靠低保金所不能解决的问题，对反贫困乃至反社会排斥、促进社会融合有着重要的作用，但却带来了道德风险以及"瞄准偏差"。"瞄准偏差"会对非救助对象有示范效应，这对政策的规范化操作提出了更高的要求。

低保工作人员： 不少得了重病的人，为了看病报销，不讲理地要求纳入低保救助，我们知道他们并不是为了低保救济金，而且没办法了，为了医疗报销福利。

表8-13　　　　"情况过得去得到救助"情况　　　（单位：份,%）

	频次	占比
拒绝回答	1	0.01
有	1392	16.70
没有	4326	51.90
不知道	2616	31.39

专题八 社会救助政策效果评估

表 8-14　　　　　"靠关系得到救助"情况　　　　（单位：份,%）

	频次	占比
拒绝回答	1	0.01
不知道	5	0.06
有	831	9.97
没有	5136	61.62
不知道	2362	28.34

如表 8-13、8-14 所示，基层工作人员知道存在"情况过得去得到救助""靠关系得到救助"的问题，其中"不知道"的回答大部分也可以被理解成"有"类似问题的存在，不管是历史遗留还是新增所导致的"瞄准偏差"，可以认为救助"瞄准偏差"较大。

（二）受益度

社会救助标准对受助群体的受益程度如何，课题组用救助标准的充分性作为指标来进行衡量，即度量社会救助政策预期目标的实现程度。

1. 救助标准保障了救助对象的基本生存权

社会救助政策为弱势群体化解了生存危机，让他们有了起码的生活保障。几乎所有的被访者都对社会救助政策充分肯定。可以说，救助政策兜底保障了贫困家庭的基本生存需要，达到了救助政策直接效果。救助政策成为一种安慰剂、稳定剂；一种希望，一种安全感，并已然成为一些人不可脱离的制度安排。

个案： 一家 4 口人，年近五旬的夫妻和一双儿女，儿女到城里打零工挣钱，丈夫一人吃"低保"。一家四口住大伯家的一间房，早年因为给丈夫看病把房子卖了，好在大伯一家收留才有容身之处。妻子无奈拿出几大塑料袋的药，丈夫全身上下都是毛病，吃药不敢吃贵的药，每个月靠药物维持，丈夫因有自付比例、事前垫付不敢随意接受住院治疗。家里一人吃着低保，儿子女儿打工挣钱，基本生活没问题。访谈中，丈夫透露出不愿拖累一家人的愧疚，还忧心儿子已经到了适婚年龄但不具备结婚的条件。

以工作人员调查问卷数据分析来说明社会救助保障基本生存权的效果。例如，认为低保很有成效和比较有成效的受访者比例，分别为49.41%、35.03%，合计达到84.44%，说明低保制度在"保基本、兜底线"方面得到困难群众认可。

2. 对救助标准的救助水平看法存在差异
（1）救助标准太低，不具备可操作性。
以低保标准为例，低保标准太低，造成低保救助资格认定存在一定的主观随意性。

民政干部：家庭收入低于低保标准的人比较难找，在城市里打临工的收入远远超过低保标准。因为救助资格标准低，在实际工作中，缺乏量化的尺子，主观随意性较大，且对未纳入救助对象的说服力也相对较弱，在一定程度上，导致增加了救助工作开展的难度。

此外，由于缺乏经办经费，收入核算有一定困难且核查效率低下。一些因病灾难性支出的贫困家庭，如果严格按条件来确定，由于就其家庭收入高于标准是不能纳入低保救助，但出于同情，为了实实在在地让贫困人口安心，有份收入保障，也出于自保（严格的追责机制），工作人员会帮助这类贫困人口尽量找到政策"擦边球"。所以，低保标准太低，难以据此有效开展相应的救助工作。

（2）救助标准较为合适
调查显示，72.4%受访者认为低保标准合适，19.5%认为低保标准较低，3.7%认为低保标准过低，2.7%认为低保标准较高，1.4%

认为低保标准过高。

（3）救助标准调整步伐过快

基层工作人员：在访谈中的确遇到基层工作人员认为低保标准过高，更多的是指提标过快。低保救助以人为单位，倘若一家中同时几个人为低保常补对象，家庭月领取低保金就可能超出一个普通单职工的家庭收入，这对正常参与工作的人来说是负向激励。更有甚之，如若出现生活救助和其他补助在同一个家庭的"福利叠加"，便极易出现收入远超过一般家庭，这是鼓励救助对象不出门工作而选择"福利依赖"。

3."福利叠加"后救助水平过高引争议

如表8-15所示，大多数专项救助政策都依赖低保制度的对象识别机制，由此而导致各专项救助的待遇都集中到低保对象，导致对低保对象的"福利叠加"。整理工作人员调查问卷中关于"福利叠加"是否应该的回答，发现58.1%的工作人员认为福利叠加应视情况而定，29.8%的工作人员认为应该。

表8-15　　　　　　　"福利叠加"是否应该　　　　（单位：份，%）

	频率	百分比	有效百分比	累积百分比
应该	327	29.8	29.8	29.8
不应该	130	11.8	11.8	41.6
视情况而定	639	58.1	58.1	99.7
说不清	3	0.3	0.3	100
合计	1099	100	100	

五　可持续发展性评价

（一）县（区）级财政配套压力大

转移性财政支出是社会救助的主要资金来源。以最低生活保障财政资金为例,所调研地区中央、县、市财政筹资分担比例为7:2:1,县级财政配套占20%。具体做法是:首先,各县(区)将当年低保的人数上报省民政和财政部门,以全省平均补差为基数,得出各县(区)下年低保所需资金。按照20%的比例,要求各县级财政配套并拨付给低保专户。其次,省级财政将中央提前批次的资金下达各县,等中央第二批财政资金到位时,按照预算所列各县(区)低保资金总额扣减三部分资金(已下达中央财政资金、县级应配套资金以及结余资金)后,再打包中央第二批资金拨付至各县(区)财政。

由于各县实际补差水平不同,而在编制预算和分配资金时按照全省平均补差水平计算,就会造成应支出金额和实际支出金额存在差额。如果实际补差水平下各县低保资金所需额低于平均补差水平下各县低保资金所需额,该县(区)预算资金可能多于该县实际应支出资金。这样资金出现结余的同时县级财政配套压力加大,还会影响第二年的中央财政资金拨付总额。

(二)"可进可退"的长效机制有待强化

如表8-16和表8-17所示,主动退保占比极少,少数人能主动退保和"没有人主动退保"占大多数。调研发现"退休开始领取养老金""孩子毕业"是退保的两个主要原因。"退出难"是民政干部的心头痛,面临来自救助对象的各种威胁,这也成为一些民政干部不愿意长期从事救助工作的主要原因。

表8-16　　　　　　　　　"该退出没有退出"　　　　　　(单位:份,%)

	频次	占比
拒绝回答	1	0.01
有	1022	12.26
没有	4519	54.22
不知道	2793	33.51

表 8-17　　　　　　　"能否主动退保"　　　　（单位：份，%）

	频率	百分比	有效百分比	累积百分比
不知道	1	0.1	0.1	0.1
全部能主动退保	80	7.3	7.3	7.4
多数人能主动退保	258	23.5	23.5	30.8
少数人能主动退保	370	33.7	33.7	64.5
没有人主动退保	364	33.1	33.1	97.6
不清楚	26	2.4	2.4	100
合计	1099	100	100	

个案：冯师傅，民政福利企业的下岗职工，常补对象，残疾人，性格较为外向，健谈。居住在公租房，每个月按期缴纳租金，房子简单装修。冯师傅属于"政策保"对象。现今，冯师傅到退休年龄，领取退休工资的当月便要按政策要求退出低保。作为多年领受低保待遇的老低保户，从最初领取几十块钱到现在每个月领取620元，冯师傅对低保标准的变化有切身体会，对低保标准也较有发言权。作为低保户，冯师傅认为现在每月领取的620元，以现有财政资金规模，绝对可以涨到每月1200元，新近错保的现象相对减少，但历史遗留问题较为严重，退出机制有待健全和严格执行。

（三）社会力量参与潜力有待激发

在访谈过程中，课题组了解到，除了现金给付的救助外，米面油等实物救助主要来源于红十字会，基层工作人员会逐一通知到位。救助对象，尤其患重疾的困难群众医疗费用超出一定额度时，会适当得到慈善医疗救助基金的捐赠。此外，水滴筹等平台也是困难群众就医时一种可求助渠道。

截至2019年4月，全国慈善组织5599家，其中基金会4012个。2018年所有类型的慈善组织数量增速都呈下降态势，尤其是其中占比最大的基金会增长数量更是下降显著。政府对社会组织采取了更严格的监管态度和更严厉的登记审核。① 目前我国社会力量参与还处于初级阶段，社会力量的潜力有待最大激发。

再如工作人员调查问卷中"医疗负担解决制度"数据呈现情况见表8-18。其中，"医疗救助""居民医保"占比相当大，当医疗支出超出家庭承受范围时，"医疗救助""居民医保中大病报销"发挥了重要作用。从"公众筹款""慈善医疗救助"占比情况，也可以看出社会力量参与社会救助得到较高程度的认同。

表8-18　　　　　　"医疗负担解决制度"　　　　　（单位：份,%）

	频率	百分比
职工医保	583	53.05
居民医保	938	85.35
医疗救助	933	84.90
商业医保	476	43.31
慈善医疗救助	665	60.51
公众筹款	597	54.32
其他	22	2.0

六　公平性评价

（一）补差标准不同带来的不公平

在被问及收入核查中面临的最大困难时，44.13%的受访民政工作人员选择了"服务对象收入不稳定"；22.75%的受访者选择了"收入难以精确量化"；13.28%的受访者选择了"服务对象故意隐瞒收入"，表示"没有困难"的受访者占到13.28%。

（二）资格标准难以量化执行带来的不公平

由于救助资格标准低，在实际工作中，资格审核标准模糊，缺少量化的标尺，造成救助资格认定存在一定的主观随意性，这是对未纳入救助的非救助对象的不公平。

---

① 黄晓勇等：《中国社会组织报告（2019）》，社会科学文献出版社2019年版。

◈◈ 专题八 社会救助政策效果评估 ◈◈

（三）"瞄准偏差"等政策执行偏差带来的不公平

"人情保""关系保""维稳保""拼保""轮保"等"瞄准偏差"表现，在一定程度上背离了救助政策的目标，降低了救助政策的瞄准效果，更直接影响到救助政策的公平性。

此外，大多数专项救助政策都要依赖低保制度的对象识别机制，导致各专项救助的待遇都集中到低保对象，这就是"福利叠加"。问卷中关于"福利叠加是否应该"的回答，11.8%的工作人员认为"不应该"，58.1%认为"视情况而定"。

第六节 研究结论及政策建议

结合社会救助政策实施情况，根据评估框架分析社会救助政策效果，发现各项社会救助政策的作用得到较为广泛的认可，与此同时，社会救助政策实际执行中也存在着一些问题，具体表现如下。

一 社会救助政策成效显著

（一）基本生存权得到保障，政策获得支持和认可

以低保救助、特困人员救助等基本生活救助为基础，以教育救助、医疗救助、住房救助、就业救助等专项救助为支撑，以临时救助等救急难为辅助，以慈善组织等社会力量参与为补充的社会救助体系，在兜底保障困难群体个人和家庭的基本生活方面取得了比较明显的成效。最低生活保障是基础、以专项救助相配套、以社会帮扶和慈善相衔接、以临时救助为补充，从制度上保障了弱势群体的生活。

在我国"8+1"社会救助体系中，各项专项社会救助项目较好地发挥了救助合力，有效地保障了困难人群的基本生活需求，为城乡困难群众织就了一张保护网，帮助他们摆脱贫困，谋得生存之路。低保标准不断提高，医疗、住房、教育等专项救助覆盖率不断扩大，大大改善了困难群体的生活条件和居住环境。社会救助政策为弱势群体化解了生存危机，让他们有了最起码的生活保障。问卷调查结果表明，

无论是救助项目还是救助举措的综合作用，民政工作人员及救助对象对其评价都较高，"无作用""较小""一般""较大""很大"5个选项，"一般"以上的回答都在80%以上，其中低保金"一般"以上评价超过95%。

可以说，救助政策兜底保障了贫困家庭的基本生存需要，达到了社会救助政策直接效果。作为一种社会稳压器，救助政策已经成为一些弱势群体不可脱离的制度安排。社会救助政策给弱势群体带去了实实在在的安全感，社会救助政策得到救助对象的高度支持和认可，他们对政府由衷信任，以及民政工作人员对自身工作也高度认同。社会救助政策既稳定救助对象的人心，同时又较好地维护了社会稳定。

（二）编密织牢兜底保障网，维护社会的和谐稳定

社会救助是实现社会公正的重要手段，实现社会资源的再分配，有助于实现社会公平公正，是社会和谐稳定的重要前提。社会救助保障了困难群众的基本生存权，解决了他们的衣食住行，并帮助有劳动能力的贫困人口积极劳动脱贫致富，在一定程度上缩小了贫富差距、保障了社会公正。

从个人和家庭来看，社会救助政策在保障基本衣食等基本生存需要方面起着至关重要的作用以外，辅之医疗、教育、住房、就业等救助，较好地兜底保障了困难群体个人和家庭基本生活，给弱势群体带来了实实在在的安全感。以低保救助、特困人员救助等基本生活救助为基础，以教育救助、医疗救助、住房救助、就业救助等专项救助为支撑，以临时救助等救急难救助为辅助，以慈善组织等社会力量参与救助为补充的社会救助体系，切实编密织牢了兜底保障网，在保障群体基本生活方面取得了比较明显的成效，基本达到了保障困难群体最低生活需要的最初政策设计目标。这样，不断完善的社会救助体系让经济发展惠及弱势群体，让弱势群体共享改革发展的红利，让贫困群体对美好生活有了向往。在保障弱势群体基本生活方面取得了比较明显的成效外，更是起到了稳定人心的作用，维护了社会的和谐稳定。

二 社会救助政策及其执行存在的不足

（一）社会救助存在"福利化"倾向，资金使用效率有待提高

首先，"福利捆绑"增加了低保的"含金量"和"吸引力"。目前，社会救助体系已经形成的以低保为核心，医疗、教育、住房等救助相配套的格局，因此，衍生出"福利捆绑"过多问题，出现基本生活救助和专项救助的政策"福利叠加"效应。很多地方在确定专项救助对象时，为降低管理成本，提高效率，往往将低保资格作为前提，使专项救助与低保资格进行捆绑。换句话说，只能在获得低保资格后才能享有其他救助项目的帮扶。无论是在医疗救助领域，还是在子女教育的补贴方面以及住房修缮等，救助对象能额外享受一些待遇，社会救助也因此成为一些人眼中的"香饽饽"。

其次，"福利依赖"指救助对象处于劳动年龄阶段且具有劳动能力，但却不愿意参加工作，把救助"福利"长期和终身化。给社会带来负面的示范效应，懒散、怠慢文化下的"贫困"在代际间传递，最终严重影响社会公平，造成社会不满，不利于政策的可持续发展。

最后，"福利退出"困难。困难群体认为一旦获得救助资格便可以终身享受，社会救助给他们带来的净收益高于他们出去工作获得的收入，因而降低了摆脱救助的意愿。"可进可退"才是政策得以可持续发展的重要条件，社会救助"福利"长期化和终身化，会使得社会救助资金流失，降低社会救助资金的使用效率，不利于社会救助政策的可持续发展。

（二）"瞄准偏差"等执行偏误存在，降低了政策的精准度

首先，收入核准困难带来"瞄准偏差"。瞄准是社会救助执行过程中的关键环节，若在实施过程中未能完全实现瞄准的预期目标，则会浪费救助资源，这种社会救助资源发生"挤出"和"遗漏"的现象即为瞄准偏差。由于收入核算较为困难，工作人员缺乏有效的手段掌握准确收入，一些家庭可能故意隐瞒收入，特别是农业收入、外出打工收入。家庭收入的非正式性与流动性为低保对象瞄准增加了难

度。贫困群体大多从事着农业或者城市中的非正式工作，一般不缴纳个人所得税。①

其次，准入资格审核模糊、难以量化和准确。由于救助资格标准低，收入一般都高于标准。资格审核的准入门槛变得较为模糊，难以准确量化，资格认定的主观性较大，影响社会救助政策"应救尽救"目标实现。

最后，社会救助成了特定人群的一种"福利"，涵盖了教育、医疗、住房、司法等各个领域，在一定程度上缓解了单纯依靠生活救助金所不能解决的问题，对反贫困乃至反社会排斥、促进社会融合有着重要的作用，但却带来了道德风险以及"瞄准偏差"，这既偏离社会救助目标，又引致财政支出的无效率，影响社会救助政策效果。

（三）回应救助对象需求不足，制约了政策的受益程度

经济贫困只是被救助家庭绝对贫困的直观表现，与之相伴随的是不能接受正常教育，不能拥有能基本满足需求的住房，无力承担高昂的医疗费用，无法融入和谐的社会关系中，处在被正常社会群体边缘化、隔离化的状态。

随着经济发展以及精准扶贫、脱贫攻坚等战略的实施，党的十九届四中全会《决定》要求民生保障建设上尽力而为，量力而行，注重普惠性、基础性、兜底性民生建设，保障群众基本生活。要求统筹完善社会救助制度体系，建立解决相对贫困的长效机制，因此，社会救助迎来了反贫困的新任务。不能单单满足于基本生存权利的保障，要朝着解决弱势群体多维贫困或相对贫困问题出发，让社会救助工作迈上新征程。

（四）救助资格标准难以量化，政策公平性有待提高

由于救助资格标准低，在实际工作中，社会救助资格审核标准模糊，缺少量化的标尺，造成救助对象资格认定存在一定程度的主观随意性，这是对未纳入救助的非救助对象的不公平。救助资格标准低，

---

① 江治强：《农村低保对象的收入核定及其治理优化》，《浙江学刊》2015年第4期。

难以据此有效开展相应救助工作，在一定程度上也增加了社会救助工作的难度。

此外，由于缺乏经办经费，救助对象的收入核算有一定困难且收入核查效率低下，"救助对象收入不稳定""收入难以精确量化""救助对象故意隐瞒收入"等因素给"收入核查"带来较大阻力。由于"收入核查"存在一定的困难，在确定受助对象的救助金额时就会存在较大不同，且确定救助金额的说服力有限。救助金额的不同给救助对象带来主观上的"不公平"，即利益"剥夺感"，在很大程度上影响了社会救助政策的公平公正。一些因病灾难性支出的贫困家庭并不符合低保受益标准，但生活确实困难，为此，工作人员会运用自由裁量空间帮助这类群体获得低保，出现所谓的"不合规操作"。

（五）资金筹集渠道单一，政策的可持续性受影响

社会力量具有动员、整合公益资源、志愿资源等社会救助资源的功能。政府可以通过财政补贴、税收优惠等方式鼓励单位和个人通过捐赠、设立帮扶项目、创办服务机构、提供救助、志愿服务等方式参与社会救助。

实际上，社会力量参与社会救助仍处于初级阶段，社会力量参与不足，缺乏救助合力，救助资金主要是财政的转移性支出，各级财政资金有限的情况下将严重制约社会救助政策的可持续性。救助资金筹集渠道单一，主要与我国目前社会力量参与不够，并且处于初级阶段，呈现出"强政府—弱社会"格局，有着密切关系。社会力量的参与度不够，使得筹资渠道窄，资金来源单一，社会救助财政支出压力大。此外，社会救助标准具有刚性，随着社会发展、经济水平提高，救助标准只能逐年提高，救助政策的可持续性受到严重影响。

（六）基层经办服务能力有限，严重制约政策的效果

基层执行人员专业化程度不高，基层的民政队伍年轻化程度也不够，许多都是年龄偏长一点的工作人员，自身也并非受过专业化的教育。基层民政救助工作待遇低、任务重、责任大、风险大，严格的问责机制，面对这么大的压力，迫使一些人不愿意从事基层救助工作。

部分工作人员积累了基层工作经验，一旦有机会就换别的工作岗位。导致好不容易在工作中理解和把握社会救助政策业务，就得办理工作交接，新的基层救助人员又要花费时间去接受培训，了解政策，使得社会救助政策效率低下。这不利于社会救助政策在社区（村）的宣传、指导和贯彻落实，势必影响社会救助政策的效果。

三 提升社会救助政策效果的建议

（一）健全社会救助制度体系，充分发挥社会救助政策合力

一些地方救助项目应纳入社会救助制度体系，让多样化救助项目及举措更加规范化、系统化，实现社会救助项目统一规划、统一管理，进一步强化民政兜底保障政策的合力，切实解决好贫困群众实际困难。

较为成熟稳定和有较大应用范围的社会救助项目都被纳入社会救助制度行政法规及未来的社会救助立法中。要求国家统一性和地方自主性相结合，中央加强方向引导，加强底线要求和加大制度供给，地方发挥积极性、主动性和创新型。加强和扩展部级联席会制度的功能，加强多部门在社会救助工作中的通力合作。要明确界定民政部门在社会救助中的主管角色及其他相关职能部门的职责。由国务院民政部门主管全国的社会救助工作，财政、教育、卫生、住房和城乡建设等部门在各自职责范围内管理相应的社会救助工作。县级以上地方各级人民政府有关部门则在各自职责范围内管理本行政区域的社会救助工作。此外，还应大力发展民间慈善组织，构筑更多的贫困群众与社会联结的桥梁和纽带。

（二）进行"会诊式"识别，解除"福利叠加"的政策捆绑

针对救助对象不同的致贫因素，给予有针对性的政策、服务、资金等方面的支持，充分发挥各项救助制度的功能和作用，凝聚兜底保障政策合力。从而解除"福利叠加"的政策捆绑，提高社会救助政策的精准度以及社会救助资金的使用效率，保障达成社会救助的政策效果。

专题八 社会救助政策效果评估

结合社会救助管理系统、其他信息平台，以收支状况、教育、健康和生活条件等维度指标，构建立体化救助体系下困难群众的"困难指数"评估机制，进行多维度"会诊式"精准识贫。根据"会诊"结果，分类施救、按需施救。对于因自身原因丧失劳动能力或遭遇突发情况而陷入贫困的群体，应依据"按需救助"原则给予救助。对于有一定劳动能力但选择放弃劳动的困难群体，则应以"按劳分配"原则给予救助。实现从保障基本生活到缩小生活差距，从生活救助到能力救助，从消除生存型贫困到缓解生活型贫困和发展型贫困。在反贫困与贫困治理理念的指导下，以多元救助方式代替现金给付，实现社会救助事业从单纯地给钱给物型向人力资本投资和能力发展型社会救助制度转变。

（三）调整社会救助政策的目标，体现救助贫困的多维性

要求调整社会救助政策的目标，在保障贫困群体基本生存权的基础上，向多维度贫困治理转型，特别是要增强困难群众抵御风险的能力，缓解其内心的失能感与挫败感，促进他们逐渐从被动受助向自我救助转变。最早对贫困的讨论主要集中于"收入贫困"，即以经济水平能否满足生存的最低需求量为衡量标准。救助资格标准应以逐步超越收入为标准，需要设定能够回应多维贫困的专项救助的识别标准，让有需要的贫困家庭都能够得到社会救助待遇，扩大社会救助政策的社会效益。帮助贫困者缩小与普通居民的生活差距，"相对贫困的治理"是今后社会救助的重点，提高受助者的能力（增能），促进救助对象"助其自助"。

（四）开展发展型社会救助，与摆脱相对贫困需求相匹配

社会救助政策内容应覆盖多维度的贫困。设立充足性指标，帮助贫困者融入和谐的社会关系，反贫困、排除社会排斥，不能仅仅停留在"其他制度都保不了的才由社会救助来提供最后保障"的目标定位，而应帮助其回归劳动力市场，重新融入社会，这就需要实施发展型社会救助，鼓励受助者积极参与救助行为，实现个人自助；注重事前预防，增强受助者的风险抵抗能力，通过教育、医疗、就业等方式

减少贫困的代际传递;从物质、权利、服务、能力、精神等方面展开发展型社会救助以缓解相对贫困的发生。

(五)整合社会救助资源,保障政策的可持续性发展

坚持"先保险、后救助、再福利"的原则,实现社会救助与养老、医疗等社会保险和福利政策制度的有效衔接。一是与社会保险的衔接与合作。加强医疗救助与大病保险、护理救助与护理保险、住房救助与公租房制度的衔接,如财政就资助弱势群体参加"基本医疗保险"和"商业补充医疗保险"。这些举措既减轻财政负担,合理优化社会救助资源配置结构,同时又提高弱势群体抗风险能力。二是加强与普惠型社会福利的合作,例如,加强教育救助与义务教育、普惠型学前教育和免费高中教育的衔接。[①] 三是鼓励社会力量参与,政府和各种社会组织都要成为社会救助的主体。通过将一般公共预算资金、福彩公益金、捐赠资金等用于社会救助的资金统一纳入社会救助资金统筹使用范围,增加资金有效供给。拓展社会救助资金来源,充分利用社会资金以减轻财政资金压力。

(六)加强基层队伍建设,切实提高经办服务专业化水平

基层社会救助经办服务机构直接面对困难群众,是联结党和群众的纽带,是党和政府各项政策传递到困难群众的"最后一公里",其经办能力和服务水平关系着各项社会救助政策的有效落实,关系着困难群众的切身利益和直接感受。加强社会救助基层队伍建设,适当提高待遇、减少不必要的问责、下放救助审批权,实现责权利对等,增强经办机构与人员的管理与服务能力。针对当前基层社会救助经办服务能力薄弱的突出问题,必须增加救助服务有效供给,提高社会救助的质量和效率,更好地保障困难群众的基本生活。

此外,要加强基层社会救助工作人员的培训。要求各地切实增强基层社会救助工作人员的"四个意识",提高政策执行的规范化、专

---

① 关信平:《我国相对贫困治理目标下的社会救助综合改革》,第六届中国社会救助研讨会主旨演讲。

专题八 社会救助政策效果评估

业化程度，确保执行社会救助等民生保障重大决策部署不打折扣、不走样，确保各项救助政策落实到困难群众身上。鼓励社会工作服务介入社会救助工作，建立和完善社会工作帮助贫困者和参与社会救助管理的制度规范和队伍建设，提高社会救助的专业化水平。社会工作机构可以在政府购买服务的框架下承担社会救助的经办工作，负责受理社会救助申请、家计调查和初审，以及对社会救助对象的管理工作。还可以负责向社会救助对象提供所需要的服务，包括增能、心理辅导、社会调适、教育、健康、就业、救助申请等方面的服务。

专题九　社会救助综合试点改革创新

作为社会保障体系的重要组成部分以及保障困难群体基本生活的"最后一道防线"，社会救助政策已经成为当前我国的一项极其重要的社会政策。随着社会的不断发展，社会救助也必然面临着这样那样的问题，社会救助综合改革势所必然。本专题客观系统地阐述了本次改革的背景、成效、采取的具体措施等，同时对部分试点地区的经验做法进行提炼介绍和评估，对改革过程中依然存在的主要问题进行分析，最后对下一步的改革提出了建议。

第一节　社会救助综合试点改革的总体情况

一　社会救助综合试点改革的基本内涵

社会救助综合改革是一项以统筹城乡社会救助体系建设、增强兜底保障能力为目标，以改革完善社会救助制度、创新社会救助体制机制为重点，着力打造统筹衔接、政社互补、高效便捷、兜底有力的多层次综合救助新格局的系统性工程。社会救助综合改革的特征体现为问题导向、因地制宜、重点突破和统筹兼顾，直面制约社会救助发展的瓶颈、难点和热点问题，从当地的实际需求出发，鼓励地方大胆探索突破瓶颈的举措，统筹社会救助制度与经济、社会、区域以及其他社会保障制度的协调发展。社会救助综合改革的内容包含以下几个方面：其一，在现有基础上依据时代发展变化进一步完善社会救助制度；其二，通过民政部门的牵头作用，形成社会救助资源合力以解决

专题九 社会救助综合试点改革创新

当前面临的重难点问题;其三,通过优化社会救助流程,提高受理和综合评估效率,保障社会救助的公开、公平和公正;其四,通过社会救助领域的信息化建设以及社会组织力量的引入,提升整体社会救助能力;其五,探索通过有效的机制设计创新监督检查方式并建立容错机制,在降低基层人情保、关系保问题的基础上鼓励基层创新。

二 社会救助综合试点改革的背景

社会救助是多层次社会保障体系中的重要组成部分,是保障困难群众基本生活的"最后一道防线"。关注弱势群体的生存状态,维护弱势群体的权利是衡量政府工作的重要指标,是显示文明社会的重要标志。完善社会救助政策体系,落实社会救助政策措施,直接体现中国共产党为人民服务的使命与决心,事关社会和谐稳定与两个百年奋斗目标的实现。

自改革开放以来,我国社会救助体系走过了四十余年的发展历程。目前,我国已构建起以政府为主导、以最低生活保障制度为基础、以专项救助制度和临时救助制度为补充的多层次社会救助体系,为兜好民生发展底线发挥了重要的保障作用。然而,我国社会救助体系发展的过程中也存在着诸多问题,主要体现在以下几方面:第一,部门资源统筹存在部门分割的问题,部门之间难以实现资源的高效衔接和统筹利用;第二,在城乡资源统筹上,社会救助体系仍未实现城乡一体化,救助资源分配存在显著的城乡差异;第三,在家庭经济状况核查方面,仍以传统的入户调查、邻里访问和信函索证方式为主,不仅降低了救助效率,也极易导致错保问题的出现;第四,在救助参与主体上,社会力量参与较少,单靠政府已难以满足困难群体对社会救助服务的多样化需求;第五,救助手段单一,社会救助的主要手段是提供现金或实物,无法根据救助对象的困难和成因进行有针对性的帮扶;第六,救助流程复杂,困难群体申请不同救助项目需填报不同的信息系统,严重影响了救助申请的便利性。

党的十八大后,我国亟须根据社会发展需要更新社会救助理念、建立健全社会救助体系。社会救助制度作为一项保障民生的兜底性、基础性制度安排，需将其纳入国家治理体系和治理能力现代化的战略框架中，通过发挥其保障居民基本生活和维护社会稳定的托底性作用，彰显国家治理的"底线思维"。此外，党的十九大报告指出，中国特色社会主义进入新时代，强调增进民生福祉是发展的根本目的，而"弱有所扶"成为社会发展的新课题。同时，我国实现现有贫困标准下的全面脱贫后，反贫困目标也从目前的绝对贫困群体转向规模更大的相对贫困群体；在"弱有所扶"的理念和目标下，针对弱势群体的社会救助也将由基本生活救助转向发展型救助。在这一情形下，构建参与主体多元、资源统筹协调、救助高效便捷、救助手段复合多样的大救助体系成为我国社会救助制度发展的必然趋势。为此，民政部于2018年在全国进行社会救助综合改革试点，并以改革完善社会救助制度、创新社会救助体制机制为重点，通过构建多层次的综合救助新格局，进一步提高社会救助体系的科学性、规范性、系统性和有效性。

三　试点改革的过程

为贯彻落实党的十九大精神，破解制约我国社会救助发展的瓶颈难题，有效发挥社会救助在打赢脱贫攻坚战和全面建成小康社会中的兜底保障作用。民政部办公厅于2018年8月发布《关于开展社会救助综合改革试点的通知》，并以县（市、区）为单位开展，试点时间为期一年。根据各地申报和专家评审状况，最终选取了北京市顺义区等35个县（市、区）作为社会救助综合改革试点地区。各试点单位在社会救助综合改革试点要求的基础上，根据各地情况和试点目标制订详细的试点方案，明确试点内容，细化任务措施并落实责任分工，着力解决社会救助工作中普遍存在的突出问题。

在成为社会救助综合改革试点县（市、区）后，试点地区迅速开展工作，根据工作部署要求成立了由分管领导任组长、民政局主要负责人任副组长，各相关部门和街道负责人为成员的社会救助综合改革领导小组。根据民政部政策文件要求并结合本地区社会救助工作的重难点问题，相继出台了本地区关于《社会救助综合改革试点、工作实施方案》《社会救助引导资金实施办法》《整合社会救助资源实施办法》以及《政府救助责任保险工作实施方案》等相关政策文件，并积极推动政策的落地。建立起了社会救助大数据服务平台、设立了社会救助专项资金等，稳妥有序推进各项社会救助改革措施的实施。

与此同时，部分试点县进一步健全了联席会议制度，2018年以来先后召开由多个相关部门组成的联席会议，以指导推进社会救助综合改革试点工作。在民政部社会救助综合改革原则的基础上，根据本地区实际修订完善了本县临时救助办法等相关政策文件，按照综合改革的目标要求搭建了"连联帮"大数据救助平台，以统筹多个部门的信息资源；进行审批权限下放、引入社会力量参与社会救助等。各试点地区在试点过程中对试点进展受益人群、资金投入、救助效率、救助效果等进行监测，并提供中期评估报告。试点结束后，各试点单位依据试点方案对试点情况进行全面总结，对主要和创新性做法逐项做出说明，总结凝练可在全国范围内复制推广的社会救助综合改革创新经验，形成试点工作报告。

四 试点改革的成效

全国社会救助综合改革试点工作以来，35个试点单位围绕着社会救助能力创新做出了大量的创新尝试，成效初显。一是探索构建了纵向贯通，横向连通的社会救助大数据平台，实现了社会救助资源的大统筹与大整合，解决以前各个部门信息不畅导致的过度救助和重复救助的问题；二是依托社会救助大数据平台，推动对救助对象的精细化管理，实现社会救助对象管理的数字化、科学化、智能化，将各级救助部门的工作人员从大量频繁的重复性日常事务中解脱出来，大大提高社会救助的管理水平和工作效率；三是充分利用"互联网+"和社会救助大数据技术，为人民群众提供了优质便捷的社会救助服务，简化和优化社会救助工作，极大地增强了困难群众的获得感和幸福感；

四是推进政府购买社会救助的发展，探索社会力量参与社会救助，促进社会救助服务从政府直接供给改变为政府主导和社会参与，有助于提高社会救助服务水平和质量。

第二节 社会救助综合试点改革的主要措施

一 社会救助资源统筹

（一）统一城乡低保标准

以调研地区为例，其建立了低保标准自然增长机制，2017年实现低保标准城乡统一，每人每月660元。城乡低保工作规范化程度不断提高，实现了动态管理下的应保尽保，保障覆盖率达到100%。目前全区共有城乡低保家庭1685户、2677人（城市低保125户、191人，农村低保1560户、2486人），特困供养人员共245户、252人，低保金每年支出3000万元左右。

（二）建立社会救助联席会议制度，统筹部门预算和资金

为统筹部门之间的社会救助资源，保障社会救助综合改革工作的顺利推进，某试点县先后召开由38个相关部门组成的联席会议5次。在此基础上，运用大数据、云平台等新技术，建成云和县社会救助"联连帮"信息平台，与全县38个社会救助相关部门和10个乡镇（街道）进行左右上下互联互通，实现社会救助信息"大整合"。在预算统筹方面，某试点区实现救助资金的集约使用、合理使用，解决资金分散、条块分割、效益不高的问题。试点区每年在统筹社会救助计划基础上，对目标接近、资金投入方向雷同、资金管理方式相近的社会救助项目资金进行统筹整合；统筹安排好区、街道两级财政的一般公共预算资金、捐赠资金等社会救助资金，扩大社会救助资金融资渠道，增加资金有效供给。

（三）建立"一门受理，协同办理"工作机制

某市民政局将原来由民政、人社、卫生计生、残联等部门负责的公共服务事项进行整合，所有社会救助事项集中在救助服务中心统一

办理。一是"一门受理",提供社会救助全科政务服务。二是"一站办结",推进社会救助审批流程改革。三是"一网联办",实现社会救助联网互动。构建"一张网"服务,街镇、社区全体工作人员下沉网格,"划分责任田、明确责任人、落实责任事",全面摸排、梳理、收集民生诉求,打通社会救助服务"最后一公里"。四是"一套体系",建立社会救助政务服务标准。该市某街道制定管理、业务、服务等215条省地方标准,推行"1+2+X"的培训模式,"1"即制作全科社工培训手册"口袋书","2"即内外部培训相结合,"X"即多形式渗透全科理念,探索全科服务模式的纵向延伸,建立区级全科服务受理中心及社区全科政务代理、咨询点,以标准化的理念规范区、街、社的联网通办。

(四)实施信息整合、数据共享

某试点区以整合资源、打破信息孤岛、建立大数据分析模型为主导,开发了区社会救助大数据服务平台,将全区18个部门、6个街道的各类救助信息实时导入平台,动态充实更新数据信息,进行全要素、全维度分析,为领导决策提供重要参考。如低保家庭的区域分布,低保家庭人口情况,低保家庭月度动态变化,致贫原因分析,临时救助、医疗救助分类分布等,目前平台内已有7万余条数据信息,效果正逐步显现。

(五)设立政府引导资金,形成联动帮扶机制

试点地区设立扶持社会力量参与社会救助项目的引导资金,以优化社会救助资源配置,撬动社会救助资金投入。以某试点区为例,区政府每年安排100万元财政资金,设立社会救助专项引导资金,通过每年向社会发布救助目录,引导和支持慈善公益组织、企业和个人参与社会救助,发挥社会力量的专业优势,推动资源动员社会化、资源配置精准化和救助服务专业化,积极回应困难群体多样化需求。该项目以区慈善机构、企业和其他社会服务机构为载体,通过项目化运作,凝聚更多社会力量参与社会救助活动,实现社会救助需求和社会救助资源精准对接、社会资源和政府资源有效对接。通过政府搭建平

台，注入引导资金，动员社会力量，协调社会行动，建立政府引导、社会力量参与的政社联动模式，以财政的小资金撬动社会的大资金，形成救助合力。

（六）进行社会救助项目整合，建立社会救助项目库

某试点区各职能部门把本部门涉及的救助政策、救助项目、救助计划、救助资金情况报区社会救助综合改革领导小组办公室备案；各群团组织、慈善组织把涉及的救助内容、救助项目、救助资金额度、救助资金标准等报区社会救助综合改革领导小组办公室备案；领导小组办公室再将各职能部门、群团组织、慈善组织等报备的救助政策、救助项目、救助资金进行分类整理，按照助困、助医、助学、助孤、助老、助残等类别汇编成册，明确救助项目名称、内容、适用对象以及救助资金额度、标准、审批程序等内容，建立区社会救助项目库。

（七）整合多种力量，形成"社会救助+X"模式

一是"社会救助+党建"。将社会救助工作和党建工作相结合，积极开展"机关党支部主题党日进百村、入千户、关爱万名留守老人"活动，通过"1+1+X"结对帮扶模式（1个机关党组织与1个村结对、1名机关党员与1至3名留守老人结对），逐步形成了农村留守老年人"心有人爱、身有人护、病有人医、难有人帮"的结对帮扶关爱格局。二是"社会救助+公益组织"。依托"联连帮"平台将县内社会组织纳入平台管理，引导社会组织参与公益慈善救助，为困难群众开展助学助教、关爱成长、照料护理、康复训练、送医陪护、社会融入、能力提升、心理疏导、资源链接等非物质类社会救助服务。三是"社会救助+商业保险"。实施农村小额保险，由政府出资为全县特困、低保、低保边缘、残疾人员和60岁以上老年人购买农村小额保险；实行全民医疗保险二档补助政策和补充医疗保险政策，因疾病或非第三方负担住院产生的自理部分医疗费用，均可实现一定比例的赔付；扩大城乡养老保险补助范围，将低收入农户列入参加城乡居民养老保险最低档全额补助的范围；实行农房保险和农业保险，对低收入农户自行承担的农房保费进行全额补助，对低收入农户自行承担

的农业保费补助50%。

二　社会救助流程优化

（一）强基层、信息化、多主体助力一门受理，综合评估

1. 建队伍、强基层、延长受理线

基层队伍是施政的基础，是落实的主要抓手，是贴近困难群众的终极突触。南京市民政局通过综合事务整合、业务的梳理与社会救助队伍全科人才的培养进而不断加强与困难群众的密切接触。其主要举措是：首先，在总结过往经验基础上，将民政、人社、卫健等部门负责的公共服务事项进行整合，并建立统一救助服务中心予以集中办理。其次，梳理社会救助服务项目，为提供一站式服务建立标准化的服务指标。最后，经系统培训和岗位实践培养"全科社工"，将"坐诊"与"出诊"相结合，提供"代办""陪办""网上办"等人性化社会救助服务。

有些试点区侧重于队伍机制与宣传方法的建设。建立了蓝马甲队伍方便全区困难群众，提供高效、优质的服务水平。主要做法：一是人员配置到位，各街道均设立社会救助受理独立窗口，配备专职工作人员，设置A、B岗，随时接待求助人员，处置求助事项。社区建立代办员队伍，制作代办员标志服装，代办员的照片、姓名、电话等上墙公开，确保申请救助的困难群众100%能够一次跑腿完成申报，因特殊原因无法完成申报的，采取代办、帮办、登门收取材料等措施，确保特殊困难群众"零跑腿"；二是宣传到位，通过标识设置、办事制度章程上墙与救助资料发放等环节提高救助信息曝光度，方便困难群众了解。同时，借助街道网站、微信公众号、社区电子屏、公示栏等渠道大力宣传社会救助"一次办好"服务，向全体居民滚动推送，努力营造良好氛围。三是技能培训到位，加强窗口工作人员和社区代办员业务培训，确保其熟悉各类救助政策及申请条件、办理流程、相关救助部门工作地点等，便于引导申请人申办救助事项。目前，该区已在每个社区配备3人以上，全区达到600余名。

2. 信息整合贯通救助全流程

还有些地区更为注重信息化手段的运用，进而实现信息整合，达到以"进一家门、解所有难"的目标。例如，某区民政局全面引入"互联网+社会救助"，探索建立社会救助大平台工作机制，面对困难群众求助无门、居民家庭信息核对难、干部作风不亲民以及困难群众求助的"最后一公里"问题。以"一门受理、协同办理"为基础，一是将民政惠民帮扶中心、司法、教育、住建、残联、人社、卫健、工会、红十字会、团委、妇联12个救助部门39个救助事项整体联动运行，搭建起社会救助大平台。二是规范两个流程，确保社会救助大平台顺利运行。规范外部管理流程，包括上墙公示、规范告知和展示样表；规范内部运行流程，包括流程设置、红色预警、超时通报和适时查询。三是创建四个系统，推进社会救助工作网上办理。包括政策清单系统、一门受理系统、信息核对系统和业务审批系统。

（二）评估指标统一、多主体参与提高综合评估能力

1. 量化管理评估体系

某县民政局建立了低保家庭困难指数评估救助机制，利用现代技术手段，依托社会救助家庭困难指数评估系统和经济状况核对平台，瞄准精准救助。一是设计低保家庭困难指数评估救助体系筑起科学公平救助载体。以家庭收入为核心，在确保补差的基础上，按照分类施保要求，合理确定家庭老弱病残等困难因素分值，并充分考虑家庭财产状况，设计开发了家庭困难指数评估系统。系统的核心是困难家庭基本信息采集，家庭基本信息按照户籍状况（老弱病残等）、家庭收入和家庭财产3大类，分别设计了多个小项，力求全面反映家庭经济状况。二是健全完善低收入家庭经济状况核对平台，为评估救助准确性提供强力支撑。设立了核对机构，配备了工作人员，安装了核对系统，建立起了较为完善的核对平台。积极与市低收入家庭经济状况核对指导中心进行对接，签订协议，利用市级建立的信息数据库，将核对系统部署到乡镇（街道）一级，实现省、市、县、乡四级联网。三是着力实施低保家庭困难指数评估救助机制。乡镇街道将申请救助家

专题九 社会救助综合试点改革创新

庭委托市核对中心进行信息比对后,对采集信息进行修改完善,并录入系统,系统自动进行初评,对超出低保标准或家庭财产不符合条件的进行判断,经确认后终止向县级层面提报;对符合条件的,初步评估计算出该家庭困难指数和保障金额,经确认后自动向县级提报;县级民政部门进行审核评定,符合条件的点击确认,最终确定该家庭困难指数和救助金额。同时,系统能够对救助对象家庭困难指数进行自动排序,始终将最困难的放在最前面,为开展其他救助提供依据和支持。

2. 社会力量提供家境调查

此外,某区民政局借助本地区社会服务发展良好的优势,提出与社会力量结合,通过政府购买第三方服务,在全区范围内开展社会救助申请对象的家境调查服务工作。综合评估的创新主要体现在:一是理念创新,采用第三方进行社会救助家境调查。根据相关文件精神并结合实际,制定政府购买家境调查服务方案。通过综合评估,挑选出专注于民政信息化十多年、对民政各项业务政策有较深了解的"浙江省如家社会工作服务中心"(以下简称"如家")承担调查工作。预签了一年服务合同,定价200元一户,具体按实际调查户数和实际产生费用结算,暂付10万元,资金来源为财政出资。二是管理创新,联合开展走访,制定家境调查工作流程。区民政局、社会组织(如家)和社区三方机构联合开展入户走访,调研跟踪各类困难对象服务流程,通过召开座谈会等形式,引导多方参与,充分吸收各方意见,就入户调查流程反复探讨,制定出社会组织调查员入户调查的标准化流程。三是技术创新,应用移动端,便捷家境调查全过程。结合浙江省"最多跑一次"改革,发挥社会组织信息技术和熟悉社会救助政策优势,开发移动端申请、受理通道,让困难群众实现在家申请。民政局工作人员可通过移动端口,对"提交救助申请—入户开展调查—生成调查报告的家境调查"全过程进行监管。

3. 分圈管理实现动态评估

也有些地区注重申请者的综合动态评估。不断收集申请者信息,将评估信息留痕,同时动员多部门参与分类,并采取分级救助,有效扫除了救助盲区。某区民政局将求助人的基本信息、家庭情况、致困原因及需求等录入信息库,并对每一个申请家庭的具体情况进行救助需求评估,将其需求与可适用的救助政策一一对标,符合一项救助政策的办理一项救助,符合多项救助政策的按照各项救助政策之间的衔接配套顺序,采取协同办理的方式,予以综合救助,开出复合型救助的"大处方"。对于暂不符合救助政策的,实现信息"留痕",纳入困难家庭监测范围内。实行"分圈"管理逐步建立健全了社会救助四级信息圈制度,采取社区摸排和群众主动申报相结合的方式将辖区困难家庭按照困难程度分为四个圈。一级信息圈为低保家庭;二级信息圈为低收入家庭;三级信息圈为家庭人均收入高于低收入标准低于低收入标准1.5倍的困难家庭;四级信息圈为家庭人均收入高于低收入标准1.5倍低于低收入标准2倍的家庭。该区民政局从区情实际出发,在各街道开展"一门受理、协同办理"工作,对急难对象综合施策、综合救助。积极探索建立社会救助四级信息圈制度,形成了全区困难家庭信息库,对每一级救助信息圈分别实施相应的救助,既扫除了救助盲区,也有效防止了多头救助、重复救助现象,取得了较好的社会效益。

核算指标的精确化、社会组织的引入、动态评估体系的建立是社会救助综合评估实践中不断涌现出的基层智慧,有力的拓展了综合评估的内涵。在"一门受理"降低救助对象接入难度的前提下,'"综合评估"进一步保证了救助对象的精准,提升了社会救助的公平性。

(三)统一流程、赋权基层提高审批效率

1. 分类管理编制衔接顺畅救助网

某市依托分类管理的思想,借助于信息化手段,多部门标准化流程,实现一网联办,有效降低了困难群众的等待期,有效减少了办事环节,实现了一站办结。首先,建立"一套体系",建立社会救助政务服务标准。该区某街道制定管理、业务、服务等215条省地方标准,推行"1+2+X"的培训模式,"1"即制作全科社工培训手册

专题九 社会救助综合试点改革创新

"口袋书","2"即内外部培训相结合,"X"即多形式渗透全科理念,探索全科服务模式的纵向延伸,建立区级全科服务受理中心及社区全科政务代理、咨询点,以标准化的理念规范区、街、社的联网通办。其次,"一网联办",实现社会救助联网互动。构建"一张网"服务,街镇、社区全体工作人员下沉网格,"划分责任田、明确责任人、落实责任事",全面摸排、梳理、收集民生诉求,打通社会救助服务"最后一公里"。通过"一体化"管理,建立"街镇受理、村居协理、小组服务"三位一体的管理服务模式,形成纵横贯通的社会救助服务网络。同时,鼓励基层以区街为单位,融合"人、事、地、物、情"建立大数据平台,实现统一管理门户界面下的数据共享和工作监管。最后,落实"一站办结",推进社会救助审批流程改革。通过分类管理审批事项,科学再造审批流程,完善审批长效机制,将社会救助的审批程序整理成条目流程,减少办事环节,提高办事效率。

2. 放权简政服务困难群众

某试点县则更注重下放审批权限,属地化提升一线办事效率,赋权基层急民众所急。一是下放最低生活保障审批权限。凡本县辖区内的低保与低保边缘审批权限,由县民政局下放给各乡镇(街道),审批结果上报县民政局备案,县民政局对审批情况进行监督检查,对低保对象按不低于30%的比例进行抽查。二是提高审批额度。将低保标准12倍以下的临时救助审批权限下放到乡镇(街道),审批权限从1000元提高到10000元。救助金额在10000元以下(含)的,委托乡镇人民政府、街道办事处审批,报县民政局备案。按乡镇(街道)户籍人口人均10元的标准,建立救助周转金制度。三是明确紧急程序情形。对于因火灾、交通事故、溺水、突发严重疾病、意外死亡等救急、抚慰、慰问情景的,乡镇人民政府、街道办事处应先行受理,可不对救助申请人进行家庭经济状况核对,确保应急救助措施在24小时内到位。四是开展低保大学生励志救助。对低保家庭大学生每学年给予50%的学费补助,生活补助不低于年低保金的50%。通过扶志励学,实现救助1名大学生,达到全家脱贫。五是启动预警联动帮扶，主动识别健全防护网。建立低保、低保边缘和其他困难群众因病致贫预警制度。困难群众医疗费用经医保报销、商业保险赔偿、医疗救助后，低保对象个人自负费用达到年低保标准或达到 8000 元以上（含，下同）、低保边缘对象达到年低保标准 1.5 倍或达到 12000 元以上、因病致贫对象达到年低保标准 2.5 倍或达到 20000 元以上的，自动启动预警响应，通过"联连帮"平台，横向对各救助部门推送预警信息，实行联动审批，做到发现一户、救助一户。

流程标准化以及审批权限的进一步下放是提高办结效率的关键。社会救助流程标准化降低了人为的主观性，提高了部门间对接的可行性。而审批权限的下放，则有效利用了基层救助工作者的贴近人民群众的信息优势，实现救助信息的快速办理与反馈。

（四）社会力量托举个案救助

1. 招慈引善丰富服务供给主体

某试点县基于"联连帮"平台，为受助者提供多样化的救助服务。一是通过县慈善精准帮扶基地，"招慈引善"，引入外部资源，为困难群众开展助学助教、关爱成长、照料护理、康复训练、送医陪护、社会融入、能力提升、心理疏导、资源链接等非物质类社会救助服务。二是通过"联连帮"平台将县内社会组织纳入平台管理，引导社会组织参与公益慈善救助。如"焕新乐园"项目，由县慈善总会带领蓝天救援队实施低保家庭儿童的居住环境改善，并陪伴儿童健康成长，至今已有 50 个低保家庭受益。三是"支付宝"扫一扫慈善捐赠提供帮扶。在"联连帮"平台设置支付定扫一扫网上捐赠功能，有慈善捐助意愿的爱心人士，只要用支付宝扫一扫，就能进行爱心捐赠，捐赠款统一汇聚到慈善总会账户，资金统筹用于慈善帮扶项目。

2. 商业保险预防致贫、返贫风险

某试点区除引入慈善组织外，还建立政府救助责任保险，将商业保险引入社会救助体系，创新社会救助形式，转变救助理念，丰富救助形式，建立实施政府救助综合责任保险。使保险成为政府改进公共服务、加强社会管理的有效工具，使居民遭受人身伤亡、财产损失后能够得到一定经济补偿,为居民提供较好的风险保障,不断提升居民幸福指数,发挥好保险的民生"助推器"和社会"稳定器"作用。主要内容是为全区常住人口购买见义勇为救助责任险、自然灾害救助责任险、火灾爆炸救助责任险、重大恶性案件伤害救助责任险、高空坠物伤人救助责任险、道路交通事故救助责任险、市政公用设施责任险等10个险种。每年安排预算资金180万元。

社会力量参与社会救助能够多渠道、有效地筹集社会救助资源,准确了解弱势群体需求,及时弥补政府救助范围与方式的不足,提供更为个性化、专业化的社会救助;与政府力量形成良性互动,优化社会救助落地方案。积极主导培育和引入非营利性组织、第三方机构,能够丰富和完善社会救助内容,更好地契合受助者的美好生活愿景。逐渐从呆板的政府主导向多元主体有机结合的参与、互动型社会救助转变,有效增强民众的幸福感和获得感。

(五)流程规范、信息公开打造透明救助

一方面,低保方面的违规违纪案件时有发生,严重影响了党和政府形象,损害了困难群众利益;另一方面,因程序、文书不完备,救助部门、工作人员被诉讼,甚至被追责的情况屡见不鲜,伤害了工作人员的积极性。亟须规范低保工作流程,推进低保规范管理,提高低保精细化管理和精准化服务水平。

某地区民政局结合当地实际,从规范城乡低保申请、审核、审批、监督管理等工作流程入手,创新工作思路,研究制定了《最低生活保障行政执法规范性文书》,规范社会救助工作流程。一是规范程序和文书,明确了3个告知受理环节,设定了8个核实受理环节,确定了4个审批环节,设立了3个动态管理环节,规范了6个日常监管环节,确保每一个关键环节都有规范的法律文书,为日后行政纠纷留下证据,也让申请救助的群众明白程序进行的步骤和进展,增强了工作人员和困难群众的法律意识。二是权力在阳光下运行,使低保从"申请—审核—审批"各环节都有书面告知和证明材料,既保证了低保"公开、公平、公正",也在一定程度上保护了工作人员,避免因程序不完整、文书不完备、关键材料缺失等原因造成对工作人员的诉讼和追责。三是通过信息化手段，简化程序、方便群众。通过社会救助执法平台，将低保系统内数据全部导入，同时增加了入户调查、定位导航、照相录像、扫描、数据上传等功能。平台集入户、查询和管理为一体，将文书中的5个关键环节全部实现电子化操作，极大地提高了低保工作效率和准确度，在方便困难群众的同时也减轻了工作人员的负担。

将文书规范化，明确了低保各环节操作流程，实现了低保工作的依法行政和规范管理，增强了工作人员和困难群众的法律意识，在一定程度上不仅保护了工作人员，同时还节约了困难群众的办事时间，为依法行政、依法实施社会救助提供了典范。

三 社会救助能力建设

（一）构建社会救助大数据服务平台，实现救助信息的大整合。

1. 横向联合的社会救助信息平台，实现信息的跨部门整合，形成社会救助的大合力

在综合改革试点过程中某试点区开发了社会救助大数据服务平台。平台以整合资源、打破信息孤岛、建立大数据分析模型为主导，将全区18个部门、6个街道的各类救助信息实时导入，动态充实更新数据信息，进行全要素、全维度分析，为领导决策提供重要参考。救助系统纵向连接各级民政救助部门，满足救助业务需要；横向连接劳动和社会保障部门、财政部门、统计部门、卫生部门、教育部门、建设部门、银行等相关单位，实现信息共享与业务协同；整个平台实现网络连接和信息传输，为救助综合业务的数据传输服务。某试点县则依托县内的慈善精准帮扶基地搭建起社会救助"联连帮"大数据平台，该平台向上与浙江省社会救助管理信息系统相连接，向下对接到乡镇街道管理平台，横向与县内人力社保局、医保局、教育局、住建局、残联等39个救助帮扶部门连接；特别值得一提的是，该"联连帮"平台还对外连接了社会组织、爱心企业等平台，利用平台进行招

慈引善，将更多社会救助资源纳入"联连帮"平台中，形成社会救助政策合力。

2. 利用社会救助大数据平台，实现社会救助对象的精细化管理

在社会救助信息大联合的基础之上，基于纵横联合的社会救助信息平台，建立困难群众基本信息库，实现社会救助对象管理的数字化、科学化、智能化。该试点区社会救助大数据服务平台中记录了其所有社会救助对象的详细信息，数据信息高达7万余条。在社会救助对象申请救助资源时，系统会基于各大银行、税务总局等各大部门数据，对申请对象的经济状况进行初步排查，如存款、银行支出、就业工资、不动产等，将各级工作人员从大量频繁的重复性申请核对中解脱出来，以实现工作管理自动化，大大提高管理水平和工作效率。而利用数据比查功能，可以自动判断社会救助对象所有享受的社会救助项目，避免重复享受社会救助现象的发生。（案例：该区某社区孙某，患病经医保报销后自负费用4万余元，医疗救助1.8万元，街道惠民基金救助7000元，社区募捐1.3万元，合计享受救助3.8万元，当事人提出临时救助申请，经平台查询得知孙某已享受到比较充分的救助，不再给予临时救助，防止了重复救助。）基于社会救助对象的统计分析，则可以对区域内部的社会救助情况有完整、准确、有效的认识，如低保家庭的区域分布，低保家庭人口情况，低保家庭月度动态变化，致贫原因分析，临时救助、医疗救助分类分布等，详尽有效的信息和动态灵活的分析，为各部门提供了科学决策依据。

某试点县依托其强大的社会救助"联连帮"大数据平台建立，实现社会救助工作的精准施救。一方面是建立预警联动机制，当社会救助"联连帮"大数据平台检测到平台内的困难群众医疗费用经医保报销、商业保险赔偿、医疗救助后，低保对象个人自负费用达到8000元以上、低保边缘对象达到12000元以上、因病致贫对象达到20000元以上的，平台内部的预警响应开始启动，此时平台会第一时间横向对各救助部门推送预警信息。各部门按职责职能、对照条件，实行联动审批，做到发现一户、救助一户。另一方面是建立主动介入机制，

各专项部门、保险和水、电、视等帮扶单位利用"联连帮"大数据平台内的求助信息实施主动救助，从"申请救助"向"主动救助"转变，实现救助申请一次都不用跑。

3. 依托社会救助大数据平台，提倡优质便民的社会救助服务

社会救助大数据平台汇集了各大救助部门的服务信息，搭建起各大救助部门与困难群众的沟通桥梁，让救助对象享受到优质、便捷、周到的服务。某试点县致力将其社会救助"联连帮"大数据平台打造成为困难群众解忧的连心桥，从而优化民声受理、民情调查、民声收集、民生反馈、民情排解、民生档案六方面的工作。"联连帮"大数据平台建立起了"三通"和"三送"工作机制，搭建起知民情解民忧送幸福的连心桥。"三通"指的是"一证通"、"一键通"和"一点通"。"一证通"，困难群众只需凭借一张身份证，就可以在数据平台完成困难需求登记。"一键通"，根据平台上的困难群众信息，爱心企业和社会组织一键就可以实现与需求群众直接对接连通，实现精准帮扶。"一点通"，以"基地+平台+互联网"为抓手，运用网络科技，有服务需要的群众在手机上轻轻一点，就可以直接进行困难申报。"三送"，则是送"政策礼包"，送"求助信息"，送"幸福清单"。一送"政策礼包"，平台汇聚民生政策制作成礼包，向社会公众公开，向各救助部门和乡镇街道推送，提高广大群众的知情度，提升基层经办能力和政策水平。二送"求助信息"。困难群众求助信息通过"一窗受理"平台推送，帮扶部门直接连接民情，实现救助申请最多跑一次。三送"幸福清单"。平台汇总救助结果，形成幸福清单，每季度送到困难群众手中，增强他们的获得感、幸福感、安全感。

4. 借助"互联网+救助"，简化和优化社会救助工作

网上社会救助大数据平台的搭建，整合了各大社会救助资源，形成了社会救助大合力。考虑到困难群众的电脑普及率较低的客观现实，手机端的服务平台应当予以重视和开发，使社会救助工作得到简化和优化，使人民群众从社会救助信息化中取得获得感，真正做到依托互联网更好地为群众服务。某试点县依托本省政务服务App，实现社会救助在

专题九 社会救助综合试点改革创新

线申请和查询服务。目前该服务已经实现了全流程线上申报，户籍所在地乡镇、街道办事处民政办在收到申请后，会派人员入户调查申请人的具体情况，如果属实，并通过家庭经济状况核对，就会通过申请。申请人一次都不用跑，救助金就会打到银行卡上。目前，社会救助申请事项囊括了特困人员供养、最低生活保障、低保边缘户、临时救助等。而北京顺义以北京市社会救助信息化试点为契机，推进救助事项网上申请，困难群众只需微信关注"北京社会建设和民政"官方公众号，在个人中心完成注册，点击救助申请，足不出户即可在线申请办理最低生活保障等救助事项并拿到救助资金。这一系统的开通可进一步方便困难群众提出低保申请，达到低保审批高效、节能的目的。

（二）推进政府购买社会救助的发展，探索社会力量参与社会救助

1. 出台政府官方的制度文件，规范政府购买社会救助服务

自 2017 年 9 月民政部发布《关于积极推进政府购买服务 加强基层社会救助经办服务能力的意见》（以下简称《意见》）后，山东、广东等各省纷纷出台了相应的规章制度，明确了政府购买社会救助服务所需经费从各级既有的社会救助工作经费或社会救助专项资金等预算中统筹安排，明确了社会救助领域购买服务的主体和承接主体、购买内容、购买机制、经费保障、绩效评价和监督管理等五方面内容。同时，从五个方面明确了加强基层社会救助经办服务能力建设的重点任务提高对《意见》的认识、理解和把握，确保政策落实到位、执行到位，并提出具体要求，即加强窗口建设、落实经办人员、充分发挥村（居）民委员会作用、加快信息化建设、加强人员培训，要求尽快形成一门受理、协同办理、资源统筹、综合施救的社会救助工作格局。要求省级人民政府要统筹研究制定按照社会救助对象数量、人员结构等因素配备相应工作人员的具体办法和措施。

2. 设立政府引导资金，有效带动社会力量参与社会救助，形成联动帮扶机制

设立政府引导资金，能够引导和支持慈善公益组织、企业和个人

参与社会救助，发挥社会力量的专业优势和机制灵活的特点，推动资源动员社会化、资源配置精准化和救助服务专业化，积极回应困难群众多样化需求。例如，某试点区每年安排100万元的财政资金，设立社会救助专项引导资金，每年向社会发布救助目录，以区慈善机构、企业和其他社会服务机构为载体，通过项目化运作，引导社会力量优先救助现有政府资源和救助政策无法覆盖以及政府救助后仍未摆脱困境的人员，根据救助项目的规模，经过组织评审，从引导资金中列支一定额度（不超过30%）的资金予以补助，已实施的困难家庭学生"爱心午餐"项目、"益起助学、快乐成长"助学项目、"阳光明目、呵护眼健康"项目均取得不错效果。

而某试点县则通过本县慈善精准帮扶基地，"招慈引善"，引入外部资源，为困难群众开展助学助教、关爱成长、照料护理、康复训练、送医陪护、社会融入、能力提升、心理疏导、资源链接等非物质类社会救助服务。此外，通过"联连帮"平台将县内社会组织纳入平台管理，引导社会组织参与公益慈善救助。如"焕新乐园"项目，由县慈善总会带领蓝天救援队实施低保家庭儿童的居住环境改善，并陪伴儿童健康成长，至今已有50个低保家庭受益。

3. 建立政府救助责任保险，将商业保险引入社会救助体系。

在实现社会救助政社互动的同时，进一步引入市场力量，如商业保险，可以分散社会救助的财政风险，创新社会救助形式。青岛市城阳区在试点过程中建立了政府救助责任保险，将商业保险引入社会救助体系，使保险成为政府改进公共服务、加强社会管理的有效工具，使居民遭受人身伤亡、财产损失后能够得到一定经济补偿，为居民提供了较好的风险保障，不断提升居民幸福指数，发挥好保险的民生"助推器"和社会"稳定器"作用。主要内容是为全区常住人口购买见义勇为救助责任险、自然灾害救助责任险、火灾爆炸救助责任险、重大恶性案件伤害救助责任险、高空坠物伤人救助责任险、道路交通事故救助责任险、市政公用设施责任险等个险种。

专题九 社会救助综合试点改革创新

四 社会救助监督检查机制创新

（一）通过大数据信息系统平台进行家庭经济状况核查举措

建立统一的大数据信息系统平台，实现相关部门之间、部门与银行之间的有效对接，确保核查信息的精准性。家庭经济状况核查信息的准确性是社会救助监督检查的基础和前提。传统的信息传递方式多为乡镇政府、街道办工作人员通过走访入户或与村、居委会干部接触的方式获取救助对象信息，再由乡镇、街道办受理后上报县级民政部门。众所周知，社区基层、特别是农村地区是一种熟人社会，熟人社会更为讲究人情关系。在这种情形下，受助对象与走访人员极易相互串通，导致获取信息的不实。信息传递的扭曲不仅增加了监督检查成本，在某些情形下还会使现有的监督检查机制失效，导致基层人情保、关系保问题突出，严重降低了社会救助工作的公平公正性和群众满意度。某县在现行申请救助家庭经济状况核对系统横向连通12个部门、纵向对接省市县三级的基础上，进一步扩大了信息核对数据项和适用范围，并接入社会救助综合管理信息平台。对县级审批的社会救助对象实行"凡进必核"，在申请人授权委托前提下，依法开展家庭收入财产状况的大数据比对，以保障救助的精准性和阳光性。

虽然家庭资产配置随着社会经济发展出现多元化，但银行仍然是中国人储蓄和理财的理想场所，多数家庭的资产和财富信息可在银行系统内进行查询。因此，在建立起大数据信息系统平台的情形下，通过将社会救助信息平台系统接入国内主要银行系统，可对受助者的财产收支状况进行准确查询，有效避免信息错报现象。如某试点区开发的社会救助大数据服务平台，将全区18个部门、6个街道的各类救助信息实时导入平台，并接入了中国银行、中国农业银行、中国工商银行等国内主要银行系统，进而通过大数据服务平台实时查询受助家庭在各个银行内的财产收支状况。同时，大数据服务平台兼具智能监测功能，当受助者的财产超出现有救助标准后，系统会自动提醒工作人员进行核查，极大地提高了针对救助对象的监督检查效率。

（二）通过大数据信息系统平台识别和解决重复救助与福利叠加问题

通过建立大数据信息平台系统，整合社会救助所有相关部门的信息资源，打破部门"信息孤岛"，为识别和解决重复救助和福利叠加问题提供了技术保障，也便于对受助群体进行动态管理。社会救助作为社会保障制度的重要组成部分，其制度发展与体系完善也要与我国社会经济发展水平相适应。我国正处于并将长期处于社会主义初级阶段的基本国情没有变，一切制度的改革和实施必须基于这一基本国情。特别是在我国经济发展进入"新常态"、经济增速放缓的情形下，一味强调提高社会救助待遇水平，势必会脱离实际给我国财政带来较大负担。同时，福利刚性的存在也要求社会救助待遇处于合理水平。为此，解决社会救助中的重复救助和福利叠加对于保持社会救助制度的可持续性具有重大意义。

过去，社会救助相关部门各自为政，救助信息未实现共享，重复救助与福利叠加现象较为突出。如某位申请教育救助的困难群众可能会同时申请并获得民政、工会和教育部门的救助金，在资源有限的情形下，这不仅会引发社会救助的泛福利化和资源浪费，也容易导致其他需要救助者救助不足。通过大数据服务平台实现各参与部门的信息共享，受助者接受了哪些救助项目变得一目了然，对重复申请救助的项目可直接予以拒绝或删减。

此外，除特困供养人员以外，其他类型受助对象、特别是具备劳动能力者的收入及财富状况往往处于变化之中。正是这类人群的收入水平会发生动态变化，需要社会救助工作人员对其进行动态的评估检查，实现"应退尽退"。然而，在现实情形下，找到工作而退出低保的人寥寥无几，甚至由于能够领到社会救助金而失去找工作的动力。为此，大数据服务平台为每个受助家庭建立档案并进行动态跟踪管理提供了可能。如某试点区每6个月对支出型困难家庭进行复核，复核合格的，将继续享受低保待遇，并根据实际情况调整救助标准；对复核后不具备救助条件的，则取消其低保资格，终止其低保待遇。

专题九 社会救助综合试点改革创新

（三）引入社会组织参与社会救助监督检查，打造多元化监督检查主体

随着社会经济的发展和居民社会服务意识的增强，大量社会组织开始涌现，成为继政府、企业之后的第三方社会服务力量。社会组织服务供给的日趋专业化以及对现场信息的掌握为其参与社会救助监督检查工作提供了诸多优势。例如，在社会救助的监督检查中，某区民政局引入社会组织开展家境调查，选择对民政各项业务政策有较深了解的"本省如家社会工作服务中心"承担社会救助工作的监督检查工作，这不仅弥补了基层民政力量不足的短板，同时也满足了个性化、多元化的社会救助需求。其中，社会组织参与的效果在很大程度上取决于其与政府的合作方式以及职责分工状况。目前，多数试点地区采用政府购买社会服务的方式与社会组织展开合作。

（四）依靠行政系统内部监督体系开展社会救助监督检查

目前，为保障社会救助领域的资金投入，社会救助资金和工作经费被纳入财政预算，这为有效发挥监察、财政、审计等部门对社会救助资金管理使用情况的监督检查提供了可能，通过政府部门内部的监督检查体系防止挤占、挪用、套取资金等违纪违法行为的发生。此外，建立监督检查长效机制，一方面，民政部门会同其他相关部门对社会救助政策落实情况定期组织专项检查；另一方面，实行社会救助责任追究制，按照"谁主管、谁负责"的原则追究当事人责任。如某试点区对申请人采取不正当手段骗取支出型困难家庭救助资金的，街道民政部门要对当事人进行批评教育，对骗取的救助资金由街道负责在日内追回。

（五）健全完善社会救助信息公开制度并畅通投诉举报渠道

社会救助监督检查除了进行政府内部监督和社会组织监督之外，社会群众同样是重要的监督主体。但社会群众进行有效监督的前提在于社会救助工作信息能够准确、完整、及时地向公众公开。为有效发挥群众的监督检查效应，试点地区健全并完善了社会救助信息公开制度。如某试点区要求社会救助受理窗口做到"一明显五上墙"，即窗口标识明显，救助政策、代办帮办制度、办理流程、工作职责、监督投诉电话"五上墙"。同时，要求资料摆放到位，各街道印制民政救助服务指南、社会救助申请材料一次性告知书、申请审批表单、社会救助政策明白纸等服务资料，方便群众了解相关救助内容。某试点县则向群众发送"幸福清单"，具体为各救助部门将审批发放情况录入社会救助"联连帮"系统，平台自动生成政府帮扶困难群众的幸福清单，再由乡镇（街道）将困难群众获得各相关部门救助的幸福清单以信封形式，每季度送到每个人手中，以使困难群众知晓自己所受救助内容信息。除了向社会群众公开信息之外，还要保持投诉举报渠道的畅通。通过设立社会救助监督电话、网络投诉信箱等方式，使群众在发现问题后能够快速地报给相关部门进行处置。

（六）建立失信惩戒和守信奖励制度

为进一步保障社会救助服务的公平公正性，某试点县专门针对骗保问题制定了相关制度。对于救助服务申请者，某试点县印发了《县社会救助对象失信惩戒和守信激励办法（试行）》。办法首先对社会救助对象的失信行为进行了认定，其次对救助对象的失信行为规定了明确的惩戒制度。例如，对于虚报、隐瞒、伪造等手段骗取社会救助资金、物资或服务的，除了停止社会救助、责令退回非法获取的救助资金、物资之外，还要处救助款额或物资价值 1 倍以上 3 倍以下罚款，并将其相关信息纳入个人信用记录。除负向激励外，某试点县还对救助对象进行正向激励，对遭遇急、难的守信申请救助对象，按照有关法规要求，简化程序，从优从快办理。而对于在一定期限内主动纠正失信行为的，可按一定条件和程序进行信用修复。这既保障了社会救助服务的公平公正，也充满了人文关怀，体现政府为人民服务的温度。

第三节　社会救助综合试点改革的主要经验

一　社会救助资源统筹领域

（一）统筹城乡社会救助资源

随着城镇化水平的提高和国家财政实力的增强，以及更多的农村居民转化为城镇居民，城乡分割的二元社会救助体系越来越违背统筹城乡发展的基本要求。农村社会保障投入水平仍然处于一个相对较低的水平，大部分社会保障支出都用于城市部门；农民工社会保险的覆盖面仍然较窄，尚未实现应保尽保。试点地区认识到社会救助资源城乡失衡这一问题，通过缩小或者统一城乡间最低生活保障标准，将非本地户籍"新市民"纳入社会救助范围，以缩小城乡社会救助资源差距。

（二）统筹部门之间的社会救助资源

虽然说社会救助的八大项目都在一个制度体系下，但是在实际当中，不同的制度却由不同的部门负责，造成了管理体制的分散化。基于此，地方政府创新性地建立了社会救助联席会议制度；形成了"一门受理，协同办理"的工作机制；借助信息化平台，实现部门之间的信息资源共享。这有利于解决社会救助制度碎片化、管理分散化、信息壁垒化问题，方便困难群众办事，打通救助服务的"最后一公里"。

（三）统筹社会力量救助资源

当前，基层力量薄弱已经成为制约新时期社会救助事业发展的"瓶颈"，亟须社会力量的大力参与；同时，困难群众对于社会救助服务的需求更加多元，同样需要社会力量提供专业化、个性化服务。

因此，应引导社会力量优先救助现有政府资源和救助政策无法覆盖以及政府救助后仍未摆脱困境的人员；发挥社会力量的专业优势和机制灵活的特点，推动资源动员社会化、资源配置精准化和救助服务专业化，积极回应困难群众多样化需求，切实惠及最需要救助的困难群众，形成政府主导、部门协作、社会组织和民众全方位参与、有效合力的救助体系，在缓解基层行政压力上做了"减法"，在社会治理和社会建设上做了"加法"，在保障困难群众利益上做了"乘法"，实现多方共赢和效益叠加。

（四）统筹社会救助资金

社会救助管理部门的职能割裂，导致了救助资金来源的复杂化。各个部门均认为从本部门职能的角度出发，设立一些救助专项资金是合理且符合本部门工作需要，然而，由于职能未实现集成，即使是财政部门，也难以在源头上做到统一安排、整合。而且，在评估各个部门资金的绩效状况时，由于资金的割裂，给绩效管理带来了非常大的障碍，难以从社会救助整体实现的效果做出综合评价结果。因此，社会救助资金的统筹问题从本质上反映出制度统筹、部门统筹的共性问题，根源在于社会救助职能的集成，直接表现就是社会救助预算管理的统筹问题。因此，实施社会救助预算统筹、整合社会救助项目资金，实现社会救助资金的集约使用具有重要意义。

（五）进行社会救助资源大统筹

为有效整合社会救助资源，使社会救助体系各要素发挥最大社会效益，更好地保障好困难群体基本生活，需要进行社会救助资源大统筹。发挥作用的主体包括政府、社会、家庭、个人；发挥作用的部门包括与社会救助事业相关的所有部门；发挥作用的途径包括政策性保障、行政性指令、市场化运作。例如，社会救助资源试点地区将社会救助与党建、公益组织、商业保险、脱贫攻坚结合起来，形成"社会救助+X"模式，充分利用各种社会救助资源。

二 社会救助流程优化

（一）综合信息平台优化信息共享

救助的信息化是社会救助流程创新的基础工具。基于上述主要措施，不难发现，信息化体系建设是实现"一门受理、综合评估"、审批审核简化流程、个案救助及公开公示创新的必备条件之一。多个民政单位均已借助于信息化手段，建立起了覆盖县（区）、乡、村三级贯通的"大救助"综合信息平台，有的地区如云和甚至在信息调用方面采用了县+市的方案，实现县市的信息连通，充分整合了民政、扶贫、残联、人社、住建、教育等部门信息数据，建立困难群众救助信息数据库，共用救助对象信息，设定贫困群众困难程度评价标准，完善居民家庭经济状况核对机制。同时，引进电子签章、CA 认证，提供无纸化办公，设置民生服务码，实现一网通办，基本保证了群众只进一扇门、只跑一次腿、只要一张身份证、在资格符合的情况下即可享受适配的救助供给。

(二) 简政放权根植于一线治理

救助管理的扁平化是社会救助便捷性、高效化的前提。各单位借助综合救助信息平台缩短信息传输层级，以联席会议为基础，民政部门牵头，协同其他专项救助部门进行职责整合，在符合规定的前提下，简化审批流程下放审批权限，保证了救助案件的快速办理。

在民政部门的综合创新实践中，扁平化管理的综合创新主要体现将审批权限与审批额度授权于基层工作者。首先是基层救助工作者长期根植于一线治理，借助熟悉社区、乡村信息的特性，能够快速识别潜在申请者与困难群众，实现与困难群众零距离的问题解答，切实符合条件的可迅速实现办理。其次是无纸化办公，通过一次线上受理，办公全程公开的方式，不仅减少了信息流转的错误，而且也可保证信息的公开透明，不仅维护了受助者的权益，也实现了对救助工作者的监督，保障了救助工作者的安全。最后，以行政发文的形式明确基层工作者的工作范围与工作职责，切实从法律上提高基层工作者的审批权限与审批额度，确保基层救助工作者有法可依、有法必依。

(三) 规范流程弱化对接损耗

救助流程标准化是社会救助运转的核心，也是多主体单位对话的接口和进行社会救助制度化的具体体现。社会救助的执行离不开标准化流程的指导，不完善的工作流程会对工作过程产生错误的引导，降低工作效率。

如何科学地进行救助流程标准化，基层实践者们给出了他们的智慧。服务标准化：对办公人员设定合理的服务要求与标准，实行"救助办理首问负责制""救助政策一次性告知制度"和"救助事项一次办好制度"，保证受助者能切实感受"为人民服务"的温度。常规流程标准化，从规范救助者申请、审核、审批、监督管理等工作流程入手，制定规范程序与文件，进一步以书面形式留存，形成社会救助工作者的工作指南。衔接流程标准化，常年多头治水的窘境造成了各部门之间各自为政，严重浪费了救助资源。以县（区）为单位建立联席会议，实现条块部门工作职责一手抓。同时，进行救助涉及的部门之间的重新整合，分类管理审批与救助事项，建立协调的规范文件，确保部门间运转的无缝对接。

三 社会救助能力建设

（一）构建纵横联合的社会救助大数据平台，实现各社会救助部门的信息整合共享

大数据时代，社会救助工作信息化管理、社会救助各部门的信息资源共享已然成为社会救助工作的发展方向。社会救助大数据平台的框架设计应当秉承纵横相连的原则，救助系统纵向连接各级民政救助部门，满足救助业务需要。救助系统横向连接劳动和社会保障部门、财政部门、统计部门、卫生部门、教育部门、建设部门、银行等相关单位，实现信息共享与业务协同；整个平台实现网络连接和信息传输，为救助综合业务的数据传输服务。

在搭建社会救助大数据平台时，需要坚持六大原则：开放性原则、可用性原则、安全性原则、兼容性原则、规范性原则和扩展性原则。一是开放性原则，系统应当具有标准化的开放接口，支持与其他应用系统的互联互通，支持跨平台应用。二是可用性原则，系统需提供数据自动转储和恢复技术，同时提供良好的备份恢复手段，具有高可用性和高容错能力，保证局部出故障不影响全系统的正常工作。三是安全性原则，建立统一安全的政府资源整合的软件和硬件平台，即建立在网络基础设施、网络信任域基础设施、信任和授权服务基础设施之上，承载最终政府资源整合应用的软件和硬件的综合平台。四是兼容性原则，系统应留有与其他应用系统进行数据交换接口，方便与已有系统及未来信息系统的信息集成和交互。五是规范性原则，系统结构尽量不与各部门信息系统结构相冲突，遵守国家、地区电子政务标准，充分考虑系统的实时性、安全性、可操作性、可维护性、可扩展性等信息化建设标准。六是扩展性原则，系统设计不仅能够满足当前电子政务建设的需求，并且今后所需的功能能够以扩展的方式进行

扩充。保证系统在建设中和建设完成后能保护现有的投资。

（二）依托社会救助大数据平台，建立"分圈"管理制度和预警联动机制，对困难群众实行精细化管理

社会救助信息管理系统以人为本，在实现了基础数据信息化的前提下，对困难群众的精细化管理可大大提高管理水平和工作效率，提升社会救助工作的质量。建立困难群众基本信息数据库，实行救助对象的"分圈"管理。逐步建立健全了社会救助四级信息圈制度，采取社区摸排和群众主动申报相结合的方式将辖区困难家庭按照困难程度分为四个圈。一级信息圈为低保家庭；二级信息圈为低收入家庭；三级信息圈为家庭人均收入高于低收入标准低于低收入标准1.5倍的困难家庭；四级信息圈为家庭人均收入高于低收入标准1.5倍低于低收入标准2倍的家庭。在建立社会救助四级信息圈制度的基础上，建立预警联动机制，当大数据平台检测到平台内部的困难群众的经济状况发生异常变动，启动内部的预警响应机制，向各求助部门推送预警信息，各部门按职责职能、对照条件，实行联动审批，做到发现一户、救助一户，做到救助对象的动态管理。

（三）推动"互联网+社会救助"的发展，通过多种方式提供群众可及的信息化服务，提升社会救助服务质量

依托社会救助大数据平台，构建"互联网+社会救助"新模式，建设移动服务平台，构建立体化社会救助体系。利用电脑端和手机端两大平台，为困难群众提供信息查询、申请办理和救助金发放查询等事务，实现救助工作的便民化。救助部门应当多管齐下，通过电脑网址、手机App、微信公众号手段提供社会救助服务。此外，必须通过宣传等方式让群众了解、学会网上进行社会救助信息的查询、申请。结合"互联网+"，将社会救助信息化工作延伸至村（居）一级，使困难群众可以通过移动App、微信公众号申请农村低保等各类救助，在群众提交申请后，村（居）级社会救助工作人员跟进办理过程，打通了社会救助的"最后一公里"，实现困难群众享受"零距离"的救助服务，确保困难群众"求助有门，受助及时"，从而提高涵盖农村

低保业务的精准救助科学信息化水平。

（四）推进政府购买社会救助的发展，探索社会各方力量参与社会救助

大力推进政府购买社会救助服务，需要确立政府购买社会救助服务的管理体制和机制。首先，政府购买社会救助服务，需要制度先行，规范政府购买的服务主体和承接主体、购买内容、购买机制、经费保障、绩效评价和监督管理。其次，保障政府购买社会救助服务的资金长期稳定，增加各级救助部门对社会救助服务的投入。探索将购买社会救助服务经费纳入各级财政预算；争取设立社会工作服务社会救助对象专项资金，形成财政投入的长效稳定机制；加大留存使用的彩票公益金对社会工作服务社会救助对象支持力度，及时回应社会救助对象急需紧缺的服务需求。建立政府救助责任保险，将商业保险引入社会救助体系，通过商业保险分散救助部门的财政风险，使保险成为政府改进公共服务、加强社会管理的有效工具。最后，对于社会组织提供救助服务的监督和管理，制定和完善社会救助服务的政策法规和管理制度，按照公开、公平、公正、及时的要求，规范社会救助服务行为，加强监督管理，使社会救助服务管理工作规范化、制度化和法制化。

四　社会救助监督检查机制

（一）建立社会救助信息综合管理平台，对社会救助工作进行智能监督和检查

信息综合管理平台的建立可将受助群体的基本信息、家庭情况、致困因素和受助项目等信息实现跨部门共享。同时，通过信息综合管理平台，社会救助项目申请、审核、审批、社会救助资金发放程序以及家庭经济状况核查等整个流程均可随时进行查询，极大地提高了社会救助监督检查工作的效率和准确性。

（二）撬动社会组织力量，通过政府购买服务方式发挥社会组织对社会救助工作的监督检查作用

通过社会救助信息综合管理平台可迅速发现问题所在，但部分问

题仍需要工作人员进行现场核实。一方面，社会救助监督检查的工作量较大；另一方面，基层民政部门面临人手不足的窘境。而随着我国社会组织的快速发展及其服务的日趋专业化，引导社会组织参与社会救助监督检查工作可有效解决上述矛盾。政府通过财政出资向社会组织购买服务，并以订立合同的方式明确双方的职责所在，从而为评估社会组织的服务绩效提供依据。

（三）建立完善的社会救助信息公开和披露制度，并畅通举报和投诉渠道

社会群众熟知救助政策和申请程序等内容是有效发挥群众监督的前提。民政部门充分利用政府网站、广播、电视、报刊等主流媒体，博客、微博、微信公众号、论坛等自媒体，以及社区电子屏和公示栏等渠道对当前社会救助政策和申请程序等内容进行宣传，并及时向社会公开社会救助的实施状况。对于受助群体，民政部门将其所享受的救助项目以及相应的救助标准以"幸福清单"形式发放到受助者手中。对于政府向其购买社会救助服务的社会组织，同时要求其定期公布资金使用情况、财务审计报告，形成对社会组织开展社会救助项目的有效社会监督。

第四节　社会救助综合试点改革中亟待解决的问题

一　社会救助城乡统筹需要进一步加强

尽管某些试点地区加快社会救助城乡统筹，并实现了低保标准城乡统一，但就全国而言，现行的社会救助制度，依然实行着城市和农村的区别对待，造成在救助标准、救助项目、配套救助等诸多方面差异明显。以城乡低保为例，2019年第二季度，我国城市低保标准已达602元，而农村低保标准为423元，制度上的差别对待，对于失去生产资料的农民群体造成了局部的不公平，特别是失地农民、进城陪读农民家庭和进城务工人员等群体的出现更给社会救助带来新的挑战。

二 跨部门信息共享亟待提升

在社会救助改革之前，各求助部门分别建立了自己的救助信息系统，但各自接口标准不同，难以实现信息共享。现阶段，各试点已然开始逐渐搭建跨部门共享的社会救助大数据平台，不少试点的大数据平台的系统已经开发完毕。搭建社会救助大数据平台的技术性难题已然攻克，然而由于部门利益关系，不少社会救助部门不愿开放其社会救助信息的权限，一个完全的社会救助信息系统仍未真正形成。如何推动各部门开放其信息门户从而建立一个真正意义上的社会救助信息系统，需要通过"政治势能"＋"激励效应"两方面予以解决。一方面，通过民政部的政治势能进行自上而下地推动各部门开放其信息门户；另一方面，使各部门均从社会救助大数据平台中提升其自身业务的效率，减轻其工作压力，以达到激励的效果。

三 多维救助衔接需要进一步理顺

家庭在寻求援助时，经常会拥有多样复杂的需求，满足他们的需求通常需要多种社会服务计划。碎片化与复杂化的服务必然对受助者带来便捷性障碍。为此，社会救助在实践中整合服务，提出"一门受理、协同办理"。但多年碎片化治理、多龙头治水的路径依赖，难免阻碍部门良性协调的实现和资源的优化组合，最终虎头蛇尾，陷入内卷化。社会救助对象在现实生活中常常是并发性困难者，需从单纯的基本生活保障转向基本生活、医疗、教育、养老等多管齐下的全套帮扶，只有救助的叠加方能解决困难的叠加。而国际经验也表明，救助叠加情形下容易导致福利陷阱或福利病等畸形现象。在进行综合救助过程中，不同专项救助的转接过程中如何避免可能出现的"悬崖效应"？特别是社会救助与扶贫在实际操作过程中如何划清界限，实现各司其职是当下面临的重要问题。

当前，随着各项低保配套政策的增加，多地的救助政策是以低保救助对象为轴心，依据低保救助者的贫困维度再次予以需求的满足，

专题九 社会救助综合试点改革创新

已基本形成以低保身份为标识，多维救助附加的救助情形，导致低保身份成为接受其他救助的准入门槛。上述做法弱化了再次监督和资源发放的科学性，还极易造成以"低保身份识别"为基础的附加多维救助的实施政策落实不均衡，最终导致低保对象等靠要的思想浓厚，退出意愿不强烈。比如，在调研过程中，低保对象的医疗费用全免，不仅加重财政负担，也对救助对象形成了反向激励，这也是以低保救助为中心对救助对象全方位服务造成的路径依赖的结果。因此，当低保救助者满足其他专项救助条件时，是否需要足额享受其他专项应需进一步的综合评估，而非简单的照单发放。

四 社会救助人才队伍建设有待提速升级

属地化管理的惯性下，救助责任被层层下压，但基层工作者是否有足够处理这些事情的经办能力是需要明确的问题。调查发现，这些人员大多是由村两委成员兼职担任，同时配用村里积极分子参与。各项社会救助主要在街道（乡镇）受理，居委会（村委会）负责协助调查审核，基层没有相应的专门的救助办理机构。救助工作人员多是兼职，流动性大，救助政策掌握不全面，未能充分发挥救助政策效果；困难群众遇到困难不知如何求助，缺乏统一、规范的接办和协办机制。

从救助者的被动申请走向被动申请与基层救助工作者主动发现并重，基层工作者在社会救助中发挥的作用越来越大，成了决定社会救助成败的核心环节。

目前，社会救助工作的人才流动存在错位现象。工作重心在基层工作者，而人才流动是上流态势。长此以往，必然造成基层人才队伍的空心化。目前，借助于信息化手段和较为完善的评估体系还可实现受助者与救助制度的无缝对接，随着脱贫攻坚战的打赢，救助标准可能会水涨船高，贫困更为隐形化将导致潜在困难群体的识别难度增大，会对基层工作者的能力提出更大的挑战。如若基层工作者胜任能力不足，则必然会导致政策落实不均衡，破坏社会救助作为底线公平的尊严。

五 群众对大数据平台的使用缺乏了解，影响数据平台提供社会救助服务的质量

由于社会救助大数据平台尚且属于新生事物，群众对其进行认识、了解和使用必然有一个过程，而民政部门需要从政府宣传、优化平台设计和适配手机端使用来提高平台的使用效率。政府宣传方面，制作相应的宣传资料，通过街道、乡、镇向基层群众予以发放并讲解；优化平台设计方面，要考虑群众的使用需求，使群众可以快速方便地获取其所需信息，优化用户的体验；而适配手机端则是考虑到现代手机的普及率极高，因此，适配手机端开发相应的 App 或者配套的微信公众号显得尤为重要。

六 针对社会组织的监督检查机制尚未健全

引入社会力量参与社会救助监督检查是综合改革试点地区的创新举措。然而，这只是社会力量参与社会救助工作的第一步。其参与效果的好坏一方面取决于政府与社会组织的合作方式与职责分工；另一方面则取决于社会组织是否会积极遵守合同规定、履行自己的职责。这背后涉及政府如何对社会组织进行监督的问题。社会组织的目标与运行方式不同于政府部门，即使是非营利组织也会存在着逐利动机。不论政府与社会组织的合作方式如何，二者本质上是一种委托代理关系。在信息不对称情形下，作为代理者的社会组织极易产生损害委托者利益的道德风险行为。目前试点地区尚未健全对社会组织的监督检查机制。部门地区要求社会力量健全其内部管理制度，强化其社会责任意识。但仅通过社会组织加强自我管理和信息披露是远远不够的，尚需完善针对社会组织的惩戒和奖励机制。

七 缺乏进行鼓励创新、包容失败的容错纠错机制

经过四十多年的发展，我国各项领域的改革已进入"攻坚区"和

专题九　社会救助综合试点改革创新

"深水区",社会救助领域同样如此。新的历史关头和严峻的改革形势要求我们胆子要大,敢于担当、敢于啃硬骨头、敢于涉险滩,同时,更需要一批有作为、有能力、敢于尝试新路子、新方法的领导干部。但改革没有可遵循的现成经验,只能通过"摸着石头过河"的方式进行。因此在改革过程中难免会因缺乏经验而出现失误和错误的现象。在这一情形下,为敢于担当的干部撑腰鼓劲尤为重要。中共中央办公厅于2018年印发的《关于进一步激励广大干部新时代新担当新作为的意见》中指出,要建立健全容错纠错机制,宽容干部在改革创新中的失误错误;将尚无明确限制的探索性试验中的失误错误同明知故犯的违纪违法行为区分开来。而在此次社会救助综合试点改革地区中,尚未发现建立社会救助改革的容错、纠错机制。

第五节　研究结论及政策建议

一　彻底打破城乡和户籍制度限制,进一步提升社会救助公平性

目前,户籍认定仍是社会救助资格认定中难以突破的瓶颈。城乡二元结构和户籍制度分割成为影响社会救助资源整合和提升制度效率的重要障碍。虽然我国目前在推动以居住证制度为主要特点的户籍制度改革,但流动人口只有在拥有固定住所、并缴纳一定年限社保费的情况下,才享有与本地户籍居民相同的权利。而且,在协调流出地和流入地政府相关低保管理权则关系方面,仍未完全实现管理到位。此外,一部分农民工虽然可以享受基于农村标准的救助,但救助水平远不能满足其在城市中正常生活的需求,还有一部分农民工收入水平高于现有农村救助标准而又低于城市救助标准,但却享受不到救助。社会救助综合改革的目的之一在于形成救助资源合力,重点突破社会救助改革过程中的重难点问题。为此,借助国家户籍制度改革的契机,逐步提高农村受助人群的救助标准,进一步缩小并消除城乡间的待遇差距;除救助标准外,在救助项目的实施上实现农村与城市的统一;鉴于农村地区相对贫困人口数量较多的实际状况,适当将救助资源进

一步向农村地区倾斜，真正实现按需所助，打破救助资源分配的户籍限制。

二 资源整合需以跨部门、跨地区的系统集成为保障

针对农民工贫困群体的救助保障是打破城乡户籍限制、整合救助资源的难点所在。如上文所述，农民工贫困群体的流动性较大，其社会救助待遇面临转接不畅的问题。这一难题的解决依赖于跨部门、跨区域救助信息系统的集成。首先，要在本区域内实现跨部门的系统集成和信息共享。而区域内跨部门信息系统的集成则依赖于各部门在社会救助领域的工作协调机制。形成目标集成、职能集成、分工协同的格局。在此基础上，将参与社会救助的各部门纳入区域社会救助信息系统平台，实现区域内救助信息共享，打破区域内社会救助参与部门的信息壁垒。其次，在实现区域内跨部门信息共享的基础上，建立更高层级的信息系统将各区域的信息平台连接起来。鉴于目前社会救助信息系统多数是在县、区层级上建立，今后可在全国范围内制定统一的社会救助信息系统统计口径和标准，将社会救助信息系统平台逐步由县、区层面升级至市级、省级层面甚至是全国层面，最终实现全国联网。同时，借助人工智能和大数据等新型互联网技术为救助资源整合及救助待遇的跨区域转接提供强大的技术支持。

三 社会救助需适应后扶贫时代的新形势

面对新形势，社会救助综合改革应将救助重心由基本生存能力救助转向发展能力救助。随着社会形势的变化，社会救助的重心也应有所调整，并与后扶贫时代的扶贫工作紧密融合。当前，我国脱贫工作进入攻坚拔寨期，目前仍未脱贫群体往往处于深度贫困地区，且多数为无法通过产业脱贫或自身无力脱贫的群体。针对当前的形势，社会救助综合改革也应进一步筑牢兜底保障底线，通过低保制度为其脱贫提供基本的生存保障；除此之外，对于后扶贫时代的相对贫困群体，一方面通过低保保障其基本生活能力；另一方面则注重发挥教育和医

疗等专项救助的作用，将救助着力点由收入贫困转向能力贫困，将更多救助资源向能力救助领域倾斜，增强相对贫困群体的自我发展动力。与此同时，社会救助综合改革还可向上与社会保险、社会福利形成紧密衔接，在社会保险和社会福利无法发挥保障作用的领域由社会救助进行填充和兜底，消除政策间的"真空"地带。更为重要的是，加快推进社会救助相关立法工作，目前，社会救助工作一般依照《社会救助暂行办法》实行，但随着社会救助的综合改革与发展，该办法已难以适应社会发展需要，急需通过相关立法对社会救助综合改革后的制度加以确定，并为今后的制度实施和政策制定提供法律依据。

四　针对相对贫困问题需解决低保的福利叠加效应

在社会救助综合改革过程中，应逐步解除各专项救助制度与低保制度的捆绑。教育、医疗、养老和护理等专项救助制度设立的目的在于满足贫困群体除基本生存之外的多样化需求。而进入后扶贫时代，绝对贫困问题得以解决，相对贫困将长期存在，此时扶贫的重点将由收入贫困转向能力贫困，通过注重贫困群体的能力培养加强其内生发展动力。然而，目前多地的专项救助政策是以低保救助对象为轴心，依据低保救助者的贫困维度再次予以需求的满足，已基本形成以低保身份为标识，多维救助附加的救助情形，由此导致低保身份成为接受其他救助的准入门槛。专项救助与低保制度的简单捆绑也在一定程度上加剧了农村地区人情保、关系保以及不愿意退保问题。因此，进入后扶贫时代，社会救助综合改革也将更为注重教育和医疗等专项救助对个人发展能力的提升，为了更好发挥专项救助的作用，需将专项救助资源直接对接所需人群，按需发放，提高救助效率。通过解除各专项救助制度与低保制度的捆绑，提高专项救助资源的利用效率，并降低低保福利叠加引发的道德风险。

五　在创新社会救助服务供给的同时需保障服务质量

在全面建成小康社会后，人们对美好生活的向往会更为强烈，相应地，对各类社会服务的需求也会增加。同时，随着我国老龄化社会的加剧，以老年人照料服务需求为主的社会服务需求将迅速增加。为保障困难群体的社会服务需求，在社会救助综合改革过程中应广泛引入社会组织，以解决政府社会救助服务供给不足的问题。在更大规模引入社会服务组织的同时，也要设计合理的监督机制，降低社会组织的道德风险并保障服务质量。目前，社会组织参与社会救助服务供给的方式主要有政府委托社会组织提供社会救助服务以及政府直接购买服务等方式，使得社会救助服务供给方式由过去政府直接供给改变为政府主导和社会参与，实现了服务供给的多元化格局。同时，社会组织的有效参与也可有效缓解基层民政人员短缺和工作量繁重的问题。但现阶段，政府购买社会救助服务仍处于起步阶段，政府对于购买社会组织服务的监管不足，购买的社会救助服务低效率、服务质量难以保证。因此，在社会救助综合改革过程中，通过制度建设，明确社会救助服务供给过程中政府、社会组织以及第三方评估组织的权力和责任，并完善监管细则。依据各方的权力与责任，将社会组织提供社会救助服务的全过程纳入监督范围，并将最终服务的结果加以量化和评估。

六　社会救助综合创新需要建立容错纠错机制

当前，社会救助领域面临的瓶颈问题需要一系列的改革创新措施加以解决。而社会救助综合改革创新的特点之一就在于通过鼓励地方基层积极探索先进做法、总结先进经验，最终形成可复制、可推广的措施并上升为国家制度以在全国范围内推广。这一特点要求广大基层民政工作人员在社会救助综合改革创新实践中要大胆创新、大胆尝试。然而，社会救助综合改革创新也是"摸着石头过河"的过程，在前无经验可循的情形下进行创新，难免会出现失误错误。要达到理想效果，必须宽容基层干部与工作人员在改革创新中的失误错误，调动他们的积极性。为此，各地区可根据《关于进一步激励广大干部新时代新担当新作为的意见》要求，建立健全容错纠错机制，把基层民政

专题九 社会救助综合试点改革创新

干部和工作人员在推进改革中因缺乏经验、先行先试出现的失误错误，同明知故犯的违纪违法行为区分开来；把尚无明确限制的探索性试验中的失误错误，同明令禁止后依然我行我素的违纪违法行为区分开来；把为推动发展的无意过失，同为谋取私利的违纪违法行为区分开来。让想做事、敢担当、有能力的基层民政干部和工作人员放下思想包袱、轻装上阵，积极推动社会救助领域的各项改革创新措施，为进一步建立并完善新时代大救助体系营造良好的政治氛围。

专题十 社会救助对象精准识别机制

精确瞄准是社会救助的重点议题。近年来，随着我国社会救助规范化程度不断提高，社会救助精准性有了实质性进展，基本实现了"应保尽保，应退尽退"，错保、漏保、人情保、关系保等现象得到了有效抑制。本专题研究系统梳理我国社会救助政策发展脉络，全面归纳国内外关于社会救助瞄准方面的经典文献，对低保精准识别的过程进行了细致分析，并基于调查数据，科学评估了我国社会救助精准识别效果，为下一步完善社会救助制度提供了实证依据。

第一节 研究思路及背景

一 研究背景

自改革开放以来，我国从计划经济转向市场经济。随之而来的是经济结构、就业结构和收入分配结构的剧烈调整。大量人群从原有经济体系和社会保障制度体系中剥离出来，面临生存困境。为了解决这些人群的生存问题，维护社会稳定，我国自下而上开始探索建立社会救助制度。在各类社会救助制度中，最核心的是最低生活保障（以下简称"低保"）制度。1993年，上海率先建立了最低生活保障制度。此后，各地纷纷跟进。1997年，国务院发布《关于在全国建立城市居民最低生活保障制度的通知》，要求各地在城市建立低保制度。2007年，国务院发布《关于在全国建立农村最低生活保障制度的通知》，低保制度在农村全面

专题十 社会救助对象精准识别机制

推广。2012 年，国务院发布《关于进一步加强和改进最低生活保障工作的意见》，要求加强和改进城乡低保制度。

除低保制度外，我国一直延续了新中国成立以来即实行的"三无"人员、"五保"人员供养制度（目前已改称为"特困人员供养"）。除了生活救助制度，还建立了专项救助制度，比如农村和城市医疗救助制度、教育救助制度、住房救助制度、就业救助制度等。在专项救助制度之外，还包括灾害救助、临时救助以及慈善救助。2014 年，《社会救助暂行办法》发布，构建了"8 + 1"的社会救助制度体系。其中，低保制度具有基础性地位。特困人员供养制度覆盖人群相对较少，目前不足 600 万人。其他专项救助制度则依托于低保制度和特困人员供养制度。

我国社会救助制度建立以来，在保障国民基本生活，维护社会公平正义，促进社会稳定方面，取得了巨大成效（表 10-1）。社会救助制度是国民生活保障的"最后一道屏障"，是最后的安全网，事关底线公平。因此，社会救助制度能否将资源分配给真正需要救助的人群显得至关重要。精准识别就是指把资源分配给需要的人群的过程或机制。任何一国的社会救助制度都必须建立一整套完备的精准识别机制，以更高效、精准地分配有限的社会救助资源。

对我国而言，社会救助制度的核心是低保制度。因此，低保制度是否能够实现精准识别，直接决定社会救助制度精准识别的程度。而在数据的可得性层面，相关专项调查比较少，因此，本专题研究的重心是分析低保制度的精准识别。

表 10-1　　　　　我国城乡低保对象人数及其支出

年份	城市人数（万人）	城市支出（亿元）	城市人均支出（元）	农村人数（万人）	农村支出（亿元）	农村人均支出（元）
2007	2272.1	277.4	1220.9	3566.3	109.1	305.9
2008	2334.8	393.4	1684.9	4305.5	228.7	531.2
2009	2345.6	482.1	2055.3	4760.0	363.0	762.6

续表

年份	城市人数（万人）	城市支出（亿元）	城市人均支出（元）	农村人数（万人）	农村支出（亿元）	农村人均支出（元）
2010	2310.5	524.7	2270.9	5214.0	445.0	853.5
2011	2276.8	659.9	2898.4	5305.7	667.7	1258.5
2012	2143.5	674.3	3145.8	5344.5	718.0	1343.4
2013	2064.2	756.7	3665.8	5388.0	866.9	1608.9
2014	1877.0	721.7	3845.0	5207.2	870.3	1671.3
2015	1701.1	719.3	4228.4	4903.6	931.5	1899.6
2016	1480.2	687.9	4647.3	4586.5	1014.5	2211.9
2017	1261.0	640.5	5079.3	4045.2	1051.8	2600.1
2018	1007.0	575.2	5712.0	3519.1	1056.9	3003.3

资料来源：根据历年《中国统计年鉴》《民政事业发展统计公报》。

二 已有研究

我国社会救助制度自建立以来，在精准识别效果方面的研究主要集中于两大方面：

（1）精准识别偏差的影响因素。要想提高精准识别效果，必须找到识别偏误的原因。已有研究认为，识别偏误主要有四个方面的因素：一是政府因素或政治因素。这主要适用于资源分配权力的配置失衡、监督不力以及地区识别偏差等。二是社区因素。其中，讨论的最多的是精英俘获问题。当然，已有研究发现，精英俘获、社区特征、社区治理能力、贫困多维性的地方性知识等是主要的因素。三是家庭或个人因素。比如，家庭的资源动员能力、家庭社会资本、福利污名化效应以及福利捆绑效应等。四是技术因素。比如，采用不同的识别方法和技术会影响精准识别效果。精准识别偏差是多种因素综合的结果，其中，关键的因素在于难以有效获取受助者的真实信息。

（2）提高精准识别效果的方法。已有研究认为，要提高精准识别效果，可以从四个方面入手：一是加强政府监督，合理配置权力资源。二是加强社区能力建设，强化社区参与，提高社区治理能力。三是加强个人权利教育和诚信教育,削弱福利捆绑带来的悬崖效应。四是采用更具成本收益的调查方式,如实施家计代理调查,降低核查成本等。

就已有研究而言:(1)低保瞄准研究的技术性成果较多,而对低保精准识别过程的研究相对较少,一般集中于社会学的实地调查研究,较少对低保精准识别过程进行解构,更少与低保政策评估结合起来。(2)对低保精准识别效果的评估往往是截面研究,缺乏跨时期的比较。近年来,我国民政部门大力规范低保审核认定,各级相关部门也大力推进精准扶贫工作,但是还缺乏对低保精准识别效果的追踪性评估。(3)已有研究往往就事论事,缺乏一个统一的分析框架,使得无法从基础层面上分析低保精准识别问题。(4)已有研究仅仅着眼于低保制度本身无法解决低保精准识别问题,低保精准识别是一个系统工程,必须进行顶层设计思考。

第二节 低保精准识别的过程与结果

一 低保精准识别过程的解构

从低保户认定流程上看,一般流程如下:潜在低保户申请——社区录入系统——街道审核(包括信息比对、入户调查、邻里访问、信函索证、行业收入评估,其他方式)——民主评议(包括宣讲政策、介绍情况、现场评议、形成结论、签字确认)——街道提出审核意见——一榜公示——区民政部门审批——二榜公示—确定救助金额——统计财政部门审核金额——发放低保金——长期公示。实地调查发现,实践流程基本上按照官方流程在执行,在程序上并无明显的偏差。

在上述流程中,重要的是街道审核过程。在街道审核过程中,在认定低保户时,主要涉及五个主要部分:家庭成员认定、家庭收入核算、家庭财产认定、家庭成员行为认定以及贫困线选择。

(一)家庭成员认定

2012年国务院发布《关于进一步加强和改进低保工作的意见》

指出，"户籍状况、家庭收入和家庭财产是认定低保对象的三个基本条件"。在户籍状况中，必须明确什么是家庭成员。在实践中，对家庭成员的界定通常是采取同吃同住的方式。但是，各地对于同吃同住的界定不同。此外，还存在着同一家庭的成员具有不同区域户口的现象。比如，户主属于 A 地区户口，其配偶属于 B 地区户口。或者一方为城市户口，另一方为农村户口。当一个家庭中同时存在农村户口和非农户口，或同时存在本地户口和外地户口时，一般要分别进行计算。对于具有农村户口的家庭成员采用农村低保标准，对于具有非农户口的家庭成员采用城市低保标准，只对拥有本地户口的家庭成员进行救助。至于对于拥有外地户口的家庭成员，不予救助，由其户籍所在地根据当地情况进行救助。

而在低保精准识别研究中，往往将调查数据中询问的家庭成员人数作为家庭规模，不考虑这些人是否属于低保制度认定的家庭成员的范畴。同时，学术研究中一般也不对家庭成员不同的户口性质加以区分，往往以户主户口性质为准。如果户主是农村人，则整个家庭被算作农村，然后该家庭的低保线就是当地农村低保线。反之，如果户主是城里人而其配偶是农村人，则整个家庭被认为是城市户籍，按照城市低保线来测算其是否属于低保户。不论是家庭成员数量，还是家庭成员户籍性质，在学术研究中都过于简化。

（二）家庭收入核查

2012 年国务院发布《关于进一步加强和改进低保工作的意见》指出："要明确核算和评估低保申请人家庭收入和家庭财产的具体办法，并对赡养、抚养、扶养义务人履行相关法定义务提出具体要求。"在实践中，各地都制定了纷繁复杂的方法核对家庭收入。比如，对于农作物收入的认定、对于灵活就业人员收入的认定、对于流动人口收入的认定等。低保经办工作人员需要调取银行存款、开展入户调查、邻里访问、信函索证、行业收入评估等。

各地低保制度规定了大量转移性收入不计入家计调查核查的家庭收入范围。比如，政府发放的各类津贴：高龄津贴、残疾人补助收

专题十 社会救助对象精准识别机制

入、计划生育补贴等。各类私人转移性收入和支出本应该计入家庭收入或在家庭收入中扣除，但却因无法核准，往往不进行核算。

在2012年前，低保申请人家庭收入并不考虑赡养费、抚养费和扶养费（以下简称"三养费"），只需要核查家庭成员本身的收入。2012年之后，则必须考虑三养费。尽管申请家庭在实际中可能没有收到任何三养费，但是在家计调查中，都必须计入申请家庭的收入中。因此，三养费是虚拟收入。要计算三养费，就不只是要调查申请对象本身的收入，还要调查申请对象的所有子女、父母/公婆的收入，然后依据复杂的公式计算出申请家庭的全部三养费。这使得经办管理的难度和成本大幅增加。总之，低保经办管理机构还要花费大量的人力、物力用于确定申请对象的家庭收入。

在家庭收入的核算期间方面，不同地区规定不同，比如城市一般为提出申请之日起的前6个月，而农村为前1年。对于已经纳入低保制度的家庭，由于其家庭收入的动态变化，低保家庭收入的核算动态开展。对于不同类别的低保家庭，核算周期不同。比如，对于特困人员基本上无须进行核算，对于残疾人、老年人等无劳动能力的家庭1年核算1次，对于有劳动能力但身体不健康的家庭半年核算1次，对于有劳动能力、身体健康的家庭3个月核算一次；部分地区甚至要求每个月核算1次。

而在学术研究中，家庭收入信息主要来自访问员访谈。这其中存在诸多问题：（1）受访人可能会隐瞒家庭真实收入。（2）中国人普遍低报收入。（3）在各种大型调查数据的过程中，调查员时间有限，也没有动力搞清楚受访人的所有收入。尤其是那些难以核算的收入，比如农作物收入、流动人口打工收入等。（4）调查问卷往往将受访家庭的各类收入之和计为家庭总收入，而忽略了在实践中大量政府和私人转移性收入是不计入家庭收支的事实。（5）各类调查数据没有将受访人的子女或父母等各种有抚养、扶养和赡养关系的亲属全部纳入调查之中，研究者无法计算受访人包含了三养费之后的虚拟收入。（6）在核算周期上，各个大型调查数据往往是调查受访人上一年的收入以及目前是否获得低保。调查数据中的收入信息和低保实际评定中的收入信息在核算周期上有所不同。

可见,调查问卷的家庭收入可靠性较差。学术研究在使用这些收入数据时,没有将其中的转移性收入扣除,也没有计算三养费,在考虑收入核算周期时也与实际核算周期不同。

(三)家庭财产调查

家庭财产是低保户认定的必备条件。目前,各地对家庭财产的要求主要包括家庭收入性财产和不动产的规定。其中,收入性财产包括储蓄、股票、债券、证券等。不动产包括房产、汽车、店铺、公司、船舶、大型农用机械以及贵重物品等。不同地方的规定不同,但一般而言,收入性财产总和不得超过低保标准的24—48倍。不动产方面,不得拥有2套以上房产,或者对人均住房面积有要求;不得拥有汽车(残疾人代步用或经营用车除外)、店铺、公司、船舶、大型农用机械以及贵重物品等。这些家庭财产具有一票否决特征,一旦符合任何一项,将不得被纳入低保制度。

2014年,民政部发布《关于居民家庭经济状况核对信息系统建设的指导意见》,开始在全国推进低收入家庭经济状况的信息核对,并逐步建立了基本覆盖全国的信息核对网络。各地收入核查中心的主要工作是核查家庭的上述财产情况。但是,家庭收入核查中心实际上很难准确核查出家庭的资产状况,只能核查出房产、汽车等极少数财产。其原因是,收入性财产很容易转移,导致难以认定。即使是汽车,也可以转让产权,而股票、证券等均可以转让或出售给其他人,银行储蓄则更容易提取。

虽然各类大型调查数据都调查了家庭财产情况,但只有极少数研究考虑了家庭资产。其中,乐章、程中培[1]利用全国31个省份的低保相关政策文件,构建了各省低保对于家庭财产的要求,并讨论了家庭

---

[1] 乐章、程中培:《收入是低保制度的唯一认定标准吗?——基于政策文本与中国家庭追踪调查数据的分析》,《学习与实践》2017年第7期。

财产对于低保精准识别的影响。以房产为例，一些家庭虽然收入低于低保线（如拆迁户），但是由于房产超标，不能享受低保。如果仅仅使用收入指标，这类家庭将被视为漏保。但是，他们并不符合低保财产要求。如果这些家庭享受了低保，则属于错保。

（四）家庭成员行为要求

低保除了要符合收入和财产要求外，还必须符合相应的行为要求。以湖北省武汉市为例，申请低保的家庭，不得出现赌博、吸毒、卖淫、嫖娼等违法行为，不得将孩子送到私立学校或国外读书，并且不得无故不参加低保经办机构提供的义务劳动和技能培训等活动，不得连续3次无理由拒绝低保经办机构介绍的工作等。

而各类大型调查数据往往不会调查受访人的上述行为。即使调查上述行为，受访人也往往会说谎。假如受访者出现了上述违规行为，即使其收入和财产符合低保认定要求，也不能获得低保。如果其获得了低保，即是错保。如果其没有获得低保，也并不属于漏保。

（五）低保标准选择

中国低保制度实行县级统筹，由各个县市区负责管理本辖区低保对象。同一地市州的不同县区的低保标准往往不同。而省级低保标准、地市州低保标准与县市区低保标准存在很大差异。因此，要研究低保制度的识别效果，必须以县市区为基准。

各类大型调查数据基本都不再提供受访人所在的区县、地市州甚至省份，而只提供诸如东中西部地区这样高度模糊的变量。已有研究通常是使用受访人所在省份的低保线，或者使用国际贫困线（1美元/人/天－3.1美元/人/天不等）。

综上所述，低保精准识别过程是一个十分复杂的综合性体系。由于调查数据本身的局限性以及研究者的反思性不足，目前，关于低保精准识别偏差的学术研究大部分都可信度较低。因此，很难依据现有的研究来分析中国的低保精准识别偏差到底多高。由于低保精准识别偏差本身的复杂性，可满足精准识别分析需求的理想数据是不存在的。

鉴于真实的低保精准识别偏差是不可知的，因此很难评估已有研究的有效性。评估中国低保制度精准识别偏差唯一可行的办法是，专门开展独立的第三方入户评估。即在某一个地区，针对该地区刚刚评审完的或者是复审完毕的低保户和申请对象，聘请专业的第三方机构再次进行入户核查。将第三方机构核查的这些家庭的人口、收入、资产和行为状况，与低保经办管理部门核查的结果进行比对，从而确定低保精准识别效果。但是，这种评估的时间成本和物质成本较高，难以大范围推广。

二 中国低保精准识别效果评估

本专题研究使用民政部政策研究中心"托底性民生保障政策支持系统建设"项目 2019 年家庭入户调查数据（以下简称"2019 年托底调查数据"）进一步分析。2019 年托底调查数据共调查 8335 户。本专题将家庭 2018 年的劳动净收入、经营性纯收入、财产性收入、转移性收入中的赡养费（政府社会救助收入和亲友捐助收入未纳入家庭收入范围）计算为家庭收入。剔除家庭收入缺失的样本后，调查的有效样本为 8295 户。

2019 年托底调查只有家庭成员人数，无法比较不同家庭成员界定方式下低保的精准识别效果。2019 年托底调查数据提供了县市名称，但是民政部低保标准数据仅提供了省级城乡低保标准，本专题将 2018 年 4 个季度省级城乡低保标准的平均值作为 2019 年托底调查数据对应省份的城乡低保标准。因此，2019 年托底调查数据无法比较省市县低保标准下的精准识别效果。该数据包括了家庭储蓄、家庭房产数量以及家庭各类耐用消费品。本专题将城乡家庭人均储蓄超过该省城乡低保标准的 2 倍（人均月低保标准的 48 倍）作为储蓄超标，将家庭有 2 套房以上界定为房产超标，将家庭有钢琴、汽车、船舶、工程机械或大型农机具等耐用消费品作为物品超标。凡是储蓄、房产和物品等资产中的任意一项超标，受访者家庭均不符合低保资格条件。

本专题比较了考虑资产和不考虑资产时，2019 年托底调查数据的

专题十 社会救助对象精准识别机制

错保率和漏保率。结果发现，当不考虑资产时，错保率为31.15%，漏保率为44.93%。当考虑资产时，错保率为43.00%，漏保率为40.48%。一方面，这可能反映了当定位于调查低收入群体时，中国低保瞄准偏差有所下降；另一方面，较高的精准识别效果主要与调查本身的系统性偏误有关。本项目受访人名单由村居干部提供。村干部会主动将明显错保和漏保的人员剔除出去，从而使得计算的错保率和漏保率明显偏低。未来需要进一步改善抽样调查方案，减少系统性偏误。

第三节 低保精准识别的理论分析

一 低保精准识别中的信息流

目前已有大量相关低保精准识别的研究，但是这些研究通常都着眼于分析技术、政治、文化等方面的问题[①]，而忽视了一些基础层面的问题。就低保精准识别而言，核心要件是信息。这包括两方面的信息：一是政策信息。政策信息是自上而下的，需要从政策制定者经由政策执行者传达给低保目标群体。二是资格信息。资格信息是目标对象的家庭人口、收入、资产和行为等信息，是自下而上的，需要从低保目标群体经由政策执行者传达给政策制定者。比较而言，政策信息下传的重要性不及资格信息上传。在许多领域，即使目标对象完全不了解政策信息，也不会影响其待遇享受。比如，基本医疗保险报销实行即时结算，参保人不需要了解任何政策信息，也不会影响其待遇享受。反过来，如果政策制定者可以直接获取目标群体的资格信息，自然也可以实行政策信息下传。本专题报告主要关注资格信息上传问题。

低保精准识别中有三个核心利益主体：低保政策制定者（policy-

---

① 李棉管：《技术难题、政治过程与文化结果——"瞄准偏差"的三种研究视角及其对中国"精准扶贫"的启示》，《社会学研究》2017年第1期。

maker 以下简称 P）——低保政策执行者（street-level bureaucracy，以下简称 SLB）——低保目标群体（client，以下简称 C）。P 制定低保相关政策，审批 SLB 呈送的 C 的材料，以确定低保目标群体是否可以（继续）领取低保待遇。P 的目标是实行应保尽保，即防止错保和漏保。SLB 负责执行低保相关政策，向民众宣传低保相关政策（政策信息上传），并核查 C 的家庭收入，做出初步结论，并将核查材料提交给 P 供其决策（资格信息上传）。C 根据获得的低保政策信息，向 SLB 提供个人申请及相关材料，配合 SLB 的审核和 P 的抽查。C 是低保的潜在对象。他们可能申请也可能不申请低保，可能符合也可能不符合低保资格。

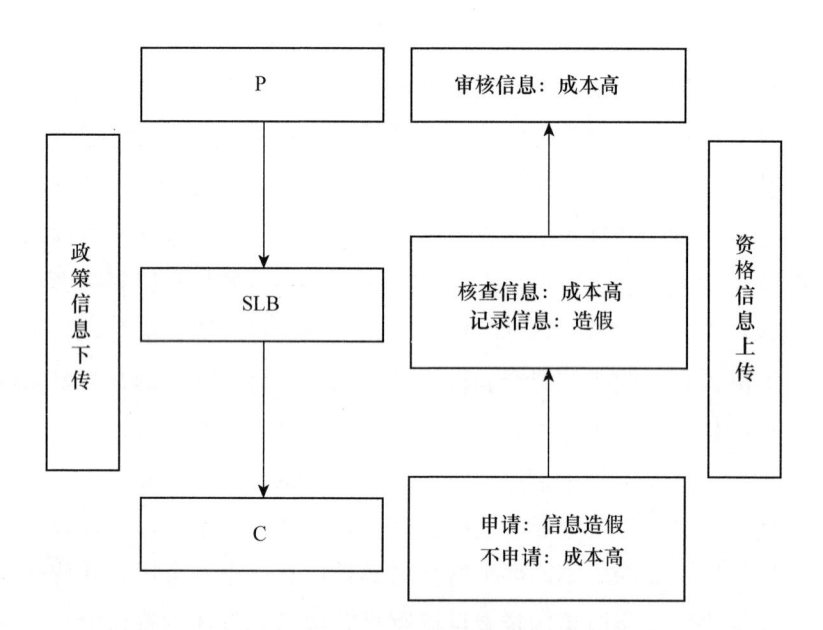

图 10-1　低保精准识别三方主体间的信息流动关系

分析上述三个主体的信息传递过程可以发现，P 居于核心地位。P 制定的政策信息需要经由 SLB 下传，如果 P 选择不传递政策信息或者扭曲政策信息，低保目标群体则无从知晓政策或对政策理解出现偏差。在政策信息方面，P 对 C 具有信息优势。C 的资格信息需要经由

专题十 社会救助对象精准识别机制

SLB 上传，如果 SLB 选择不传递资格信息或者扭曲资格信息，P 则无从知晓低保目标群体的信息或者在错误的信息基础上做出决策。在资格信息方面，SLB 对 P 具有信息优势。

就具体过程而言，低保政策执行者负责收集低保目标群体的相关信息，然后将之上传给低保政策制定者，以便由低保政策制定者最终确认低保目标群体是否符合低保领取资格条件。而难点就在于收集申请人的信息十分困难。无疑，低保政策执行者收集的申请人信息越多、越具体、越精确，精准识别的效果越好，但是所需要花费的成本也越高。这就面临一个难题：低保政策执行者需要在信息收集成本与精准识别效果中进行权衡。尤其关键的是要考虑低保政策执行者的动机。当低保政策执行者对低保政策制定者具有信息优势时，低保政策执行者可能利用这种信息优势来谋取利益。比如，低保政策执行者可能以尽可能少的努力去收集信息，以降低信息成本。低保政策执行者也可能采取优亲厚友、拉拢人心的方式，即各种关系保、人情保、维稳保等。因此，必须解决低保政策执行者的道德风险。正如胡思洋、赵曼（2017）所言，中国低保精准识别中，低保目标群体的道德风险是次要的，低保政策执行者的道德风险是主要的。设计一种机制解决低保政策执行者的道德风险是提高中国低保精准识别的关键。[①]

要解决低保政策执行者的道德风险，核心是要打破低保政策执行者的信息垄断。因此，问题的关键转换成了低保政策制定者如何获取低保目标群体的信息？通常情况下，低保政策制定者没有办法直接获取低保目标群体的信息，所以低保政策执行者才占有了信息优势。如果低保目标群体的信息很容易被低保政策制定者直接获取，由低保政策执行者垄断低保目标群体的信息的情况将不会存在。比如，在养老保险领域，养老保险政策制定者低保政策制定者想要获得参保人的年龄信息非常容易。所以，老年人在退休年龄方面造假很困难。但是，

---

① 胡思洋、赵曼：《逆向选择、道德风险与精准救助》，《国家行政学院学报》2017 年第 1 期。

养老保险政策制定者低保政策制定者要获取参保人过去的历史缴费记录则比较困难。这时养老保险经办机构低保政策制定者和参保人将可能会造假。在医疗保险领域，医疗保险经办机构低保政策制定者获取患者的治疗信息很容易，因此，可以向患者即时结算。但是，医疗保险经办机构低保政策制定者却无法获取低保目标群体的疾病信息。这需要通过医生低保政策制定者来获取。而医生低保政策制定者在提供患者的疾病信息的过程中，有可能造假，从而出现诱导需求乃至欺诈骗保情况。由此可见，关键问题是低保政策制定者能否直接获取C的信息。如果医疗保险经办机构低保政策制定者能直接获取患者的疾病信息（如随着智慧医疗的发展），医生低保政策制定者也将无法诱导需求。

二 低保精准识别中的信息控制权

在现有条件下，低保政策制定者很难直接获取低保目标群体的信息。信息控制权主要掌握在低保政策执行者手中。低保政策执行者有多种方式可以直接获取低保目标群体的信息。这些方式获取信息的成本及其精准识别效果则各有差异。

（一）低保政策执行者通过家计调查获取低保目标群体的收入信息。正规就业群体的家庭人口、收入和资产信息非常容易获取。但是，潜在的低保对象通常都是非正规就业人员，比如农民或灵活就业人员。在农村地区，农业收入高度不稳定，流动人口收入难以核查，并且农民主要使用现金交易，难以追查其收入状况。在城市地区，灵活就业人员工作不稳定，收入波动大。通过家计调查的方式去获取这些群体的人口、收入和资产信息，成本较高，精准识别效果也较差。

（二）为了简化收入核查难度，一些地区采取了一些简便方式识别低保户。比如，一看车、二看房、三看家中有无读书郎、四看劳力棒不棒等。这些肉眼可以直接观察到的指标，均与收入高度相关。因此，可以快速判断低保目标群体收入的大致水平。一些地方还专门制定了调查清单，据此对低保目标群体的经济状况进行评分，然后决定其是否可以获得低保。这种方式即代理家计调查（proxy means-test, PMT）。PMT 比家计调查要简单，成本也较低。但是，需要确定一个因地制宜的项目清单，并且需要不断更新。PMT 仍需要专人进行入户调查，对低保目标群体进行打分、核查，操作起来十分复杂，成本比较高。更关键的是，PMT 也无法解决低保政策执行者造假问题。

（三）家计调查和 PMT 都需要低保政策执行者入户调查低保目标群体的信息。而低保政策制定者难以获得低保户或申请人的信息。但是，与低保目标群体同在一个社区的其他居民由于长期互动，却可能十分了解低保目标群体的相关信息，尤其是在集中居住的农村社区。这就是采取民主评议机制的逻辑所在。民主评议在城市社区、偏远山区、人口稀疏地区、人口流动性强的社区中无法适用。而在可以适用的人口集聚的农村社区中，又容易产生精英俘获。这些社区中的人情关系、政治派系和宗族势力等，均会导致识别偏差。即使社区能力建设较好，解决了精英俘获问题，也很可能存在社区成员对于贫困的概念界定与政策文件的规定不同。即政府以收入低于贫困线来界定贫困，但是社区成员却可能以疾病、残疾、子女上学、高龄等方式界定贫困。政府以绝对贫困方式界定低保户，而社区却以相对贫困方式界定低保户。

（四）地区和类别精准识别在本质上也可以归入 PMT 范畴。地区精准识别中的贫困县和贫困村即是根据地理区位来识别贫困人口。但是，地区精准识别无法精准到个人，并且地区精准识别也存在政治利益博弈问题，本身也存在识别偏差。[①] 类别精准识别主要是针对不同的人群进行精准识别。这些人群通常都是低收入人群，比如老年人、孕妇、儿童、残疾人等。类别识别成本很低，但是它仅识别到单个人，而不是家庭，识别偏差较大。在某些情况下，地区和类别精准识别的效果更好。比如，贫困人口集中于一个地区（如贫民窟、偏远山

---

① 李棉管：《社会救助如何才能减少贫困？——20世纪末至今的中国社会救助研究》，《社会建设》2018 年第 4 期。

区），或者某类人群贫困发生率极高（如双老年人、重度残疾人及精神病人）等。

（五）通过机制设计，让目标群体主动提供信息，也可以进行精准识别。比如，通过引入义务劳动、定期汇报个人情况、张榜公示等，提高高收入人群假冒低收入群体的物质成本和心理成本，从而让高收入群体放弃申请低保，减少错保率。但是，这同时也增加了真正的贫困家庭的成本，从而产生漏保。因此，虽然自我精准识别的行政成本较低，但是社会成本较高。

表10-2显示了当前低保政策制定者所采取的各种精准识别技术。从理论上讲，首先是家计调查的精准识别效果最好；其次是代理家计调查（PMT）或多维贫困（MP），接下来是民主评议、自我精准识别、地理精准识别和类别精准识别。这些识别方式的成本也依次下降。但是，从实践上看，这些识别方式在中国都有所采用，但是中国低保精准识别的效果仍然较差。由于缺乏各种不同方式下的精准识别效果的比较分析，所以表10-2仅供展示之用，无法确切比较不同精准识别方式的效果。

表10-2　　　　　各类精准识别方式的成本与效果

精准识别方式		信息获取成本（不包括社会成本）	
^	^	高	低
识别效果	高	家计调查 代理家计调查（PMT） （多维贫困，MP）	民主评议 自我精准识别
^	低	^	地理精准识别 类别精准识别

由于当前中国低保的各类精准识别方式下，信息控制权都掌握在低保政策执行者手中，其结果是识别效果很差。即使是建立了家庭经济状况核查中心，加强了反腐败力度，截至2017年，我国低保的精准识别效果仍然较差。这是由于低保制度信息控制权所固有的特征导致的。只要不改变这种信息控制权，各种改善精准识别效果的努力都

专题十　社会救助对象精准识别机制

不会起到实质性作用。

一些研究表明，通过目标指示器，低保政策制定者可以利用已经存在的各类数据去进行重点核查[1]，不但可以加强对错保户的监督力度，也可以加强对漏保现象的发现。比如，低保政策制定者可以通过分析低保户数据，引入第三方进行重点人群核查，可以提高监督效率、降低监督成本，从而有效遏制低保政策执行者的道德风险。低保政策制定者甚至可以通过智能化手段，提前发现错保和漏保现象，做到实时监督。但是，目标指示器只是提高了低保政策制定者掌握信息的能力，低保政策制定者仍然需要依靠第三方甚至低保政策制定者本身去开展核查。因此，目标指示器不能从根本上改变低保政策执行者的信息垄断，只是增强了低保政策制定者的信息分析能力，从而更高效、低成本地监督低保政策执行者。

三　信息共享与低保信息控制权

目标指示器所需要的数据都是存在的，需要去挖掘。随着信息系统的联网，城乡居民家庭的人口、婚姻、工资、社保、税务、工商、房产、汽车、银行存款、证券、电费、手机费、交通费、燃气费等均可以从相关管理部门中获取。目前，中国各地都在开展家庭经济状况核查中心建设，很多地区也建立了本地的大数据局/中心，目的就是将这些信息共享，降低获取信息的成本。一旦上述信息可以做到互联互通，那么低保核查中的诸多难题可以得到有效解决。比如，通过房产和汽车信息，便可以将许多错保户排除在外。通过多指标联合，可以更高效、低成本地发现错保户和漏保户。

目前，由于民政部门缺乏上位法的支持，目前家庭经济状况核查中心所能连接的部门有限。即使连接了部门，也往往局限于本地相关部门，而无法进行跨区域核查。在本地相关部门方面，也存在信息质

---

[1] 张翔、张晓鑫:《家庭电力消费、家庭收入与最低生活保障制度的瞄准率》,《中国人口科学》2017年第2期。

量不高的情况，从而影响了低保核查效果。对于这一问题，最好的做法是建立全国统一的信息平台，做到全国信息互联互通。显然，目前实行的难度还比较大。

上述信息主要来自国有部门或公共部门。随着个人越来越多使用手机支付，个人在私有部门的消费数据可能更为丰富。比如微信、淘宝、京东以及实体商城购物等，都已经或逐步实现了实名制。如果这些信息可以连通到民政部门系统中，进行信息抓取，将极大程度地提高民政部门低保核查的精准性。当然，并不是所有人的信息都需要接入民政系统。而是申请低保或者愿意被民政部门系统识别的人，可以授权民政部门接入系统。由于受到保护消费者隐私的考虑，商业部门必然会抵制这种行为。为此，必须要有法律授权，同时尤其需要保护消费者隐私。

四 非现金化交易与低保信息控制权

随着数字货币时代的到来，所有收入和消费都必然要以非现金的形式流动。在数字货币时代，所有的资金流动信息都是可获取的，低保政策执行者将不再拥有低保目标群体的信息控制权。此时，不再需要低保政策执行者即可完成对低保户的审核认定。由此，低保审核认定由最初面对面的接触（利普斯基意义上的街头官僚时期），转变为依靠人工和信息系统核查的时期，并且信息系统的功能逐步加强（这就是屏幕官僚时期，但是目前仍是以人工核查为主的时期）。随着数字货币时代的深入，未来低保审核认定将会完全依赖于信息系统的设置。由于所有个人和家庭的收入和消费信息都是电子化的，可以通过电子化方式获取。民政信息系统可以通过设计一个公式，凡是收入低于一定标准的家庭均可以自动被识别出来，从而实现主动发现。

第四节 低保精准识别的实践困境

在低保精准识别信息控制权的讨论中，我们将精准识别不精准的原因主要归因于低保政策执行者，即低保经办人员。这种归因有失偏颇。即使低保政策执行者没有任何道德风险，低保也难以实现100%的精准识别。这是因为低保精准识别过程中面临诸多的实践困境。这些实践困境来源于本专题研究对湖北省武汉市和陕西省榆林市的实地调研发现。

一 家庭成员认定的困境

家庭成员认定是低保认定的基础环节。随着人口流动加剧、离婚率上升、非婚生育普遍，低保家庭成员的认定日益复杂。国家发布的低保相关政策文件基本上均未明确说明家庭成员认定。低保制度强调共同生活的家庭成员。何谓共同生活的家庭成员？如果家庭成员无法认定，便无法认定低保户。

家庭成员认定中的困境是家庭的道德风险问题。具体而言，就是家庭中收入较高的成员更倾向于从家庭中脱离出去，从而使得剩余家庭成员符合低保资格条件。在实践中的表现就是分户、拆户以及假离婚等现象。比如，夫妻双方办理离婚手续后有收入或者收入较高的一方净身出口，但是实际上仍然是共同居住的家庭，即假离婚现象。另外，家庭中大学生毕业找到工作，就分家出去或者迁移户口，但仍在原家庭中居住。或者家庭成员中有人在外地就业，有收入，但是没有被认定为家庭成员等。如果从低保收入核算的角度，分户、拆户以及假离婚后的家庭更容易符合低保资格条件。

家庭成员认定中需要解决的问题就是，以事实上共同收支或共同生活作为家庭成员认定的依据，还是以法律关系中确定的家庭成员关系来认定家庭成员。要解决的问题是，家庭成员是事实上的贫困还是虚假的贫困。从家庭成员认定的成本角度考察，与以事实上共同生活或共同收支为基础相比，以法律关系为基础认定家庭成员，成本相对较低。这会导致错保。但是，需要指明的是，分户、拆户、假离婚等现象本身增加了这些家庭的成本。假离婚本身就会增加家庭成员的风险，尤其是男性家庭成员的风险，比如假离婚可能变成真离婚，从而难以再找到合适的伴侣。而分户、拆户主要发生在同是年轻人与老年人的家庭，这会导致年轻人背负不养父母的名声，也增加了分户、拆户的成本。那些愿意承担上述风险和成本的家庭，本身必然是十分需要低保身份的，因此即使出现错保仍然没有背离低保制度的制度初衷。这样的制度可能具有一定的发展性功能，即能够帮助分户、拆户和假离婚的家庭应对风险，从而更快走出低保制度。

因此比较而言，以法律关系而非共同生活、共同居住来认定家庭成员是成本相对较低、更具有发展性的选择。然而，问题在于法律关系中确定的家庭成员关系包括的内涵是什么。我们将在政策建议部分进行讨论。

此外我们在调研中也发现，不同地区对共同生活的家庭成员认定方式不一致。即使是同一个地区，对于不同类型的家庭，家庭成员认定方式也不同。比如，在陕西省榆林市，家庭的认定方式是以婚姻为基础，同时考虑子女是否成年。如果一个婚姻家庭中，子女如果未成年则属于一家人。如果子女成年，则要考虑其是否有劳动能力。如果成年子女没有劳动能力，则是一家人。如果成年子女有劳动能力，则要看有劳动能力成年子女是否在上学。如果有劳动能力成年子女正在上学，那么属于一家人。如果有劳动能力成年子女已经大学毕业，该子女单独核算，由子女向其父母提供赡养费。但是，榆林市在实际操作中，如果低保户的有劳动能力成年子女在毕业一年以内，仍然算作是家庭中的成员，不对其收入进行核算。这样的认定方式本身考虑到了家庭的发展功能。其问题在于，执行难度较大，需要较强的经办管理队伍。

二　收入核查的困境

收入核查过程存在三大问题。一是很难把握收入核查规则的度，过粗则收入不够清楚，过细则难以操作。全国各个地方收入来源和收入的构成差距非常大，很难制定全国统一的收入核查清单，只能因地制宜。而各地在制定过程中面临着无数的具体细节问题。尤其是，农业收入和非正规就业的收入难以核查，极易造假。目前，各地通常采取共识性方法计算。一般是先制定行业工资标准以及不同农产品的亩产及其价格，然后与申请人进行协商，将达成共识之后的收入计入家庭收入，这导致核算存在较大偏差。当前情势下，低保无法做到精准补差，分段补助可能是次优选择。

二是跨地区收入核查难度高。民政部低收入核查中心建立了全国的跨省收入核查系统，实际使用量并不高。目前，存在大量人户分离的家庭，主要是跨地区流动人口问题。由于低保主要是在县级层面统筹，而绝大部分流动人口都是跨区县流动。这使得流出地很难核查流动人口收入。随着新型城镇化推进，大量城镇新增户口的家庭存在一家多户口的情形。比如，既有农村户口又有城市户口。而城市低保标准和农村低保标准差别较大，补偿差别也较大。

三是家庭经济状况核对中心作用有限。首先是家庭经济状况核对中心有赖于共享信息的前端机构的信息质量。其次是当前家庭经济状况核对中心只能核查本地收入。最后是申请人会转移家庭资产。家庭经济状况核对中心对房产的核对作用较大。对于其他的资产，比如汽车、银行储蓄、股票和证券等作用有限。对于这类资产转移的案例，目前还没有相应的程序解决。低保经办机构很难确定资产转移是因为家庭突发情况（如重病、事故等），还是故意为之。

三　经办体系的困境

正如前文所说，中国低保制度的精准识别效果主要取决于政策执行者。在政策执行的环节面临着如下困境。一是信息传递链条长。从中央到省到市到县到乡到村，至少经历六个环节。这六个环节中的任何一个环节出了问题，都会影响到低保的精准识别效果。调查发现，即使是由县到乡镇和村的过程中，信息传递已发生严重扭曲。比如，在县级低保经办机构向乡镇传达信息的时候，乡镇派去的人员可能没有理解，乡镇人员再进一步向村庄、社区进行传达的时候，又会扭曲信息。乡镇并不是经常开会。乡镇召集村干部开会的时候，往往是同时公布多个事项，低保只是其中一项。村干部很可能没有意识到低保制度的重要性或者相应的政策变化。村干部再进一步向村民传递信息的时候又会出现偏差，从而影响低保的精准识别。

二是缺乏专门的经办队伍。县区低保经办机构曾经在乡镇和社区设立了低保专干。但是，随着基层社区治理改革的推进，尤其是网格化管理之后，原有的低保专干被转化为网格管理人员。网格管理人员需要从事的工作纷繁复杂，无法再以专门的精力来经办低保。低保本身是一项非常专业的工作，比如如何认定家庭、如何认定收入和资产等。如果不是专人经办，将无法掌握低保的相关政策以及其政策变化。

三是经办队伍流动性大。低保涉及老百姓（尤其是低收入人群）的切身利益，会出现各种各样的突发事件。调查发现，许多低保经办人员都受过申请人的辱骂、挑衅甚至人身攻击。与此同时，低保经办人员的收入比较低。低保经办人员的能力强、专业化高，但是所得收入较低，工作环境危险，导致经办人员一有机会便会选择跳槽，流动性很高。这导致低保经办人员整体专业化程度有所下降，最终导致精准识别偏差。

此外，城乡低保经办队伍存在较大差距。城市经办队伍不论是人员素质还是数量都优于农村。城市社区低保经办人员相对较多，单个经办人员的调动不会影响到整个工作的推进。在乡村，往往只有一位低保经办人员，一旦出现工作调动，乡村低保经办管理工作就会陷入瘫痪。

四 信用体系的困境

信用体系的核心是帮助目标对象建立规则意识。2012年前，我国低保制度精准识别偏差比较严重，部分原因是民众认为低保制度是国家的钱不拿白不拿，而且只有有关系的人才能获得。低保认定并不是以收入贫困为导向的。但是随着2012年专项治理以来，民众规则意识逐步建立起来，认识到低保是针对穷人进行救助的制度，而不是任何人都可以享受的制度。但是，对违反低保制度规则的惩罚力度过弱。面对获得低保的巨大利益和低廉的造假成本，仍然有大量错保户

专题十 社会救助对象精准识别机制

选择申请低保。这意味着需要加强低保的惩戒力度。

当前，低保制度缺乏面向低保申请对象的信用体系。目前，全国均在推行信用体系。各个部门积极致力于将与本部门相关的信息纳入信用体系当中，以便开展工作。对于民政部门而言，尤其是对于低保而言，信用体系建设是为了防止造假，主要是潜在目标对象的造假。民政官员的造假，应由纪律处分，而不应纳入信用体系建设。但是，目前各地还很少因低保造假问题而将申请人纳入失信人员名单。这是因为，将这些收入本来就较低的人员纳入失信体系，可能会增加当地的社会稳定风险。这是低保信用体系推动较慢的原因之一。

信用体系主要对于普通人群尤其是富人发挥着更大的作用。对于穷人而言，信用体系的约束作用有限。穷人较少乘坐高铁、飞机，较少去银行贷款，较少建立企业。因此，信用体系对真正的穷人惩戒的能力较差。信用体系对于低保边缘群体的惩戒能力也较差，但低保边缘群体才是错保的主要来源。

五 福利捆绑的困境

我国各个专项救助制度主要依托低保制度和特困人员供养制度。已有研究显示，各地捆绑在低保制度上的社会救助和社会福利制度众多。一些低保家庭获得的捆绑救助的金额甚至高于其所获得的低保金。捆绑式救助导致低保身份的含金量过高，带来福利分配的悬崖效应，助长了福利依赖。由于附加在低保上的福利过多，一旦获得低保身份，低保对象没有动力退出低保，有可能形成福利依赖。[1][2]

就低保精准识别而言，捆绑式救助人为地增加了精准识别救助对象的难度。低保的高附加值使得某些人不惜造假、隐匿财产，甚至反复上访以图挤进低保，因而增加了低保对象精准识别的难度。

---

[1] 韩克庆、郭瑜：《"福利依赖"是否存在？——我国城市低保制度的一个实证研究》，《社会学研究》2012年第2期。

[2] 王增文：《贫困恶性循环、福利依赖与再就业收入》，《中国人口·资源与环境》2013年第1期。

从提高精准识别角度，需要去捆绑救助，这本质上是建立支出型贫困救助制度。通过建立支出型贫困救助制度，可以扩大社会救助的受益面，解决福利捆绑问题，从而缓解低保精准识别问题，缓解福利依赖问题。支出型贫困救助制度的建立需要一系列配套措施，比如更多的专项救助资金、更专业的经办队伍等。

第五节 研究结论及政策建议

一 技术创新层面

低保经办人员处于自上而下和自下而上两个信息流的交汇点，垄断着政策信息和资格信息。要想提高低保精准识别效果，核心在于打破低保经办人员的信息垄断。一旦政策制定者可以直接获取目标对象的资格信息，那么精准识别问题自然而然可以得到很好的解决。这就要求创新当前的信息获取方式，改变仅仅对低保经办人员提供的信息进行审核的传统方式，需要对这些数据进一步挖掘，比如利用目标指示器的原理，筛选出更符合当地社会经济发展特征的变量。这些变量类似于代理家计调查的相关变量，可能是地区变量（如平原地区、靠近公路的地区）、村庄变量（如人均耕地面积高，当地第二、三产业发达，离行政中心近等）或者家庭变量（如家庭劳动力多、有外出打工人口、家庭日常消费多等）等。通过这些目标指示器变量的分析，重点筛查出其中的可疑对象。并且，可以邀请第三方机构对这类可疑对象进行重点筛查。

此外，可以利用多源数据，尤其是来自各个相关政府部门的行政数据进行分析。通过扩大共享信息的范围，建立更加精准的家庭收入决定因素的公式，从而利用回归方程找出最具有影响力的若干变量。通过回归方程拟合，找出错保和漏保中最可疑的家庭。同时，通过多个部门共享的信息，收集潜在的漏保户。未来，还可以加强与商业部门，比如微信、支付宝、京东、淘宝以及实体店铺等信息共享，从而更加精准地确定目标对象的收支状况。一旦这些相关信息可以在被民众授权的情况下获取，低保可以在一定程度上实现自动识别，即对那些收入和支出较低的家庭预警，提醒低保经办机构主动救助、及时救助。

二 制度设计层面

（一）健全支出型贫困救助制度

建立支出型贫困救助制度的目的在于拓展专项救助的覆盖范围，在一定程度上将专项救助制度与低保和特困人员供养制度脱钩，解决福利捆绑问题，从而解决低保精准识别和福利依赖问题。要建立支出型贫困救助制度，首先是需要扩大专项救助资金的筹资渠道。以医疗救助制度为例，2013年和2018年，医疗救助总支出分别为257.4亿元和424.6亿元，占一般公共预算收入的比重分别为0.19%和0.23%，占一般公共预算支出的比重分别为0.18%和0.19%。2018年，医疗救助基金支出占基本医疗保险基金支出（17822亿元）的2.38%，资金体量微不足道。而要建立因病支出型贫困医疗救助制度，现有的医疗救助资金显然是不够的。这要求必须要扩大救助资金规模，建立医疗救助长效机制。除医疗救助制度外，教育救助、住房救助、就业救助等均应该扩大建立相应的支出型贫困救助制度，拓宽救助覆盖面。

其次是精细化专项救助制度设计。在支出型贫困救助内容认定上，可以以保大额支出为基本原则。在医疗救助方面，可以主要集中于门诊大病、慢性病以及住院支出而非全家人全部自付医疗支出，教育支出型贫困救助可以主要集中于高等教育学费，而非全部教育阶段学费。至于医疗支出是否考虑合规费用之外的费用，教育支出是否考虑住宿费用等，是以家庭为单位，还是以个人为单位等，都应根据各地专项救助资金和实际情况加以确定。

最后是采取相对标准界定专项救助对象。如果使用固定金额（如家庭自付医疗支出或教育支出超过2万元）作为认定专项救助的认定标准，将会出现劫富济贫现象。如果采用家庭收入的一定比例（如50%）

来界定，将会对低收入群体更有利。因为，低保户、特困人员和低保边缘户家庭收入更低，发生较低的医疗支出、教育支出和住房支出，符合去除捆绑救助后专项救助的资格条件，也更容易获得专项救助。

（二）建立信用评价制度

信用体系应加强为申请人提供造假证明的主体惩罚。目前，造假资料的来源是与申请人密切相关的利益主体。比如，在核查城市非正规就业人群的收入时，其就业的企业会开具假的收入证明。在核查来自农村地区的流动人口时，其所在的村庄可能会提供假的土地或收入证明。为此，信用体系建设需要对这些利益主体的信用进行惩戒。比如，如果企业一旦为其员工提供，虚假收入证明将其纳入信用体系黑名单。这将会对这些企业开具假证明产生极大的威慑作用。

信用体系建设要有配套制度根据。目前，各地都有相应的信用体系的相关内容。比如，如果申请人收入造假，则不得继续申请低保。但是，由于部分人群收入比较低，一旦不允许其申请低保，这些家庭将面临生活困境，很可能会引起社会不稳定因素。因此，低保经办机构只得将其纳入低保。这些申请人也知道低保经办机构不会真的拒绝其申请救助，因此会继续造假。这就形成了一个恶性循环。为此，在推进信用体系时，要开放其他的救助渠道。比如，对于生活困难的造假的申请人，可以降低其本应接受的低保救助的资金额度。或者，可以协助其获得其他救助，如临时救助或慈善救助等。通过这种方式，可以向社会传递出低保是有规则的信号，从而有效解决低保申请人的造假行为。

因此，信用体系的建设是一个循序渐进的过程。需要通过对违规者的惩罚来向社会传递信号。当然，低保经办机构也可以采取主动宣传的方式，比如通过电视、广播、报纸、微信、短信、典型案例通报等方式，明确告知低保潜在申请人、企业、村干部、社区干部等传递为低保申请对象造假将被纳入信用体系。

（三）实行分档救助制度

在现有技术水平下，无法对申请家庭的收入状况进行精准核查。

专题十 社会救助对象精准识别机制

因此,实行补差救助的难度极大。在实践中,能够将申请家庭的收入精确到百元已经相当困难。为此,可以采取分档救助的方式进行救助。分档救助并不要求对申请家庭的收入进行精准核算,而是强调适可而止。这可以有效降低低保经办机构的工作量。同时,也可以降低低保经办人员被问责的概率,防止低保经办人员过于谨慎,从而导致漏保问题。

分档实际上是将补差制度转变为了定额补助制度。问题的关键是如何分档。截至 2019 年第 3 季度,除黑龙江省外,其余所有省市自治区的低保标准都超过了 4000 元。以 4000 元为例,4000 元应该分为几档?如果分为 4 档,每档 1000 元,按低保户户均 2 口人计算,申请人家庭收入被分成了 0—2000 元,2001—4000 元,4001—6000 元以及 6001—8000 元四档。这四档之间的差距似乎可以接受。但是,如果低保家庭有 4 口人,申请人家庭收入则被分成了 0—4000 元、4001—8000 元、8001—12000 元以及 12001—16000 元四档。这 4 个档次之间的差距似乎过大。而如果是上海的低保标准(2019 年第 3 季度为 13920 元/人/年),2 口之家的四个档次则分别为 0—6960 元、6961—13920 元、13921—20880 元、20881—27840 元。这 4 个档次之间的差距似乎也过大。

因此,如果实行分档补助,还需要根据本地低保标准和申请人的家庭规模,合理确定不同的档次。如果档次分的过多,则与补差救助差别无异。如果档次分的过少,又使得补差标准差别过大,容易引起不同档次之间的矛盾。

至于采用相对贫困标准来进行低保认定,在本质上与目前采用的绝对贫困标准的方式没有差别。所区别的只是低保标准本身的认定方式有所改变。绝对贫困标准是使用的绝对贫困线,绝对贫困线是依据维持身体机能所需要的营养或热量而计算出来的最低生存需求标准。相对贫困采用的是相对贫困线,是依据社会可接受的或人们所认为的体面的生活水平计算出来的。不论是相对贫困线还是绝对贫困线,一旦确定了贫困线的标准,都要采取家庭收入核对的方式进行核查。

另外，还有人提出要采取按人头比率的方式确定低保标准。① 其提出的方法是，首先确定一个社会中大致需要救助的人口占比，然后依据这个人口占比，制定出当前社会的贫困标准，再依据这个贫困标准来审核申请人是否符合资格条件。这种方式，本质上与现有制度没有差异，只是其制定贫困线的方式有所不同而已。

三　政策执行层面

（一）统一家庭成员认定方法

前文，以法律关系来认定家庭成员而非共同生活、共同居住来认定家庭成员是成本相对较低、更具有发展性的选择。本书认为，法律关系的核心是婚姻关系。以同一个婚姻关系作为认定家庭成员的基础。投靠的亲友（包括兄弟姐妹）不能作为家庭成员。这样，家庭成员仅限于父母与子女。具体婚姻关系界定依照《婚姻法》相关规定。比如，《婚姻法》规定："有负担能力的兄、姐，对于父母已经死亡或父母无力抚养的未成年的弟、妹，有扶养的义务。由兄、姐扶养的有负担能力的弟、妹，对于缺乏劳动能力又缺乏生活来源的兄、姐，有扶养的义务。"此时，具有扶养义务的兄弟姐妹为同一家庭成员。

除了婚姻关系外，还要考虑劳动能力。这是因为，一对年长的父母，其子女已经成年但是并未结婚，仍然共同居住。此时，只具有一对婚姻关系。这就要这一对婚姻关系中子女（或弟、妹）的年龄。如果子女（或弟、妹）未成年或虽已成年，但正在上学或无劳动能力，则为同一个家庭。如果子女（或弟、妹）已经成年，未上学且有劳动能力，不论是否就业，都单独为户，单独核算。一对年长的父母，其子女已经结婚，仍然共同居住，实际上是两对婚姻关系，应分别计算。

对于分户、拆户、假离婚以及流动人口等多种情形的家庭结构，都可以在上述两大原则之下得到解决。分户、拆户、假离婚均以婚姻

---

① 宫蒲光：《关于社会救助立法中的若干问题》，《社会保障评论》2019 年第 3 期。

关系为依据，如在同一婚姻关系中，则为一家人，而不论其是否同吃同住。对于流动人口，只要婚姻关系存续，不论是否同吃同住、共同收支，仍为一家人。在上述两大原则的基础上，应制定全国相对统一的家庭成员认定方法。

这种界定方式是否会加速消解大家庭或者进一步弱化家庭的功能？本专题认为不会。一方面，如果以共同生活、共同收支为界定方式，而不以婚姻关系，那些希望获得低保的家庭会选择拆户、分户和假离婚。而要认定拆户、分户和假离婚实际上非常困难。另一方面，以婚姻关系和劳动能力作为原则进行界定，父母或子女仍需要承担三养费，家庭责任并没有削弱。

（二）完善收入核对体系

一是明确低保实行分档补助，而不是将收入核查追求精确到个位数。在此基础上，制定全国统一的核查清单和核查程序，定期公布各地各种行业工资和经营性收入，便于各地计算共识性收入。同时，目前各地对各类豁免收入规定繁多，可以做出原则性规定，哪些收入应该豁免，哪些收入不应豁免。对于一些地方采取的渐退收入豁免政策或者鼓励就业的收入豁免政策等，应做出原则性规定。

二是加快实现跨区域收入核查。截至2019年9月，我国实现省部互联的省市区有内蒙古、北京、河北、山西、山东、江苏、安徽、云南、广东、陕西、重庆、四川、江西、天津、浙江和上海这16个省份，并且甘肃、广西、湖南、吉林和河南这5个省份正在进行系统调试。但是，在实际调研中，真正使用到这一平台的数量并不多。

三是对于家庭经济状况核查中心利用多部门信息核查出来的资产转移行为，应制定相应的认定和惩罚办法。比如，在收入核查告知书发放后，无明确原因转移资产后再申请者，应纳入失信人员名单。

（三）加强经办队伍建设

建立独立的专门的家计调查机构，并在抽检、督查中向社会第三方机构购买家计调查服务。为了应对支出型贫困救助制度带来的工作量和行政成本的增加，一种办法是扩大当前社会救助制度中的家庭收入核查部门，并使之独立于社会救助制度，成为一个专司家计调查的机构。未来，各项民生保障制度均直接向收入核查部门提出核查申请，经收入核查部门审核后的对象自动分别纳入对应的社会保障制度。各个专项救助制度只负责制定救助对象认定办法，收入核查由专门机构负责。

目前已有不少地区向第三方机构购买家计调查服务，甚至已经成为一个发展趋势。但是，根据已有研究，对于家计调查这种高度复杂的公共服务，向第三方购买的效果并不佳。可行的办法是针对政府家计调查部门核查的结果，向第三方服务机构购买监督、抽检服务。

参考文献

中文文献

长宁区民政局:《超大城市"弱有众扶"的长宁实践——上海市长宁区探索建立解决相对贫困的长效机制》,2019,第六届中国社会救助研讨会。

陈鲁南:《从中国古代儿童福利政策看"爱幼"的中华传统文化》,《社会福利》2012年第1期。

陈泉辛:《社会救助多元主体的整合路径》,《人民论坛》2019年第12期。

陈荣卓、翁俊芳:《深度贫困地区农村社区治理的逻辑策略与经验启示——以云南省怒江州为例》,《中国矿业大学学报》(社会科学版)2019年第2期。

陈业强:《傈僳族婚姻变迁研究(1949—2011年)——以怒江州福贡县LW村为个案》,《原生态民族文化学刊》2012年第3期。

陈振明:《策科学》,中国人民大学出版社2002年版。

陈振明等:《由边缘到中心:欧盟社会保护政策的兴起、马克思主义与现实》2015年第1期。

慈勤英、兰剑:《"福利"与"反福利依赖"——基于城市低保群体的失业与再就业行为分析》,《武汉大学学报》(哲学社会科学版)2015年第4期。

崔凤、杜瑶:《城市最低生活保障身份化探析》,《江海学刊》2010年第 6 期,江治强、王伟进:《城市低保制度管理运行现状与提升路径》,《调研世界》2015 年第 5 期。

邓蓉、周昌祥:《福利依赖社会政策的介入》,《贵州大学学报》(社会科学版)2006 年第 6 期。

丁百仁、王毅杰:《由身至心:中国老年人的失能状态与幸福感》,《人口与发展》2017 年第 5 期。

段成荣、吕利丹等:《城市化背景下农村留守儿童的家庭教育与学校教育》,《北京大学教育评论》2014 年第 12(3)期。

段培新:《支出型贫困救助——一种新型社会救助模式的探索、社会保障研究》2013 年第 1 期。

费孝通:《乡土中国》,江苏文艺出版社 2007 年版。

付保红、杨品红、李益敏:《怒江州农村特困人口现状及工程移民扶贫研究》,《热带地理》2007 年第 5 期。

高建民、卢丽、王娅娟等:《新型农村合作医疗与医疗救助制度衔接实施效果分析》,《中国卫生经济》2014 年第 10 期。

高瑾:《我国特困人员供养法律制度历史演进及制度展望》,《上海政法学院学报》(法制论丛)2017 年第 6 期。

宫蒲光:《关于社会救助立法中的若干问题、社会保障评论》2019 年第 3 期。

龚一莼等:《水库移民家庭支出型贫困问题研究、水力发电》2018 年第 8 期。

关信平:《当前我国城市贫困的新特点及社会救助改革的新方向》,《社会科学辑刊》2019 年第 4 期。

关信平:《新时代中国城市最低生活保障制度优化路径:提升标准与精准识别》,《社会保障评论》2019 年第 1 期。

广东省省情调查研究中心:《与幸福同行:转型期社会建设专家谈》,广东教育出版社 2011 年版。

广西壮族自治区关于加快推进农村低保制度与扶贫开发政策有效衔接的实施意见,自治区人民政府办公厅,2016 - 7,http://

www.bhtsg.gov.cn/zwgk/gysyxxgk/tpgjxxgk/fpzc/201607/t20160726_1776123.html。

贵州省社会救助体系建设与运行情况，内部资料。

郭劲光等：《发展型福利理念下支出型贫困的范畴解读与治理路径》，《兰州学刊》2019年第7期。

郭硕知：《怒江傈僳族同基督教的交融与认同》，《大理大学学报》2017年第9期。

郭廷建：《慈善救助与社会救助衔接应注意的几个问题》，《中国社会报》2015年5月18日。

国务院：《国务院关于全面建立困难残疾人生活补贴和重度残疾人护理补贴制度的意见》，http://www.gov.cn/zhengce/content/2015-09/25/content_10181.htm。

韩华为、徐月宾：《农村最低生活保障制度的瞄准效果研究——来自河南、陕西省的调查》，《中国人口科学》2013年第4期。

韩克庆、郭瑜：《"福利依赖"是否存在？——我国城市低保制度的一个实证研究》，《社会学研究》2012年第2期。

韩峥：《脆弱性与农村贫困》，《农业经济问题》2004年第10期。

郝小玮：《贫困重度残疾人照护服务》，《中国社会保障》2019年第6期。

郝性中、李益敏：《怒江州致贫因素分析及对策探讨》，《云南大学学报》（自然科学版）2007年第S1期。

何城禁：《论涵化视野下怒族信仰文化的变迁——基于对怒江傈僳族自治州福贡县匹河乡老姆登村的田野考察》，《牡丹江大学学报》2019年第8期。

何植民：《农村最低生活保障政策评价指标体系的构建——基于群组决策分析模型的运用》，《中国行政管理》2013年第11期。

侯学元：《江苏省农村低保与扶贫开发，两项制度衔接工作探索与思考》，《中国民政》2016年第5期。

胡宏伟、杜晓静：《新时代中国社会救助精准治理——现状、挑战与改进》,《北京航空航天大学学报》(社会科学版) 2019 年第 2 期。

胡思洋、赵曼:《逆向选择、道德风险与精准救助》,《国家行政学院学报》2017 年第 1 期。

江彬、左停:《关于我国农村扶贫政策与低保政策衔接问题的研究综述》,《安徽农业科学》2013 年第 6 期。

江苏省关于进一步加强社会救助制度与扶贫开发政策有效衔接的通知,江苏省民政厅,2019 - 11,http://mzt.jiangsu.gov.cn/art/2019/11/14/art_76208_8814026.html。

江苏省申请救助家庭经济状况核对工作情况汇报,内部资料。

江治强:《慈善事业与社会救助衔接存在的九个问题》,《中国社会报》2015 年 7 月 27 日。

江治强:《农村低保对象的收入核定及其治理优化》,《浙江学刊》2015 年第 4 期。

江治强:《在兜底脱贫中实现社会救助新发展》,《学习时报》2019 年第 8 期。

景天魁:《"底线公平"的社会保障体系》,《中国社会保障》2008 年第 1 期。

景天魁:《底线公平:公平与发展相均衡的福利基点》,《北京工业大学学报》2015 年第 1 期。

景天魁:《底线公平与社会保障的柔性调节》,《社会学研究》2004 年第 6 期。

乐章、程中培:《收入是低保制度的唯一认定标准吗?——基于政策文本与中国家庭追踪调查数据的分析》,《学习与实践》2017 年第 7 期。

雷咸胜:《需求溢出视角下老年人长期照护的主体责任划分》,《云南民族大学学报》(哲学社会科学版) 2019 年第 1 期。

李萌、陆蒙华、张力:《老年贫困特征及政策含义——基于 CHARLS 数据的分析》,《人口与经济》2019 年第 3 期。

李棉管:《技术难题、政治过程与文化结果——"瞄准偏差"的三种研究视角及其对中国"精准扶贫"的启示》,《社会学研究》2017年第1期。

李棉管:《社会救助如何才能减少贫困?——20世纪末至今的中国社会救助研究》,《社会建设》2018年第4期。

李年俊:《边远贫困地区村级集体经济对基层治理的影响——以云南省怒江州为例》,《云南行政学院学报》2018年第4期。

李朋朋:《支出型贫困家庭救助问题研究》,《社会福利》2017年第4期。

李实:《中国农村老年贫困:挑战与机遇》,《社会治理》2019年第6期。

李树茁、徐洁、左冬梅等:《农村老年人的生计、福祉与家庭支持政策——一个可持续生计分析框架》,《当代经济科学》2017年第4期。

李小文、唐德智:《怒江州"直过民族"地区贫困原因分析》,《农村实用技术》2019年第6期。

李益敏:《怒江峡谷基于人居环境的反贫困模式研究》,《国土与自然资源研究》2011年第2期。

李珍:《社会保障理论》(第四版),中国劳动社会保障出版社2017年版。

厉才茂:《疾人事业的历史方位(下)——从发展的阶段特征和未来趋势来看中国特色残疾人事业的历史方位》,《残疾人研究》2018年第3期。

梁德阔等:《上海支出型贫困家庭的救助模式分析》,《人口与发展》2012年第18-4)期。

梁业梅、唐荣德:《手机媒介下儿童童年新生活的建设》,《当代青年研究》2017年第6期。

林莉:《完善社会救助"救急难"运行机制的思考与实践》,《中国民政》2019年第1期。

刘晨男:《中国式"福利依赖"的制度设计探源——北京市城市居民

最低生活保障制度案例研究》,《社会工作》2009年第6期。

刘璐婵、林闽钢:《"养懒汉"是否存在?——城市低保制度中"福利依赖"问题研究》,《东岳论丛》2015年第10期。

刘太刚:《公共物品理论的反思——兼论需求溢出理论下的民生政策思路》,《中国行政管理》2011年第9期。

刘太刚:《需求溢出理论:一种以孔孟治道为核心逻辑的公共管理基础理论》,《公共管理与政策评论》2019年第2期。

缪建东:《家庭教育社会学》,南京师范大学出版社1999年版。

穆光宗:《应对老年群体脆弱化的思路和对策》,《北京工业大学学报》(社会科学版)2017年第5期。

《贫困重度残疾人集中托养要学驻马店》,《领导决策信息》2018年第27期。

亓寿伟、周少甫:《收入、健康与医疗保险对老年人幸福感的影响》,《公共管理学报》2010年第1期。

乔晓春:《对中国老年贫困人口的估计》,《人口研究》2005年第2期。

乔晓春、张恺悌、孙陆军:《中国老年贫困人口特征分析》,《人口学刊》2006年第4期。

人力资源社会保障部,人力资源社会保障部关于在打赢脱贫攻坚战中做好人力资源社会保障扶贫工作的意见,http://www.gov.cn/xinwen/2016-08/12/content_5099135.htm。

闫欣:《建立国家社会保护底线、中国社会保障》2014年第1期。

宋爱芹、翟景花、郭立燕等:《中华行为医学与脑科学杂志》2012年第6期。

宋建峰:《基督教视野中的民族文化保护与发展——对云南怒江流域少数民族文化问题的思考》,《云南行政学院学报》2009年第4期。

宋建峰:《基督视阈中的傈僳族特色文化重述》,《西南民族大学学报》(人文社会科学版)2010年第9期。

宋媛:《云南省怒江傈僳族自治州脱贫攻坚报告》,《新西部》2019年第 Z1 期。

宋月萍、段成荣：《传统、冲击与嬗变—新生代农民工婚育行为探析》，《人口与经济》2012 年第 6 期。

孙琪宇：《中国老年人贫困治理研究》，《黑龙江社会科学》2015 年第 6 期。

孙文中：《场域视阈下农村老年贫困问题分析——基于闽西地区 SM 村的个案调查》，《华中农业大学学报》（社会科学版）2011 年第 5 期。

孙远太：《政府救助与慈善救助衔接机制构建研究》，《中国行政管理》2015 年第 8 期。

太康：《"五养模式"蹚出养老新路子，河南日报》，2018 - 11，https：//www. henandaily. cn/content/sh/2018/1111/131799. html。

谭瑾、王晓艳：《空间置换下的民族社区重塑——基于云南省福贡县知子罗村的田野考察》，《贵州大学学报》（社会科学版）2012 年第 5 期。

田北海等：《支出型贫困家庭的贫困表征、生成机制与治理路径》，《南京农业大学学报》2018 年第 3 期。

王超群：《因病支出型贫困社会救助政策的减贫效果模拟——基于 CFPS 数据的分析》，《公共行政评论》2017 年第 3 期。

王德文、张恺悌：《中国老年人口的生活状况于贫困发生率估计》，《人口学刊》2005 年第 1 期。

王磊、李晓南：《城市低保的目标重构与制度创新》，《理论探索》2011 年第 4 期，彭华民：《中国社会救助政策创新的制度分析：范式嵌入、理念转型与福利提供》，《学术月刊》2015 年第 1 期。

王明珠、秦利：《养老服务政策评价指标体系实证研究——以延边自治州为例》，《黑龙江民族丛刊》2016 年第 4 期。

王宁、庄亚儿：《中国农村老年贫困与养老保障》，《西北人口》2004 年第 2 期。

王三秀：《积极老龄化与我国老年贫困治理路径新探索》，《探索》

2016 年第 4 期。

王三秀、刘丹霞：《家庭功能重塑：残疾人贫困治理的路径转向》，《学习与实践》2019 年第 7 期。

王亚奇、宋庆兰：《"社会工作+"模式下贵州省贫困地区残疾人关爱服务体系的介入研究》，《遵义师范学院学报》2019 年第 4 期。

王雨磊：《数字下乡：农村精准扶贫中的技术治理》，《社会学研究》2016 年第 6 期。

王增文：《贫困恶性循环、福利依赖与再就业收入》，《中国人口·资源与环境》2013 年第 1 期。

卫洁：《低保边缘群体的现状及思考》，《人口与经济》2008 年第 1 期。

吴霓等：《农村留守儿童问题调研报告》，《教育研究》2004 年第 10 期。

吴璇、刘晓雪：《老年照护社会救助研究综述》，《社会保障研究》2016 年第 4 期。

向德平、周晶：《失独家庭的多重困境及消减路径研究——基于"风险—脆弱性"的分析框架》，《吉林大学社会科学学报》2015 年第 6 期。

向国春、陈运山、李婷婷等：《健康扶贫与医疗救助衔接的挑战及探索》，《卫生经济研究》2019 年第 6 期。

谢宇等：《发展型社会政策视角下的支出型贫困问题研究》，《学习与探索》2017 年第 3 期。

徐洁、李树茁、吴正等：《农村老年人家庭养老脆弱性评估——基于安徽农村地区的实证研究》，《人口研究》2019 年第 1 期。

阳义南等：《罕见病医疗负担对支出型贫困的影响研究》，《中国卫生政策研究》2019 年第 1 期。

杨海燕：《深度贫困地区，产业扶贫应重在提升内生发展能力——从怒江地区的产业扶贫说起》，《团结》2019 年第 4 期。

杨菊华、陈志光：《老年绝对经济贫困的影响因素：一个定量和定性分析》,《人口研究》2010 年第 5 期。

杨菊华:《人口转变与老年贫困》, 中国人民大学出版社 2011 年版。

杨立雄:《中国老年贫困人口规模研究》,《人口学刊》2011 年第 4 期。

杨立雄:《中国特色残疾人经济保障研究》,《残疾人研究》2018 年第 3 期。

杨琳琳:《我国社会救助服务体系构建的可能性与路径》,《西安财经学院学报》2018 年第 3 期。

杨穗、高琴、李实:《中国城市低保政策的瞄准有效性和反贫困效果》,《劳动经济研究》2015 年第 3 期。

杨团:《农村失能老年人照料贫困问题的解决路径——以山西永济蒲韩乡村社区为例》,《学习与实践》2016 年第 4 期。

姚玉祥:《农村老年贫困治理的现实困境及其破解之道》,《现代经济探讨》2019 年第 6 期。

叶敬忠等:《父母外出务工对留守儿童情感生活的影响》,《农业经济问题》2006 年第 4 期。

尹航、林闽钢:《弱势群体医疗救助实施效果评估——基于"城乡困难家庭社会政策支持系统建设项目"调查数据的分析》,《社会保障研究》2017 年第 1 期。

于学军:《从上海看中国老年人口贫困与保障》,《人口研究》2003 年第 3 期。

袁晓蝶、杨宇亮:《传统聚落对垂直地带性的空间适应策略——以傈僳族的立体人居模式为例》,《住区》2019 年第 5 期。

岳经纶、胡项连:《低保政策执行中的"标提量减":基于反腐败力度视角的解释》,《中国行政管理》2018 年第 8 期。

曾毅、顾大男:《社会、经济与环境因素对老年健康和死亡的影响——基于中国 22 省份的抽样调查》,《中国卫生政策研究》2014 年第 6 期。

张洪海、董娟、续文念:《"两项制度"衔接实践中的反思》,《中国社会报》2016年11月7日。

张晖、许佳霜：《残疾人生活护理补贴省级比较分析》，《浙江工业大学学报》（社会科学版）2019年第6期。

张俊良、马晓磊：《城市化背景下对农村留守儿童教育问题的探讨》，《农村经济》2010年第3期。

张廷华：《少数民族地区农村低保与精准扶贫两项制度衔接工作初探》，《中国民政》2016年第5期。

张伟宾：《贫困农村低保对象的瞄准与识别》，《科学对社会的影响》2010年第3期。

张翔、张晓鑫：《家庭电力消费、家庭收入与最低生活保障制度的瞄准率》，《中国人口科学》2017年第2期。

张晓宇：《我国社会救助体系发展现状及问题探究》，《北京劳动保障职业学院学报》2017年第1期。

张星民：《浅析贫困地区区域功能定位与本区产业选择间的相互关系——以云南省怒江傈僳族自治州为例》，《现代经济信息》2019年第8期。

张莹、王俊华、姜忠：《基于公平视角下医疗救助与基本医疗保险制度衔接的必要性与路径研究》，《中国卫生事业管理》2011年第12期。

赵会等：《社会保护政策：新时期贫困问题治理的新视角》，《安徽师范大学学报》2017年第5期。

赵江利、王裕明、王金涛：《农村医疗救助制度与"新农合"制度衔接问题研究》，《劳动保障世界》2010年第1期。

赵蕾：《关于儿童电视节目对儿童成长的影响研究》，《西部广播电视》2017年第22期。

赵莉晓：《创新政策评估理论方法研究》，《科学学研究》2014年第12期。

赵丽琴、崔月彤：《我国老龄人口养老脆弱性测度及影响因素分析——基于CLHLS2014数据》，《调研世界》2019年第3期。

参考文献

赵庆营、王丛虎：《整体性治理视域下重度残疾人扶贫问题研究——以河南省上蔡县重度残疾人集中托养为例》，《中州学刊》2019年第6期。

赵溯理、杨怀印：《我国城镇低保救助制度的完善设计建议》，《中国行政管理》2014年第8期。

郑功成：《多层次社会保障体系建设现状评估与政策思路》，《社会保障评论》2019年第1期。

郑功成：《中国社会保障发展报告》，人民出版社2016年版。

郑杭生：《社会学概论新修》，中国人民大学出版社2002年版。

中国共产党第十九届中央委员会第四次全体会议公报，新华社，2019-10，http：//www.xinhuanet.com/politics/2019-10/31/c_1125178024.htm)。

中华人民共和国国务院，城市居民最低生活保障条例，http：//www.mca.gov.cn/article/gk/fg/shjz/201507/20150715848484.shtml。

中华人民共和国国务院，国务院关于在全国建立农村最低生活保障制度的通知，http：//www.gov.cn/zhuanti/2015-06/13/content_2878972.htm。

中华人民共和国民政部，2017年社会服务发展统计公报，http：//www.mca.gov.cn/article/sj/tjgb/201808/20180800010446.shtml。

中华人民共和国民政部，2018年民政事业发展公报，http：//www.mca.gov.cn/article/sj/tjgb/201908/20190800018807.shtml。

重庆市民政局：《重庆渝北推广居家养老新模式"全天智能化守候长者"》，2018-8，http：//mzj.cq.gov.cn/cqmz/html/gzdt/20180801/11220.html。

周绿林等：《基于贫困衡量视角转变的支出型贫困救助问题研究》，《广西社会科学》2015年第9期。

周亚同：《如何直面人口老龄化挑战》，《人民论坛》2018年第3期。

朱丹：《甘肃：强化兜底保障助力脱贫攻坚、中国民政》2019年第12期。

朱亚鹏、刘云香：《制度环境、自由裁量权与中国社会政策执行——

以 C 市城市低保政策执行为例》,《中山大学学报》(社会科学版) 2014 年第 6 期。

祝建华等:《贫困脆弱性的形成机理与消减策略》,《学习与实践》 2018 年第 12 期。

左停等:《脱贫攻坚战略中低保兜底保障问题研究》,《南京农业大学学报》2017 年第 4 期。

左停、贺莉:《制度衔接与整合:农村最低生活保障与扶贫开发两项制度比较研究》,《公共行政评论》2017 年第 3 期。

左停、金菁:《"弱有所扶"的国际经验比较及其对我国社会帮扶政策的启示》,《山东社会科学》2018 年第 8 期。

左停:《进一步明确低保兜底的定位和对象》,《中国民政》2017 年第 9 期。

[德] 马克思:《雇佣劳动与资本》,《中共中央著作编译局译》,人民出版社 2014 年版。

[罗] S. M. 勒杜列斯库、D. 班丘著:《过渡中的家庭——当代社会学争论中的"家庭危机"》,乔亚译,《国外社会科学》1988 年第 7 期。

[美] J. 罗斯·埃什尔曼:《家庭导论》,潘允康等译,中国社会科学出版社。

[美] 理查德·泰勒等:《助推:如何做出有关健康、财富与幸福的更优决策》,刘宁译,中信出版集团 2015 年版。

英文文献

Beck E. R., McIlfatrick S., Hasson F., et al., "Health Care Professionals' Perspectives of Advance Care Planning for People with Dementia Living in Long-term Care Settings: A Narrative Review of the Literature", *Dementia*, Vol. 16, NO. 4, 2017.

Beerens H. C., Zwakhalen S. M. G., Verbeek H., et al., "The Relation between Mood, Activity, and Interaction in Long-term Dementia Care",

参考文献

Aging & mental health, Vol. 22, NO. 1, 2018.

Carman W. F., Elder A. G., Wallace L. A., et al., "Effects of Influenza Vaccination of Health-care Workers on Mortality of Elderly People in Long-term Care: a Randomised Controlled Trial", *The Lancet*, Vol. 355, NO. 8, 2000.

ChambersR, "Vulnerability, coping and policy (editorial introduction)", *Ids Bulletin*, Vol. 37, NO. 4, 2006.

Czaja S. J., "Long-term Care Services and Support Systems for Older Adults: The Role of Technology", *American Psychologist*, Vol. 71, NO. 4, 2016.

De Souto Barreto P., Morley J. E., Chodzko-Zajko W., et al., "Recommendations on Physical Activity and Exercise for Older Adults Living in Long-term Care Facilities: a Taskforce Report", *Journal of the American Medical Directors Association*, Vol. 17, NO. 5, 2016.

Einav L., Finkelstein A., Mahoney N., "Provider Incentives and Healthcare Costs: Evidence From Long Term Care Hospitals", *Econometrica*, Vol. 86, NO. 6, 2018.

Harris-Kojetin L., Sengupta M., Park-Lee E., et al., "Long-term Care Providers and Services Users in the United States: Data from the National Study of Long-Term Care Providers, 2013 – 2014", *Vital & Health Statistics*, Series 3, *Analytical and Epidemiological Studies*, Vol. 38, NO. x – xii; 2016.

Kane R. A., "Long-term Care and a Good Quality of Life: Bringing them Closer Together", *The Gerontologist*, Vol. 41, NO. 3, 2001.

McGeer A., Campbell B., Emori T. G., et al., "Definitions of Infection for Surveillance In Long-term Care Facilities", *American Journal of Infection Control*, Vol. 19, NO. 1, 1991.

Mckay S, "A Long Goodbye to Bismarck? The Politics of Welfare Reform in Continental Europe – Edited by Bruno Palier", *Social Policy & Administration, Vol. 46, NO. 1, 2012.

Mwangi S. Kimenyi, "Rational Choice, Culture of Poverty, and the Intergenerational Transmission of Welfare Dependency", *Southern Economic Journal*, 1991, 57 (4).

Namasivayam A. M., Steele C. M., "Malnutrition and Dysphagia in Long-term Care: a Systematic Review", *Journal of Nutrition in Gerontology and Geriatrics*, Vol. 34, NO. 1, 2015.

Papaioannou A., Santesso N., Morin S. N., et al., "Recommendations for Preventing Fracture in Long-term care", *CMAJ*, Vol. 187, NO. 15, 2015.

Pickard L., Wittenberg R., Comas – Herrera A., et al., "Care by spouses, care by children: projections of informal care for older people in England to 2031", *Social Policy and Society*, Vol. 6, NO. 3, 2007.